教育部高等学校电子信息类专业教学指导委员会规划教材
高等学校电子信息类专业系列教材

江苏省高等学校重点教材（编号：2021-1-018）

信息论基础与应用

（第2版）

赵生妹　编著

清华大学出版社
北京

内容简介

信息论是信息科学中比较成熟和完善的一部分。它与其他学科的交叉和融合，促进了许多新兴学科的发展。本书从信息论的基本理论出发，介绍香农信息论的基本理论、方法及其在网络信息理论和量子信息理论中的应用。全书共7章，在介绍有关信息度量的基础上，重点讨论信源与信息熵、信道与信道容量、信源编码理论、信道编码理论、网络信息理论和量子信息理论。

本书讲解由浅入深、深入浅出，具有系统性、交叉性和前沿性等特点；书中结合实际通信系统，使用例题和图示阐述重要的基本概念，通过MATLAB实例展现信息论的实用性；各章均附有习题，便于读者加深对概念和原理的理解。

本书可作为理工类高等院校信息工程、通信工程及相关专业的本科教材，也可供对信息科学感兴趣的各类人员参考。

图书在版编目(CIP)数据

信息论基础与应用/赵生妹编著. —2版. —北京：清华大学出版社，2022.2
高等学校电子信息类专业系列教材
ISBN 978-7-302-57882-6

Ⅰ. ①信…　Ⅱ. ①赵…　Ⅲ. ①信息论—高等学校—教材　Ⅳ. ①G201

中国版本图书馆CIP数据核字(2021)第057537号

责任编辑：盛东亮　钟志芳
封面设计：李召霞
责任校对：郝美丽
责任印制：曹婉颖

出版发行：清华大学出版社
网　　址：http://www.tup.com.cn，http://www.wqbook.com
地　　址：北京清华大学学研大厦A座　　**邮　　编**：100084
社 总 机：010-62770175　　**邮　　购**：010-83470235
投稿与读者服务：010-62776969，c-service@tup.tsinghua.edu.cn
质量反馈：010-62772015，zhiliang@tup.tsinghua.edu.cn
课件下载：http://www.tup.com.cn，010-83470236
印 装 者：三河市龙大印装有限公司
经　　销：全国新华书店
开　　本：185mm×260mm　**印　张**：19　**字　　数**：466千字
版　　次：2017年7月第1版　2022年2月第2版　**印　　次**：2022年2月第1次印刷
印　　数：1～1500
定　　价：69.00元

产品编号：092380-01

高等学校电子信息类专业系列教材

序

FOREWORD

我国电子信息产业销售收入总规模在2013年已经突破12万亿元，行业收入占工业总体比重已经超过9%。电子信息产业在工业经济中的支撑作用凸显，更加促进了信息化和工业化的高层次深度融合。随着移动互联网、云计算、物联网、大数据和石墨烯等新兴产业的爆发式增长，电子信息产业的发展呈现了新的特点，电子信息产业的人才培养面临着新的挑战。

(1) 随着控制、通信、人机交互和网络互联等新兴电子信息技术的不断发展，传统工业设备融合了大量最新的电子信息技术，它们一起构成了庞大而复杂的系统，派生出大量新兴的电子信息技术应用需求。这些“系统级”的应用需求，迫切要求具有系统级设计能力的电子信息技术人才。

(2) 电子信息系统设备的功能越来越复杂，系统的集成度越来越高。因此，要求未来的设计者应该具备更扎实的理论基础知识和更宽广的专业视野。未来电子信息系统的设计越来越要求软件和硬件的协同规划、协同设计和协同调试。

(3) 新兴电子信息技术的发展依赖于半导体产业的不断推动，半导体厂商为设计者提供了越来越丰富的生态资源，系统集成厂商的全方位配合又加速了这种生态资源的进一步完善。半导体厂商和系统集成厂商所建立的这种生态系统，为未来的设计者提供了更加便捷却又必须依赖的设计资源。

教育部2012年颁布的《普通高等学校本科专业目录》将电子信息类专业进行了整合，为各高校建立系统化的人才培养体系，培养具有扎实理论基础和宽广专业技能的、兼顾“基础”和“系统”的高层次电子信息人才给出了指引。

传统的电子信息学科专业课程体系呈现“自底向上”的特点，这种课程体系偏重对底层元器件的分析与设计，较少涉及系统级的集成与设计。近年来，国内很多高校对电子信息类专业课程体系进行了大力度的改革，这些改革顺应时代潮流，从系统集成的角度，更加科学合理地构建了课程体系。

为了进一步提高普通高校电子信息类专业教育与教学质量，贯彻落实《国家中长期教育改革和发展规划纲要(2010—2020年)》和《教育部关于全面提高高等教育质量若干意见》(教高〔2012〕4号)的精神，教育部高等学校电子信息类专业教学指导委员会开展了“高等学校电子信息类专业课程体系”的立项研究工作，并于2014年5月启动了《高等学校电子信息类专业系列教材》(教育部高等学校电子信息类专业教学指导委员会规划教材)的建设工作。其目的是为推进高等教育内涵式发展，提高教学水平，满足高等学校对电子信息类专业人才培养、教学改革与课程改革的需要。

本系列教材定位于高等学校电子信息类专业的专业课程，适用于电子信息类的电子信息工程、电子科学与技术、通信工程、微电子科学与工程、光电信息科学与工程、信息工程及其相近专业。经过编审委员会与众多高校多次沟通，初步拟定分批次(2014—2017年)建设约100门课程教材。本系列教材将力求在保证基础的前提下，突出技术的先进性和科学的前沿性，体现创新教学和工程实践教学；将重视系统集成思想在教学中的体现，鼓励推陈出新，采用“自顶向下”的方法编写教材；将注重反映优秀的教学改革成果，推广优秀的教学经验与理念。

为了保证本系列教材的科学性、系统性及编写质量，本系列教材设立顾问委员会及编审委员会。顾问委员会由教指委高级顾问、特约高级顾问和国家级教学名师担任，编审委员会由教育部高等学校电子信息类专业教学指导委员会委员和一线教学名师组成。同时，清华大学出版社为本系列教材配置优秀的编辑团队，力求高水准出版。本系列教材的建设，不仅有众多高校教师参与，也有大量知名的电子信息类企业支持。在此，谨向参与本系列教材策划、组织、编写与出版的广大教师、企业代表及出版人员致以诚挚的感谢，并殷切希望本系列教材在我国高等学校电子信息类专业人才培养与课程体系建设中发挥切实的作用。

吕志伟 教授

前言

PREFACE

《信息论基础与应用》是教育部高等学校电子信息类专业教学指导委员会规划教材，于2017年7月出版，至今已有4年。教材发行量较大，使用范围较广，使用效果较好，受到了广大师生的好评，已经成为电子信息领域的经典教材。

随着信息通信领域理论和技术的飞速发展，以及课程改革的不断深入，信息论基础与应用的内容又有了新情况、新问题，故我们在保持原书第1版体例的基础上进行了修订。

第2版主要修订内容如下：

(1) 订正原教材中表述不一致的情形，改正原教材中的错误。

(2) 将第4章改为信源编码理论。删除原教材中的费诺码部分。在4.5节信源编码MATLAB计算实现中增加LZ编码的原理和实例及相关MATLAB程序。

(3) 第5章改为信道编码理论。在5.4.3节卷积码中，增加了卷积码编码的图形表述和卷积码的译码方法，同时相应地增加了卷积码编码、译码例题，增强可读性，更易于深入理解，也使得信道编码方法更加完善，有利于学生对纠错编码中线性码和卷积码的整体理解，也为与“通信原理”课程的有机衔接提供支撑。在5.5节信道编码MATLAB计算实现中增加了Polar码(极化码)的编译码原理、极化码SC译码算法程序及实现结果。

(4) 将第3章习题3-11转到第5章作为习题5-3。增加了第5章习题5中有关卷积码的习题，可参见习题5-13～习题5-17。修改习题答案中的错误，并增加了习题5中习题5-13～习题5-17的答案。

书中对数的底为2时，统一没有加底数，特此说明。

由于编者水平有限，书中难免存在一些疏漏和不足，恳请广大读者不吝斧正。

编著者

2021年8月

于南京邮电大学

第1版前言

PREFACE

1948年，美国科学家香农（C. E. Shannon）发表了题为“通信的数学理论”的学术论文，宣告了信息论的诞生。信息论的产生和发展与通信技术、计算机技术的产生与发展密切相关，历史上大体分为早期酝酿、理论建立与发展以及理论应用与近代发展三个阶段。从信息的度量开始，信息的概念和研究范围在不断扩大和深化，并迅速渗透到其他相关学科领域。目前，信息论的应用领域从自然科学扩展到经济、管理科学甚至人文社会科学，其内涵从狭义信息论延展到如今的广义信息论，发展成为涉及面极广的信息科学。

信息论研究信息的度量问题，关注信息如何能有效地、可靠地、安全地从信源传输到信宿。香农熵是香农信息论中有关信息度量的基础，它与事件发生的概率相联系，是平均“不确定性”。在香农熵的基础上，可进一步引入联合熵、条件熵、互信息、信道容量和信息率失真函数等概念，它们可视为信息度量的其他形式。值得注意的是：虽然香农熵以概率分布构成的不确定性为度量基础，但是随着信息科学的不断发展，香农熵的理解也被日益加深和扩大，新的信息度量与新的学科分支不断出现，形成了诸如量子信息论中的冯·诺依曼熵等概念的延伸。

信息论的基础内容理论性很强。在多年教学过程中，作者观察到学生的学习难点，以及对所学知识实用性的疑惑。本书力求理论和实际相结合，确保读者在理解基本概念的基础上，了解信息论在实际通信中的应用。通过相关应用的MATLAB程序实例，让读者体会信息论对实际通信的理论指导。

本书共7章，第1章是绪论，阐述了什么是信息、什么是信息论、信息论的应用及成果，以及信息论的研究范畴。在整体上给出信息论的概念及其应用价值。

第2章介绍信源与信息熵，包括信息论中信源的数学描述，信息熵的定义及概念推广，涵盖联合熵、相对熵及互信息，离散单符号信源的熵、离散序列信源的熵及连续信源熵的计算及表示方法，并给出信息熵的MATLAB程序实现以及信息熵在图像分割中的应用。本章是后续章节的基础。

第3章介绍信道与信道容量，在信道数学描述的基础上，给出信道容量的定义。在此基础上，给出了离散单符号信道、离散序列信道，以及限时限频连续信道的容量计算及表示方法，推演了香农容量计算表达式。此外，该章给出了计算信道容量的MATLAB程序实例，以及计算多输入多输出（MIMO）系统的容量的程序实例。

第4章介绍信源编码理论，包括无失真信源编码理论和限失真信源编码理论，其中无失真信源编码理论包括定长编码定理和变长编码定理，并在理论基础上，介绍了具体的无失真信源编码方法，包括香农码、赫夫曼码和算术编码。本章进一步给出了限失真和信息率失真函数的定义以及具体的限失真编码方法；同样，也给出了无失真和限失真编码方法的MATLAB程序实例。

第5章介绍信道编码理论，在最佳译码准则的基础上，给出了信道编码的码空间表示，并阐述了信道编码定理，引出常见的信道编码方法，包括线性分组码、循环码和卷积码。该章也给出具体信道编码方法的MATLAB程序实例。

第6章介绍网络信息理论，针对相关信源、多址信道、多址高斯信道和广播信道，给出它们可达速率区域的定义和计算方法，包括相关信源可达速率区域、多址接入信道容量区域和广播信道的容量区域。

第7章介绍量子信息理论，论述香农信息理论在量子力学框架下的延伸，介绍量子信息的基本概念，包括量子比特和量子信息熵的定义。在此基础上，进一步阐述量子信源编码理论和量子信道编码理论。

本书由赵生妹编著。在编写过程中得到了南京邮电大学在校研究生施鹏、王乐、毛钱萍和张文浩等同学的大力帮助，在此对他们表示衷心的感谢。

限于编者水平有限，书中难免存在不妥或谬误之处，殷切希望读者指正。

编　者

2017年1月

思维导图

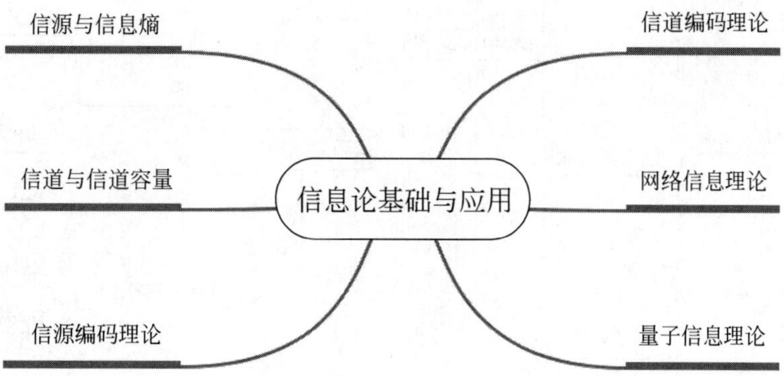

全书思维导图

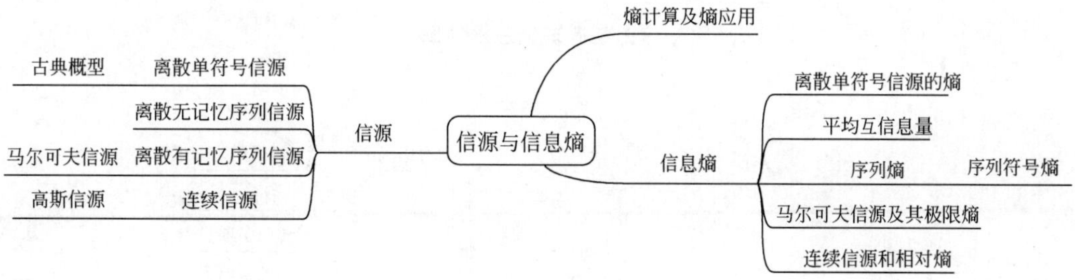

信源与信息熵思维导图

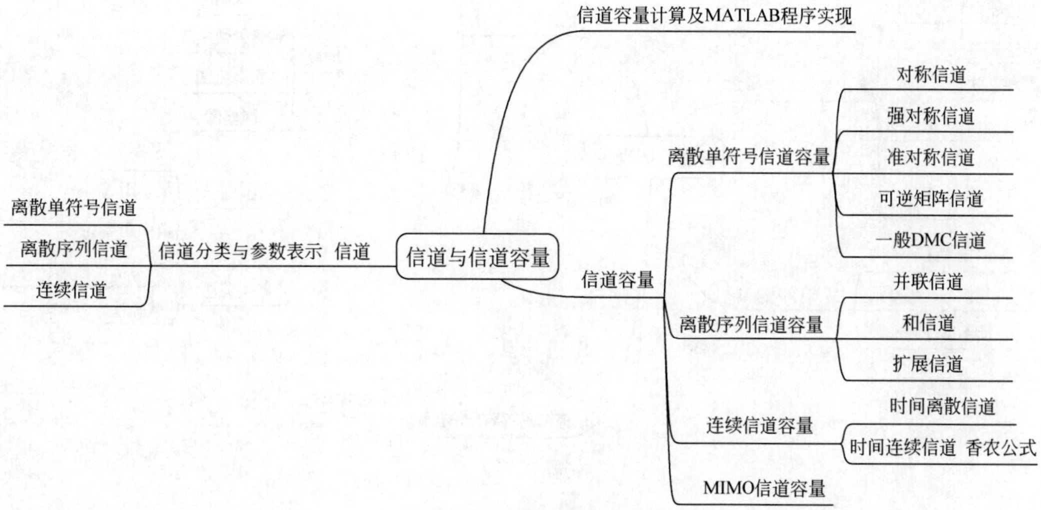

信道与信道容量思维导图

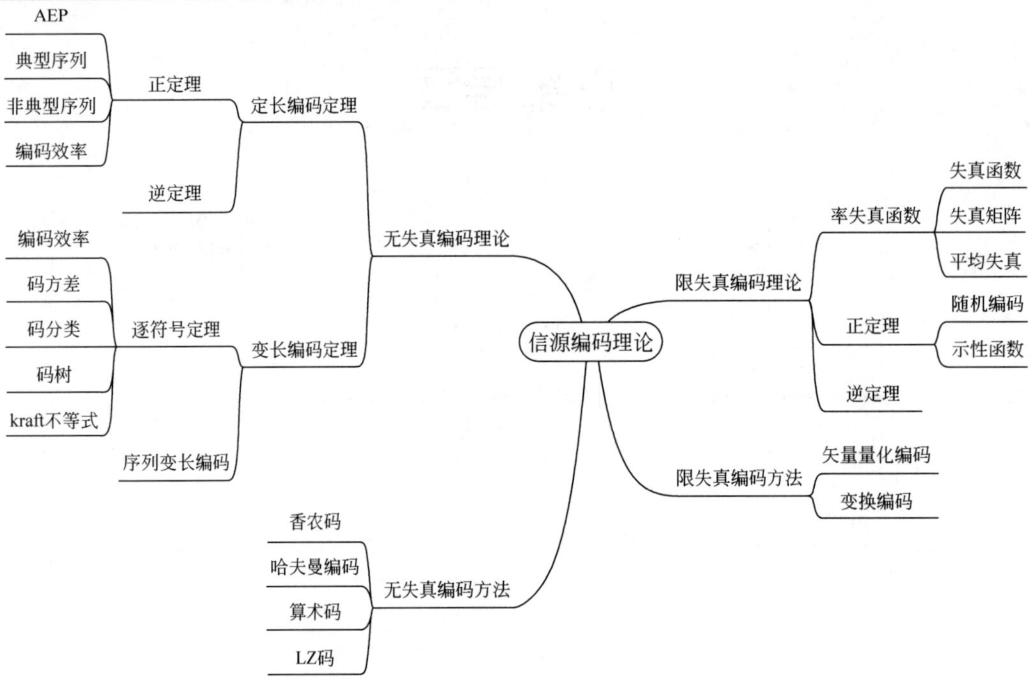

信源编码理论思维导图

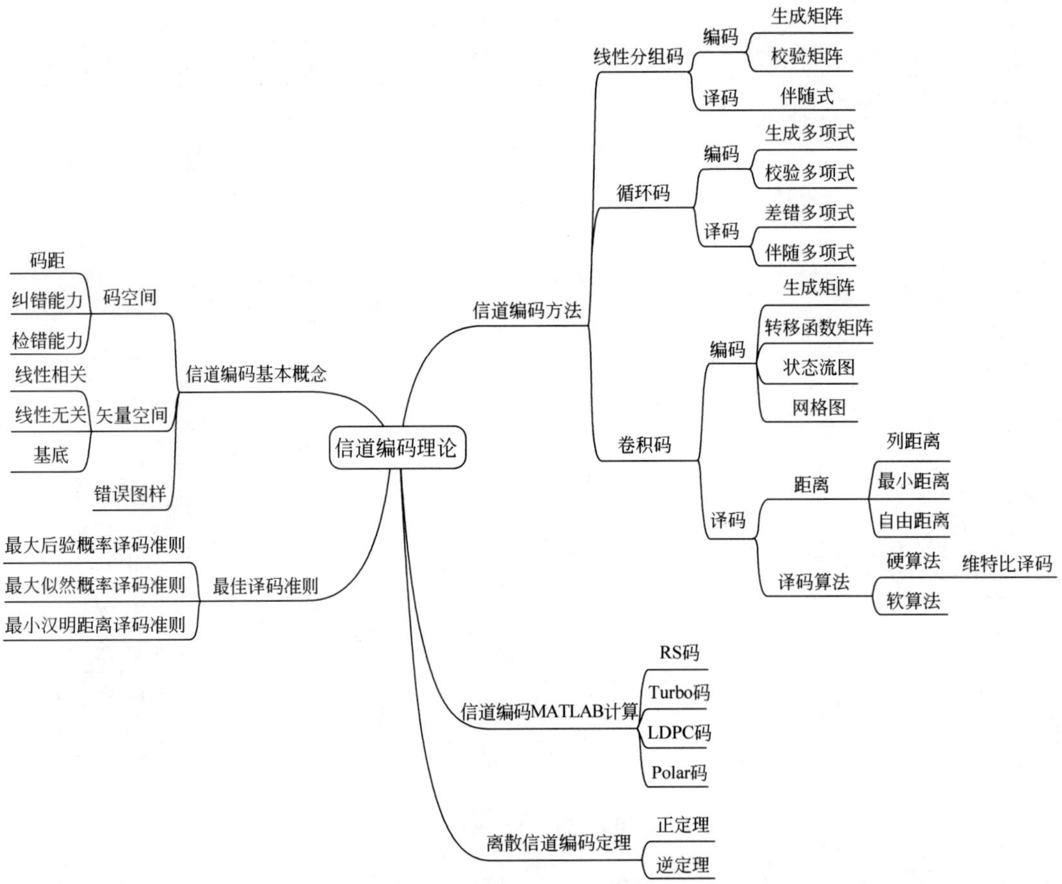

信道编码理论思维导图

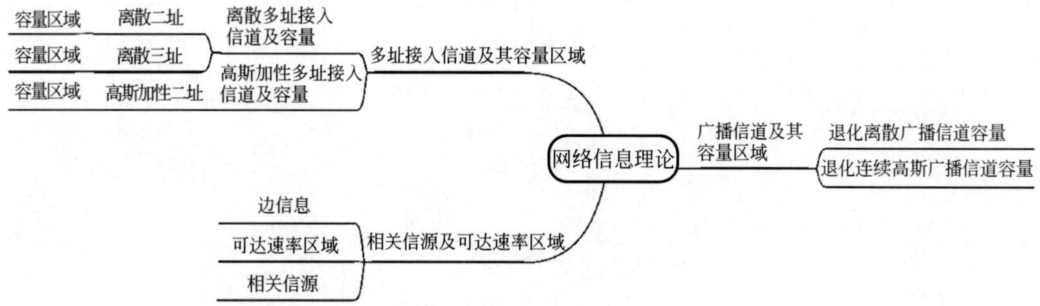
容量区域
离散二址
离散多址接入信道及容量
容量区域
离散三址
高斯加性多址接入信道及容量
容量区域
高斯加性二址
多址接入信道及其容量区域
网络信息理论
广播信道及其容量区域
退化离散广播信道容量
退化连续高斯广播信道容量
边信息
可达速率区域
相关信源
相关信源及可达速率区域

网络信息理论思维导图

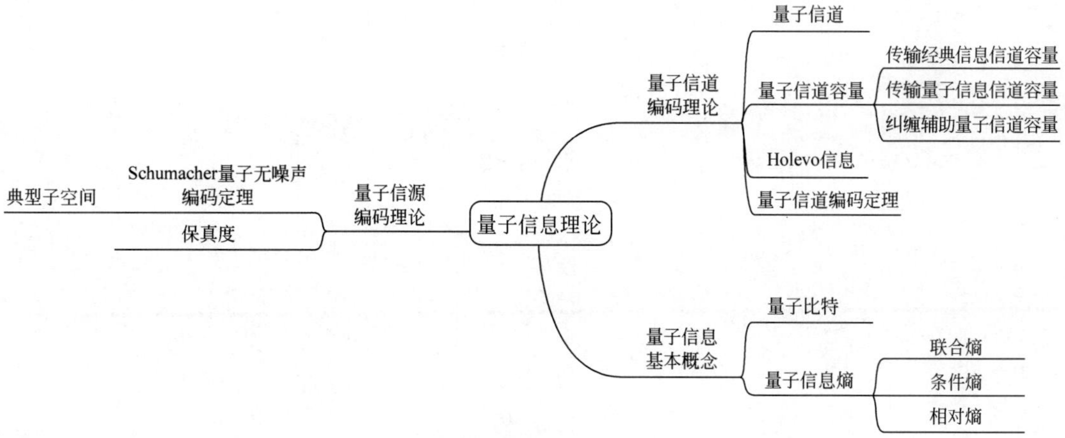
量子信道
传输经典信息信道容量
量子信道编码理论
量子信道容量
传输量子信息信道容量
纠缠辅助量子信道容量
Holevo信息
量子信道编码定理
典型子空间
Schumacher量子无噪声编码定理
保真度
量子信源编码理论
量子信息理论
量子比特
量子信息基本概念
量子信息熵
联合熵
条件熵
相对熵

量子信息理论思维导图

目录

CONTENTS

第1章 绪　　论

CHAPTER 1

随着科学技术特别是信息技术的迅猛发展，"信息"这个词逐渐被人们所熟知，并得到越来越多的应用。信息论是人们在长期通信实践活动中，将通信技术与概率论、随机过程和数理统计等学科相结合而逐步发展起来的一门新兴交叉学科，它描述信息处理、存储和传输所依赖的基本规律，以及这些规律在通信中的应用。美国科学家香农(C. E. Shannon)于1948年发表的著名论文《通信的数学理论》，奠定了信息论的理论基础。本章是绪论，阐述了信息和信息论的含义，介绍了信息论的形成与发展以及信息论的研究范畴，并结合通信系统模型说明信息在度量基础上是如何被有效且可靠地从信源传输到信宿的。

1.1 什么是信息

当今的时代是信息时代，人们的日常生活已离不开信息，人们对信息的依赖性也越来越强。另外，有关信息的新名词和新术语层出不穷，作为一种产业，"信息"在社会、经济中所占的份额越来越大，快速的信息基础设施建设也成为这个时代的重要特征。物质、能源和信息构成了现代社会生存发展的三大基本支柱，其中信息是最基本和最重要的概念，那么什么是信息(information)呢？

当人们收到一封电报，接到一个电话，早晨从收音机里听到气象预报或看到电视里的新闻之后，人们都感到自己得到了"信息"。那么，"信息"是否就是这些电报、电话、预报或新闻呢？再如，甲乙两人同时去听某一学者的课程，由于是同一时间同一学者的课程，是否意味着甲乙两人获得了相同的"信息"？直观上，这两个问题会存在一些模糊的、不确切的答案。因为当电报、电话、预报或新闻的内容是早知道的或已了解的，在获得这些"信息"时，就会觉得没有什么意义，或者说没有带来什么信息；相反，如果电报、电话、预报或新闻的内容，不但是原来不知道的，而且是完全出乎意料的，就觉得获得了很多信息。同样，对于第二个问题，当甲乙两人的基础不同时，尽管他们听到的是同一内容，但听后所获取的新知识并不相同，或者说所得到的有用信息不一样。"信息"正是从这些原始的、含混不清的概念中概括、提炼、提高和开拓获取的内容，它具有严格的、确切的含义和一定的数学表达，并且信息能够被定量地度量。

广义上，信息是对物质存在和运动形式的一般描述。1975年，朗格提出"一旦理解了是信息触发了行为和能力，信息包含于客体间的差别中，而不是客体本身中，人们就意识到在通信中所被利用的(亦即携带信息的)实际客体物质信息是物质的普遍属性。所谓物质系统的信息是指它所属的物理系统在同一切其他物质系统全面相互作用(或联系)的过程中,以质能和波动的形式所呈现的结构、状态和历史是不重要的,唯有差别关系是重要的。”

物质、能量和信息是构成客观世界的三大要素。信息是物质和能量在空间和时间中分布的不均匀程度。信息是事物的状态和运动形式的表征。在日常生活中,我们收到一封电报、接到一个电话或听到气象预报后,所得到的具体内容是对某一事务状态的描述。例如,气象预报说“晴转多云”,这是对气象状态这一事物的具体描述。电报上的报文,如“母病愈”,是对母亲身体健康情况的描述。这些都是人脑以外的客观物质世界表现出来的各种不同的运动状态。电话中说“他想去北京”,则是存在于人头脑里的思维活动,反映了人的主观世界——大脑物质的思维活动所表现出来的思维状态。

在信息社会中,“信息”这个词应用十分广泛(如报纸上和电视节目中的经济信息、商品信息和人才交流信息等)。迄今为止,信息还没有形成一个完整的定义。不同的研究学派对信息的本质及其定义还没有形成统一的意见和认识。综合信息的各种定义,较为一致的定义是:信息是认识主体(人、生物和机器)所感受的或所表达的事物运动的状态和运动状态变化的方式。信息具有以下特点:

① 普遍存在性,它存在于自然界,存在于人类社会,也存在于思维领域,哪里有事物,哪里就有事物的运动状态和方式;

② 信息与物质既有区别又有联系,物质是信息的载体,物质的运动是信息的源泉,但信息只是事物运动的状态和方式,信息不是物质;

③ 信息与能量既有联系又有区别,传递信息需要能量,同样传递能量需要信息;信息是事物运动的状态和方式,能量则是物体做功的本领,两者之间有着本质的区别;

④ 信息是事物运动的状态和方式,是认识主体感知活动所表述的事物运动和方式,人类要认识事物就必须要取得信息,同样,要变革事物也必须要有信息。

为了度量信息,香农给出了概率信息概念,又称香农信息或狭义信息。香农从信息源具有随机不确性出发,为信源推出一个与统计力学熵相似的函数,称为信息熵(entropy)。其实,信息熵是表征信源平均不确定度的量,信息不等同于不确定度,而是为了消除不确定度必须获得与此不确定度相等的信息量。例如,甲袋中有 100 个球,其中红、白球各 50 个;而乙袋中也有 100 个球,红球 25 个,白球 25 个,蓝球 25 个,黑球 25 个。从两个袋子中各取一球,若是红球,则红球所包含的信息量并不相同。对于甲袋来说,获得红球的概率为 1/2,因此为了准确获得是否是红球的判断,需要获取 1 比特(bit)的信息;而对于乙袋来说,获得红球的概率为 1/4,因此为了准确获得是否是红球的判断,需要 2 比特的信息。由此,香农基于信息熵给出了信息的度量。香农信息就是消除不确定时所获得的信息量。

综上,信息具有以下性质:

(1) 信息是无形的。信息不同于物质和能量,它是看不见摸不着的,信息不具有实体性。

(2) 信息是可共享的。信息的交流,不会使交流者失去原有的信息,而且还可以获得新的信息。

(3) 信息是无所不在的。上至宇宙天体,下至地面矿藏,无不含有客观特征的信息;人类生存离不开信息,人的五官不停地接收信息,人的神经系统不断地传递信息,人的大脑则不停地处理、存储和利用信息。信息具有传递性。

(4) 信息是无限的。信息作为事物运动状态和存在状态的一般描述,和事物及它们的运动一样是永恒的、无限的。信息的无限性还表现在时空上的可拓展性。例如,今天气象台报告的气象数据所含有的信息,明天就失去价值,明天又会产生新的信息。如果将所有这些信息积累起来作为历史资料,又可以成为关于气候演变的重要信息依据,给人类创造幸福。

(5) 信息是可度量的。信息论中最重要的问题就是要解决信息的度量。信息度量应满足信息的三个基本方向:结构的、统计的和语义的。信息的度量与事件发生的概率有关。概率性事件的示性函数取值范围为[0,1],模糊性事件的示性函数取值为0～1。1比特＝10^{-16}尔格/开尔文。

另外,信息还必须具有以下特征:

① 对于接收者来说,信息必须是新的知识,有别于已知的内容;

② 信息是一个抽象的概念,本身看不见、摸不着,它必须依附于一定的物质形式,如文字、声波和电磁波等,这种运载信息的物质称为信息载体;

③ 若接收者不能解释所接收的信息载体,则不存在信息;

④ 信息可以产生,也可以消失,同时信息可以被携带、存储及处理;

⑤ 信息是可以度量的。

通常,人们用文字、语音和图像等能够被感觉器官所感知的物理现象,来表述客观的物质运动和主观的思维活动状态,称此为消息(message)。消息是具体的、非物理的,可描述为语言文字、符号、数据或图片,能够被感觉到,它是信息的载体,是信息论中主要描述形式,是信息的数学层表达。因此,从电报、电话或电视获得的是消息,而电报、电话、电视等载荷的内容才是信息。在通信中,消息是指传送信息的单个符号或符号序列。这些符号包括字母、文字、数字和语言等。例如,可用符号x_1表示晴天,x_2表示阴天,x_3表示雨天。

另一个重要的概念是信号(signal)。信号是消息的物理体现,也是信息的载体。它可以是运载或携带消息的任何物理量,以达到迅速并有效地传送和交换信息的目的。目前信息传输主要使用的信号有电信号、光信号和无线电信号。信息包含在信号之中,是通信系统中传送的主要对象。

信息是信号、消息的内涵,是信号载荷的内容,是消息描述的对象。反过来,信号则是信息在物理表达上的外延,消息则是信息在数学表达上的外延。同一信息,可以采用不同形式的物理量来承载,也可以采用不同的数学描述方式。同样,同一类型的信号或消息也可以代表不同内容的信息。

例如,烽火台是古代的军事设置,从边境按一定距离一座一座直到京都,有军事情况的时候,白天举烽(狼烟),晚上举火,具有军事信息传递作用。其中,烽火台是否点燃烽(火)是信号,传送的敌情有无是信息。当然,在"烽火戏诸侯"的典故中,周幽王点燃的烽火台就不包含有无敌情的信息,当诸侯们多次被戏弄后,烽火台不再具有预报敌情的作用,导致镐京被攻破,周幽王被杀死。再如,我们可以通过手机进行信息交流,以无线电磁波为信号,传送的符号序列是消息,所表达的内容则是信息。

1.2 什么是信息论

在通信过程中,信息如何被度量,如何保证信息的有效传输,以及如何保证信息在有噪声的信道中可靠地传输,这些都是信息论所研究的问题。其中信息的度量是最重要的问题,香农首次将信息的不确定性作为信息的度量,并在此基础上提出了信息熵的概念。

香农(Shannon)熵是香农信息论中信息度量的基础,它与事件发生的概率相联系,以"不确定性"作为度量的基础。进一步地,可引入联合熵、条件熵、互信息、信道容量和率失真函数等概念,它们可看作是信息度量的其他形式。值得注意的是:香农熵虽然是以概率分布构成的不确定性为度量基础,但是随着信息科学的不断发展,香农熵的理解也被日益加深和扩大,新的信息度量与新的学科分支不断出现,例如,出现了量子信息论中的冯·诺依曼熵等新型熵概念的延伸。

信息论的产生和发展与通信、计算机技术的产生和发展密切相关,信息论的历史大体可以分为早期酝酿、理论建立与发展以及理论应用与近代发展三个阶段,下面将逐一进行介绍。

1.2.1 信息论的早期酝酿

在人类文明的早期,就已经知道可利用信息或信息传递等手段来达到某种目的。例如,古代的烽火台就是用烽火来传递外敌入侵的信息。但是,大量信息的运用还是在有线、无线电通信产生以后。20世纪初,信息论进入了早期酝酿阶段。为了提高通信的质量与效率,人们开始从物理和数学两个方面考虑问题。在物理上,主要研究和改进了通信的物理手段和条件,如不同通信方式(如有线、无线)的采用、发射与接收设备的改进、波段的选择与信噪比的提高等。在物理技术改进的同时,人们也发现数学理论和工具的使用变得十分重要,通信中的许多问题如果没有数学的描述就无法说明。到20世纪40年代,信息论的一些基本问题开始形成。

1. 早期编码问题

在有线、无线电通信产生时,编码技术也随之产生。早期的编码有莫尔斯(Morse)码和波多(Bodo)码等,它们通过"点""划"和"空"等信号表示文字。这些码虽然原始,但实现了从文字到通信信号的重大转变。莫尔斯码和波多码是最早的编码方式。中文通信一直采用电报码方式,先将汉字变成数字,再用电码发送。

2. 通信的有效性和可靠性

随着通信距离的加大,出现了信号强度的衰减与噪声干扰等问题。因此,如何克服噪声干扰就成为通信技术中迫切需要解决的问题。为了解决该问题,人们开始对通信中的各种因素加以分析,结果发现频带的加宽可以提高通信效率,而且它的作用比信号强度更为重要。同时又发现在通信技术中,通信的数量与质量存在相互制约关系,例如,牺牲通信的数量可以达到提高通信质量的目的。这种概念虽然符合人们日常生活的经验(如重复多次说话的内容可让对方听得更清楚),但是无法给出理论上的解释。直到20世纪20年代,奈奎斯特(H. Nyquist)与哈特莱(L. Hartley)提出了解决以上问题的一系列方法,证明了信息传递的速率与带宽成正比,信息的度量与信号的概率分布有关以及可采用对数函数形式对信息大小进行衡量等结果,这些研究成果的出现为香农信息论的建立奠定了基础。

3. 香农熵的其他产生途径

20世纪40年代,控制论的奠基人维纳(N. Wiener)和美国统计学家费希尔(E. Fisher)与香农同时提出信息的一种度量方式,即信息熵的定义。由此说明,信息论的前期酝酿已经成熟。

4. 纠错与检错码的产生

在信息论发展的同时，纠错、检错码的概念也在逐步形成。人们发现由“点”“划”和“空”等信号所构成的码可形成一定的结构，由这些结构可增加抗干扰能力。实际上，抗干扰的码就是一种有纠错能力的码。

1.2.2 信息论的建立与发展

信息论的产生以1948年香农的奠基性论文《通信的数学理论》为起点，迄今已有70多年的历史。在这70多年中，电子、通信与计算机技术的产业与市场经历了空前的、大规模的发展，信息技术产品进入千家万户，成为人们工作、学习与生活中不可缺少的组成部分。可以毫不夸张地说，信息论在这场空前的技术革命中起到了理论基础、思想先导与技术关键的作用。现代的快速通信、多媒体与网络技术、大数据处理无不受益于信息与编码理论及其相关学科（如信号处理等）的发展，这些发展推动了信息技术的革命，也丰富了信息论的内容。

自1948年香农理论产生以后，信息论大体经历了理论的确立与发展、理论的应用与近代发展两个阶段。下面就这些阶段的主要内容与特点逐一进行介绍。

1. 香农信息论的确立期

人们把1948年到20世纪60年代这一时期称为信息论的确立期，其主要特点是对香农理论的研究和说明，包括通信系统的数学模型与基本问题的说明以及对信息量、香农熵的来源、意义与作用的讨论；还包括对通信基本问题的讨论，对信源、信道编码问题的模型、本质问题与意义的讨论，信源、信道编码的编码定理及其证明，以及信源、信道编码的实现与应用问题等。

这一阶段的主要成果是对以上问题给出了严格的数学描述与论证。从信息的度量到通信模型、从编码问题的提出到主要编码定理的证明等，都是在严格的数学推导中完成的。同时，一系列专著的完成也标志着香农信息论的确立，如 A. Feinstein(1954)、R. G. Gallager (1968)和 J. Wolfowitz (1978)等的重要论著，这些著作基本上完成了对香农理论的阐述，在理论上解答了通信中所提出的问题。同期，国内学者也进行了大量的、重要的研究工作，为信息论的早期发展做出了重要贡献。

在香农信息论发展的同时，代数编码理论也得到迅速发展。利用群、环、域与线性子空间理论可将码赋予一定的代数结构，这种结构可使通信信号具有纠错与检错的能力。代数码方面出现了重要经典著作，包括 W. W. Peterson(1961)、R. M. Fano(1961)和 Wozencraft-Reiffen(1961)等的著作。

2. 香农信息论的发展期

20世纪70年代到80年代，信息论处于理论发展时期。由于香农理论的阐明与通信技术的发展，信息论的研究范围日益扩大，这一时期发展的主要内容在率失真理论与多用户信息论（或称网络信息论）方面。1959年，香农发表《保真度准则下的离散信源编码定理》，首次提出了率失真函数及率失真信源编码定理。率失真编码理论实际上是一种在允许失真条件下的信源编码理论，该理论在20世纪80年代和90年代成为有损数据压缩技术的理论基础。另外，多用户信息论的最早思路也由香农提出，在1961年，香农发表了一篇学术论文《双路通信信道》，开拓了多用户信息论的研究。多用户信息论在20世纪70年代和80年代得到迅速发展，成为这一时期信息论研究的一个主流课题，例如，20 世纪 70 年代，R. Ahlswede 和 Liao 找出了多元接入信道的信道容量区域，接着，J. K. Wolf 和 D. Slepian 将它推广到具有公共信息的多元接入信道中；另外，T. M. Cover 提出了广播信道，P. Bergmans 和 R. G. Gallager 等分别研究了广播信道的容量区域问题，指出只有退化广播信道的容量区域可以求解。1979 年，A. E. Gamal 找到了退化中继信道的容量区域。此后，各种不同类型的多用户信源、信道模型被提出，许多相关的编码定理也得以证明。当然，这些模型与当时处于热点的微波与卫星通信密切相关。

1.2.3 信息论的近期发展

信息论近期发展的主要特征是向多学科结合方向发展，有以下 3 个重要的发展方向。

1. 信息论与密码学

通信中的安全与保密问题是通信编码问题的又一种表示形式。香农在论文《保密通信的信息理论》中首次用信息论观点对信息保密问题做了全面的论述，给出了“绝对安全”的定义。由香农提出的保密系统模型仍然是近代密码学的基本模型，其中加密运算中的许多度量性指标，如完全性和剩余度等指标，与信息量密切相关。香农结合绝对安全的定义，推导出实现绝对安全的加密方法，即“一次一密”方法，该方法也是当前 DES 算法（数据加密标准算法）和 RSA 算法（非对称性加密算法）的理论基础。当今，进入了网络经济时代，信息的安全和保密问题更加突出和重要。人们把线性代数、数论和近世代数等引入保密问题的研究，并构成了一个重要分支，称为密码学。

2. 算法信息论与分形数学

由于香农熵、科尔莫戈罗夫（Kolmogorov）复杂度与豪斯多夫（Hausdorff）维数的等价性在理论上得到证明，从而使信息论、计算机科学与分形理论找到了交叉点。人们发现香农熵、科尔莫戈罗夫复杂度与豪斯多夫维数都是某种事物复杂性的度量，而且在一定的条件下可以相互等价转化。由这 3 种度量分别产生了信息论、计算复杂度与分形理论，它们在本质上有共同之处。三者结合后所产生的新兴学科方向具有跨学科的特点，如算法信息论就是信息论与计算复杂性理论融合所产生的新学科。

3. 信息论在统计与智能计算中的应用

信息论与统计理论的结合已出现许多突出的成果，其主要特点是统计理论正在从线性问题转向非线性问题，信息的度量可以作为研究非线性问题的手段。例如，可用互信息取代统计中的相关系数，从而更好地反映两个随机变量的相互依赖程度。信息量的统计计算较为复杂，因此在统计中一直没有得到广泛的应用。但由于近期大批数据的出现（如金融数据、股票数据和生物数据等），使许多统计计算问题成为可能。信息论也必将在统计中发挥更大的作用。

1）智能计算中的信息统计问题

信息量与统计量存在许多本质的联系，在概率分布族所组成的微分流形中，Fisher 信息矩阵是 Kullback-Laiber 熵的偏微分，由此关系所引出的信息几何理论是智能计算的基础，出现了一系列重要的智能计算方法，如最大化算法（Expectation Maximization Algorithm，EMA）、ACI 算法和 Ying-Yang 算法。

2）信息计算与组合投资决策

T. Cover 把组合投资决策问题转换成信息论的问题，并在最优决策的计算中给出了一个渐近递推算法，利用熵性质证明了该算法的单调性与收敛性。

3）编码理论与试验设计、假设检验理论相结合

在信息编码理论中有许多码的构造理论与方法，这些码在一定意义下具有正交性。因此，这些码可直接用来设计与构造试验设计表。另外，利用信息编码定理可以证明假设检验中的两类误差具有指数下降性，并给出这两类误差的下降速度。

1.3 通信系统的基本模型

香农信息论研究的问题主要来自通信系统。目前较为常见和完整的通信系统模型如图 1-1 所示。

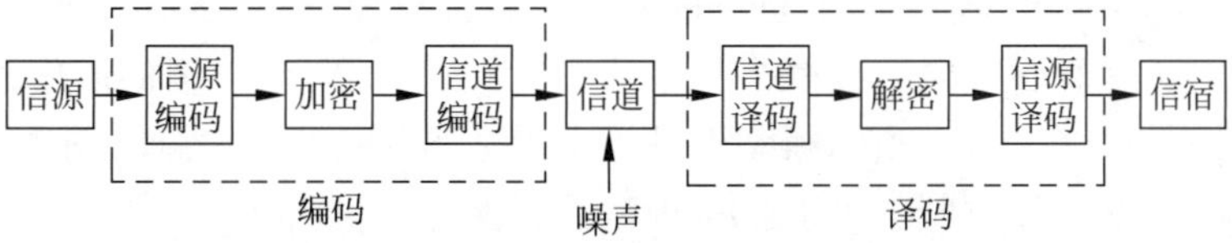

图 1-1 通信系统模型

由图 1-1 可知，通信过程可归结为，首先将信源发出的消息（又称为原始信息）经编码变换为信号，并进入信道成为信道的输入信号（简称输入信号或入口信号）。输入信号经信道的传输，到达通信的另一端，形成输出信号（或出口信号）。输出信号经译码处理把输出信号转变为消息，这种消息是原始消息的还原，所以又称为还原消息。还原消息最终由接收者接收，从而实现整个通信过程。通信系统模型主要包括 5 部分，下面逐一介绍。

1. 信源

信源是产生消息的源头，是消息运动的出发点。信源消息有多种形式，可以是离散的或连续的，也可以是时间序列。它们分别可用离散型随机变量、连续型随机变量及随机过程等数学模型表示。

2. 编码器

编码是对消息符号进行编码处理的过程。编码可分为信源编码、加密编码和信道编码三大类，香农信息论研究得较为深入的是信源编码和信道编码两类。信源编码对信源输出的消息进行适当的变换和处理，以尽可能提高信息传输的效率；而信道编码以提高信息传输的可靠性为目的对信息进行变换和处理。香农信息论用 3 个重要的定理给出了编码的理论性极限，这 3 个定理分别是无失真信源编码定理、限失真信源编码定理和信道编码定理。当然，对于各种实际的通信系统，编码器还应能够完成调制和发射等各种变换处理。另外，在保密通信系统中，还应该包括加密编码，以保证信息传输的安全性和真实性。

3. 信道

信道是信息的传输媒介。实际的信道有明线、电缆、波导、光纤和无线电波传播空间等。信息的传输不可避免地会引入噪声和干扰，为了分析方便，我们把系统所有其他部分的干扰和噪声都等效地折合成信道干扰，看作是一个噪声源产生的，并叠加于所传输的信号上。这

样,信道输出的已经是叠加了干扰的信号。由于干扰和噪声均具有随机性,所以信道的特性同样可以用概率空间描述,而且噪声源的统计特性也是划分信道类型的主要依据。

信道除了传送信号以外,还有存储信号的作用,如磁带和光盘等。

4. 译码器

译码是把信道输出的编码信号进行反变换,以尽可能准确地恢复出原始信源符号。译码器有信源译码器和信道译码器。若在保密通信系统中,应还包括解密译码器。

5. 信宿

信宿是信息传输的目的地、接收消息的对象,即接收消息的人或机器。信源和信宿可处于不同地点和不同时刻。

香农信息论在解决了信息的度量之后,主要致力于研究如何提高通信系统中信息传输的可靠性和有效性。图 1-1 给出的模型只适用于收发两端单向通信的情况。它只有一个信源和一个信宿,信道传输也是单向的。更一般的情况是:信源和信宿各有若干个,即信道有多个输入和多个输出,此外信息传输也可以双向进行。例如,广播通信是单个输入、多个输出的单向传输通信;而卫星通信则是多个输入、多个输出的多向传输的通信系统。这些复杂的通信模型都可以在图 1-1 所示模型的基础上做适当修正获得,因此,图 1-1 所示的通信系统模型是最基本的,在信息论中,我们一般以此模型进行说明。

在信道中,信号的产生、发射、传送与接收实际上是一个很复杂的过程。如果输入是脉冲信号,那么它还要转变成具有不同振幅的电磁波才能发射。因此,信道终端最初接收到的信号是电磁振荡信号,再由电磁振荡信号转变为信道输出的脉冲信号,由译码运算把输出信号还原成消息。由脉冲信号变为电磁振荡信号称为调制;由电磁振荡信号变为信道输出的脉冲信号称为解调。由于干扰的存在,信道的输出信号可能与输入信号不同,从而造成还原消息与原始消息的不同,这种现象称为通信误差,是通信系统中需要克服的问题。通信误差一般可通过硬件与软件两个途径解决。所谓硬件就是改造通信系统的物理条件,如元器件的改进,信号功率与频带的加大以及噪声干扰的降低等,但这种改进是有限度的,而且会增加设备成本。软件的改进就是编码方式的改进,它可在外部硬件环境基本不变的条件下,通过编码与译码方法来实现通信速度的提高和通信误差的降低,这正是信息论所要讨论的基本内容。因此,信息论又称为信息编码理论。在代数编码理论中,编码问题归结为纠错码的构造与设计问题,同时也要考虑编码的算法问题,尤其是译码算法的可计算性问题,即所构造的译码算法必须在通信工程实施中可同步实现。

1.4 信息论的应用及成果

自香农信息论和相关编码理论产生以来,随着电子、通信与计算机的发展,信息论的研究成果得到了广泛应用,典型的应用有以下几方面。

1. 编码技术在快速通信领域中的应用

20 世纪 70 年代和 80 年代的编码理论在快速通信技术中得到了大量应用。当时的通信技术正在从低速向高速发展,通信手段正向微波、卫星等方向发展。因此,误差干扰问题就凸显出来,而利用纠错码可极大地降低通信中的差错率。当时的代数码,如 BCH 码和 RS(Reed-Solomon)码等,为克服干扰误差发挥了重要的作用,成为通信工程不可缺少的组成部分。另外，卷积码理论也有重要发展，卷积码的维特比（Viterbi）译码算法产生了新一代卫星的通信技术，如“先驱者”号太空探测器、木星和土星探测器都采用了卷积码技术，成为当时信息与编码理论在工程技术应用的一个光辉典范。

2. 调制解调码技术

20世纪80年代和90年代的信息编码理论的两项重要成果是调制解调码理论及数据压缩理论，并在多媒体技术领域中得以应用。G. Ungerbock 等在1982年利用网格码与软判决理论，对高斯信道给出了调制解调码的结构与编、译码算法。该技术的出现从根本上改变了数据通信的状况，使调制解调码通信速度从原来的1200比特/秒（b/s）逐步增加到30 000比特/秒，数据传输速度提高了25倍。

3. 数据压缩理论与技术

数据压缩理论分为无失真压缩与限失真压缩两大部分，它们有各自的理论基础与应用范围。无失真压缩理论适用于离散信源，且与数据存储密切相关，目前在计算机数据与文件的存储中得到广泛应用，成为计算机软件技术中不可缺少的一个组成部分。限失真压缩理论在20世纪70年代就已提出，T. Berger 的专著标志着该理论的成熟，但数据压缩技术的大量应用是在20世纪90年代。由于多媒体技术的需要，在综合无失真数据压缩技术、限失真压缩理论与信号处理技术的基础上，形成了实用化的限失真压缩技术。该技术在不影响人的视觉和听觉效果的条件下极大地压缩了通信与存储中的信息数据量，如动态和彩色图像的数据压缩率达到50∶1至60∶1，这样的压缩多媒体技术才真正具有实用意义。此外，出现了多媒体技术压缩标准，如 JPEG（Joint Photographic Experts Group）和 MPEG（Moving Picture Experts Group）等静态或动态图像数据压缩技术标准。1989年，CCITT（国际电报电话咨询委员会）提出的 H.261 视频压缩标准的压缩比可达到25∶1至48∶1。2013年2月，ITU-T VCEG（Video Coding Experts Group）正式推出视频压缩最新标准 H.265，为音视频服务提供了更优的编码方法。

4. 新型领域信息理论

随着信息技术应用的不断深入，出现了网络信息论、量子信息论和生物信息论。这些新型领域信息理论既与基本信息论相关，又具有各自的特点，其中有的信息理论刚刚被提出，有的信息理论已基本完成，这也正是信息论今后发展的新起点。例如，量子信息论自从BB84协议提出以来已得到迅速发展，形成了类似信息与编码理论的一整套体系结构，定义了量子信源、量子熵，对量子信息进行数据压缩的量子信源编码，以及量子率失真理论等；也定义了量子信道、传输经典信息的信道容量、传输量子信息的信道容量、在纠缠辅助下的信道容量，以及量子信道编码等。本书将在第7章着重介绍量子信息论的基本理论。

5. 模拟话路中数据传输速率的提高

最初，调制解调器（modem）调制解调的速率为300比特/秒，而信息论指出标准带宽为4kHz、信噪比为25dB路信道的极限速率应在25比特/秒。在信息理论指导下，1967年调制解调器传输速率提高到4800比特/秒，之后在1971年达到9600比特/秒，1980年达到14400比特/秒，1985年提高到19200比特/秒。

6. 降低信息传输所需的功率

信息理论已证明可采用低码率的信道编码来降低传送单位比特所需的能量 E_b 与噪声功率谱密度 N_0 之比。

在同样误码率下，利用不太复杂的信道编码可以使所需的 E_b/N_0 不采用信道编码时低 6dB 左右。好的信道编码方案(如 RS 码为外码，卷积码为内码)可以使误码率在 10^{-5} 的情况下使 E_b/N_0 降到 0.2dB。

7. 计算机中的容错问题

存储器是计算机的重要组成部分。内存储器和外存储器的存取速度不断提高，如何保证存取的正确性已成为越来越突出的问题。现在广泛采用的解决办法是增加适当的检错纠错装置。例如，IBM4300 和 Cray-1 等大型机的内存都有较简单的检错、纠错措施，根据不同的要求，可采用最简单的 Fire 码、BCH 码，甚至 RS 码。

8. 数据存储

文本数据的存储和读取以及音视频数据的存储与播放(如计算机硬盘、CD、VCD 和 DVD 等)所经过的通道也如同通信信道一样存在噪声，也有带宽限制，因此，也要求传输的有效性和可靠性。按照香农信息论，可以采用相应的编码技术实现有效性和可靠性。当前，数据存储中使用了各种压缩技术提高有效性，并采用信道编码来提高可靠性，其中最典型的纠错编码是 RS 码。

1.5 信息论研究范畴

关于信息论研究的具体内容是一个有争议的问题。数学家认为信息论只是概率论的一个分支，这种看法有一定的理由，因为香农信息论确实为概率论开拓了一个新的分支。某些物理学家认为信息论只是熵的理论，熵的概念确实是香农信息论的基本概念之一，但信息论的全部内容要比熵的概念广泛得多。

归纳起来，信息论研究的主要内容包括以下几方面。

1. 通信统计理论的研究

通信统计理论的研究主要是指利用统计数学工具，分析信息和信息传输的统计规律，包括信息的度量、信息速率与熵以及信道传输能力(信道容量)。

2. 信源的统计特性

信源的统计特性主要包括文字(如汉字)和字母(如英文)的统计特性、语音的参数分析和统计特性、图片及活动图像(如电视)的统计特性，以及其他信源的统计特性。

3. 收信者接收器的研究

收信者接收器的研究内容主要包括人的听觉和视觉器官的特性、人的大脑感受和记忆能力的模拟，且这些问题的研究与生物学、生理学和心理学的研究密切相关。

4. 编码理论与技术的研究

编码理论主要包括有效性编码和抗干扰编码。有效性编码，即针对信源的统计特性进行编码，以提高信息传输效率，也称为信源编码；抗干扰编码，即针对信道统计特性进行编码，以提高信息传输的可靠性，也称为信道编码。

5. 提高信息传输效率的研究

提高信息传输效率的研究内容主要包括功率的节约、频带的压缩及传输时间的缩短等。

6. 抗干扰理论与技术的研究

抗干扰理论与技术的研究内容主要包括各种调制技术的抗干扰性以及理想接收机的

实现。

7. 噪声中信号检测理论与技术的研究

检测理论主要包括信号检测的最佳准则和信号最佳检测的实现。

由此可见,信息论的研究内容极为广泛,是一门新兴的边缘学科,是当代信息科学的基本和重要的理论基础。信息论的研究范畴可以概括为以下 3 方面。

1) 信息论基础

信息论基础即狭义信息论,主要研究信息的测度、信道容量以及信源和信道编码理论等问题,即为香农基本理论。

2) 一般信息论

一般信息论主要研究通信的一般理论,除了香农理论以外,还包括噪声理论、信号滤波和预测、统计检测与估计理论、调制理论以及信息处理理论等。这些理论以美国科学家维纳为代表,其中有突出贡献的是维纳和苏联科学家科尔莫戈罗夫,主要研究信息传输和处理问题。

虽然维纳和香农等人都是运用概率和统计数学的方法来研究准确或近似地再现消息的问题,目的都是为了使消息传送和接收最优,但他们的研究却有重要的区别:维纳研究的重点是接收端,研究的问题是一个信号(消息)如果在传输过程中被某些因素(如噪声和非线性失真等)所干扰时,接收端怎样把它恢复、再现,并从干扰中提取出来,在此基础上,创立了最佳线性滤波理论(维纳滤波器)、统计检测与估计理论以及噪声理论等;香农研究的对象则是从信源到信宿之间的全过程,是收、发端联合最优的问题,其重点是编码。香农指出,只要在传输前后对消息进行适当的编码,就能保证在干扰存在的条件下,最佳地传送和准确或近似地再现消息。为此发展了信息测度理论、信道容量理论和编码理论等。

3) 广义信息论

广义信息论不仅包括上述狭义信息论和一般信息论两方面的内容,而且包括所有与信息有关的领域,如心理学、遗传学、神经生理学、语言学、语义学,甚至社会学中有关信息的问题。

综上所述,信息论是一门应用概率论、随机过程、数理统计和近代代数的方法,来研究广义的信息传输、提取和处理系统中一般规律的工程科学。它的主要目的是提高信息系统的可靠性和有效性,以达到系统的最优;它的主要内容(分支)包括香农理论、编码理论、维纳理论、检测和估计理论、信号设计和处理理论、调制理论和随机噪声理论等。

由于信息论研究的内容极为广泛,且各分支又具有一定的独立性,因此,本书仅阐述信息论的基础理论,并介绍这些基础理论的实际应用。

习题 1

1-1 什么是信息?

1-2 什么是信息论?

1-3 信息、消息和信号三者间的关系是什么?

1-4 简述一个通信系统的主要功能模块。

第2章 信源与信息熵

CHAPTER 2

2.1 预备知识

香农信息论所研究的信源的最大特性是不确定性。事件发生的不确定性与事件发生的概率有关：概率越大，不确定性越小，事件发生以后所含有的信息量就越小。小概率事件的不确定性大，一旦出现必然使人感到意外，因此产生的信息量越大。为了理解信息论中的信息，本章首先介绍概率的概念和性质，并在此基础上，进一步描述香农信息论中的信源和信息熵。

2.1.1 概率

为了理解概率，可以先做两个简单的试验。试验一：从装有10个完全相同的球（全部为白球）的盒子中，任意摸出一个球。试验二：从装有5个白球、5个红球的盒子中，任意摸出一个球。对于试验一，在球没有取出之前，就能确定取出的必定是白球。对于这种试验，从试验开始人们就确定试验的结果。对于试验二，在球没有取出之前，我们从试验开始时的条件中不能确定试验的结果（即取出的可能是白球，也可能是红球），这种试验结果在试验之前是无法确定的。

对于试验二，似乎没有什么规律可言，但实践表明，若从试验二的盒子中反复、多次地取球（每次取出一球，记录其颜色后再放回盒中），那么可以观察到这样的事实：试验次数 n 相当大时，出现白球的次数和出现红球的次数将很接近，其比值会逐渐稳定于1。该事实是容易理解的，因为盒子里的白球数等于红球数，从中任意摸出一个球，取得白球或红球的"机会"应该是相等的。由此可以归纳出两种试验类型。对于试验一，在试验之前就能断定试验结果，这种试验所对应的现象称为确定现象。对于试验二，它有多于一种可能的结果，对一次试验而言，没有规律，但是大量地重复试验，试验结果又遵循某些规律（这些规律被称为"统计规律"），这类试验叫作随机试验，其代表的现象称为随机现象。概率论就是研究随机现象统计规律的数学分支。

进一步的研究结果表明，如果一个试验满足以下条件：

(1) 试验可以在相同条件下重复进行；

(2) 试验的所有结果是明确知道的，并且试验结果不止一种；

(3) 每次试验总是出现一种可能的结果，但在一次试验之前却不能确定具体会出现哪一种结果。则称这样的试验是一个随机试验，简称试验。随机试验的每一个可能的结果，称为基本事件（样本点），它们的全体称作样本空间，用 Ω 表示。Ω 中的点（基本事件或称样本点）常用 ω 表示。例如，在前面的试验二中：$\omega_1=\{$取得白球$\}$，$\omega_2=\{$取得红球$\}$，则 $\Omega=\{\omega_1,\omega_2\}$。

在随机试验中，有时我们更加关心带有某些特征的事件是否发生。（例如在试验二中是否摸出红球；在购买彩票时，是否中奖等）。在随机试验中，我们可以研究 $A=\{$球的号码为6$\}$，$B=\{$球的号码为偶数$\}$，以及 $C=\{$球的号码小于或等于5$\}$这些事件是否发生。其中，A 是一个基本事件，而 B 和 C 都是由多个基本事件组成的，称为复杂事件。无论是基本事件还是复杂事件都称作随机事件，简称事件。习惯上用大写字母 $A,B,C,\cdots$表示事件。在试验中，若出现 A 中包含的基本事件 ω，则称作 A 发生，并记作 $\omega\in A$。Ω 表示全体基本事件，而随机事件是由具有某些特征的基本事件组成的，所以从集合论的观点看，一个随机事件不过是样本空间中的一个子集。Ω 是由所有基本事件组成的集合，因而在任一次试验中，必然要出现 Ω 中的一个基本事件 ω，即 $\omega\in A$，也就是说在试验中 Ω 必然会发生。所以用 Ω 表示一个必然事件，同时用 Φ 表示不可能的事件。

在试验二中，我们已经知道它是一个随机试验，并且样本空间 $\Omega=\{\omega_1,\omega_2\}$，其中，$\omega_1=\{$取得白球$\}$，$\omega_2=\{$取得红球$\}$，它们是基本事件。虽然在一次试验中不能肯定是 ω_1 或 ω_2 发生，但是可以确定在一次试验中某个事件（如 ω_1）发生的可能性有多大。因为盒子中白球和红球的数量相同（都是5个），由对称性可以很自然地推定在一次试验中 ω_1 出现的可能性是0.5。

下面给出概率的定义。随机事件 A 发生可能性大小的度量称为 A 发生的概率，记作 $p(A)$。一个重要的问题是如何找出给定的随机事件发生的可能性大小。在试验二中，因为知道了盒子中的白球数等于红球数，才推定 $p(\omega_1)=0.5$。如果不知道盒子中白球和红球的数量，还能得到取得白球的概率吗？实践告诉我们，可以通过反复多次地从盒子中取球（取后放回），记录其颜色，通过大量试验结果统计得到。因为当试验次数非常大时，白球出现的次数 $n_{白}$ 与实验总次数 n 的比值会稳定在某个值（如0.5）附近，将比值 $n_{白}/n$ 称为事件 ω_1 在 n 次试验中出现的频率。频率在一定程度上反映了事件 ω_1 发生的可能性的大小。

尽管每做 n 次试验所得的频率可能并不相同，但是只要 n 相当大，频率会与 $p(\omega_1)$非常“靠近”。因此概率是可以通过频率来“测量”的，或者说频率是概率的一个近似。那么，如何看待频率与概率的关系呢？现通过举例来说明。拿出一根木棒，谁都不会怀疑它具有一个客观的“长度”，但是长度具体是多少？我们可以用米尺或其他方法来测量。但是不论米尺还是其他仪器本身多么精密，由它们测得的木棒长度总有一定的误差，而且每次测量的结果也各不相同。另外，测得的长度值总会分布在某“真实”长度值附近。事实上，人们也是把测得的值看作是木棒的真实长度。因此，在实际应用中，当试验次数足够多时，常用事件 A 的频率来代替概率。由频率出发所定义的事件 A 的概率常称为统计概率。

统计概率指出，任一事件 A 的概率 $p(A)$是存在的。在实际问题中，即使 $p(A)$未知，仍可取事件 A 出现的频率作为它的近似值。这是统计概率的优势。统计概率也有不足之处。因为当我们取频率为近似值时，并不能肯定试验的次数该取多少为好。我们没有理由认为 $N+1$ 次试验比 N 次试验所获得的频率更逼近所求的概率。而且当试验次数增多时，很难保证试验的条件完全一样。例如，在掷硬币试验中，很难保证每次抛出的角度和高度等条件都是一样的。那么有什么方法来确定事件的概率呢？下面给出古典概型下的概率定义。

2.1.2 古典概型

下面首先讨论一类最简单的随机试验，它具有如下特征：

(1) 样本空间的元素(即基本事件或样本点)只有有限个，不妨设为 n 个，记作 ω_1，ω_2，…，ω_n，且两两互不相容(即 $\omega_i\omega_j=\varnothing$)。

(2) 每个基本事件的发生是等可能的，即 $p(\omega_1)=p(\omega_2)=\cdots=p(\omega_n)=1/n$。

这种等可能的数学模型曾经是概率论发展初期的主要研究对象，现在称为古典概型，它在概率论中占有很重要的地位。一方面，因为它比较简单，许多概念既直观又容易理解；另一方面，它概括了许多实际问题，有很广泛的应用，例如前面所说的取球试验，以及掷硬币试验等都是古典概型。

定义 2.1：对于古典概型，样本空间为 $\Omega=\{\omega_1,\omega_2,\cdots,\omega_n\}$。对任意一个随机事件 A，若 A 是 k 个基本事件的和，则概率定义为 $p(A)=k/n$。

【例 2-1】 盒子中有 10 个相同的球，分别标以号码 1,2,…,10，从盒子中任取一球，求此球的号码为偶数的概率。

解：令 $i=\{$所取球的号码为 $i\}$，则 $\Omega=\{1,2,3,4,5,6,7,8,9,10\}$，所以样本空间总数为 10。设 $A=\{$所取球的号码为偶数$\}$，则 $A=\{2,4,6,8,10\}$，所以 A 中含有的基本事件数为 5。从而得到 $p(A)=5/10=0.5$。

【例 2-2】 一套 5 册的选集随机地放在书架上，求各册自左至右或自右至左恰好成 12345 顺序的概率。

解：设 $A=\{$自左至右或自右至左恰好成 12345 顺序$\}$，显然 A 中含有的基本事件数(对 A 有利的基本事件数)为 2，基本事件总数为 $5!=120$，则 $p(A)=1/60$。

古典概型中，概率具有以下三个基本性质：

(1) 非负性，即对任一事件 A，有 $p(A)\geqslant 0$；

(2) 规范性，即对必然事件 Ω，有 $p(\Omega)=1$；

(3) 有限可加性，即若事件 $A_1,A_2,\cdots,A_n$ 两两互不相容，则 $p(A_1+A_2+\cdots+A_n)=p(A_1)+p(A_2)+\cdots+p(A_n)$。

一般地，对任意事件 A，有以下结论成立：

(1) $0\leqslant p(A)\leqslant 1$，$p(\Phi)=0$，$p(\Omega)=1$。

(2) $p(A)=1-p(\overline{A})$。

(3) 有限可加性，即若事件 $A_1,A_2,\cdots,A_n$ 两两互不相容，则 $p(A_1+A_2+\cdots+A_n)=p(A_1)+p(A_2)+\cdots+p(A_n)$［可推广为无限(可列)可加］。

(4) 若 $B\subseteq A$，则 $p(A-B)=p(A)-p(B)$，以及 $p(A)\geqslant p(B)$。

(5) $p(A+B)=p(A)+p(B)-p(AB)$，以及 $p(A+B)\leqslant p(A)+p(B)$。

在实际问题中，除了要知道事件 A 的概率 $p(A)$ 以外，通常还要知道在某个特定事件 B 发生的条件下，事件 A 发生的概率。在 B 发生的条件下 A 发生的概率被称为条件概率，记作 $p(A|B)$。例如，“你要能考 60 分，我就能考 100 分”“你喝了这杯，我就把这瓶喝了”等都是条件概率。下面给出条件概率的具体定义。

定义 2.2：如果 A 和 B 是两个随机事件，且 $p(B)>0$，在事件 B 发生的条件下，事件 A

发生的条件概率 $p(A|B)$ 定义为 $p(A|B)=\dfrac{p(AB)}{p(B)}$。

由定义 2.2 可知，对任意两个事件 A 和 B，若 $p(B)>0$，则 $p(AB)=p(B)p(A|B)$ 或 $p(AB)=p(A)p(B|A)$。应注意到 $p(AB)$ 与 $p(A|B)$ 之间的差别：$p(AB)$ 为 A 与 B 同时发生的概率，常称联合概率；而 $p(A|B)$ 表示在 B 发生的条件下 A 发生的概率，此时 B 尚未发生。

【例 2-3】 甲、乙两城市都位于长江下游，根据一百余年来的气象记录，知道甲、乙两城市一年中雨天分别占 20% 和 18%，而两地同时下雨的天数占 12%。求：

(1) 乙市下雨时，甲市也下雨的概率是多少？

(2) 甲市下雨时，乙市也下雨的概率是多少？

(3) 甲、乙两市中至少有一个下雨的概率是多少？

解：设 $A=\{$甲市下雨$\}$，$B=\{$乙市下雨$\}$，由题意可知：$p(A)=0.20$，$p(B)=0.18$，$p(AB)=0.12$。

则

(1) $p(A|B)=p(AB)/p(B)=0.12/0.18=0.67$。

(2) $p(B|A)=p(AB)/p(A)=0.12/0.20=0.60$。

(3) $p(A+B)=p(A)+p(B)-p(AB)=0.20+0.18-0.12=0.26$。

下面在示例的基础上，介绍全概率公式。

【例 2-4】 一袋中有 8 个白球，2 个黑球。依次进行不放回去的两次抽球，求第 2 次抽到黑球的概率。

解：设 $A=\{$第 1 次抽到黑球$\}$，$B=\{$第 2 次抽到黑球$\}$，由于连续做两次抽取，所以“第 2 次抽到黑球”是由事件“第 1 次抽到黑球，同时第 2 次也抽到黑球”和事件“第 1 次抽到白球，而第二次抽到黑球”组成。即 $B=AB+\bar{A}B$。

根据概率的性质(有限可加性)知，$p(B)=p(AB+\bar{A}B)=p(AB)+p(\bar{A}B)$ (注意，AB 与 $\bar{A}B$ 互不相容)，于是有

$$p(B)=p(AB)+p(\bar{A}B)=p(A)p(B\mid A)+p(\bar{A})p(B\mid \bar{A})=\frac{2}{10}\times\frac{1}{9}+\frac{8}{10}\times\frac{2}{9}=\frac{1}{5}$$

此题中所用的公式即为全概率公式。

定义 2.3：设事件 $A_1,A_2,\cdots,A_n$ 互不相容，且 $A_1+A_2+\cdots+A_n=\Omega$，则对任一事件 B，全概率公式为 $p(B)=\sum\limits_i p(A_i)p(B\mid A_i)$

【例 2-5】 发报台分别以概率 0.6 和 0.4 发出信号“.”和“—”。由于通信系统受到干扰，当发出“.”时未必收到“.”，而是分别以 0.8 和 0.2 的概率收到“.”和“—”。同理，在发出“—”时，收报台也分别以概率 0.9 和 0.1 收到“—”和“.”。求：

(1) 收到“.”的概率是多少？

(2) 收到“.”，发出的确实是“.”的概率是多少？

解：设 $A=\{$发出“.”$\}$，$B=\{$收到“.”$\}$，则

(1) $p(B)=p(AB)+p(\bar{A}B)=p(A)p(B|A)+p(\bar{A})p(B|\bar{A})=0.6\times0.8+0.4\times0.1=0.52$。

(2) $p(A|B)=p(AB)/p(B)=p(A)p(B|A)/p(B)=0.6\times0.8/0.52=0.923$。

根据乘法公式 $p(AB)=p(A)p(B|A)$(或 $p(AB)=p(B)p(A|B)$),可以知道 $p(AB)\neq p(A)p(B)$。如果 $p(AB)=p(A)p(B)$,则应有 $p(B)=p(B|A)$[或 $p(A)=p(A|B)$],那么 $p(B)=p(B|A)$意味着什么呢?它表明 B 发生的概率并不依赖于 A 是否发生,即 A 事件与 B 事件无关,这就是事件独立性的定义。

定义 2.4:任意两个事件 A 和 B,若有 $p(AB)=p(A)p(B)$成立,则称事件 A 和 B 是相互独立的。

同理,可以将独立的概念推广为 n 个事件独立。

2.1.3 概率性质

设随机变量 X 和 Y 分别取值于集合 $A=\{x_1,x_2,\cdots,x_n\}$和 $B=\{y_1,y_2,\cdots,y_m\}$。X 发生 x_i 和 Y 发生 y_j 的概率分别定义为 $p(x_i)$和 $p(y_j)$,它们一定满足 $0\leqslant p(x_i)\leqslant 1,0\leqslant p(y_j)\leqslant 1$ 以及 $\sum\limits_{i=1}^{n}p(x_i)=1,\sum\limits_{j=1}^{m}p(y_j)=1$。如果考虑 X 和 Y 同时发生 x_iy_j 的概率,则二者构成联合随机变量 XY,取值于集合$\{x_iy_j|i=1,2,\cdots,n;\ j=1,2,\cdots,m\}$,元素 x_iy_j 发生的概率称为联合概率,用 $p(x_iy_j)$表示。有时随机变量 X 和 Y 之间有一定的关联关系,一个随机变量发生某结果后,会对另一个随机变量发生的结果产生影响,这时可以用条件概率来描述两者之间的关系。如 X 发生 x_i 以后,Y 又发生 y_j 的条件概率表示为 $p(y_j|x_i)$,代表在 x_i 已知的情况下,又出现 y_j 的概率。当 x_i 不同时,即使发生同样的 y_j,其条件概率也不相同,说明了 x_i 对 y_j 的影响。而 $p(y_j)$则是在对 x_i 一无所知的情况下,y_j 发生的概率。有时相应地称 $p(y_j)$为 y_j 的无条件概率。同理,在 y_j 已知的条件下 x_i 的条件概率记为 $p(x_i|y_j)$。相应地,$p(x_i)$称为 x_i 的无条件概率。

无条件概率、条件概率和联合概率满足以下性质和关系:

(1) $0\leqslant p(x_i),p(y_j),p(x_i\mid y_j),p(y_j\mid x_i)\leqslant 1$。

(2) $\sum\limits_{i=1}^{n}p(x_i)=1,\sum\limits_{j=1}^{m}p(y_j)=1,\sum\limits_{i=1}^{n}p(x_i|y_j)=1,\sum\limits_{j=1}^{m}p(y_j|x_i)=1,\sum\limits_{j=1}^{m}\sum\limits_{i=1}^{n}p(x_iy_j)=1$。

(3) $\sum\limits_{i=1}^{n}p(x_iy_j)=p(y_j),\sum\limits_{j=1}^{m}p(x_iy_j)=p(x_i)$。

(4) $p(x_iy_j)=p(x_i)p(y_j|x_i)=p(y_j)p(x_i|y_j)=p(y_jx_i)$,且当 X 和 Y 相互独立时,$p(y_jx_i)=p(x_i)p(y_j)$。

(5) $p(x_i\mid y_j)=\dfrac{p(x_iy_j)}{\sum\limits_{i=1}^{n}p(x_iy_j)},p(y_j\mid x_i)=\dfrac{p(x_iy_j)}{\sum\limits_{j=1}^{m}p(x_iy_j)}$。

2.2 信源的描述和分类

信源是消息的来源,可表现为语音、文字或图像数据等,确切地说,它是产生消息、消息序列或连续消息的来源。客观信源的基本特性是具有随机不确定性,信息论主要讨论客观信源的概率统计特性,以及在此基础上的客观概率信息。

信源发出信息,消息载荷信息,而消息又具有不确定性,所以可用随机变量、随机向量或随机过程描述信源输出的消息，或者说用概率空间测度来描述信源。

若信源输出的消息是一系列符号形式的文字或字母，且这些符号的取值是有限的或可数的，则这样的信源称为离散信源。有的离散信源只涉及一个随机事件，称为离散单符号信源；有的离散信源可涉及多个随机事件，称为离散序列信源，可分别用离散随机变量和随机序列(或随机向量)描述。若信源输出的消息是连续的，则称该信源为连续信源，可用随机过程来描述。

2.2.1　离散单符号信源

离散单符号信源是最基本的信源，该信源的输出只有单个符号消息，且各消息间互不相容。例如，掷一枚 6 面质地均匀的骰子，每次朝上一面点数的出现是随机的。如把朝上一面点数的出现作为这个随机试验的结果，并把试验的结果看作信源的输出消息，无疑这个随机试验可看作是一个信源。这个信源输出有限种离散数字，其组成的集合为 $A=\{1,2,3,4,5,6\}$，而且每一个数字代表一个完整的消息，所以这个信源是离散单符号信源。可用离散随机变量 X 表示这个离散单符号信源，X 的可能取值就是信源可能发生的各种不同符号，其状态空间就是信源可能发出的各种不同符号组成的集合 $A=\{1,2,3,4,5,6\}$；X 的概率分布，就是信源发出各种不同符号的先验概率，其概率空间就是信源发出各种不同符号的先验概率组成的概率空间 $p=\{p(X=1)=1/6,p(X=2)=1/6,\cdots,p(X=6)=1/6\}$。所以，该离散单符号信源的数学模型可完整地表示为

$$\begin{bmatrix}X\\p\end{bmatrix}=\begin{bmatrix}1 & 2 & 3 & 4 & 5 & 6\\ \frac{1}{6} & \frac{1}{6} & \frac{1}{6} & \frac{1}{6} & \frac{1}{6} & \frac{1}{6}\end{bmatrix} \tag{2.2.1}$$

其中，$[X\quad p]^{\mathrm{T}}$ 称为信源 X 的信源空间，X 只可能是集合 $A=\{1,2,3,4,5,6\}$ 中的任何一种，不可能是集合 A 以外的其他任何符号；p 的取值是每种 X 取值的概率，且信源 X 的概率空间是一个完备集，即

$$p(X=1)+p(X=2)+\cdots+p(X=6)=1 \tag{2.2.2}$$

在这个典型实例的启示下，可以构建一般离散单符号信源的数学模型。若某信源可能发出 n 种不同的符号 $a_1,a_2,\cdots,a_n$，相应的先验概率分别是 $p(a_1),p(a_2),\cdots,p(a_n)$。若用随机变量 X 表示这个信源，其信源空间可表示为

$$\begin{bmatrix}X\\p(x)\end{bmatrix}=\begin{bmatrix}a_1 & a_2 & \cdots & a_n\\p(a_1) & p(a_2) & \cdots & p(a_n)\end{bmatrix} \tag{2.2.3}$$

其中，$0\leqslant p(a_i)\leqslant 1\ (i=1,2,\cdots,n)$，且 $\sum\limits_{i=1}^{n}p(a_i)=1$。

不同信源将对应不同的信源空间。因此，信源给定意味着相应的信源空间已经确定；反之，如果信源空间已经确定，相应的信源也就给定。用信源空间表示信源数学模型的必要前提是信源可能发出的各种符号的概率先验可知，或事先可测定。因此，测定信源的概率空间是构建信源空间的关键。例如，一个箱子中有红、黄、蓝、白 4 种不同颜色的球，它们的大小、质量和重量完全一样。若从这个箱子中任意摸取一个球，并把球的颜色当作试验的结果。那么，这个随机试验可以看作是一个离散单符号信源，且信源的输出符号集就是 4 种不

同的颜色 $A=\{$红,黄,蓝,白$\}$。构建信源空间的关键在于测定出现各种不同颜色的概率。假如箱子中共有 32 个球,其中红球 16 个,黄球 8 个,蓝球和白球各 4 个;则可得各种颜色的球的出现概率,即它们的先验概率分别为

(1) 出现红球的概率:$p(\text{红})=16/32=1/2$;

(2) 出现黄球的概率:$p(\text{黄})=8/32=1/4$;

(3) 出现蓝球的概率:$p(\text{蓝})=4/32=1/8$;

(4) 出现白球的概率:$p(\text{白})=4/32=1/8$。

若用随机变量 X 表示这个信源,则其信源空间为

$$\begin{bmatrix} X \\ p(x) \end{bmatrix}=\begin{bmatrix} \text{红} & \text{黄} & \text{蓝} & \text{白} \\ \frac{1}{2} & \frac{1}{4} & \frac{1}{8} & \frac{1}{8} \end{bmatrix} \tag{2.2.4}$$

综上,可用一个离散随机变量 X 代表一个离散单符号信源。随机变量 X 的状态空间和概率空间构建了信源空间$[X \quad p]^{\mathrm{T}}$ 的两个基本要素,其中概率空间是决定性的要素。

在通信系统中,最常见的信源是二进制信源,它仅产生 0 和 1 两种符号,其中,0 的概率为 p_0,1 的概率为 p_1。于是,这样的信源的信源空间可表示为

$$\begin{bmatrix} X \\ p(x) \end{bmatrix}=\begin{bmatrix} 0 & 1 \\ p_0 & p_1 \end{bmatrix}$$

若 $p_0=p_1=1/2$ 时,则信源空间可进一步表示为

$$\begin{bmatrix} X \\ p(x) \end{bmatrix}=\begin{bmatrix} 0 & 1 \\ p_0 & p_1 \end{bmatrix}\xlongequal{p_0=p_1=1/2}\begin{bmatrix} 0 & 1 \\ \frac{1}{2} & \frac{1}{2} \end{bmatrix}$$

2.2.2 离散无记忆序列信源

很多实际信源输出的不只是单个消息符号,而是多个消息符号。例如,自然语信源就是把人类的语言作为信源,以汉字为例,这种信源随机地发出一串汉字序列。可以把这种信源输出的消息视为时间上(如电报)或空间上(如一封信)离散的随机变量序列,或称随机矢量。再如,在上述摸球试验中,将每次摸到球的颜色作为变量,操作 N 次后,各颜色变量将构成一消息序列,因此可用一随机序列来描述 N 次球的颜色。离散序列信源的输出可用一个 N 维随机矢量$(X_k,k=1,2,\cdots,N)$描述,其中,N 可以是有限正整数或可数无穷值,注意 N 必须是有限的。

在上述随机矢量(序列)中,若每个随机变量 X_k,$k=1,2,\cdots,N$ 都是离散的,则可用 N 重离散概率空间的数学模型描述信源,即

$$\begin{bmatrix} \boldsymbol{X} \\ p(x) \end{bmatrix}=\begin{bmatrix} s_1 & s_2 & \cdots & s_{q^N} \\ p(s_1) & p(s_2) & \cdots & p(s_{q^N}) \end{bmatrix} \tag{2.2.5}$$

其中,$\boldsymbol{X}=(X_1,X_2,\cdots,X_N)$;$X_k\in A=[a_1,a_2,\cdots,a_q]$,$k=1,2,\cdots,N$,$s_j\in A^N$,$j=1,2,\cdots,q^N$ 且 $A^N=[a_i^k,i=1,2,\cdots,q;\ k=1,2,\cdots,N]$。

由此可见,随机序列 $\boldsymbol{X}=(X_1,X_2,\cdots,X_N)$的取值 s_j,$j=1,2,\cdots,q^N$ 的个数为 q^N,取决于序列长度 N 和符号集 $A=(a_i,i=1,2,\cdots,q)$的符号个数 q。

离散无记忆序列信源是最简单的离散序列信源。实际信源的输出往往是时间或空间上

的系列消息符号。一般情况下，信源输出序列中每一位符号取值是随机的，前后符号的出现有一定的统计关系。例如，电报系统发出的是一串有、无脉冲的信号(编码有脉冲为 1、无脉冲为 0)序列。这时，电报系统就可以看作是一个二进制信源，其信源输出是一串 0、1 序列。如果输出消息符号序列中前后符号的出现是彼此无关的，则称为离散无记忆序列信源。例如，离散信源的 N 次扩展可形成离散无记忆序列信源，这又称为离散无记忆扩展信源。

最简单的扩展是二次扩展。二次扩展信源输出的消息符号序列是分组发出的，如图 2-1 所示。若 X 是二进制随机变量，则每两个二进制数字构成一组，新的等效信源 X^e 的输出符号为 00、01、10 和 11。

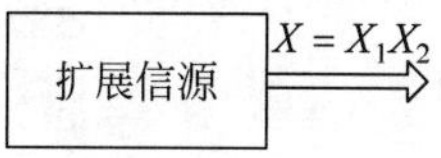

图 2-1　二次扩展信源

二次扩展信源的数学模型为

$$\begin{bmatrix} X^e \\ p(x^e) \end{bmatrix} = \begin{bmatrix} x_1^e & x_2^e & x_3^e & x_4^e \\ p(x_1^e) & p(x_2^e) & p(x_3^e) & p(x_4^e) \end{bmatrix}$$

其中，x_i^e 为二次扩展信源 X^e 的输出符号。这里，$x_1^e=00$，$x_2^e=01$，$x_3^e=10$，$x_4^e=11$，且有

$$p(x_i^e)=p(X^e=x_i^e)=\prod_{k=1}^{N} p(X_k=x_{i_k})=\prod_{k=1}^{2} p(X_k=x_{i_k})=\prod_{k=1}^{2} p_{i_k}$$

其中，$x_{i_k} \in A=\{x_1,x_2\}=\{0,1\}$，$k=1,2,\cdots,N$，表示二次扩展信源 X^e 中分量的序数，$N=2$ 为序列长度，$i=1,2,3,4$ 表示信源 X^e 的符号序数，p_{i_k} 表示分量 X_k 当 $k=1,2$ 时的概率，X_k 取值为 x_1 或 x_2。

在此基础上，可进一步描述三次扩展信源。三次扩展信源 $X^3=X_1X_2X_3$ 共输出 q^N 个消息。如 $q=2$，$N=3$。这样，长度 N 为 3 的二进制序列符号共有 8 个，即 x_i^e，$i=1,2,\cdots,8$。它可等效为一个具有 8 个消息符号的新信源 X^e，同时有 $p(x_i^e)=p(X^e=x_i^e)=\prod\limits_{k=1}^{N} p(X_k=x_{i_k})=\prod\limits_{k=1}^{3} p_{i_k}$，其中，$x_{i_k} \in A=\{0,1\}$，其三次扩展信源 X 的概率空间为

$$\begin{bmatrix} X^e \\ p(x^e) \end{bmatrix} = \begin{bmatrix} x_1^e & x_2^e & x_3^e & x_4^e & x_5^e & x_6^e & x_7^e & x_8^e \\ p(x_1^e) & p(x_2^e) & p(x_3^e) & p(x_4^e) & p(x_5^e) & p(x_6^e) & p(x_7^e) & p(x_8^e) \end{bmatrix}$$

例如，三位 PCM 信源，$n=2$，$X_l=\{0,1\}$，$L=3$，其样值空间共有 $2^3=8$ 种可能。

$$\begin{bmatrix} X^3 \\ p(x^e) \end{bmatrix} = \begin{bmatrix} X^3(=000) & X^3(=001) & \cdots & X^3(=111) \\ p_0^3 & p_0^2p_1 & \cdots & p_1^3 \end{bmatrix}$$

若 $p_0=p_1=1/2$ 时，则信源为

$$\begin{bmatrix} X^3(=000) & X^3(=001) & \cdots & X^3(=111) \\ \dfrac{1}{8} & \dfrac{1}{8} & \cdots & \dfrac{1}{8} \end{bmatrix}$$

以此类推，可推广到 N 次扩展信源 $X^N=X_1X_2\cdots X_N$。此时，由 N 个二进制数字为一组所构成的新信源 X 共有 2^N 个符号，每个符号长度为 N，称它为二进制信源的 N 次扩展信源。

上述基于离散无记忆二进制信源的扩展，可帮助了解 N 次扩展信源的基本含义。下面讨论更一般的情况，即离散无记忆信源的 N 次扩展。

设 X 是一个离散无记忆信源，其概率空间为

$$\begin{bmatrix} X \\ p(x) \end{bmatrix} = \begin{bmatrix} x_1 & x_2 & \cdots & x_q \\ p(x_1) & p(x_2) & \cdots & p(x_q) \end{bmatrix}$$

其中，q 为信源符号个数，$p_i=p(X=x_i)(i=1,2,\cdots,q)$为信源各符号分布概率，则 X 的 N 次扩展信源 X^e 是具有 q^N 个消息符号的离散无记忆信源，其 N 重概率空间为

$$\begin{bmatrix} X^e \\ p(x^e) \end{bmatrix} = \begin{bmatrix} x_1^e & x_2^e & \cdots & x_{q^N}^e \\ p(x_1^e) & p(x_2^e) & \cdots & p(x_{q^N}^e) \end{bmatrix}$$

其中，$X^e=X_1X_2\cdots X_N$，$x_i^e=x_{i_1}x_{i_2}\cdots x_{i_N}$，$x_{i_k}\in A=\{x_1,x_2,\cdots,x_q\}$，$k=1,2,\cdots,N$ 且 $p(x_i^e)=p(X^e=x_i^e)=\prod_{k=1}^{N}p_{i_k}$。

进一步划分离散无记忆序列信源，如果同时满足平稳和等分布条件，即

$$p(\boldsymbol{x})=p(x_1x_2\cdots x_L)=\prod_{l=1}^{L}p(x_l)=[p(x_l)]^L \tag{2.2.6}$$

那么该信源称为独立同分布(Independent and Identically Distributed)信源，常称 i. i. d 信源。例如，常见的 PCM(脉冲编码调制)信源就属于独立同分布信源。在信息论的很多问题中，都假设信源是独立同分布信源。

2.2.3 离散有记忆序列信源

离散有记忆信源与上述信源相比更加复杂。例如，在上述摸球试验中，仍将每次摸到球的颜色作为变量，但是每次操作后，并不将所摸到的球放回试验袋中，N 次操作后，各颜色变量将构成序列，但是该序列中的每个变量相互存在关联，我们把这样的信源称为离散有记忆序列信源。典型的离散有记忆序列信源是马尔可夫信源，或称马氏链信源。

当信源的记忆长度为 $m+1$ 时，即此时刻发出的符号仅与前 m 个符号有关联，而与更前面的符号无关，这种有记忆信源叫作 m 阶马尔可夫信源。此时，联合概率可表述为

$$\begin{aligned} p(x_1x_2\cdots x_L) &= p(x_1)p(x_2 \mid x_1)p(x_3 \mid x_2x_1)\cdots p(x_L \mid x_{L-1}\cdots x_1) \\ &= p(x_1)p(x_2 \mid x_1)p(x_3 \mid x_2x_1)\cdots p(x_L \mid x_{L-1}\cdots x_{L-m}) \end{aligned} \tag{2.2.7}$$

最简单的马尔可夫信源是一阶马氏链，即信源输出的消息序列中任一时刻的消息 x_l 仅与它前面的一个消息 x_{l-1} 有关，而与更前面的消息无关。数学上可表示为 $p(x_l|x_{l-1}x_{l-2}\cdots x_1)=p(x_l|x_{l-1})$。于是，联合概率分布可描述为

$$\begin{aligned} p(x_1x_2\cdots x_L) &= p(x_1)p(x_2 \mid x_1)p(x_3 \mid x_2x_1)\cdots p(x_L \mid x_{L-1}\cdots x_1) \\ &= p(x_1)p(x_2 \mid x_1)p(x_3 \mid x_2)\cdots p(x_L \mid x_{L-1}) \\ &= p(x_1)\prod_{l=1}^{L-1}p(x_{l+1} \mid x_l) \qquad (2.2.8) \\ &= p_1 p_{ji}^{L-1}（对于齐次马氏链） \\ &\cong p_{ji}^L \end{aligned}$$

其中，p_{ji} 是马氏链的状态转移概率。在实际信源中，数字图像常采用一阶马氏链模型作为其一阶近似。

2.2.4 连续信源

另一类常见信源是连续信源，它是时间上连续，且取值也连续的信源，常用随机过程表示。连续的模拟信源往往可以采用两类方法进行分析。一类是将连续信源离散化为随机序

列信源，再采用前面介绍的针对随机序列信源的方法进行分析；另一类是直接分析连续模拟信源，注意只有满足限时(T)和限频(F)的连续模拟信源才可离散化为随机序列信源表示。

下面针对限时(T)和限频(F)的连续模拟信源，给出3类最常见的离散化方法，也称为连续信源的序列化展开方式，分别是傅里叶级数展开、取样函数展开和K-L展开。

1）傅里叶级数展开

限时(T)和限频(F)的连续模拟信源可用随机过程$U(t,\omega)$表示。当它在时间(T)上受限时，可表示为

$$\begin{cases} U(t,\omega) \overset{\text{(a.e.)}}{=} 0 & |t|>T \\ U(t,\omega) \overset{\text{(a.e.)}}{=} \overline{U}(t,\omega) & |t|\leqslant T \end{cases}$$

其中，$\overline{U}(t,\omega)$是一个周期性随机过程，a.e.表示almost everywhere，即几乎处处。周期性随机过程可用傅里叶级数展开，于是，随机过程$U(t,\omega)$的具体展开过程如下：

$$U(t,\omega) \xrightarrow{\text{限时}} \overline{U}(t,\omega) \xrightarrow{\text{傅里叶级数展开}} \overline{U}(t,\omega) \overset{\text{(a.e.)}}{=} \sum_{-\infty}^{+\infty} C_n(\omega)\mathrm{e}^{\mathrm{j}\frac{2n\pi}{T}t}$$

$$\xrightarrow{\text{限频}} \sum_{-N}^{N} C_n(\omega)\mathrm{e}^{\mathrm{j}\frac{2n\pi}{T}t} \rightarrow 2N+1\text{ 维随机矢量}$$

其中，$C_n(\omega) \overset{\text{(a.e.)}}{=} \frac{1}{T}\int_{-T/2}^{T/2} \overline{U}(t,\omega)\mathrm{e}^{-\mathrm{j}\frac{2n\pi}{T}t}\mathrm{d}t \overset{\text{(a.e.)}}{=} \frac{1}{T}\int_{-T/2}^{T/2} U(t,\omega)\mathrm{e}^{-\mathrm{j}\frac{2n\pi}{T}t}\mathrm{d}t$。结果表明，随机过程$U(t,\omega)$在限时、限频条件下可展开为$2N+1$维的随机矢量，其中，$N=FT$。

2）取样函数展开

对于随机过程$H(f,\omega)$，若它在频域(F)上受限，则可表示为

$$\begin{cases} H(f,\omega) \overset{\text{(a.e.)}}{=} 0 & |f|>F \\ H(f,\omega) \overset{\text{(a.e.)}}{=} \overline{H}(f,\omega) & |f|\leqslant F \end{cases}$$

其中，$\overline{H}(f,\omega)$为一频域周期性过程。于是，$\overline{H}(f,\omega)$可在频域上进行傅里叶级数展开，得到

$$H(f,\omega) \xrightarrow{\text{限频}} \overline{H}(f,\omega) \overset{\text{(a.e.)}}{=} \sum_{n=-\infty}^{+\infty} g_n(\omega)\mathrm{e}^{\mathrm{j}\frac{2n\pi}{2F}f}$$

其中，$g_n(\omega) \overset{\text{(a.e.)}}{=} \frac{1}{2F}\int_{-F}^{F} \overline{H}(f,\omega)\mathrm{e}^{-\mathrm{j}\frac{2n\pi}{2F}f}\mathrm{d}f \overset{\text{(a.e.)}}{=} \frac{1}{2F}\int_{-F}^{F} H(f,\omega)\mathrm{e}^{-\mathrm{j}\frac{2n\pi}{2F}f}\mathrm{d}f$。

由于频域随机过程$H(f,\omega)$和随机过程$U(t,\omega)$是一对傅里叶变换，即

$$U(t,\omega) \overset{\text{(a.e.)}}{=} \int_{-F}^{F} H(f,\omega)\mathrm{e}^{\mathrm{j}2\pi ft}\mathrm{d}f$$

令$t=-\frac{n}{2F}$，则有

$$g_n(\omega) \overset{\text{(a.e.)}}{=} \frac{1}{2F}\int_{-F}^{F} H(f,\omega)\mathrm{e}^{\mathrm{j}\left(-\frac{n}{2F}\right)2\pi f}\mathrm{d}f \overset{\text{(a.e.)}}{=} \frac{1}{2F}U\left(-\frac{n}{2F},\omega\right)$$

所以有

$$U(t,\omega) \overset{\text{(a.e.)}}{=} \int_{-F}^{F} H(f,\omega)\mathrm{e}^{\mathrm{j}2\pi ft}\mathrm{d}f \overset{\text{(a.e.)}}{=} \int_{-F}^{F}\left(\sum_{n=-\infty}^{\infty} g_n(\omega)\mathrm{e}^{\mathrm{j}\frac{2\pi n}{2F}f}\right)\mathrm{e}^{\mathrm{j}2\pi ft}\mathrm{d}f$$

$$\overset{(\text{a. e.})}{=} \sum_{n=-\infty}^{+\infty} g_n(\omega) \int_{-F}^{F} \mathrm{e}^{\mathrm{j}2\pi f\left(t+\frac{n}{2F}\right)} \mathrm{d}f$$

$$\overset{(\text{a. e.})}{=} \sum_{n=-\infty}^{+\infty} \frac{1}{2F} U\left(-\frac{n}{2F},\omega\right) \frac{\sin\left(2\pi F\left(t+\frac{n}{2F}\right)\right)}{\pi\left(t+\frac{n}{2F}\right)}$$

$$\overset{m=-n}{=} \sum_{m=-\infty}^{+\infty} \frac{1}{2F} U\left(\frac{m}{2F},\omega\right) \frac{\sin\left(2\pi F\left(t-\frac{m}{2F}\right)\right)}{\pi\left(t-\frac{m}{2F}\right)}$$

$$\xrightarrow{\text{限时 } T} \sum_{m=-FT}^{FT} \frac{1}{2F} U\left(\frac{m}{2F},\omega\right) \frac{\sin\left(2\pi F\left(t-\frac{m}{2F}\right)\right)}{\pi\left(t-\frac{m}{2F}\right)}$$

结果表明,随机过程 $U(t,\omega)$ 在限频、限时的条件下可展开为 $(2FT+1)$ 维的随机序列 $U\left(\frac{m}{2F}\right)$ 表示。

3) K-L 展开

一般情况下,傅里叶级数和取样函数两种展开方法获得的展开系数间是统计相关的,即转换后的离散随机序列信源是有记忆序列。只有在特定条件下,这两种展开方法才可获得统计无关的序列。例如,针对傅里叶展开,仅当 $U(t,\omega)$ 为广义平稳过程时,获得的展开系数间是无关的;针对取样函数展开方法,仅当谱函数的绝对值恒定时,各展开系数之间才是统计无关的。那么,是否存在一种展开方法,可以使连续随机过程展开后离散序列的系数间是统计无关的呢?K-L 展开方法给出了这样的一种展开形式。

对于随机过程 $U(t,\omega)$,$t\in T$,若满足

$$\begin{cases} E[U(t,\omega)]=0 \\ R(t_1,t_2)=E[U(t_1,\omega)U(t_2,\omega)] \end{cases}$$

又设在区间 $T=[a,b]$ 内有一组完备正交函数 $\varphi_i(t)$,满足

$$\int_a^b \varphi_i(t)\varphi_j(t)\mathrm{d}t = \begin{cases} 1 & i=j \\ 0 & i\neq j \end{cases} \quad i,j=1,2,\cdots,n$$

则 $U(t,\omega) \overset{(\text{a. e.})}{=} \sum_{i=1}^{\infty} a_i(\omega)\varphi_i(t)$,其中 $a_i(\omega) \overset{(\text{a. e.})}{=} \int_a^b U(t,\omega)\varphi_i(t)\mathrm{d}t$

因为 $E[U(t,\omega)]=0$,所以 $E(a_i)=0$,同时互相关系数为

$$R(t_1,t_2)=E\left[\sum_i a_i(\omega)\varphi_i(t_1)\sum_i a'_i(\omega)\varphi_i(t_2)\right]$$

若需要各 a_i 之间线性无关,即

$$E[a_i a_j] = \begin{cases} \lambda_i=\sigma_i^2 & i=j \\ 0 & i\neq j \end{cases}$$

则得到

$$R(t_1,t_2)=\sum_i \lambda_i\varphi_i(t_1)\varphi_i(t_2)$$

在上式两边同乘 $\varphi_j(t_2)$，并在$[a,b]$内对 t_2 积分，并由归一性得

$$\int_a^b R(t_1,t_2)\varphi_j(t_2)\mathrm{d}t_2=\int_a^b \sum_i \lambda_i\varphi_i(t_1)\varphi_i(t_2)\varphi_j(t_2)\mathrm{d}t_2$$

$$\overset{i=j}{=}\lambda_j\varphi_j(t_1)\int_a^b \varphi_j(t_2)\varphi_j(t_2)\mathrm{d}t_2=\lambda_j\varphi_j(t_1)$$

因此，所需的正交函数应满足下列积分方程：

$$\int_a^b R(t_1,t_2)\varphi(t_2)\mathrm{d}t_2=\lambda\varphi(t_1)$$

其中，$\lambda=\lambda_i(i=1,2,\cdots)$是特征值，$\varphi_i(t)$是其相应的特征函数。

因此，当 $R(t_1,t_2)$已知时，可对上述方程求得特征值 λ_i 与特征函数 $\varphi_i(t)$，然后可以将 $U(t,\omega)$展开为

$$U(t,\omega)\overset{(\mathrm{a.e.})}{=}\sum_{i=1}^{\infty}a_i(\omega)\varphi_i(t)$$

其中，$a_i(\omega)$是线性无关的随机变量。若 $U(t,\omega)$为一正态过程，则 $a_i(\omega)$是一组统计独立的随机变量。

最后，若某信源输出既含有连续分量，又含有离散分量时，则称其为混合信源。

以上简要介绍了常见的几种信源及其数学模型，包括离散单符号信源、离散无记忆序列信源、离散有记忆序列信源和连续信源。但是一个实际信源往往是相当复杂的，如语音信号就是非平稳随机过程，要想找到其精确的数学模型是非常困难的，实际中常常采用一些可以处理的数学模型去逼近这些实际信源。

2.3 离散单符号信源的熵与互信息

2.3.1 自信息量

已知信源发出的消息常常是随机的，所以信源要发出消息的状态是不确定的，通过通信系统将信息传给接收者，且接收者得到消息后才能消除对信息的不确定性，于是接收者获得了信息。信源中某一消息发生的不确定性越大，一旦它发生并被接收者收到后，消除的不确定性就越大，因此获得的信息也就越大。如果信源发出的消息的不确定性小，接收者收到的信息量也就小。例如，由于某种原因(噪声太大)，接收者接收到受干扰的消息后，对某消息发生的不确定性依然存在或者一点也未消除，从而，接收者获得较少的信息或者说一点也没有获得信息。因此，获得信息量的多少与信源的不确定性的消除有关；反之，要消除对某事件发生的不确定性，也就是从“不知”到“知”，就必须获得足够信息。

事件 x 产生的信息量 $I(x)$可表示两种含义：

(1) 某种事件 x 发生之前，它表示事件 x 发生的不确定度，而当事件 x 发生之后，它表示信源输出消息 x 中所含有的信息量；

(2) 在无干扰信道中，事件 x 发生后能够准确无误地传输给接收者，所以 $I(x)$也表示收到消息后接收者所获得的信息量，而在有干扰的信道中，收到消息 x 后，接收者还会存在其他不确定性，使接收者获得的信息量不会大于 $I(x)$。

我们已经知道,事件发生的不确定性与事件发生的概率有关。事件发生的概率越小,猜测它有没有发生的困难程度就越大,于是不确定性就越大;而事件发生的概率越大,猜测这事件发生的可能性就越大,不确定性就越小。对于发生概率等于 1 的必然事件,就不存在不确定性。因此,某事件发生所含有的信息量应该是该事件发生的先验概率的函数,表示为

$$I(a_i)=f[p(a_i)] \tag{2.3.1}$$

其中,$p(a_i)$是事件 a_i 发生的先验概率,而 $I(a_i)$表示事件 a_i 发生所含有的信息量。

根据客观事实和人们的习惯,函数 $f[p(a_i)]$应满足以下条件:

(1) $f[p(a_i)]$应是先验概率 $p(a_i)$的单调递减函数,即当 $p(a_1)>p(a_2)$时,$f[p(a_1)]<f[p(a_2)]$;

(2) 当 $p(a_i)=1$ 时,$f[p(a_i)]=0$;

(3) 当 $p(a_i)=0$ 时,$f[p(a_i)]=\infty$;

(4) 两个独立事件的联合信息量应等于它们各自的信息量之和,即统计独立信源的信息量等于它们分别产生的信息量之和。

根据上述条件,可以从数学上证明这种函数应为对数形式,即

$$I(x=a_i)=-\log_a p(a_i)=\log_a \frac{1}{p_i} \tag{2.3.2}$$

其中,p_i 是随机变量 $x=a_i$ 事件所发生的概率。

定义 2.5:对于给定的离散概率空间$[X,p(x)]^{\mathrm{T}}$ 表示的信源,$x\in X$ 为信源消息(事件),事件 x 产生的(自)信息量定义为 $I(x)=\log_a 1/p(x)=-\log_a p(x)$。

针对对数函数不同的底(不同的 a 取值),给出了不同的信息单位。若以 2 为底,则信息单位为比特(bit);若以 e 为底,则信息单位为奈特(nat),其中 1nat=loge=1.433 比特。若以 10 为底,则信息单位为哈特(hart),且 1hart=log10=3.322 比特。特别说明:对数函数若未指明,则默认以 2 为底。

值得注意的是,随机事件的不确定度和信息量是有区别的。随机事件的不确定度在数量上等于它的(自)信息量,两者的单位相同,但含义却不相同。当事件存在发生概率,即未发生时,存在事件的不确定度;当事件发生后,才产生相应的信息量。

在自信息量定义的基础上,可以进一步推广得到联合自信息量和条件自信息量。

定义 2.6:联合概率空间$[XY,p(xy)]^{\mathrm{T}}$ 中任一联合事件 $xy(x\in X,y\in Y)$的联合自信息量定义为 $I(xy)=-\log p(xy)$。

定义 2.7:在联合概率空间$[XY,p(xy)]^{\mathrm{T}}$ 中,事件 $x\in X$ 在事件 $y\in Y$ 给定的条件下的条件自信息量定义为 $I(x|y)=-\log p(x|y)$。

由概率的基本性质,很容易获得联合自信息量、自信息量和条件自信息量间的关系为

$$I(xy)=I(x)+I(y\mid x)=I(y)+I(x\mid y) \tag{2.3.3}$$

并且,可以将联合自信息量与自信息量、条件自信息量之间的关系推广到 3 个或多个联合事件,它们之间的关系可以描述为

$$I(x_1x_2\cdots x_N)=I(x_1)+I(x_2\mid x_1)+I(x_3\mid x_1x_2)+\cdots+I(x_N\mid x_1x_2\cdots x_{N-1}) \tag{2.3.4}$$

该性质称为信息的链式规则。

【例 2-6】 设在一个正方形棋盘上共有 64 个方格,如果甲将一粒棋子随意地放在棋盘

中的某个方格内，让乙猜测棋子所在的位置，求乙准确猜出棋子所在位置所需的信息，其中甲有两种放置棋子的方法：

(1) 将方格按顺序编号；

(2) 将方格按行和列编号，并将棋子所在的方格的行(或列)编号告诉乙。

解：(1) 由于甲是将一粒棋子随意地放在棋盘中某一方格内，因此棋子在其方格中所处位置的二维等概率分布为

$$p(x_i y_j)=\frac{1}{64}$$

于是，在二维联合集 XY 上的元素 x_i, y_j 的自信息量为

$$I(x_i y_j)=-\log p(x_i y_j)=-\log\frac{1}{64}=6(\text{比特})$$

(2) 在二维联合集 XY 上，元素 x_i 相对于 y_j 的条件自信息量为

$$\begin{aligned}I(x_i \mid y_j)&=-\log p(x_i \mid y_j)\\&=-\log\frac{p(x_i y_j)}{p(y_j)}=-\log\frac{1/64}{1/8}=3(\text{比特})\end{aligned}$$

【例 2-7】 一个布袋内放 100 个球，其中 80 个球是红色的，20 个球是白色的，若随机摸取一个球并猜测其颜色，求平均摸取一次所获得的信息量。

解：这一随机事件的概率空间可表示为

$[X,p]^{\mathrm{T}}=\begin{bmatrix}x_1 & x_2\\0.8 & 0.2\end{bmatrix}$($x_1$ 表示抽取的球是红球，x_2 表示抽取的球是白球)。

于是，抽取一次红球的自信息量为

$$I(x_1)=-\log p(x_1)=-\log(0.8)(\text{比特})$$

同理，抽取一次白球的自信息量为

$$I(x_2)=-\log p(x_2)=-\log(0.2)(\text{比特})$$

若假设共抽取 n 次，则应有 $np(x_1)$次抽取红球，$np(x_2)$次抽取白球。因此 n 次抽取后总共获得的信息量为

$$I=np(x_1)I(x_1)+np(x_2)I(x_2)=-0.8n\log(0.8)-0.2n\log(0.2)(\text{比特})$$

于是，平均摸取一次所获得的信息量为

$$\bar{I}=\frac{1}{n}I=\frac{1}{n}[np(x_1)I(x_1)+np(x_2)I(x_2)]=-\sum_{i=1}^{2}p(x_i)\log p(x_i)$$

由此可见，当抽取事件发生的次数足够大后，平均抽取的信息量并不与每次具体抽取的是红球还是白球直接相关，而是每次抽取信息的统计均值。

2.3.2 离散单符号信源的熵

一个信源总是包含着多种消息(符号)，信源所发出的消息不同，所包含的自信息量也就不同，因此不能用自信息量来作为整个信源的信息测度。考虑到信源发生的符号 x 是一个随机变量，且消息的自信息量 $I(x)$是消息 x 的函数，必然也是一个随机变量，因而可定义平均自信息量作为信源总体上的信息测度。

定义 2.8：对于给定离散概率空间$[X,p(x)]^{\mathrm{T}}$ 表示的信源，定义随机变量 $I(x)$的数学

期望为信源的信息熵(entropy),即

$$H(X)=E[I(x)]=-\sum_{x\in X}p(x)\log p(x)\text{(比特/符号)} \tag{2.3.5}$$

信息熵的单位由自信息量的单位决定,即取决于对数选取的底。需要注意的是,在定义中假设$\lim\limits_{x\to 0}x\log x=0$,即将 $p(x)=0$ 时 $p(x)\log p(x)$的值定义为 0;同时,由对数性质可知当 $p(x)=1$ 时,$p(x)\log p(x)=0$。

信源的信息熵是从整个信源的统计特性出发考虑信源的,它是从平均意义上表征信源的总体特性,体现信源的平均不确定性。对于某特定的信源,其信息熵只有一个。不同的信源因统计特性不同,其熵也不同。

平均自信息是消除信源不确定度时所需要信息的量度。当收到信源发生的符号时,就解除了信源符号未发生时的不确定度。为了说明信息熵的定义,下面举一些具体例子。

【例 2-8】 设信源的概率空间为$\begin{bmatrix} x_1 & x_2 & x_3 \\ p(x_1)=\frac{1}{2} & p(x_2)=\frac{1}{4} & p(x_3)=\frac{1}{4} \end{bmatrix}$,符号集 $X=\{x_1,x_2,x_3\}$,求它的信息熵。

解:根据信息熵的定义式可得

$$H(X)=-\frac{1}{2}\log\frac{1}{2}-\frac{1}{4}\log\frac{1}{4}-\frac{1}{4}\log\frac{1}{4}=1.5\text{(比特/符号)}$$

【例 2-9】 符号集 $X=\{0,1\}$,概率空间为$[X \quad p(x)]^{\mathrm{T}}=\begin{bmatrix} 0 & 1 \\ p & q \end{bmatrix}(p+q=1)$,求信源的信息熵。

解:根据信息熵定义式可得

$$\begin{aligned} H(X)&=-p\log p-q\log q \\ &=-p\log p-(1-p)\log(1-p)=H(p) \end{aligned}$$

信息熵是概率 p 的熵函数,其中,p 的取值范围为$[0,1]$。由图 2-2 可知,当 $p=0$ 或 $p=1$ 时,$H(X)=0$,即该信源不提供任何信息;当 $p=q=1/2$ 时,信息熵 $H(X)=1$ 比特/符号,获得了最大值。

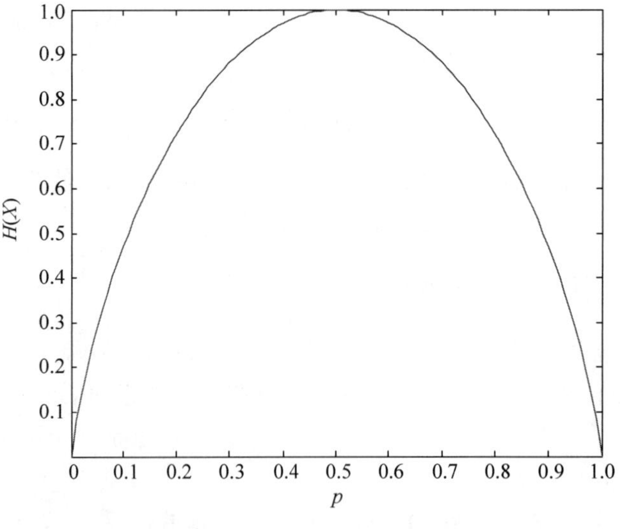

图 2-2 熵函数 $H(X)$随概率 p 的变化曲线

由此可见，在概念上，熵 $H(X)$ 代表信源的平均不确定度，(平均)信息量是解除不确定度所需信息的量；同时，熵是描述信源总体特性的一个量，只要信源符号集具有概率特性，必有熵值，且具有一定值。另外，信息量只有当信源输出符号被接收者收到后，才有意义。只有在无干扰的情况下，接收者才能准确无误地收到信源发出的消息，才能消除信源的平均不确定度，从而接收者获得每个消息的平均信息量才等于信源的信息熵。通常，信源的信息熵并不等于接收者获得的平均信息量。

【例 2-10】 图 2-3 是南京邮电大学教学主楼的灰度图片($500\times600=3\times10^5$)，每点有 10 个不同的灰度等级，则共能组成 $10^{3\times10^5}$ 个不同的画面。按等概率计算平均每个画面可提供的信息量(实际上，数字图像是二维的马尔可夫随机场信源，像素点间并不是独立的，这里仅为简化模型)。

图 2-3 南京邮电大学教学主楼图片

解：
$$H(X)=-\sum_{i=1}^{n}p(x_i)\log p(x_i)$$
$$=-\log 10^{-3\times10^5}=3\times10^5\times3.32\approx10^6\text{(比特/画面)}$$

另外，有一篇介绍“南京邮电大学教学主楼”的千字文(文字可能是一维的马尔可夫链)，假定每字可从万字表中任选，则可获得的千字文种类 $N=10\,000^{1000}=10^{4000}$。

$$H(X)=\log N=4\times10^3\times3.32\approx1.3\times10^4\text{(比特/千字文)}$$

由此可见，“一个电视画面”提供的信息量更加丰富，远远超过“一篇千字文”所提供的信息量。

定义 2.9：对于概率空间 $[X,p(x)]^{\mathrm{T}}$，随机变量 $I(x|y)$ 在集合 X 上的数学期望为在给定 $y\in Y$ 条件下集合 X 的条件熵(conditional entropy)：

$$\begin{aligned}H(X\mid y)&=E_x[I(x\mid y)]\\&=\sum_{x\in X}p(x\mid y)I(x\mid y)\\&=-\sum_{x\in X}p(x\mid y)\log p(x\mid y)\end{aligned}\tag{2.3.6}$$

定义 2.10：在概率空间 $[Y,p(y)]^{\mathrm{T}}$ 上的随机变量 $H(X|y)$ 的数学期望为 $H(X|Y)$，且

$$\begin{aligned}H(X\mid Y)&=E_y[H(X\mid y)]\\&=\sum_{y\in Y}p(y)H(X\mid y)\end{aligned}$$

$$= -\sum_{x \in X}\sum_{y \in Y} p(xy)\log p(x \mid y)$$
$$= -\sum_{x \in X}\sum_{y \in Y} p(y)p(x \mid y)\log p(x \mid y) \tag{2.3.7}$$

定义 2.11：在联合概率空间$[XY, p(xy)]^{\mathrm{T}}$上的随机变量 $I(xy)$的数学期望为集合 X 和集合 Y 的联合熵(joint entropy)：

$$\begin{aligned} H(XY) &= E[I(xy)] \\ &= \sum_{x \in X}\sum_{y \in Y} p(xy)I(xy) \\ &= -\sum_{x \in X}\sum_{y \in Y} p(xy)\log p(xy) \end{aligned} \tag{2.3.8}$$

其中，联合概率空间测度定义为

$$[XY, p(xy)]^{\mathrm{T}} = \begin{bmatrix} x_1 y_1 & x_2 y_1 & \cdots & x_{n-1} y_m & x_n y_m \\ p(x_1 y_1) & p(x_2 y_1) & \cdots & p(x_{n-1} y_m) & p(x_n y_m) \end{bmatrix}$$

这里 $x_i y_j$ 表示可能发生的联合事件，$i=1,2,\cdots,n$；$j=1,2,\cdots,m$。

信源的联合熵 $H(XY)$表示信源输出任一对符号(消息)xy 的平均不确定度。$H(X|y_j)$表示信源输出的一对符号在确知后面一个符号为 y_j 时前面输出任一符号 x 的平均不确定度；而 $H(X|Y)$表示信源输出后面一个符号是取 $Y=\{y_1,y_2,\cdots,y_m\}$中任一个时，前面输出 $X=\{x_1,x_2,\cdots,x_m\}$的任一符号的总的平均不确定度。

由贝叶斯公式 $p(xy)=p(x)p(y|x)=p(y)p(x|y)$，可推导出

$$\begin{cases} H(XY) = H(X) + H(Y \mid X) \\ H(XY) = H(Y) + H(X \mid Y) \end{cases} \tag{2.3.9}$$

当集合 X、Y 相互独立时，有

$$H(Y \mid X) = H(Y)$$
$$H(X \mid Y) = H(X)$$
$$H(XY) = H(X) + H(Y)$$

这一性质可推广到 N 个联合变量的情形，即

$$\begin{aligned} H(X_1 X_2 \cdots X_N) &= H(X_1) + H(X_2 \mid X_1) + \cdots + H(X_N \mid X_1 X_2 \cdots X_{N-1}) \\ &= \sum_{l=1}^{N} H(X_l \mid X_1 X_2 \cdots X_{l-1}) \end{aligned} \tag{2.3.10}$$

称为熵的链式规则(Chain Rule for Entropy)。

2.3.3 信息熵的基本性质

根据信息熵的定义可知，熵是信源概率空间的一种特殊函数。该函数与信源的符号数及其概率分布有关。通常，可将熵 $H(X)$看作是概率分布 $p_1,p_2,\cdots,p_n$ 的 n 元函数，一般可写为

$$H(X) = H(p_1, p_2, \cdots, p_n) = -\sum_{i=1}^{n} p_i \log p_i \tag{2.3.11}$$

称为熵函数，它具有以下一些性质。

(1) 非负性：$H(X)=H(p_1,p_2,\cdots,p_n)\geqslant 0$，当其中存在 $p_i=1$ 时，等号成立。

证明：因为 $0\leqslant p_i\leqslant 1$，当 $a>1$ 时，$\log_a p_i\leqslant 0$ 成立。同时，由于 $-p_i\log_a p_i\geqslant 0$，且 $\lim\limits_{p_i\to 0}(-p_i\log_a p_i)=0$，所以 $H(X)\geqslant 0$。

(2) 对称性：当变量 $p_1,p_2,\cdots,p_n$ 的顺序任意互换时，熵函数的值保持不变，即 $H(p_1,p_2,\cdots,p_n)=H(p_n,p_{n-1},\cdots,p_2,p_1)$。

对称性说明信息熵只与随机变量的总体结构有关，即与信源的总体统计特性有关。如果信源的总体统计特性相同，那么信源的熵就相同。例如，下面 3 个信源的概率空间为

$$[X,p]^{\mathrm{T}}=\begin{bmatrix}a_1 & a_2 & a_3\\ \dfrac{1}{3} & \dfrac{1}{2} & \dfrac{1}{6}\end{bmatrix},\quad [Y,p]^{\mathrm{T}}=\begin{bmatrix}b_1 & b_2 & b_3\\ \dfrac{1}{2} & \dfrac{1}{6} & \dfrac{1}{3}\end{bmatrix},\quad [Z,p]^{\mathrm{T}}=\begin{bmatrix}c_1 & c_2 & c_3\\ \dfrac{1}{2} & \dfrac{1}{3} & \dfrac{1}{6}\end{bmatrix}$$

由信息熵的定义可知这 3 者的信息熵是相同的。

(3) 确定性：$H(1,0)=H_3(1,0,0)=\cdots=H_n(1,0,\cdots,0)=0$

熵代表信源的平均不确定性，当信源为一确知信源时，其熵值为 0。

(4) 可加性：定义信息量时曾限定信息量具有可加性，熵函数也具有这种可加性质。

因为 $\sum\limits_{j=1}^{m_i}p_{ji}=1,\sum\limits_{i=1}^{n}p_i=1$，以及 $\sum\limits_{i=1}^{n}m_i=M$，所以有

$$\begin{aligned}&H_M(p_1p_{11},p_1p_{21},\cdots,p_1p_{m_11},p_2p_{12},p_2p_{22},\cdots,p_2p_{m_22},\cdots,p_np_{n1},p_np_{n2},\cdots,p_np_{m_n2})\\&\quad=H_n(p_1,p_2,\cdots,p_n)+\sum_{i=1}^{n}p_iH_{m_i}(p_{1i},p_{2i},\cdots,p_{m_ii})\end{aligned}$$

证明：

$$\begin{aligned}H_M&=-\sum_{i=1}^{n}\sum_{j=1}^{m_i}p_ip_{ji}\log p_ip_{ji}\\&=-\sum_{i=1}^{n}\left(\sum_{j=1}^{m_i}p_{ji}\right)p_i\log p_i-\sum_{i=1}^{n}\sum_{j=1}^{m_i}p_ip_{ji}\log p_{ji}\\&=-\sum_{i=1}^{n}p_i\log p_i-\sum_{i=1}^{n}p_i\left(\sum_{j=1}^{m_i}p_{ji}\log p_{ji}\right)\\&=\underbrace{H_n(p_1,p_2,\cdots,p_n)}_{\text{先判断事件属于哪一个大子集，计算其不确定度}}+\underbrace{\sum_{i=1}^{n}p_iH_{m_i}(p_{1i},p_{2i},\cdots,p_{m_ii})}_{\text{再判断事件出现在大子集中的哪一个小子集，计算其出现的平均不确定度}}\end{aligned}$$

两个随机变量组成的信源，其可加性表示为

$$\begin{aligned}H(XY)&=H(X)+\sum_{i=1}^{n}p_iH_{m_i}(p_{1i},p_{2i},\cdots,p_{m_ii})\\&=H(X)+H(Y\mid X)\\&=H(X)+\sum_{i=1}^{n}p_iH(Y\mid x_i)\end{aligned}$$

(5) 香农辅助定理(极值定理)：若 p_i 和 q_i 是信源的两种分布，$\sum\limits_{i}^{n}p_i=\sum\limits_{i}^{n}q_i=1$，则 $H(p_1,p_2,\cdots,p_n)=-\sum\limits_{i=1}^{n}p_i\log p_i\leqslant-\sum\limits_{i=1}^{n}p_i\log q_i$，当且仅当 $p_i=q_i$ 时等号成立。

证明：$H_n(p_1,p_2,\cdots,p_n)+\sum_{i=1}^{n}p_i\log q_i$

$$=-\sum_{i=1}^{n}p_i\log p_i+\sum_{i=1}^{n}p_i\log q_i$$

$$=\sum_{i=1}^{n}p_i\log\frac{q_i}{p_i}=\log e\times\sum_{i=1}^{n}p_i\ln\frac{q_i}{p_i}$$

$$\leqslant\log e\times\sum_{i=1}^{n}p_i\left(\frac{q_i}{p_i}-1\right)=0$$

由上可得

$$H(p_1,p_2,\cdots,p_n)\leqslant-\sum_{i=1}^{n}p_i\log q_i$$

其中，利用了函数性质 $\ln x\leqslant x-1$。在此基础上，可证明条件熵小于或等于无条件熵，即

$$H(Y\mid X)=\sum_{i}p_iH(Y\mid x_i)=\sum_{i}p_i(-\sum_{j}p_{ji}\log p_{ji})$$

$$\leqslant-\sum_{i}p_i\sum_{j}p_{ji}\log q_j=-\sum_{j}(\sum_{i}p_ip_{ji})\log q_j$$

$$=-\sum_{i}q_j\log q_j=H(Y)$$

其中，$q_j=\sum_{i}p_ip_{ji}$。

(6) 最大熵定理：$H(X)\leqslant H\left(\frac{1}{M},\frac{1}{M},\cdots,\frac{1}{M}\right)=\log M$。

在离散信源的情形下，对于具有 M 个符号的离散信源，当 M 个信源符号等概率时，信源的熵达到最大值，此定理称为离散信源最大熵定理。这表明等概率分布信源的平均不确定性最大。

(7) 扩展性：$H_n(p_1,p_2,\cdots,p_n)=\lim\limits_{\xi\to0}H_{n+1}(p_1-\xi_1,p_2-\xi_2,\cdots,p_n-\xi_n,\xi)$，其中，$\xi=\sum_{i=1}^{n}\xi_i$。

证明：由于 $\xi=\sum_{i=1}^{n}\xi_i$，且 $\xi\to0$，得 $\xi\log p_i=0,\xi_1,\xi_2,\cdots,\xi_n\to0$。

$$\lim_{\xi\to0}H_{n+1}(p_1-\xi_1,p_2-\xi_2,\cdots,p_n-\xi_n,\xi)=\lim_{\xi\to0}[H_n(p_1-\xi_1,p_2-\xi_2,\cdots,p_n-\xi_n)+\xi\log\xi]$$

$$=H_n(p_1,p_2,\cdots,p_n)+0=H_n(p_1,p_2,\cdots,p_n)$$

(8) 递推性：

$$H_n(p_1,p_2,\cdots,p_n)=H_{n-1}(p=p_1+p_2,p_3,\cdots,p_n)+(p_1+p_2)H\left(\frac{p_1}{p_1+p_2},\frac{p_2}{p_1+p_2}\right)$$

证明：设 $p=p_1+p_2,q=\frac{p_2}{p_1+p_2}$，则 $p_1=p(1-q),p_2=pq$，

$$H_n(p_1,p_2,\cdots,p_n)=H_n[p(1-q),pq,p_3,\cdots,p_n]$$

$$=-p(1-q)\log p(1-q)-pq\log pq-\sum_{i=3}^{n}p_i\log p_i$$

$$=-p[q\log pq+(1-q)\log p(1-q)]-\sum_{i=3}^{n}p_i\log p_i$$

$$= -p[q\log q + (1-q)\log(1-q) + \log p] - \sum_{i=3}^{n} p_i \log p_i$$

$$= -p\log p + pH(q, 1-q) - \sum_{i=3}^{n} p_i \log p_i$$

$$= H_{n-1}[p = p_1 + p_2, p_3, \cdots, p_n] + (p_1 + p_2)H\left(\frac{p_1}{p_1+p_2}, \frac{p_2}{p_1+p_2}\right)$$

(9) 上凸性：想要证明信息熵的上凸性，首先需要了解凸函数的概念。

定义 2.12：对某个 n 维欧几里得空间 E^n 的子集 $k(k\subseteq E^n)$，如连接 k 中任两点 x_1,x_2 的线段 $\{x: x=tx_1+(1-t)x_2, t\in[0,1]\}$ 被包含在 k 中，则称 k 为凸的。

定义 2.13：令 f 为某个实值函数，k 为 f 定义域上的某个子集，如果对于每个 $x_1,x_2\in k$，$t\in[0,1]$，有 $f(tx_1+(1-t)x_2)\leqslant tf(x_1)+(1-t)f(x_2)$，则称 f 为下凸的；反之为上凸的。

在此基础上，可证明 Jensen 不等式。

定义 2.14：令 k 为离散随机变量 x 的可取值区间，$E\{x\}$ 为集中于 k 区间内 x 的统计平均，如 $E\{x\}$ 存在，且 $f(x)$ 为下凸函数，则有 $E\{f(x)\}\geqslant f(E\{x\})$，该不等式称为 Jensen 不等式；若 $f(x)$ 为上凸函数，则 $E\{f(x)\}\leqslant f(E\{x\})$。

下面证明信息熵的上凸性。

证明：若 $H[p_i^\theta=\theta p'_i+(1-\theta)p''_i]\geqslant\theta H(p'_i)+(1-\theta)H(p''_i)$，其中，$0\leqslant\theta\leqslant1$，则信息熵是上凸的。

因为

$$H[\theta p'_i + (1-\theta)p''_i] - \theta H(p'_i) - (1-\theta)H(p''_i)$$

$$= -\sum_i [\theta p'_i + (1-\theta)p''_i]\log p_i^\theta + \theta\sum_i p'_i\log p'_i + (1-\theta)\sum_i p''_i \log p''_i$$

$$= -\theta\sum_i p'_i \log\frac{p_i^\theta}{p'_i} - (1-\theta)\sum_i p''_i\log\frac{p_i^\theta}{p''_i}$$

$$\geqslant -\theta\log\sum_i p'_i\frac{p_i^\theta}{p'_i} - (1-\theta)\log\sum_i p''_i\frac{p_i^\theta}{p''_i} = 0$$

上式推导利用了 Jensen 不等式 $E[\log(x)]\geqslant\log[E(x)]$，所以得到 $H[p_i^\theta=\theta p'_i+(1-\theta)p''_i]\geqslant\theta H(p'_i)+(1-\theta)H(p''_i)$，即信源的熵具有严格的上凸性。

(10) 熵函数公理的构成：

定理：假设熵函数 $H_n(p_1,p_2,\cdots,p_n)$ 是概率矢量 $\boldsymbol{P}=(p_1,p_2,\cdots,p_n)$ 的非负实函数，其中 $p_i\geqslant0$，$\sum_{i=1}^{n}p_i=1$。若熵函数 $H_n(\boldsymbol{P})$ 满足下列公理条件：

① 连续性，即对任意 n，$H_n(\boldsymbol{P})$ 是概率矢量 $\boldsymbol{P}$ 的连续函数。

② 拓展性，即对任意 n，有 $H_n(p_1,p_2,\cdots,p_n)=H_{n+1}(p_1,p_2,\cdots,p_n,0)$。

③ 极值性，即对任意 n，有 $H_n(p_1,p_2,\cdots,p_n)\leqslant H_n\left(\frac{1}{n},\frac{1}{n},\cdots,\frac{1}{n}\right)$。

④ 可加性，即满足

$$H_M(p_1p_{11}, p_1p_{21}, \cdots, p_1p_{m_1 1}, p_2p_{12}, p_2p_{22}, \cdots, p_2p_{m_2 2}, \cdots, p_np_{1n}, p_np_{2n}, \cdots, p_np_{m_n n})$$

$$= H_n(p_1, p_2, \cdots, p_n) + \sum_{i=1}^{n} p_i H_{m_i}(p_{1i}, p_{2i}, \cdots, p_{m_i i})$$

其中，$p_{ji}\geqslant 0$，$\sum_{j=1}^{m_i}p_{ji}=1(i=1,2,\cdots,n)$，$M=\sum_{i}^{n}m_i$，则必有 $H_n(p_1,p_2,\cdots,p_n)=-\lambda\sum_{i=1}^{n}p_i\log p_i$，其中 λ 为一正常数。

2.3.4 互信息量

前面讨论了信源发出某符号时，在信源端获得的信息量的大小。但是，对于实际通信系统而言，发出的符号需经过信道(有噪信道或无噪信道)后才在接收端接收，它们的基本模型如图 2-4 所示。

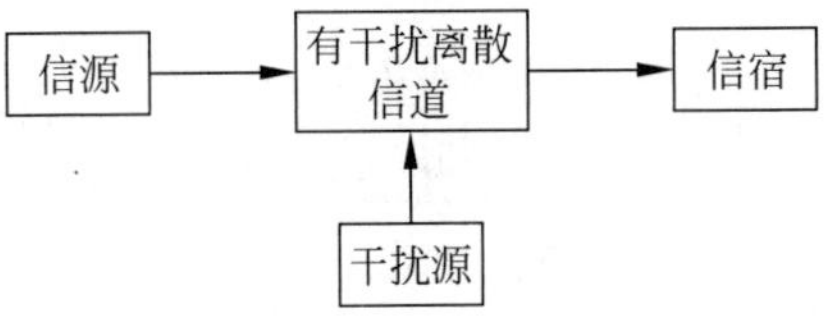

图 2-4 通信系统的基本模型

若信源发出某符号 x，$x\in[a_1,a_2,\cdots,a_i]$，由于信道中噪声的干扰，接收者收到符号 y，$y\in[b_1,b_2,\cdots,b_j]$。如发送符号为 a_i，接收符号是 a_i 的某种变形 b_j。接收者收到 b_j 后，从 b_j 中获取关于 a_i 的信息量可用互信息量 $I(a_i;b_j)$表示。因此，互信息量可表示为

$$\begin{aligned}I(a_i;b_j)=&[\text{收到 } b_j \text{ 前，接收者对信源发出 } a_i \text{ 的不确定性}]-\\&[\text{收到 } b_j \text{ 后，接收者对信源发出 } a_i \text{ 仍然存在的不确定性}]\\=&[\text{接收者收到 } b_j \text{ 前、后，对信源发出 } a_i \text{ 的不确定性的消除量}]\end{aligned}\tag{2.3.12}$$

在某些特殊情形下，如信道中没有噪声，那么信源发出的符号 a_i 可以不受干扰地传递给接收者，收信者收到的 b_j 就是 a_i 本身。由于收信者能准确无误地收到信源发出的符号 a_i，因此就能完全消除对信源发出符号 a_i 的不确定性，即

$$[\text{收到 } b_j \text{ 后，收信者对信源发 } a_i \text{ 仍然存在的不确定性}]=0\tag{2.3.13}$$

这时，式(2.3.12)就可改写为

$$I(a_i;a_i)=[\text{收到 } a_i \text{ 前，收信者对信源发出 } a_i \text{ 的不确定性}]\tag{2.3.14}$$

式(2.3.14)中的 $I(a_i;a_i)$表示收到 a_i 后，收信者从 a_i 中获取关于 a_i 的信息量，当然，这就是信源符号 a_i 所含有的全部信息量。我们把 $I(a_i;a_i)$称为信源符号 a_i 的自信息量，即前面描述的 $I(a_i)$，而把 $I(a_i;b_j)$称为互信息量(Mutual Information)，简称互信息。

定义 2.15：对于给定的离散联合概率空间$[XY,p(xy)]^{\mathrm{T}}$，在出现事件 $y\in Y$ 后所提供有关事件 $x\in X$ 的信息量 $I(x;y)$定义为

$$I(x;y)=\log_a\frac{p(x\mid y)}{p(x)}\quad x\in X,y\in Y\tag{2.3.15}$$

也可称为事件 $x\in X$ 与事件 $y\in Y$ 之间的互信息量，其中，$p(x)$是集合 X 中某事件 x 出现的概率，为先验概率；$p(x|y)$是在集合 Y 中某事件 y 出现后关于事件 x 出现的概率，为后验概率。

互信息量的单位与自信息量一样，取决于对数底数 a 的选取。若以 2 为底，则互信息量的单位为比特(bit)；若以 e 为底，则单位为奈特(nat)；若以 3 为底，则单位为铁特(Tet)；若以 10 为底，则单位为哈特(hart)。

类似于 $I(x;y)$，可得出事件 $x\in X$ 出现后所提供关于事件 $y\in Y$ 的信息量为

$$I(y;x)=\log\frac{p(y\mid x)}{p(y)}\tag{2.3.16}$$

由贝叶斯公式 $p(xy)=p(x)p(y|x)=p(y)p(x|y)$得

$$I(x;y)=\log\frac{p(x\mid y)}{p(x)}=\log\frac{p(x\mid y)p(y)}{p(x)p(y)}$$
$$=\log\frac{p(xy)}{p(x)p(y)}=\log\frac{p(y\mid x)p(x)}{p(x)p(y)}=\log\frac{p(y\mid x)}{p(y)}$$
$$=I(y;x)$$

因此，事件 $y\in Y$ 所提供有关事件 $x\in X$ 的信息量 $I(x;y)$ 等于事件 $x\in X$ 所提供关于事件 $y\in Y$ 的信息量 $I(y;x)$，称为互信息量的对称性。

类似于自信息量的定义方式，可以给出条件互信息量和联合互信息量的定义。由于互信息量是在二维概率空间上的定义，因此条件互信息量和联合互信息量至少需在三维概率空间上定义。对于三维概率空间 $XYZ=\{xyz:x\in X,y\in Y,z\in Z\}$，它的三维联合概率空间为 $[XYZ,p(xyz)]^{\mathrm{T}}$，其中，$X$，$Y$ 和 Z 都是有限的离散事件（消息）集，且下列概率关系式成立：

$$\sum_X\sum_Y\sum_Z p(xyz)=1$$
$$p(yz)=\sum_X p(xyz),p(xz)=\sum_Y p(xyz),p(xy)=\sum_Z p(xyz)$$
$$p(x)=\sum_Y\sum_Z p(xyz),p(y)=\sum_X\sum_Z p(xyz),p(z)=\sum_X\sum_Y p(xyz)$$

定义 2.16：对于给定的三维联合概率空间 $[XYZ,p(xyz)]^{\mathrm{T}}$，在事件 $z\in Z$ 给定的条件下，事件 $x\in X$ 与事件 $y\in Y$ 之间的条件互信息量定义为

$$I(x;y\mid z)=\log\frac{p(x\mid yz)}{p(x\mid z)}\tag{2.3.17}$$

其中，先验概率 $p(x|z)$ 和后验概率 $p(x|yz)$ 均是在某种特定条件（给定事件 z）的取值。

定义 2.17：对于三维联合概率空间 $[XYZ,p(xyz)]^{\mathrm{T}}$，事件 $x\in X$ 与联合事件 $yz\in YZ$ 之间的联合信息量定义为

$$I(x;yz)=\log\frac{p(x\mid yz)}{p(x)}\tag{2.3.18}$$

联合互信息量与互信息量和条件互信息量间也存在类似自信息量间的关系式，现推导如下：

$$I(x;yz)=\log\frac{p(x\mid yz)}{p(x)}\frac{p(x\mid y)}{p(x\mid y)}$$
$$=\log\frac{p(x\mid y)}{p(x)}+\log\frac{p(x\mid yz)}{p(x\mid y)}$$
$$=I(x;y)+I(x;z\mid y)\tag{2.3.19}$$

同理可得

$$I(x;yz)=I(x;z)+I(x;y\mid z)\tag{2.3.20}$$

由互信息量的对称性得

$$I(x;yz)=I(yz;x)=\log\frac{p(yz\mid x)}{p(yz)}$$
$$=\log\frac{p(y\mid x)p(z\mid xy)}{p(y)p(z\mid y)}$$

$$=\log\frac{p(y\mid x)}{p(y)}+\log\frac{p(z\mid xy)}{p(z\mid y)}$$
$$=I(y;x)+I(z;x\mid y)$$

条件互信息量和联合互信息量可以采用如图 2-5 和图 2-6 所示的物理模型表述。其中,图 2-5 是条件互信息量的物理模型,图 2-6 是联合互信息量的物理模型。

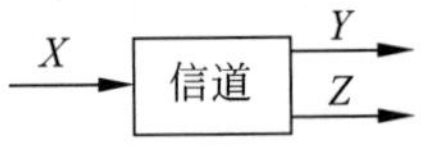

图 2-5　条件互信息量的物理模型

图 2-6　联合互信息量的物理模型

条件互信息量 $I(x;y|z)$是在给定信道一个输出是 $z\in Z$ 的情形下,知道另一个输出 $y\in Y$ 后提供有关某一输入 $x\in X$ 的信息量。联合互信息量 $I(x;yz)$是在信道输出 $y\in Y$ 和 $z\in Z$ 已知后共同提供有关信道某输入 $x\in X$ 的信息量。

实际上,联合互信息量和条件互信息量的定义可以推广至更多维的情形。

对于 n 维空间 $X_1,X_2,\cdots,X_n$ 中的事件 $x_1\in X_1,x_2\in X_2,\cdots,x_n\in X_n$,可以考察在事件 $x_3\in X_3,x_4\in X_4,\cdots,x_n\in X_n$ 已知的条件下,事件 $x_1\in X_1$ 与 $x_2\in X_2$ 之间的条件互信息量:

$$I(x_1;x_2\mid x_3x_4\cdots x_n)=\log\frac{p(x_1\mid x_2x_3x_4\cdots x_n)}{p(x_1\mid x_3x_4\cdots x_n)}$$
$$=I(x_2;x_1\mid x_3x_4\cdots x_n) \tag{2.3.21}$$

联合互信息量定义为

$$I(x_1;x_2x_3\cdots x_n)=\log\frac{p(x_1\mid x_2x_3x_4\cdots x_n)}{p(x_1)}=I(x_2x_3\cdots x_n;x_1) \tag{2.3.22}$$

同样,由定义也可以获得互信息量与自信息量之间关系,即

$$I(x;y)=\log\frac{p(x\mid y)}{p(x)}=-\log p(x)-(-\log p(x\mid y))$$
$$=I(x)-I(x\mid y) \tag{2.3.23}$$

或

$$I(x;y)=I(y;x)=I(y)-I(y\mid x)$$
$$I(x;y)=I(x)+I(y)-I(xy) \tag{2.3.24}$$

由此可见,互信息量是自信息量间的差值。

【例 2-11】 设信源发出 8 种消息符号,各消息等概率发送,各消息符号用 3 位二进制码元表示,并输出事件。通过对输出事件的观察来推测信源的输出。假设信源发出的消息 x_4,用二进制码 011 表示,求接收到每个二进制码元后得到有关 x_4 的信息。

解:由定义 $I(x;y)=\log_a\dfrac{p(x|y)}{p(x)}$,$x\in X,y\in Y$,可计算出每接收一个符号的后验概率,如表 2-1 所示。

表 2-1　每接收一个符号的后验概率

输入消息	先验概率	后验概率		
		$p(x\|0)$	$p(x\|01)$	$p(x\|011)$
$x_4(011)$	1/8	1/4	1/2	1

因此，得到

$$I(x_4;0)=\log\frac{p(x_4\mid y=0)}{p(x_4)}=\log\frac{\frac{1}{4}}{\frac{1}{8}}=1(\text{比特/符号})$$

$$I(x_4;01)=\log\frac{p(x_4\mid y=01)}{p(x_4)}=\log\frac{\frac{1}{2}}{\frac{1}{8}}=2(\text{比特/符号})$$

$$I(x_4;011)=\log\frac{p(x_4\mid y=011)}{p(x_4)}=\log\frac{1}{\frac{1}{8}}=3(\text{比特/符号})$$

【例 2-12】 两消息 $x_1=000$，$x_2=111$，且 $p(x_1)=p(x_2)=1/2$。$p(0|0)=p(1|1)=1-\varepsilon$，$p(0|1)=p(1|0)=\varepsilon$。若因干扰使传输的码元序列变成 010，计算接收到 010 获取有关 $x_1=000$ 的信息。

解：信源传输结果的变化可用如图 2-7 所示的结构表示，该信道属于二进制对称信道。

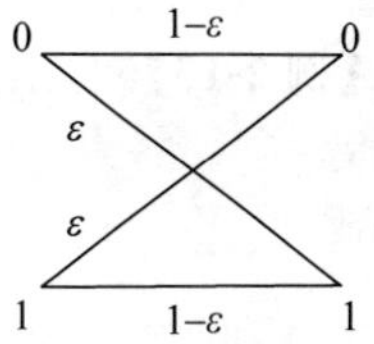

图 2-7 二进制对称信道示意图

下面计算接收到 $y=0$ 事件的后验概率 $p(x_1|0)$ 和 $p(x_2|0)$。计算过程如下：

$$p(x_1\mid 0)=\frac{p(x_1)p(0\mid x_1)}{p(0)}=\frac{1/2(1-\varepsilon)}{p(0)}$$

$$p(x_2\mid 0)=\frac{p(x_2)p(0\mid x_2)}{p(0)}=\frac{1/2\varepsilon}{p(0)}$$

由 $p(x_1|0)+p(x_2|0)=1$，可以得到 $p(0)=1/2$，因此，$p(x_1|0)=1-\varepsilon$，以及 $p(x_2|0)=\varepsilon$。

进一步求接收到 $y=01$ 事件的后验概率 $p(x_1|01)$ 和 $p(x_2|01)$，计算过程如下：

由 $p(x_1|01)p(01)=p(x_1)\ p(01|x_1)$ 可得

$$p(x_1\mid 01)=\frac{\frac{1}{2}p(0\mid x_1)p(1\mid x_1)}{p(01)}=\frac{\frac{1}{2}(1-\varepsilon)\varepsilon}{p(01)}$$

$$p(x_2\mid 01)=\frac{\frac{1}{2}(1-\varepsilon)\varepsilon}{p(01)}$$

且 $$p(x_1\mid 01)+p(x_2\mid 01)=1$$

得到 $p(01)=(1-\varepsilon)\varepsilon$，进一步得到 $p(x_1|01)=p(x_2|01)=1/2$。

同理计算接收到 $y=010$ 事件的后验概率 $p(x|010)$，后验概率计算结果如表 2-2 所示。

表 2-2 后验概率计算结果

输入消息	先验概率	后验概率		
		$p(x\|0)$	$p(x\|01)$	$p(x\|010)$
$x_1(000)$	1/2	$1-\varepsilon$	1/2	$1-\varepsilon$
$x_2(111)$	1/2	ε	1/2	ε

因此，

$$p(x_1)=1/2, p(x_1 \mid 0)=1-\varepsilon$$

$$I(x_1)=-\log\frac{1}{2}=1$$

$$I(x_1;0)=\log\frac{p(x_1 \mid 0)}{p(x_1)}=\log[2(1-\varepsilon)]$$

$$I(x_1;1 \mid 0)=\log\frac{p(x_1 \mid 01)}{p(x_1 \mid 0)}=-\log[2(1-\varepsilon)]$$

$$I(x_1;0 \mid 01)=\log\frac{p(x_1 \mid 010)}{p(x_1 \mid 01)}=\log[2(1-\varepsilon)]$$

当 $\varepsilon<1/2$ 时，$I(x_1;0)>0$，$I(x_1;1|0)<0$，$I(x_1;0|01)>0$。并且，互信息量满足可加性，即

$$\begin{aligned}I(x_1;010)&=I(x_1;0)+I(x_1;1 \mid 0)+I(x_1;0 \mid 01)\\&=\log[2(1-\varepsilon)]\end{aligned}$$

当 $\varepsilon\neq 0$ 时，$I(x_1;010)<\log 2(=I(x_1))$。

【例 2-13】 某地二月份天气构成的信源为

$$\begin{bmatrix}X\\p(x)\end{bmatrix}=\begin{bmatrix}x_1(晴) & x_2(雹) & x_3(雨) & x_4(雪)\\ \frac{1}{2} & \frac{1}{4} & \frac{1}{8} & \frac{1}{8}\end{bmatrix}$$

现有人告诉你："今天不是晴天！"把这句话作为收到的消息 y_1，求当收到消息 y_1 后，y_1 与各种天气间的互信息。

解：当收到消息 y_1 后，各种天气发生的概率变成后验概率，计算可得

$$p(x_1 \mid y_1)=0,\quad p(x_2 \mid y_1)=\frac{1}{2}$$

$$p(x_3 \mid y_1)=\frac{1}{4},\quad p(x_4 \mid y_1)=\frac{1}{4}$$

因此，对于天气 x_1，因为 $p(x_1|y_1)=0$，所以不必考虑 x_1 与 y_1 间的信息量；对于天气 x_2，x_3 和 x_4，其互信息量为

$$I(x_2;y_1)=\log\frac{p(x_2 \mid y_1)}{p(x_2)}=\log\frac{1/2}{1/4}=1(比特)$$

$$I(x_3;y_1)=I(x_4;y_1)=1(比特)$$

这表明从 y_1 中分别得到 x_2、x_3 和 x_4 各 1 比特信息，也可理解为 y_1 使 x_2、x_3 和 x_4 的不确定度各减少 1 比特。

2.3.5 平均互信息量

本节讨论互信息量的数学期望，即平均互信息量(简称平均互信息)。首先给出平均互信息的定义。

定义 2.18：对于联合概率空间 $[XY, p(xy)]^{\mathrm{T}}$，在给定某一 $y\in Y$ 的条件下，互信息量 $I(x;y)$ 在集合 X 上的数学期望为 $I(X;y)=E_X[I(x;y)]$，其中

$$I(X;y)=E_X[I(x;y)]$$

$$
\begin{aligned}
&= \sum_{x \in X} p(x \mid y) I(x ; y) \\
&= \sum_{x \in X} p(x \mid y) \log \frac{p(x \mid y)}{p(x)}
\end{aligned} \tag{2.3.25}
$$

同理，在给定某一 $x \in X$ 的条件下，互信息量 $I(x ; Y)$ 为

$$
\begin{aligned}
I(x ; Y) &= E_Y[I(x ; y)] \\
&= \sum_{y \in Y} p(y \mid x) I(x ; y) \\
&= \sum_{y \in Y} p(y \mid x) \log \frac{p(y \mid x)}{p(y)}
\end{aligned} \tag{2.3.26}
$$

定义 2.19：联合概率空间$[XY, p(xy)]^{\mathrm{T}}$中的平均条件互信息量 $I(X ; y)$在整个集合 Y 上的概率加权平均值为平均互信息 $I(X ; Y)$。

$$
\begin{aligned}
I(X ; Y) &= E_Y[I(X ; y)] \\
&= \sum_{y \in Y} p(y) I(X ; y) \\
&= \sum_{x \in X} \sum_{y \in Y} p(y) p(x \mid y) \log \frac{p(x \mid y)}{p(x)}
\end{aligned} \tag{2.3.27}
$$

$$
\begin{aligned}
I(X ; Y) &= E_X[I(x ; Y)] \\
&= \sum_{x \in X} p(x) I(x ; Y) \\
&= \sum_{x \in X} \sum_{y \in Y} p(x) p(y \mid x) \log \frac{p(y \mid x)}{p(y)}
\end{aligned} \tag{2.3.28}
$$

$$
\begin{aligned}
I(X ; Y) &= E_{XY}[I(x ; y)] \\
&= \sum_{x \in X} \sum_{y \in Y} p(xy) I(x ; y) \\
&= \sum_{x \in X} \sum_{y \in Y} p(xy) \log \frac{p(xy)}{p(x) p(y)}
\end{aligned} \tag{2.3.29}
$$

平均互信息 $I(X ; Y)$克服了互信息 $I(x ; y)$的随机性，可作为信道中流通信息量的整体测量。

式(2.3.27)～式(2.3.29)给出了平均互信息的 3 种不同形式的表达式，以下将从 3 个不同角度阐述平均互信息的物理意义。

(1) 由式(2.3.27)得

$$
\begin{aligned}
I(X ; Y) &= \sum_{x \in X} \sum_{y \in Y} p(y) p(x \mid y) \log \frac{p(x \mid y)}{p(x)} \\
&= \sum_{x \in X} \sum_{y \in Y} p(x, y) \log \frac{1}{p(x)} - \sum_{x \in X} \sum_{y \in Y} p(x, y) \log \frac{1}{p(x \mid y)} \\
&= H(X) - H(X \mid Y)
\end{aligned} \tag{2.3.30}
$$

其中，$H(X|Y)$表示收到随机变量 Y 后，对随机变量 X 仍存在的不确定度，这是 Y 关于 X 的后验不确定度，通常称为信道疑义度，或简称疑义度。由于 $H(X|Y)$又代表了在信道中损失的信息，有时也称它为损失熵。相应地，称 $H(X)$为 X 的先验不确定度。式(2.3.30)表明，Y 对 X 的平均互信息是在对 Y 一无所知的情形下，X 的先验不确定度与收到 Y 后关

于 X 的后验不确定度之差，即收到 Y 前、后关于 X 的不确定度的减少量，也就是从 Y 获得的关于 X 的平均信息量。

(2) 由式(2.3.28)得

$$\begin{aligned}I(X;Y)&=\sum_{x\in X}\sum_{y\in Y}p(x)p(y\mid x)\log\frac{p(y\mid x)}{p(y)}\\&=\sum_{x\in X}\sum_{y\in Y}p(x,y)\log\frac{1}{p(y)}-\sum_{x\in X}\sum_{y\in Y}p(x,y)\log\frac{1}{p(y\mid x)}\\&=H(Y)-H(Y\mid X)\end{aligned}\tag{2.3.31}$$

其中，$H(Y|X)$表示发送随机变量 X 后，对随机变量 Y 仍存在的不确定度。如果信道中不存在任何噪声，发送端与接收端必存在确定的对应关系，发出 X 后必能确定对应的 Y。而现在不能完全确定对应的 Y，这是由于信道噪声所引起的，因此条件熵 $H(Y|X)$被称为噪声熵。式(2.3.31)表明，X 对 Y 的平均互信息等于 Y 的先验不确定度 $H(Y)$与发出 X 后关于 Y 的后验不确定度 $H(Y|X)$之差，即发 X 前、后关于 Y 的不确定度的减少量。

(3) 由式(2.3.29)得

$$\begin{aligned}I(X;Y)&=\sum_{x\in X}\sum_{y\in Y}p(x,y)\log\frac{p(x,y)}{p(x)p(y)}\\&=\sum_{x\in X}\sum_{y\in Y}p(x,y)\log\frac{1}{p(x)}+\sum_{x\in X}\sum_{y\in Y}p(x,y)\log\frac{1}{p(y)}-\\&\quad\sum_{x\in X}\sum_{y\in Y}p(x,y)\log\frac{1}{p(x,y)}\\&=H(X)+H(Y)-H(XY)\end{aligned}\tag{2.3.32}$$

其中，联合熵 $H(XY)$表示收、发双方通信后，整个系统仍然存在的不确定度。如果通信前，把 X 和 Y 看成是两个相互独立的随机变量，那么通信前系统的先验不确定度为 X 和 Y 的熵之和，即 $H(X)+H(Y)$；通信后随机变量 X 和 Y 由信道的传递统计特性联系起来，具有统计关联，整个系统的后验不确定度由 $H(XY)$描述。式(2.3.32)说明信道两端随机变量 X 和 Y 之间的平均互信息等于通信前、后整个系统不确定度的减少量。

【例 2-14】 把已知信源 $\begin{bmatrix}X\\p(x)\end{bmatrix}=\begin{bmatrix}a_1 & a_2\\0.5 & 0.5\end{bmatrix}$ 接到图 2-8 所示的信道上，求在该信道上传输的平均互信息量 $I(X;Y)$、疑义度 $H(X|Y)$、噪声熵 $H(Y|X)$和联合熵 $H(XY)$。

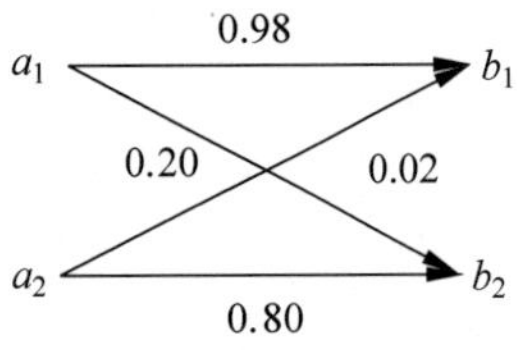

图 2-8 信道范例

解：(1) 由 $p(a_ib_j)=p(a_i)p(b_j|a_i)$，求出各联合概率如下：

$$p(a_1b_1)=p(a_1)p(b_1\mid a_1)=0.5\times0.98=0.49$$

$$p(a_1b_2)=p(a_1)p(b_2\mid a_1)=0.5\times0.02=0.01$$

$$p(a_2b_1)=p(a_2)p(b_1\mid a_2)=0.5\times0.20=0.10$$

$$p(a_2b_2)=p(a_2)p(b_2\mid a_2)=0.5\times0.80=0.40$$

(2) 由 $p(b_j)=\sum_{i=1}^{n}p(a_ib_j)$，得到各消息概率如下：

$$p(b_1)=\sum_{i=1}^{2}p(a_ib_1)=p(a_1b_1)+p(a_2b_1)=0.49+0.10=0.59$$

$$p(b_2)=1-p(b_1)=1-0.59=0.41$$

(3) 由 $p(a_i|b_j)=\dfrac{p(a_ib_j)}{p(b_j)}$,求 X 的各后验概率如下:

$$p(a_1 \mid b_1)=\frac{p(a_1b_1)}{p(b_1)}=\frac{0.49}{0.59}=0.831$$

$$p(a_2 \mid b_1)=1-p(a_1 \mid b_1)=0.169$$

同样可以推出 $p(a_1|b_2)=0.024$,以及 $p(a_2|b_2)=0.976$。

(4) $H(X)=-\sum_{i=1}^{2}p(a_i)\log p(a_i)=-(0.5\log 0.5+0.5\log 0.5)$
$=1$(比特/符号)

$$H(Y)=-\sum_{j=1}^{2}p(b_j)\log p(b_j)=-(0.59\log 0.59+0.41\log 0.41)$$
$$=0.98\text{(比特/符号)}$$

$$H(XY)=-\sum_{i=1}^{n}\sum_{j=1}^{m}p(a_ib_j)\log p(a_ib_j)$$
$$=-(0.49\log 0.49+0.01\log 0.01+0.10\log 0.10+0.40\log 0.40)$$
$$=1.43\text{(比特/符号)}$$

(5) 平均互信息计算如下:

$$I(X;Y)=H(X)+H(Y)-H(XY)=1+0.98-1.43$$
$$=0.55\text{(比特/符号)}$$

(6) 疑义度计算如下:

$$H(X \mid Y)=-\sum_{i=1}^{2}\sum_{j=1}^{2}p(a_ib_j)\log p(a_i \mid b_j)$$
$$=-(0.49\log 0.831+0.01\log 0.024+0.10\log 0.169+0.40\log 0.976)$$
$$=0.45\text{(比特/符号)}$$

$H(X|Y)$也可以由下式简单计算得到

$$H(X \mid Y)=H(XY)-H(Y)=1.43-0.98=0.45\text{(比特/符号)}$$

(7) 噪声熵计算如下:

$$H(Y \mid X)=-\sum_{i=1}^{2}\sum_{j=1}^{2}p(a_ib_j)\log p(b_j \mid a_i)$$
$$=-(0.49\log 0.98+0.01\log 0.02+0.10\log 0.20+0.40\log 0.80)$$
$$=0.43\text{(比特/符号)}$$

噪声熵也可以通过下式计算:

$$H(Y \mid X)=H(XY)-H(X)=0.43\text{(比特/符号)}$$

2.3.6 平均互信息量的性质

平均互信息有 3 种数学表达,具有 3 种不同的物理意义。为了进一步了解平均互信息,现给出平均互信息的一些性质。

1）非负性

$I(X;Y)\geqslant 0$，当且仅当 X 和 Y 统计独立时等号成立。

证明：首先证明 $I(X;y)$ 和 $I(x;Y)$ 是非负的。

$$-I(X;y)=\sum_{x\in X}p(x\mid y)\log\frac{p(x)}{p(x\mid y)}$$
$$\leqslant \log_{e}\sum_{x\in X}p(x\mid y)\left[\frac{p(x)}{p(x\mid y)}-1\right]=0$$

所以 $I(X;y)\geqslant 0$，同理 $I(x;Y)\geqslant 0$。

因此，

$$I(X;Y)=E[I(X;y)]=\sum_{y\in Y}p(y)I(X;y)$$

由于 $I(X;y)\geqslant 0$ 且 $p(y)>0$，可以得到 $I(X;Y)\geqslant 0$。

2）互易性

$$I(X;Y)=I(Y;X)$$

证明：
$$\begin{aligned}I(X;Y)&=\sum_{x\in X}\sum_{y\in Y}p(xy)I(x;y)\\&=\sum_{x\in X}\sum_{y\in Y}p(xy)I(y;x)\quad [I(x;y)=I(y;x)]\\&=I(Y;X)\end{aligned}$$

由此，随机变量 Y 从随机变量 X 中获取的互信息等于随机变量 X 从随机变量 Y 中获取的互信息，信息的获取是相互的。

3）平均互信息量可用熵和条件熵或联合熵表示

$$\begin{aligned}I(X;Y)&=H(X)-H(X\mid Y)\\&=H(Y)-H(Y\mid X)\\&=H(X)+H(Y)-H(XY)\end{aligned}$$

证明：
$$\begin{aligned}I(X;Y)&=\sum_{x\in X}\sum_{y\in Y}p(xy)\log\frac{p(x\mid y)}{p(x)}\\&=-\sum_{x\in X}\overbrace{\sum_{y\in Y}p(xy)}^{p(x)}\log p(x)+\sum_{x\in X}\sum_{y\in Y}p(xy)\log p(x\mid y)\\&=-\sum_{x\in X}p(x)\log p(x)+\sum_{x\in X}\sum_{y\in Y}p(xy)\log p(x\mid y)\\&=H(X)-H(X\mid Y)\end{aligned}$$

$$\begin{aligned}I(X;Y)&=\sum_{x\in X}\sum_{y\in Y}p(xy)\log\frac{p(y\mid x)}{p(y)}\\&=-\sum_{y\in Y}p(y)\log p(y)+\sum_{x\in X}\sum_{y\in Y}p(xy)\log p(y\mid x)\\&=H(Y)-H(Y\mid X)\end{aligned}$$

$$\begin{aligned}I(X;Y)&=\sum_{x\in X}\sum_{y\in Y}p(xy)\log\frac{p(xy)}{p(x)p(y)}\\&=-\sum_{x\in X}p(x)\log p(x)-\sum_{y\in Y}p(y)\log p(y)+\\&\quad\sum_{x\in X}\sum_{y\in Y}p(xy)\log p(xy)\\&=H(X)+H(Y)-H(XY)\end{aligned}$$

以上平均互信息与熵以及条件熵间的关系可以用维拉图表示，如图 2-9 所示。其中，左圆为 $H(X)$，右圆为 $H(Y)$，两圆的交集为互信息 $I(X;Y)$，两圆的并集为联合熵 $H(XY)$。

可以对以下几种特殊情形进行讨论：

(1) 当 X 和 Y 完全相关时，即 $p(x|y)=p(y|x)=1$ 时，可以得到

$$I(X;Y)=H(X)=H(Y)$$

(2) 当 X 和 Y 独立时，有 $H(X|Y)=H(X)$，$H(Y|X)=H(Y)$，可以得到

$$I(X;Y)=0$$

(3) 多个随机变量的情形。

可将平均互信息推广至多个随机变量的情形，以 3 个随机变量为例，彼此间的平均互信息可用图 2-10 所示的维拉图表示，其中 3 个圆分别为 $H(X)$、$H(Y)$和 $H(Z)$，A、B、C、D 标记处均为互信息，此时 $A+B+C$ 对应于联合互信息 $I(X;YZ)$，$A+B$ 对应于互信息 $I(X;Y)$，C 对应于条件互信息 $I(X;Z|Y)$。联合互信息、互信息和条件互信息间的关系如下：

$$I(X;YZ)=I(X;Y)+I(X;Z\mid Y)$$
$$I(X;YZ)=I(X;ZY)=I(X;Z)+I(X;Y\mid Z)$$
$$I(X;YZ)=I(YZ;X)$$
$$I(X;Y)=I(X;Z)+I(X;Y\mid Z)-I(X;Z\mid Y)$$
$$I(X;YZ)\geqslant I(X;Y)$$
$$I(X;YZ)\geqslant I(X;Z)$$

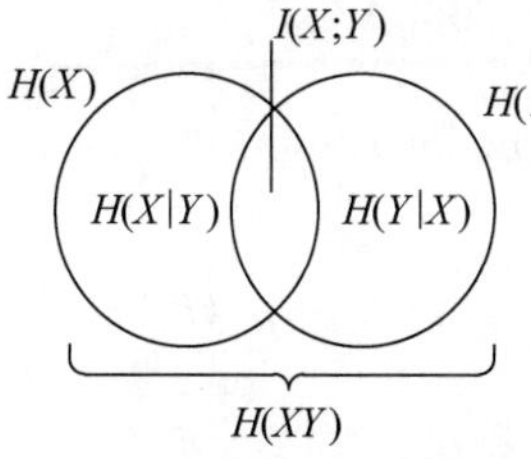

图 2-9　熵与平均互信息的关系图

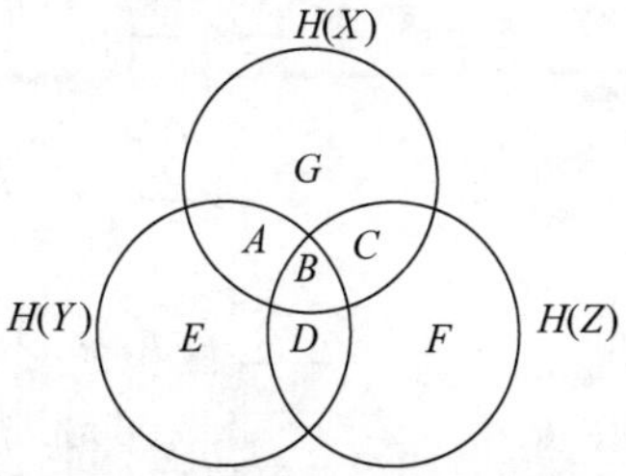

图 2-10　3 个随机变量间的平均互信息关系图

(4) 互信息具有极值性。

互信息存在极大值，分别如下：

$$I(X;Y)\leqslant H(X)$$
$$I(Y;X)\leqslant H(Y)$$

证明：已知 $I(X;Y)=H(X)-H(X|Y)$，因为 $H(X|Y)\geqslant 0$，所以 $I(X;Y)\leqslant H(X)$。

由此可见，互信息的极大值为熵 $H(X)$或 $H(Y)$，且当随机变量 X 与随机变量 Y 完全相关时等式成立。

(5) 平均互信息具有凸性。

要了解平均互信息的凸函数性质，需要首先了解凸函数的定义，有关凸函数的定义具体见定义 2.13。

对于平均互信息量，根据其定义式，可以将其描述为变量概率分布 $p(x)$和条件概率分布 $p(y|x)$的函数，具体如下：

$$
\begin{aligned}
I(X;Y) &= \sum_{x\in X}\sum_{y\in Y} p(xy)\log\frac{p(y\mid x)}{p(y)} \\
&= \sum_{x\in X}\sum_{y\in Y} p(x)p(y\mid x)\log\frac{p(y\mid x)}{\sum_x p(x)p(y\mid x)} \\
&= I(p(x),p(y\mid x))
\end{aligned}
\tag{2.3.33}
$$

由此可以给出如下结论：

结论1：当条件概率分布 $p(y|x)$ 给定时，平均互信息量 $I(X;Y)$ 是输入概率分布 $p(x)$ 的上凸函数。

结论2：当集合 X 的概率分布 $p(x)$ 保持不变时，平均互信息量 $I(X;Y)$ 是条件概率分布 $p(y|x)$ 的下凸函数。

证明：令 $p_3(a_i)=\alpha p_1(a_i)+(1-\alpha)p_2(a_i)$，因为 $p_3(a_i)$ 是 $p_1(a_i)$ 和 $p_2(a_i)$ 的线性组合，$\{p_3(a_i),i=1,2,\cdots,n\}$ 构成一个新的概率分布。当固定信道特性为 $p_0(b_j|a_i)$ 时，由 $\{p_3(a_i),i=1,2,\cdots,n\}$ 确定的平均互信息为

$$
\begin{aligned}
I[p_3(a_i)] &= I[\alpha p_1(a_i)+(1-\alpha)p_2(a_i)] \\
&= \sum_{i=1}^{n}\sum_{j=1}^{m} p_3(a_i)p_0(b_j\mid a_i)\log\frac{p_0(b_j\mid a_i)}{p_3(b_j)} \\
&= \sum_{i=1}^{n}\sum_{j=1}^{m}[\alpha p_1(a_i)+(1-\alpha)p_2(a_i)]p_0(b_j\mid a_i)\log\frac{p_0(b_j\mid a_i)}{p_3(b_j)} \\
&= -\alpha\sum_{j=1}^{m}\left[\sum_{i=1}^{n}p_1(a_i)p_0(b_j\mid a_i)\right]\log p_3(b_j) - \\
&\quad (1-\alpha)\sum_{j=1}^{m}\left[\sum_{i=1}^{n}p_2(a_i)p_0(b_j\mid a_i)\right]\log p_3(b_j) + \\
&\quad \sum_{i=1}^{n}\sum_{j=1}^{m}[\alpha p_1(a_i)+(1-\alpha)p_2(a_i)]p_0(b_j\mid a_i)\log p_0(b_j\mid a_i) \\
&= -\alpha\sum_{j=1}^{m}p_1(b_j)\log p_3(b_j)-(1-\alpha)\sum_{j=1}^{m}p_2(b_j)\log p_3(b_j) + \\
&\quad \sum_{i=1}^{n}\sum_{j=1}^{m}[\alpha p_1(a_i)+(1-\alpha)p_2(a_i)]p_0(b_j\mid a_i)\log p_0(b_j\mid a_i)
\end{aligned}
$$

其中，$p_l(b_j)=\sum_{i=1}^{n}p_l(a_i)p_0(b_j\mid a_i),l=1,2,3$。

根据熵的极值特性，即 $-\sum_{i=1}^{n}p(a_i)\log q(a_i)\geqslant-\sum_{i=1}^{n}p(a_i)\log p(a_i)$，可以得到

$$
\begin{aligned}
-\sum_{j=1}^{m}p_1(b_j)\log p_3(b_j) &\geqslant -\sum_{j=1}^{m}p_1(b_j)\log p_1(b_j) \\
-\sum_{j=1}^{m}p_2(b_j)\log p_3(b_j) &\geqslant -\sum_{j=1}^{m}p_2(b_j)\log p_2(b_j)
\end{aligned}
\tag{2.3.34}
$$

将式(2.3.34)代入上式可得

$$
I[p_3(a_i)]\geqslant-\alpha\sum_{j=1}^{m}p_1(b_j)\log p_1(b_j)-(1-\alpha)\sum_{j=1}^{m}p_2(b_j)\log p_2(b_j)+
$$

$$\sum_{i=1}^{n}\sum_{j=1}^{m}[\alpha p_1(a_i)+(1-\alpha)p_2(a_i)]p_0(b_j \mid a_i)\log p_0(b_j \mid a_i)$$

$$=\alpha\sum_{i=1}^{n}\sum_{j=1}^{m}p_1(a_i)p_0(b_j \mid a_i)\log\frac{p_0(b_j \mid a_i)}{p_1(b_j)}+$$

$$(1-\alpha)\sum_{i=1}^{n}\sum_{j=1}^{m}p_2(a_i)p_0(b_j \mid a_i)\log\frac{p_0(b_j \mid a_i)}{p_2(b_j)}$$

$$=\alpha I[p_1(a_i)]+(1-\alpha)I[p_2(a_i)] \tag{2.3.35}$$

当且仅当 $p_3(a_i)=p_1(a_i)$ 以及 $p_3(a_i)=p_2(a_i)$ 时，式(2.3.35)中的等号成立，一般情况下有

$$I[p_3(a_i)]=I[\alpha p_1(a_i)+(1-\alpha)p_2(a_i)]>\alpha I[p_1(a_i)]+(1-\alpha)I[p_2(a_i)] \tag{2.3.36}$$

这就证明了平均互信息量是信源概率分布$\{p(a_i),i=1,2,\cdots,n\}$的严格上凸函数。

【例 2-15】 设二进制(二元)对称信道的输入概率空间为$\begin{bmatrix}X\\p(x)\end{bmatrix}=\begin{bmatrix}0 & 1\\p & \bar{p}=1-p\end{bmatrix}$，信道转移概率如图 2-11 所示，求平均互信息量。

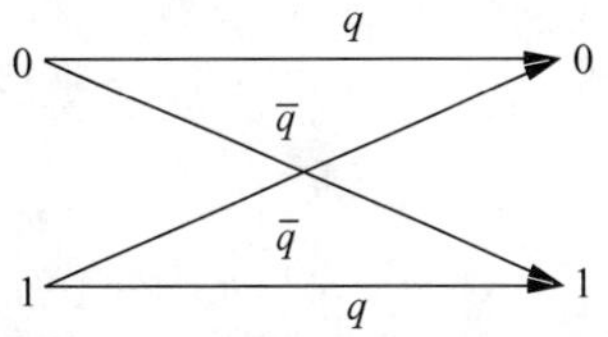

图 2-11　二元对称信道

解：由信道特性决定的条件熵为

$$H(Y \mid X)=-\sum_{i=1}^{2}\sum_{j=1}^{2}p(a_i)p(b_j \mid a_i)\log p(b_j \mid a_i)$$

$$=p(a_1)[-p(b_1 \mid a_1)\log p(b_1 \mid a_1)-p(b_2 \mid a_1)\log p(b_2 \mid a_1)]+$$

$$p(a_2)[-p(b_1 \mid a_2)\log p(b_1 \mid a_2)-p(b_2 \mid a_2)\log p(b_2 \mid a_2)]$$

$$=\sum_{i=1}^{2}p(a_i)\{-[\bar{q}\log\bar{q}+q\log q]\}$$

$$=\sum_{i=1}^{2}p(a_i)H(q)$$

$$=H(q)$$

由 $p(b_j)=\sum_{i=1}^{n}p(a_i)p(b_j \mid a_i)$ 可得

$$p(b_1)=P(Y=0)=pq+\bar{p}\bar{q}$$

$$p(b_2)=P(Y=1)=p\bar{q}+\bar{p}q$$

所以

$$H(Y)=-\{(p\bar{q}+\bar{p}q)\log(p\bar{q}+\bar{p}q)+(pq+\bar{p}\bar{q})\log(pq+\bar{p}\bar{q})\}=H(p\bar{q}+\bar{p}q)$$

平均互信息量为

$$I(X;Y)=H(Y)-H(Y \mid X)=H(p\bar{q}+\bar{p}q)-H(q) \tag{2.3.37}$$

在式(2.3.37)中，当 q 不变，即固定信道特性时，可得 $I(X;Y)$随输入概率分布$\{p,\bar{p}\}$变化的曲线，如图 2-12 所示。由图可见，二进制对称信道特性固定后，输入呈等概率分布时，平均而言在接收端可获得最大信息量。对称信道条件熵 $H(q)$与信源概率分布无关，是

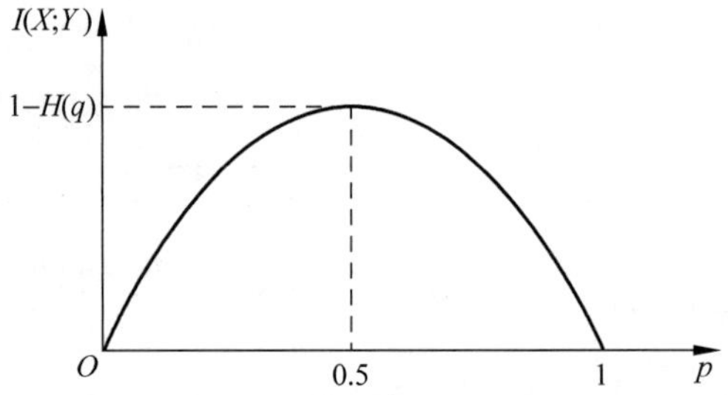

图 2-12　固定信道后,平均互信息随信源输入概率 p 的变化曲线

个相对固定值,故当信源熵最大时,接收端获得的信息量也最大。

平均互信息量 $I(X;Y)$是信道转移概率分布$\{p(b_j|a_i),i=1,2,\cdots,n;\ j=1,2,\cdots,m\}$的下凸函数。该结论可在固定信源 $p(a_i)$、调整信道 $p(b_j|a_i)$的情况下得到。即有两个不同的信道特性 $p_1(b_j|a_i)$和 $p_2(b_j|a_i)$将信道两端的输入和输出(即 X 和 Y)联系起来,如果用小于 1 的正数 $\alpha(0<\alpha<1)$对 $p_1(b_j|a_i)$和 $p_2(b_j|a_i)$进行线性组合,可得到信道特性 $p_3(b_j|a_i)=\alpha p_1(b_j|a_i)+(1-\alpha)p_2(b_j|a_i)$。所谓下凸函数,是指

$$\begin{aligned}I[p_3(b_j\mid a_i)]&=I[\alpha p_1(b_j\mid a_i)+(1-\alpha)p_2(b_j\mid a_i)]\\&\leqslant\alpha I[p_1(b_j\mid a_i)]+(1-\alpha)I[p_2(b_j\mid a_i)]\end{aligned}\tag{2.3.38}$$

平均互信息量下凸函数的证明过程与上凸函数类似,此处不再赘述。

在式(2.3.38)中,当固定信源特性 p 时,平均互信息量 $I(X;Y)$就是信道特性 q 的函数,其随 q 变化的曲线如图 2-13 所示。由图可见,当二元对称信道特性 $q=\bar{q}=1/2$ 时,信道输出端获得的信息量最小,即说明信源的全部信息都损失在信道中,这是一种最差的信道。

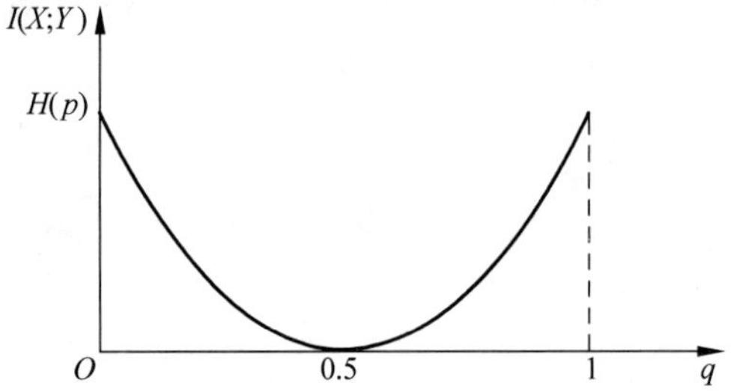

图 2-13　固定信源后,平均互信息随转移概率变化的曲线

如果上凸函数在该函数的定义域内有极值,这个极值一定是极大值;而下凸函数在定义域内的极值一定是极小值。由此可见,结论 1 和结论 2 是两个互为对偶的问题。在以后的讨论中我们会逐渐明白,结论 1 是研究信道容量的理论基础,而结论 2 是研究信源的信息率失真函数的理论基础。

(6) 信息具有不增性。

互信息经过信息处理后信息只会减少,不会增加,这称为信息的不增性,其证明过程如下。

图 2-14 是二级信息处理示意图,假设在 Y 条件下 X 与 Z 相互独立,即变量 Z 的取值取决于变量 Y,而与变量 X 不相关,于是 $I(X;Z|Y)=0$。

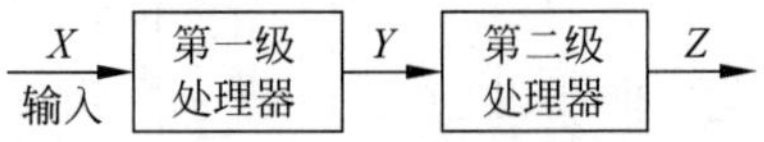

图 2-14　二级信息处理示意图

有联合互信息、互信息和条件互信息间的关系，即

$$I(X;YZ)=I(X;Y)+I(X;Z\mid Y)$$
$$I(X;YZ)=I(X;Z)+I(X;Y\mid Z)$$

可以得到 $I(X;Z)=I(X;Y)+I(X;Z|Y)-I(X;Y|Z)$。因为在 Y 条件下 X 与 Z 相互独立，即 $I(X;Z|Y)=0$，

所以

$$I(X;Z)=I(X;Y)-I(X;Y\mid Z)$$

又因为 $I(X;Y|Z)\geqslant 0$，所以

$$I(X;Z)\leqslant I(X;Y)$$

同理可得

$$I(XY;Z)=I(X;Z)+I(Y;Z\mid X)$$
$$I(XY;Z)=I(Y;Z)+I(X;Z\mid Y)$$
$$I(X;Z)=I(Y;Z)+I(X;Z\mid Y)-I(Y;Z\mid X)$$
$$I(X;Z\mid Y)=0$$

最终得到 $I(X;Z)\leqslant I(Y;Z)$。

因此，数据处理过程中只会损失掉一些信息，绝不会创造出新的信息。

【例 2-16】 如图 2-14 所示的两级串联信道。设信源 $\begin{bmatrix} X \\ p(x) \end{bmatrix}=\begin{bmatrix} a_1 & a_2 \\ 0.5 & 0.5 \end{bmatrix}$，信道Ⅰ输入与输出的反向条件转移概率为 $p(X|Y)=\begin{Bmatrix} p(a_1|b_1) & p(a_1|b_2) & p(a_2|b_1) & p(a_2|b_2) \\ 0.8 & 0.2 & 0.2 & 0.8 \end{Bmatrix}$，信道Ⅱ输入与输出的反向条件转移概率为 $p(Y|Z)=\begin{Bmatrix} p(b_1|c_1) & p(b_1|c_2) & p(b_2|c_1) & p(b_2|c_2) \\ 0.9 & 0.1 & 0.1 & 0.9 \end{Bmatrix}$。计算 $I(X;Y)$、$I(Y;Z)$和 $I(X;Z)$。

解：

(1) 将信源概率 $p(a_i)$、信道Ⅰ反向条件概率 $p(a_i|b_j)$代入如下公式：

$$p(a_i)=\sum_{j=1}^{n}p(b_j)p(a_i\mid b_j)$$

则有

$$0.5=0.8p(b_1)+0.2p(b_2)$$
$$0.5=0.2p(b_1)+0.8p(b_2)$$

解以上方程组可得 $p(b_1)=p(b_2)=0.5$。

(2) 由反向条件概率 $p(a_i|b_j)$的对称性可知，条件熵 $H(X|Y)$与 $p(Y)$无关，故有

$$\begin{aligned}I(X;Y)&=H(X)-H(X\mid Y)\\&=1+0.8\log 0.8+0.2\log 0.2\\&=1-0.722=0.278(\text{比特/符号})\end{aligned}$$

同理，条件熵 $H(Y|Z)$与 $p(Z)$无关。于是

$$\begin{aligned}I(Y;Z)&=H(Y)-H(Y\mid Z)\\&=1+0.9\log 0.9+0.1\log 0.1=1-0.469\\&=0.531(\text{比特/符号})\end{aligned}$$

(3) 将 $p(b_j)$和 $p(b_j|c_k)$代入公式 $p(b_j)=\sum_{k=1}^{2}p(c_k)p(b_j\mid c_k)$，得

$$0.5=0.9p(c_1)+0.1p(c_2)$$
$$0.5=0.1p(c_1)+0.9p(c_2)$$

解以上方程组可得 $p(c_1)=p(c_2)=0.5$。

(4) 将 $p(c_k)$和 $p(b_j|c_k)$代入公式 $p(b_jc_k)=p(c_k)p(b_j|c_k)$，解出

$$\begin{bmatrix} YZ \\ p(yz) \end{bmatrix}=\begin{bmatrix} b_1c_1 & b_1c_2 & b_2c_1 & b_2c_2 \\ 0.45 & 0.05 & 0.05 & 0.45 \end{bmatrix}$$

(5) Y 条件下 X 与 Z 无关，意味着 $p(a_i|b_j)=p(a_i|b_jc_k)$，则

$$p(a_ib_jc_k)=p(b_jc_k)p(a_i\mid b_jc_k)=p(b_jc_k)p(a_i\mid b_j)$$

$$\begin{bmatrix} XYZ \\ p(xyz) \end{bmatrix}=\begin{bmatrix} a_1b_1c_1 & a_1b_1c_2 & a_1b_2c_1 & a_1b_2c_2 & a_2b_1c_1 & a_2b_1c_2 & a_2b_2c_1 & a_2b_2c_2 \\ 0.36 & 0.04 & 0.01 & 0.09 & 0.09 & 0.01 & 0.04 & 0.36 \end{bmatrix}$$

(6) 利用 $p(a_ic_k)=\sum_{j=1}^{2}p(a_ib_jc_k)$，将 $p(a_ib_jc_k)$代入，得

$$\begin{bmatrix} XZ \\ p(xz) \end{bmatrix}=\begin{bmatrix} a_1c_1 & a_1c_2 & a_2c_1 & a_2c_2 \\ 0.37 & 0.13 & 0.13 & 0.37 \end{bmatrix}$$

由联合熵定义有

$$\begin{aligned} H(XZ)&=-0.37\times 2\times \log 0.37-0.13\times 2\times \log 0.13 \\ &=1.0615+0.7653=1.8268(\text{比特/符号}) \end{aligned}$$

(7) 输入与信道Ⅱ输出端的平均互信息为

$$\begin{aligned} I(X;Z)&=H(X)+H(Z)-H(XZ)=1+1-1.8268 \\ &=0.1732(\text{比特/符号}) \end{aligned}$$

计算结果符合数据处理定理结论。

2.4 离散序列信源的熵与互信息

前面讨论了离散单符号信源的熵和互信息，并详细描述了它们的性质。然而实际信源的输出在空间或时间上是序列，因而是序列信源，而且即使是连续信源也可通过展开变成序列信源。不仅如此，在序列信源中，各符号之间可以存在关联，也可以不存在关联。为此，序列信源又被分为有记忆序列信源和无记忆序列信源。本节讨论离散无记忆信源和简单的离散有记忆序列信源，即平稳序列和齐次遍历马尔可夫链信源。

2.4.1 离散平稳序列信源的熵和熵率

首先考虑离散平稳无记忆信源，这样的信源既包括无记忆性，又包括平稳特性。下面描述无记忆特性。设信源输出的随机序列为 $\boldsymbol{X}$，$\boldsymbol{X}=(X_1,X_2,\cdots X_l,\cdots,X_L)=X^L$，序列长度为 L，根据无记忆序列信源的定义，它的联合概率可以表示为每个符号概率的乘积，即

$$p(\boldsymbol{X})=\prod_{l=1}^{L}p(X_l) \tag{2.4.1}$$

因此，无记忆序列信源的熵为

$$\begin{aligned}H(\boldsymbol{X}) &= -\sum_{x\in X^L} p(x)\log p(x) = -\sum_{x\in X^L}\prod_{l=1}^{L} p(x_l)\log\prod_{l=1}^{L} p(x_l)\\ &= -\sum_{x\in X^L}\prod_{l=1}^{L} p(x_l)\sum_{l=1}^{L}\log p(x_l) = -\sum_{x\in X^L} p(x_1\cdots x_l)\sum_{l=1}^{L}\log p(x_l)\\ &= -\sum_{l=1}^{L}\sum_{x\in X^L}\log p(x_l)p(x_1\cdots x_{l-1}x_l,x_{l+1}\cdots x_L)\\ &= -\sum_{l=1}^{L} p(x_l)\log p(x_l) = \sum_{l=1}^{L} H(X_l)\end{aligned}\tag{2.4.2}$$

接下来描述平稳特性。一个平稳信源的定义如下。

定义 2.20：若信源产生的随机序列 $\boldsymbol{X}_i(i=1,2,\cdots)$满足：

(1) 所有 $\boldsymbol{X}_i$ 都取值于有限的信源符号集 $A=\{a_1,a_2,\cdots,a_q\}$。

(2) 随机序列是平稳的，即对所有的非负整数 $i_1,i_2,\cdots,i_N$ 及 $x_1,x_2,\cdots,x_N\in A$，有 $p\{X_{i_1}=x_1,X_{i_2}=x_2,\cdots,X_{i_N}=x_N\}=p\{X_{i_1+h}=x_1,X_{i_2+h}=x_2,\cdots,X_{i_N+h}=x_N\}$，则称此信源为离散平稳信源。

从上述定义可以看出，离散平稳信源发出的符号序列的概率分布与时间起点无关。换言之，离散平稳信源发出的符号序列的概率分布函数可以平移。

若当任意两个不同时刻信源发出符号的概率分布完全相同，即

$$p(X_i=x)=p(X_j=x)=p(x)\tag{2.4.3}$$

其中，i,j 为任意整数，$i\neq j$，$x\in A=\{a_1,a_2,\cdots,a_q\}$，则称具有这样性质的信源为一维平稳信源。它意味着一维平稳信源无论在什么时刻均按一维概率分布 $p(x)$发出符号。

如果随机序列的二维联合分布 $p(x_1x_2)$也与时间起点无关，即

$$p(X_{i_1}=x_1,X_{i_2}=x_2)=p(X_{j_1}=x_1,X_{j_2}=x_2)=p(x_1x_2)\tag{2.4.4}$$

其中，i,j 为任意整数，$i\neq j$，$x_1,x_2\in A=\{a_1,a_2,\cdots,a_q\}$，则称具有这种性质的信源为二维平稳信源。

如果 N 维联合分布 $p(x_1x_2\cdots x_N)$与时间起点无关，即

$$p(X_{i_1}=x_1,X_{i_2}=x_2,\cdots,X_{i_N}=x_N)=p(X_{j_1}=x_1,X_{j_2}=x_2,\cdots,X_{j_N}=x_N)\tag{2.4.5}$$

则称具有这种性质的信源是完全平稳的。完全平稳的信源简称为平稳信源。对于输出为 N 长序列的平稳信源在某时刻发出什么样的符号和它前面发出的 $k(k<N)$个符号有关。

这样，很容易推出如下结论：

$$\begin{aligned}&H(X_1)=H(X_2)=\cdots=H(X_N)\\ &H(X_2\mid X_1)=H(X_3\mid X_2)=\cdots=H(X_N\mid X_{N-1})\\ &H(X_3\mid X_1X_2)=H(X_4\mid X_2X_3)=\cdots=H(X_N\mid X_{N-2}X_{N-1})\end{aligned}\tag{2.4.6}$$

离散平稳无记忆信源输出的符号序列是平稳随机序列，并且符号之间是无关的，它的平均不确定性可计算为

$$\begin{aligned}H(\boldsymbol{X})=H(X^L) &= -\sum_{x\in X^L} p(x)\log p(x)=\sum_{l=1}^{L} H(X)\quad \text{(可加性)}\\ &= LH(X)\quad \text{(平稳信源)}\end{aligned}$$

平均每个符号的消息熵满足

$$H_L(\boldsymbol{X})=\frac{1}{L}H(\boldsymbol{X})=H(X) \tag{2.4.7}$$

下面介绍离散有记忆序列信源的熵及熵率。

对于由两个符号组成的联合信源有下列结论：

(1) $H(X_1X_2)=H(X_1)+H(X_2|X_1)=H(X_2)+H(X_1|X_2)$。

(2) $H(X_1)\geqslant H(X_1|X_2)$，以及 $H(X_2)\geqslant H(X_2|X_1)$。

对于离散平稳信源，其联合概率将具有时间推移不变性，即

$$p(X_{i_1}=x_1,X_{i_2}=x_2,\cdots,X_{i_L}=x_L)=p(X_{i_1+h}=x_1,X_{i_2+h}=x_2,\cdots,X_{i_L+h}=x_L)$$

但是，它们不像离散无记忆信源那样简单。因为信源符号之间的依赖长度为 L，所以可以求出已知前面 $L-1$ 个符号时的熵，再考虑出现第 L 个符号的平均不确定性，即

$$H(X_1X_2\cdots X_L)=H(X_1,X_2,\cdots,X_{L-1})+H(X_L\mid X_1X_2\cdots X_{L-1}) \tag{2.4.8}$$

以此类推，长度为 L 的离散平稳序列信源的熵为

$$\begin{aligned}H(X_1X_2\cdots X_L)&=H(X_1)+H(X_2\mid X_1)+\cdots+H(X_L\mid X_1X_2\cdots X_{L-1})\\&=\sum_{l=1}^{L}H(X_l\mid X_1^{l-1})\end{aligned} \tag{2.4.9}$$

其中，$H(X_l|X_1^{l-1})=H(X_l|X^{l-1})=H(X_l|X_1X_2\cdots X_{l-1})$。实际上，式(2.4.9)与式(2.3.10)一致，即为熵的链式规则。消息熵定义为平均每个符号的熵，即

$$H_L(\boldsymbol{X})=\frac{1}{L}H(\boldsymbol{X})=\frac{1}{L}\sum_{l=1}^{L}H(X_l\mid X_1^{l-1}) \tag{2.4.10}$$

对于平稳离散信源，具有下列结论：

结论 1：$H(X_L|X_1^{L-1})$是 L 的单调非增函数。

结论 2：$H_L(\boldsymbol{X})\geqslant H(X_L|X_1^{L-1})$。

结论 3：$H_L(\boldsymbol{X})$是 L 的单调非增函数，即

$$H_L(\boldsymbol{X})\leqslant H_{L-1}(\boldsymbol{X})$$

结论 4：当 $L\to\infty$时，有

$$H_\infty(\boldsymbol{X})=\lim_{L\to\infty}H_L(\boldsymbol{X})=\lim_{L\to\infty}H(X_L\mid X_1X_2\cdots X_{L-1}) \tag{2.4.11}$$

其中，$H_\infty(\boldsymbol{X})=H_\infty$称为离散平稳信源的**极限熵**，又称为极限信息量，也称为离散平稳信源的熵率(entropy rate)。

推广结论 3 得到

$$H_0(\boldsymbol{X})\geqslant H_1(\boldsymbol{X})\geqslant H_2(\boldsymbol{X})\cdots\geqslant H_\infty(\boldsymbol{X}) \tag{2.4.12}$$

其中，$H_0(\boldsymbol{X})$为等概率单个符号信源的熵，$H_1(X)$为一般单个符号信源的熵，$H_2(\boldsymbol{X})$为由两个符号组成的序列平均符号熵，以此类推，最后的 $H_\infty(\boldsymbol{X})$为极限熵。

下面给出结论 1 至结论 4 的证明。

结论 1 证明：由平稳信源的平稳性和条件熵的性质可知，

$$\begin{aligned}&H(X_L\mid X_1^{L-1})\\&=H(X_L\mid X_1X_2\cdots X_{L-1})\\&\leqslant H(X_L\mid X_2X_3\cdots X_{L-1})\quad\text{(多条件熵总是小于或等于少条件熵)}\\&=H(X_{L-1}\mid X_1X_2\cdots X_{L-2})\quad\text{(信源是平稳的)}\\&=H(X_{L-1}\mid X_1^{L-2})\end{aligned}$$

这表明记忆长度越长，条件熵越小，即序列的统计约束关系增加时，不确定性在减少。

结论 2 证明：利用消息熵定义和结论 1 可得

$$\begin{aligned} H_L(\boldsymbol{X}) &= \frac{1}{L}\sum_l H(X_l \mid X_1^{l-1}) \\ &\geqslant \frac{1}{L}[LH(X_L \mid X_1^{L-1})] \\ &= H(X_L \mid X_1^{L-1}) \end{aligned}$$

结论 3 证明：利用上述已证明的结论 2 可得

$$\begin{aligned} LH_L(\boldsymbol{X}) &= H(X_1X_2\cdots X_{L-1}) + H(X_L \mid X_1X_2\cdots X_{L-1}) \\ &= (L-1)H_{L-1}(\boldsymbol{X}) + H(X_L \mid X_1X_2\cdots X_{L-1}) \\ &\leqslant (L-1)H_{L-1}(\boldsymbol{X}) + H_L(\boldsymbol{X}) \end{aligned}$$

因而

$$H_L(\boldsymbol{X}) \leqslant H_{L-1}(\boldsymbol{X})$$

结论 4 证明：根据结论 1 可得

$$\begin{aligned} H_{L+j}(\boldsymbol{X}) &= \frac{1}{L+j}H(X_1X_2\cdots X_{L-1}X_LX_{L+1}\cdots X_{L+j}) \\ &= \frac{1}{L+j}[H(X_1X_2\cdots X_{L-1}X_LX_{L+1}\cdots X_{L+j-1}) + \\ &\quad H(X_{L+j} \mid X_1\cdots X_{L-1}X_LX_{L+1}\cdots X_{L+j-1})] \\ &= \frac{1}{L+j}[H(X_1X_2\cdots X_{L-1}) + H(X_L \mid X_1X_2\cdots X_{L-1}) + \\ &\quad H(X_{L+1} \mid X_1X_2\cdots X_L) + \cdots + H(X_{L+j} \mid X_1X_2\cdots X_{L+j-1})] \\ &= \frac{1}{L+j}H(X_1X_2\cdots X_{L-1}) + \frac{1}{L+j}\sum_{n=L}^{L+j}H(X_n \mid X_1X_2\cdots X_{n-1}) \\ &\leqslant \frac{1}{L+j}H(X_1X_2\cdots X_{L-1}) + \frac{j+1}{L+j}H(X_L \mid X^{L-1}) \end{aligned}$$

若固定 L，令 $j\to\infty$，则上式右端第 1 项系数趋于 0，第 2 项系数趋于 1，于是有

$$\lim_{j\to\infty}H_{L+j}(\boldsymbol{X}) \leqslant H(X_L \mid X_1^{L-1})$$

由上面式子可知，$H(X^L \mid X_1^{L-1})$的值在 $H_L(\boldsymbol{X})$和 $H_{L+j}(\boldsymbol{X})$之间。令 $L\to\infty$，有 $H_L(\boldsymbol{X})\to H_\infty(\boldsymbol{X})$。故证得$\lim\limits_{L\to\infty}H_L(\boldsymbol{X}) = \lim\limits_{N\to\infty}H(X_L \mid X_1^{L-1})$，即

$$\lim_{L\to\infty}H_L(\boldsymbol{X}) = \lim_{L\to\infty}H(X_L \mid X_1X_2\cdots X_{L-1})$$

结论 4 规定了平稳离散有记忆信源输出符号序列中平均每个信源符号的熵值，常称作极限熵。极限熵的计算十分困难，然而对于一般离散平稳信源，由于 L 取值不是很大时就能得出非常接近 $H_\infty(\boldsymbol{X})$值的 $H_L(\boldsymbol{X})$，因此，在实际应用中常取有限 L 下的条件熵 $H(X_L \mid X^{L-1})$作为 $H_\infty(\boldsymbol{X})$的近似值。当平稳信源输出序列的相关性随着 L 的增加迅速减小时，可取不是很大的 L 值就能得到满意的结果。

【例 2-17】 已知离散有记忆信源中各符号的概率空间为$\begin{bmatrix} X \\ p \end{bmatrix} = \begin{bmatrix} a_0 & a_1 & a_2 \\ \frac{11}{36} & \frac{4}{9} & \frac{1}{4} \end{bmatrix}$，信源发

出二重符号序列消息($a_i a_j$),这两个符号间的概率关联性由表 2-3 所示的条件概率表示,求信源的序列熵和消息熵(平均符号熵)。

表 2-3 两个符号间的概率关联性

a_i	a_j		
	a_0	a_1	a_2
a_0	9/11	2/11	0
a_1	1/8	3/4	1/8
a_2	0	2/9	7/9

解:

$$H(X_2 \mid X_1) = -\sum_{i=0}^{2}\sum_{j=0}^{2} p(a_i a_j)\log p(a_j \mid a_i) = 0.872(\text{比特/符号})$$

则平均符号熵为

$$H_1(\boldsymbol{X}) = H(X_1) = -\sum_{i=0}^{2} p(a_i)\log p(a_i) = 1.543(\text{比特/符号})$$

二重序列的序列熵为

$$\begin{aligned} H(X_1X_2) &= H(X_1) + H(X_2 \mid X_1) \\ &= 1.543 + 0.872 = 2.415(\text{比特/序列}) \end{aligned}$$

二重序列的平均符号熵为

$$H_2(\boldsymbol{X}) = \frac{1}{2}H(X_1X_2) = 1.21(\text{比特/符号})$$

由此可见,二重序列的符号熵值比单符号熵更小,也就是不确定度减小了。说明由于符号之间存在的关联性(相关性),导致信源的熵减少。

离散信源的 N 次扩展可形成离散无记忆信源,又称离散无记忆扩展信源,它是获取离散无记忆信源的最简单形式,在 2.2.2 小节中已详细描述。现通过例子,进一步说明离散无记忆序列信源的熵和平均符号熵。

【例 2-18】 设有一离散无记忆信源 X,其概率空间为

$$[X,p]^{\mathrm{T}} = \begin{bmatrix} x_1 & x_2 & x_3 \\ \frac{1}{2} & \frac{1}{4} & \frac{1}{4} \end{bmatrix}$$

且 $\sum_{j=1}^{3} p(x_j) = 1$,求该信源 X 的二次扩展信源的熵。

解:由信源知,X 中共有 $q=3$ 个符号,而二次扩展的结果是序列长度 $N=2$,故二次扩展信源 X^2 有 $q^N=9$ 个不同的符号 $s_i, i=1,2,\cdots,9$。又因信源是无记忆的,故有

$$p(s_i) = p(X^2 = s_i) = p(X_1 = x_{j_1})p(X_2 = x_{j_2}) = p(x_{j_1})p(x_{j_2}), \quad j_1, j_2 = 1,2,3$$

因此,二次扩展信源输出符号序列及相应概率如表 2-4 所示。

表 2-4 二次扩展信源输出符号序列及相应概率

X^2 信源符号 s_i	s_1	s_2	s_3	s_4	s_5	s_6	s_7	s_8	s_9
符号序列	x_1x_1	x_1x_2	x_1x_3	x_2x_1	x_2x_2	x_2x_3	x_3x_1	x_3x_2	x_3x_3
概率 $p(s_i)$	1/4	1/8	1/8	1/8	1/16	1/16	1/8	1/16	1/16

可以求出，原始信源熵为

$$H(\boldsymbol{X})=\sum_{j=1}^{3}p(x_j)\log\frac{1}{p(x_j)}=\frac{1}{2}\log 2+2\times\frac{1}{4}\log 4=1.5(\text{比特/符号})$$

而二次扩展信源熵为

$$\begin{aligned}H(\boldsymbol{X}^2)&=\sum_{s_i\in\boldsymbol{X}^2}p(s_i)\log\frac{1}{p(s_i)}\\&=\frac{1}{4}\log 4+4\times\frac{1}{8}\log 8+4\times\frac{1}{16}\log 16\\&=3(\text{比特/二符号})\end{aligned}$$

故有

$$H(\boldsymbol{X}^2)=2H(\boldsymbol{X})$$

熵率为

$$H_\infty=\lim_{L\to\infty}H_L(\boldsymbol{X})=\lim_{L\to\infty}\frac{1}{L}LH(\boldsymbol{X})=1.5(\text{比特/符号})$$

2.4.2 马尔可夫信源及其极限熵

当信源输出序列长度 L 很大甚至趋于无穷大时，描述有记忆信源要比描述无记忆信源困难得多。在实际问题中，我们往往试图限制记忆长度，就是说任何时刻信源发出符号的概率只与前面已经发出的 $m(m<L)$ 个符号有关，而与更前面发出的符号无关，这类信源称为 m 阶马尔可夫信源（或 m 阶马氏链信源）。

定义 2.21：若信源输出的符号序列和信源所处的状态满足：某一时刻信源符号的输出只与前面已经发出的 $m(m<L)$ 个符号有关，而与更前面的符号无关，则称这样的信源为马尔可夫信源。用条件概率定义为

$$p(x_i\mid x_{i-1}x_{i-2}\cdots x_{i-m},\cdots)=p(x_i\mid x_{i-1}x_{i-2}\cdots x_{i-m})\tag{2.4.13}$$

这是一种具有马尔可夫链性质的有记忆信源。为了便于描述马尔可夫信源，引入状态空间的概念。

定义 2.22：设$\{X_n,n\in\mathbf{N}\}$为一随机序列，时间参数集 $\mathbf{N}=\{0,1,2,\cdots\}$，其状态空间 $S=\{S_1,S_2,\cdots,S_j\}$，若对所有 $n\in\mathbf{N}$，有

$$p\{X_n=S_{i_n}\mid X_{n-1}=S_{i_{n-1}},X_{n-2}=S_{i_{n-2}},\cdots,X_1=S_{i_1}\}=p\{X_n=S_{i_n}\mid X_{n-1}=S_{i_{n-1}}\}\tag{2.4.14}$$

则称$\{X_n,n\in\mathbf{N}\}$为马尔可夫链。

式(2.4.14)直观地描述了系统在时刻 $n-1$ 处于状态 $S_{i_{n-1}}$，那么将在时刻 n 处于 S_{i_n} 状态，这与过去时刻的状态无关，仅与现在时刻 $n-1$ 的状态 $S_{i_{n-1}}$ 有关。简言之，已知系统的现在，那么系统的将来与过去无关。这种特性称为马尔可夫特性。

一般情况下，信源输出的符号序列中符号之间的依赖关系是有限的，即任一时刻信源符号发生的概率仅与前面已经发出的若干个符号有关，而与更前面发出的符号无关。对于这种情况，我们可以视为信源在某一时刻发出的符号与信源所处的状态有关。设信源的状态空间为 $S=(S_1,S_2,\cdots,S_j)$，在每一状态下信源可能输出的符号为 $X\in A(a_1,a_2,\cdots,a_q)$。并认为每一时刻当信源发出一个符号后，信源所处的状态将发生变化，并转入一个新的状

态。信源输出的随机符号序列为 $x_1,x_2,\cdots,x_l,\cdots$，其中，$x_l\in A(a_1,a_2,\cdots,a_q)$，$l=1,2,\cdots$，信源所处的状态序列为 $u_1,u_2,\cdots,u_l,\cdots$，其中，$u_l\in S=(S_1,S_2,\cdots,S_j)$，$l=1,2,\cdots$。

在处理实际问题时，常常需要知道系统状态的转换情况，因此引入转移概率

$$p_{ij}(mn)=p\{X_n=S_j\mid X_m=S_i\}=p\{X_n=j\mid X_m=i\}\quad i,j\in S \tag{2.4.15}$$

其中，转移概率 $p_{ij}(m,n)$ 表示在 m 时刻系统处于 S_i 状态，或者说在 X_m 取值 S_i 的条件下，经 $(n-m)$ 步后转移到 S_j 状态的概率。也可以把 $p_{ij}(m,n)$ 理解为已知在时刻 m 系统处于状态 i 的条件下，在时刻 n 系统处于状态 j 的条件概率，故转移概率实际上是一个条件概率。因此，转移概率具有下述性质：

(1) $p_{ij}(mn)\geqslant 0, i,j\in S$。

(2) $\sum\limits_{j\in S}p_{ij}(mn)=1, i\in S$。

由于转移概率是条件概率，因此第一个性质是显然的；对于第二个性质，由概率的归一特性可得

$$\sum_{j\in S}p_{ij}(mn)=\sum_{j\in S}p\{X_n=j\mid X_m=i\}=p\{S\mid X_m=i\}=1$$

我们特别关心 $n-m=1$，即 $p_{ij}(m,m+1)$ 的情况。因此，可以把 $p_{ij}(m,m+1)$ 记为 $p_{ij}(m)$，$m\geqslant 0$，并称其为基本转移概率，有时也称它为一步转移概率。

$$p_{ij}(m,m+1)=p\{X_{m+1}=j\mid X_m=i\}\quad i,j\in S \tag{2.4.16}$$

式(2.4.16)中的 m 表示转移概率与时刻 m 有关。显然，基本转移概率具有下述性质：

(1) $p_{ij}(m,m+1)\geqslant 0, i,j\in S$。

(2) $\sum\limits_{j\in S}p_{ij}(m,m+1)=1, i\in S$。

类似地，定义 k 步转移概率为

$$p_{ij}^{(k)}(m)=p\{X_{m+k}=j\mid X_m=i\}\quad i,j\in S \tag{2.4.17}$$

它表示在时刻 m 时，X_m 的状态为 i 的条件下，经过 k 步转移到达状态 j 的概率。显然 k 步转移概率具有下述性质：

(1) $p_{ij}^{(k)}(m)\geqslant 0, i,j\in S$。

(2) $\sum\limits_{j\in S}p_{ij}^{(k)}(m)=1, i\in S$。

当 $k=1$ 时，它恰好是一步转移概率，即

$$p_{ij}^{(1)}(m)=p_{ij}(m)$$

通常还规定

$$p_{ij}^{(0)}(m)=\delta_{ij}=\begin{cases}1 & i=j\\ 0 & i\neq j\end{cases} \tag{2.4.18}$$

由于系统在任一时刻可处于状态空间 S 中的任一个状态，因此，状态转移时，转移概率构成一个矩阵：

$$\boldsymbol{P}=[p_{ij}^{(k)}(m),\quad i,j\in S]$$

$$\text{且}\sum_{j\in S}p_{ij}^{(k)}(m)=1,\quad i\in S \tag{2.4.19}$$

称为 k 步转移矩阵。由于所有具有性质(1)和性质(2)的矩阵都是随机矩阵，故式(2.4.19)也是一个随机矩阵。它决定了系统 $X_1,X_2,\cdots$ 所取状态转移过程的概率法则。$p_{ij}^{(k)}(m)$ 对

应于矩阵 $\boldsymbol{P}$ 中的第 i 行第 j 列的元素。由于一般情况下，状态空间 $S=\{0,\pm1,\pm2,\cdots\}$ 是一可数无穷集合，所以转移矩阵 $\boldsymbol{P}$ 是一无穷行、无穷列的随机矩阵。

定义 2.23：如果在马尔可夫链中

$$p_{ij}(m)=p(X_{m+1}=j \mid X_m=i)=p_{ij} \quad i,j \in S \tag{2.4.20}$$

即从状态 i 转移到状态 j 的概率与 m 无关，则称这类马尔可夫链为时齐马尔可夫链，或齐次马尔可夫链。有时称它是具有平稳转移概率的马尔可夫链。

对于时齐马尔可夫链，一步转移概率 p_{ij} 具有下述性质：

(1) $p_{ij}\geqslant 0, i,j\in S$。

(2) $\sum_{j\in S} p_{ij}=1, i\in S$。

根据一步转移概率 p_{ij}，可以写出其转移矩阵为

$$\boldsymbol{P}=[p_{ij}, i,j \in S] \tag{2.4.21}$$

或

$$\boldsymbol{P}=\begin{bmatrix} p_{11} & p_{12} & p_{13} & \cdots \\ p_{21} & p_{22} & p_{23} & \cdots \\ p_{31} & p_{32} & p_{33} & \cdots \\ \vdots & \vdots & \vdots & \vdots \end{bmatrix} \tag{2.4.22}$$

显然矩阵 $\boldsymbol{P}$ 中的每一个元素都是非负的，并且每行之和均为 1。如果马尔可夫链中状态空间是 $S=\{0,1,2,\cdots,n\}$ 是有限的，则称它为有限状态的马尔可夫链；如果状态空间 $S=\{0,\pm1,\pm2,\cdots\}$ 是无穷集合，则称它为可数无穷状态的马尔可夫链。

对于具有 $m+r$ 步转移概率的齐次马尔可夫链，存在下述切普曼-科尔莫戈罗夫方程：

$$p^{(m+r)}=p^{(m)}p^{(r)} \quad (m,r\geqslant 1) \tag{2.4.23}$$

或写成

$$p_{ij}^{(m+r)}=\sum_{k\in S} p_{ik}^{(m)} p_{kj}^{(r)} \quad i,j\in S \tag{2.4.24}$$

应用全概率公式可以证明式(2.4.24)成立，证明过程如下。

证明：

$$\begin{aligned} p_{ij}^{(m+r)} &= p(X_{n+m+r}=S_j \mid X_n=S_i) \\ &= \frac{p(X_{n+m+r}=S_j, X_n=S_i)}{p(X_n=S_i)} \\ &= \left[\sum_{k\in S}\frac{p(X_{n+m+r}=S_j, X_{n+m}=S_k, X_n=S_i)}{p(X_{n+m}=S_k, X_n=S_i)}\right]\left[\frac{p(X_{n+m}=S_k, X_n=S_i)}{p(X_n=S_i)}\right] \\ &= \left[\sum_{k\in S} p(X_{n+m+r}=S_j \mid X_{n+m}=S_k, X_n=S_i)\right](p(X_{n+m}=S_k \mid X_n=S_i)) \end{aligned} \tag{2.4.25}$$

根据马尔可夫链特性及齐次性，可得上式中第 1 个因子为

$$p(X_{n+m+r}=S_j \mid X_{n+m}=S_k, X_n=S_i)=p(X_{n+m+r}=S_j \mid X_{n+m}=S_k)=p_{kj}^{(r)}$$

而第 2 个因子为

$$p(X_{n+m}=S_k \mid X_n=S_i)=p_{ik}^{(m)}$$

将上述结果代入式(2.4.24)后可证明式(2.4.23)成立。

利用式(2.4.24)就可以用一步转移概率表达多步转移概率。事实上，有

$$p_{ij}^{(2)}=\sum_{k\in S}p_{ik}p_{kj}\quad i,j\in S \tag{2.4.26}$$

一般地

$$p_{ij}^{(m+1)}=\sum_{k\in S}p_{ik}^{(m)}p_{kj}=\sum_{k\in S}p_{ik}p_{kj}^{(m)}\quad i,j\in S \tag{2.4.27}$$

值得指出的是，转移概率 p_{ij} 不包含初始分布，亦即第 0 次随机试验中 $X_0=S_i$ 的概率不能由转移概率 p_{ij} 表达。因此，还需引入初始分布。由初始分布及各时刻的一步转移概率就可以完整描述马尔可夫链$\{X_n,n\in N^+\}$的统计特性。

定义 2.24：若齐次马尔可夫链对一切 i,j 存在不依赖于 i 的极限

$$\lim_{n\to\infty}p_{ij}^{(n)}=p_j \tag{2.4.28}$$

且满足

$$p_j\geqslant 0;\quad p_j=\sum_{i=0}^{\infty}p_ip_{ij};\quad \sum_j p_j=1$$

则称其具有遍历性，p_j 称为平稳分布。

遍历性的直观意义是，不论质点从哪一个状态 S_i 出发，当转移步数 n 足够大时，转移到状态 S_j 的概率 $p_{ij}^{(n)}$ 都近似等于某个常数 p_j；反之，如果转移步数 n 充分大，就可以用常数 p_j 作为 n 步转移概率 $p_{ij}^{(n)}$ 的近似值。这意味着马尔可夫信源在初始时刻可以处在任意状态，然后信源状态之间可以转移。经过足够长的时间之后，信源处于什么状态已与初始状态无关。这时，每种状态出现的概率已达到一种稳定分布，即平稳分布。

对于一个有 r 个状态的马尔可夫链，若令 $W_j^{(n)}=p(t=n$ 时刻的状态为 $S_j)=p(X_n=S_j)$，则可以写出 $t=n-1$ 与 $t=n$ 时刻的状态方程

$$W_j^{(n)}=W_1^{(n-1)}p_{1j}+W_2^{(n-1)}p_{2j}+\cdots+W_r^{(n-1)}p_{rj}\quad j=1,2,\cdots,r \tag{2.4.29}$$

设

$$\boldsymbol{W}^{(n)}=[W_1^{(n)},W_2^{(n)},\cdots,W_r^{(n)}]$$

则式(2.4.28)可以表示成

$$\boldsymbol{W}^{(n)}=\boldsymbol{W}^{(n-1)}\boldsymbol{P} \tag{2.4.30}$$

将上式递推运算后可得

$$\boldsymbol{W}^{(n)}=\boldsymbol{W}^{(n-1)}\boldsymbol{P}=\boldsymbol{W}^{(n-2)}\boldsymbol{P}^2=\cdots=\boldsymbol{W}^{(0)}\boldsymbol{P}^n \tag{2.4.31}$$

也就是说，$t=n$ 时刻的状态分布矢量 $\boldsymbol{W}^{(n)}$ 是初始分布矢量 $\boldsymbol{W}^{(0)}$ 与转移矩阵 $\boldsymbol{P}$ 的 n 次幂的乘积。

对于有限状态马尔可夫链，如果存在一个数集 $W_1,W_2,\cdots,W_r$，且满足

$$\lim_{n\to\infty}p_{ij}^{(n)}=W_j\quad i,j=1,2,\cdots,r$$

则称该马尔可夫链的稳态分布存在。

定理 2.1：设有一马尔可夫链，其状态转移矩阵为 $\boldsymbol{P}=(p_{ij})$，$i,j=1,2,\cdots,r$，其稳态分布为 W_j，$j=1,2,\cdots,r$，则

(1) $\sum_{j=1}^{r}W_j=1$。

(2) $\boldsymbol{W}=(W_1,W_2,\cdots,W_r)$是该链的稳态分布矢量，即 $\boldsymbol{WP}=\boldsymbol{W}$。进而，如果初始分布

$\boldsymbol{W}^{(0)}=\boldsymbol{W}$,则对所有的 n,有 $\boldsymbol{W}^{(n)}=\boldsymbol{W}$。

(3) $\boldsymbol{W}$ 是该链的唯一稳态分布,即如果有 $\boldsymbol{\Pi}=[\boldsymbol{\Pi}_1\boldsymbol{\Pi}_2\cdots\boldsymbol{\Pi}_r]$,而且,$\boldsymbol{\Pi}_i\geqslant 0$,$\sum_{i=1}^{r}\boldsymbol{\Pi}_i=1$,$\boldsymbol{\Pi P}=\boldsymbol{\Pi}$;这意味着 $\boldsymbol{\Pi}=\boldsymbol{W}$,即 $\boldsymbol{\Pi}$ 和 $\boldsymbol{W}$ 完全相同。

定理 2.2:设 $\boldsymbol{P}$ 为某一马尔可夫链的状态转移矩阵,则该链稳态分布存在的充要条件是存在一个正整数 N,使矩阵 $\boldsymbol{P}^N$ 中的所有元素均大于零。

实质上,由定理 2.2 所给定的条件等价于存在一个状态 S_j 和正整数 N,使得从任意初始状态出发,经过 N 步转移之后,一定可以到达状态 S_j。同时,从定理 2.2 可以推出,如果 $\boldsymbol{P}$ 中没有零元素,即任一状态经一步转移后便可到达其他状态,则稳态分布存在。

【例 2-19】 设有一马尔可夫链,其状态转移矩阵为

$$\boldsymbol{P}=\begin{bmatrix}0 & 0 & 1\\ \frac{1}{2} & \frac{1}{3} & \frac{1}{6}\\ \frac{1}{2} & \frac{1}{2} & 0\end{bmatrix}$$

求其稳定状态分布。

解:为了验证它是否满足定理 2.2 的条件,计算矩阵

$$\boldsymbol{P}^2=\begin{bmatrix}0 & 0 & *\\ * & * & *\\ * & * & 0\end{bmatrix}\begin{bmatrix}0 & 0 & *\\ * & * & *\\ * & * & 0\end{bmatrix}=\begin{bmatrix}* & * & 0\\ * & * & *\\ * & * & *\end{bmatrix}$$

和矩阵

$$\boldsymbol{P}^3=\begin{bmatrix}* & * & *\\ * & * & *\\ * & * & *\end{bmatrix}$$

其中,星号 * 表示非零元素。因此,这个马尔可夫链是遍历的,其稳态分布存在。

由定理 2.1,有

$$\boldsymbol{WP}=\boldsymbol{W}$$

其中,$\boldsymbol{W}=(W_1W_2W_3)^{\mathrm{T}}$,即

$$W_1=\frac{1}{2}W_2+\frac{1}{2}W_3$$

$$W_2=\frac{1}{3}W_2+\frac{1}{2}W_3$$

$$W_3=W_1+\frac{1}{6}W_2$$

另有条件:$W_1+W_2+W_3=1$。

由上式可以求解出稳态分布为

$$W_1=\frac{1}{3},\quad W_2=\frac{2}{7},\quad W_3=\frac{8}{21}$$

【例 2-20】 设有一个二进制一阶马尔可夫信源,其信源符号集为 $A=\{0,1\}$,条件概率为

$$p(0\mid 0)=0.25,\quad p(1\mid 0)=0.75$$
$$p(0\mid 1)=0.50,\quad p(1\mid 1)=0.50$$

求其平稳状态分布。

解：由于信源符号数 $q=2$,因此二进制一阶信源仅有两个状态：$S_1=0, S_2=1$。信源的状态转移图如图 2-15 所示。

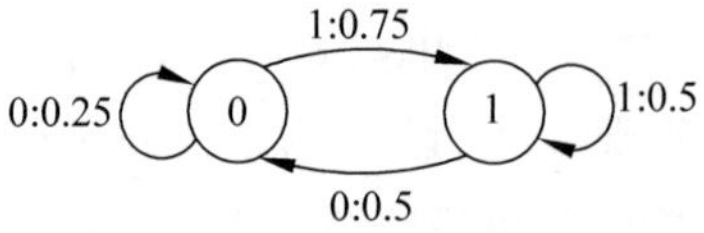

图 2-15　一阶马尔可夫信源状态转移图

由条件概率求得信源状态转移概率为

$$p(S_1\mid S_1)=0.25,\quad p(S_2\mid S_1)=0.75$$
$$p(S_1\mid S_2)=0.50,\quad p(S_2\mid S_2)=0.50$$

因此，

$$\boldsymbol{P}=\begin{bmatrix}0.25 & 0.75\\ 0.5 & 0.5\end{bmatrix}$$

由定理 2.1 得

$$W_1=0.25W_1+0.5W_2$$
$$W_2=0.75W_1+0.5W_2$$
$$W_1+W_2=1$$

解得平稳状态下的分布概率为

$$W_1=0.4,\quad W_2=0.6$$

【例 2-21】 设有一个二进制二阶马尔可夫信源,其信源符号集为{0,1},条件概率为

$$p(0\mid 00)=p(1\mid 11)=0.8$$
$$p(1\mid 00)=p(0\mid 11)=0.2$$
$$p(0\mid 01)=p(0\mid 10)=p(1\mid 01)=p(1\mid 10)=0.5$$

求其平稳状态分布。

解：这个信源的符号数是 $q=2$,故共有 $q^m=2^2=4$ 个可能的状态：$S_1=00, S_2=01, S_3=10, S_4=11$。如果信源原来所处的状态为 $S_1=00$,则下一个状态,信源只可能发出 0 或 1。故下一时刻只可能转移到 00 或 01 状态,而不会转移到 10 或 11 状态。同理还可分析出初始状态为其他状态时的状态转移过程。由条件概率容易求得

$$p(S_1\mid S_1)=p(S_4\mid S_4)=0.8$$
$$p(S_2\mid S_1)=p(S_3\mid S_4)=0.2$$
$$p(S_3\mid S_2)=p(S_1\mid S_3)=p(S_4\mid S_2)=p(S_2\mid S_3)=0.5$$

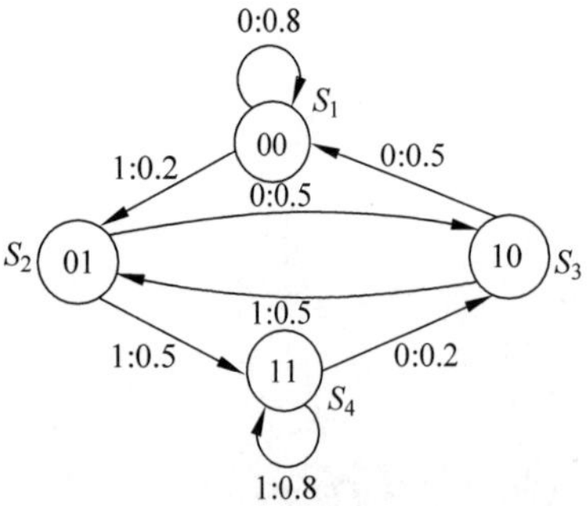

图 2-16　二阶马尔可夫信源状态转移图

除此之外,其余状态转移概率为零。该信源的状态转移图如图 2-16 所示。

该信源的状态转移矩阵为

$$\boldsymbol{P}=\begin{bmatrix}0.8 & 0.2 & 0 & 0\\ 0 & 0 & 0.5 & 0.5\\ 0.5 & 0.5 & 0 & 0\\ 0 & 0 & 0.2 & 0.8\end{bmatrix}$$

由定理 2.1 得

$$W_1=0.8W_1+0.5W_3$$

$$W_2 = 0.2W_1 + 0.5W_3$$
$$W_3 = 0.5W_2 + 0.2W_4$$
$$W_4 = 0.5W_2 + 0.8W_4$$
$$W_1 + W_2 + W_3 + W_4 = 1$$

解得平稳状态下的分布概率为

$$W_1 = W_4 = \frac{5}{14}, \quad W_2 = W_3 = \frac{1}{7}$$

由此可以看出，对于一般的 m 阶马尔可夫信源

$$[X \quad p]^{\mathrm{T}} = \begin{bmatrix} X: & x_1 \quad x_2 \quad \cdots \quad x_q \\ p(x): & p(x_{i_{m+1}} \mid x_{i_1}, x_{i_2}, \cdots, x_{i_m}) \end{bmatrix}$$

可通过引入状态转移概率，即令 $S_i = (x_{i_1}, x_{i_2}, \cdots, x_{i_m})$，$i_1, i_2, \cdots, i_m \in (1, 2, \cdots, q)$，从而得到马尔可夫信源状态空间

$$\begin{bmatrix} S_1 \quad S_2 \quad \cdots \quad S_q^m \\ p(S_j \mid S_i) \end{bmatrix} \tag{2.4.32}$$

其中，状态转移概率 $p(S_j | S_i)$ 由信源符号条件概率 $p(x_{i_{m+1}} | x_{i_1} x_{i_2} \cdots x_{i_m})$ 确定，$i, j \in (1, 2, \cdots, q^m)$。

下面计算遍历的 m 阶马尔可夫信源所能提供的平均信息量，即信源的极限熵 H_∞。

由前面的分析可知，当时间足够长后，可以将遍历的 m 阶马尔可夫信源视作平稳信源来处理。又因为信源发出的符号只与最近的 m 个符号有关，所以根据式(2.4.11)可得

$$H_\infty = \lim_{N \to \infty} H(X_N \mid X_1 X_2 \cdots X_{N-1}) = H(X_{m+1} \mid X_1 X_2 \cdots X_m) = H_{m+1} \tag{2.4.33}$$

即 m 阶马尔可夫信源的极限熵 H_∞ 等于 m 阶条件熵，表示为 H_{m+1}。考虑 $m+1$ 符号关联时的序列平均熵即为 m 阶马尔可夫信源的极限熵。

下面给出 H_{m+1} 计算。

对于齐次、遍历的马尔可夫链，其状态 S_j 由 $(x_{k_1} \cdots x_{k_m})$ 唯一确定，因此有

$$p(x_{k_{m+1}} \mid x_{k_m} \cdots x_{k_1}) = p(x_{k_{m+1}} \mid S_j) \tag{2.4.34}$$

上式两端同时取对数，并对 $(x_{k_{m+1}} x_{k_m} \cdots x_{k_1})$ 和 S_j 取统计平均，然后取负，得

$$\begin{aligned}
\text{左端} &= -\sum_{k_{m+1}, \cdots, k_1, S_j} p(x_{k_{m+1}} \cdots x_{k_1}; S_j) \log p(x_{k_{m+1}} \mid x_{k_m} \cdots x_{k_1}) \\
&= -\sum_{k_{m+1}, \cdots, k_1} p(x_{k_{m+1}} \cdots x_{k_1}) \log p(x_{k_{m+1}} \mid x_{k_m} \cdots x_{k_1}) \\
&= H(x_{k_{m+1}} \mid x_{k_m} \cdots x_{k_1}) = H_{m+1}
\end{aligned}$$

$$\begin{aligned}
\text{右端} &= -\sum_{k_{m+1}, \cdots, k_1, S_j} p(x_{k_{m+1}} \cdots x_{k_1}; S_j) \log p(x_{k_{m+1}} \mid S_j) \\
&= -\sum_{k_{m+1}, \cdots, k_1, S_j} p(x_{k_{m+1}} \cdots x_{k_1}, S_j) p(x_{k_{m+1}} \mid S_j) \log p(x_{k_{m+1}} \mid S_j) \\
&= -\sum_{k_{m+1}} \sum_{S_j} p(S_j) p(x_{k_{m+1}} \mid S_j) \log p(x_{k_{m+1}} \mid S_j) = \sum_{S_j} p(S_j) H(X \mid S_j)
\end{aligned}$$

亦即

$$H_{\infty}=H_{m+1}=\sum_{S_j}p(S_j)H(X\mid S_j) \tag{2.4.35}$$

其中,$p(S_j)$是马尔可夫链的平稳分布,可以根据定理2.1给出的方法计算。熵函数$H(X|S_j)$表示信源处于某一状态S_j时发出一个消息符号的平均不确定性。

下面举例说明马尔可夫信源熵的计算过程。

【例 2-22】 考虑如图 2-16 所示的二阶马尔可夫信源状态转移图。该信源的 4 个状态都是遍历的。于是根据定理 2.2,设

$$\boldsymbol{W}=[W_1\quad W_2\quad W_3\quad W_4]^{\mathrm{T}}$$

其中,$W_1=p(S_1)$,$W_2=p(S_2)$,$W_3=p(S_3)$,$W_4=p(S_4)$。

由方程$\boldsymbol{WP}=\boldsymbol{W}$及条件$p(S_1)+p(S_2)+p(S_3)+p(S_4)=1$可以解得平稳分布为

$$p(S_1)=p(S_4)=\frac{5}{14}$$

$$p(S_2)=p(S_3)=\frac{1}{7}$$

从而求得信源熵

$$\begin{aligned}H_{\infty}&=H_{m+1}=H_3=-\sum_{S_j}\sum_{x_i}p(S_j)p(x_i\mid S_j)\log p(x_i\mid S_j)\\&=\sum_{S_j}p(S_j)H(X\mid S_j)\\&=\frac{5}{14}H(0.8,0.2)+\frac{1}{7}H(0.5,0.5)+\frac{1}{7}H(0.5,0.5)+\frac{5}{14}H(0.8,0.2)\\&=\frac{5}{7}\times 0.7219+\frac{2}{7}\times 1\\&=0.80(\text{比特/符号})\end{aligned}$$

计算遍历的m阶马尔可夫信源提供的平均信息量,即H_{∞},有$H_{\infty}=H_{m+1}$。

【例 2-23】 图 2-17 为三状态马尔可夫信源状态转移图,求其极限熵H_{∞}。

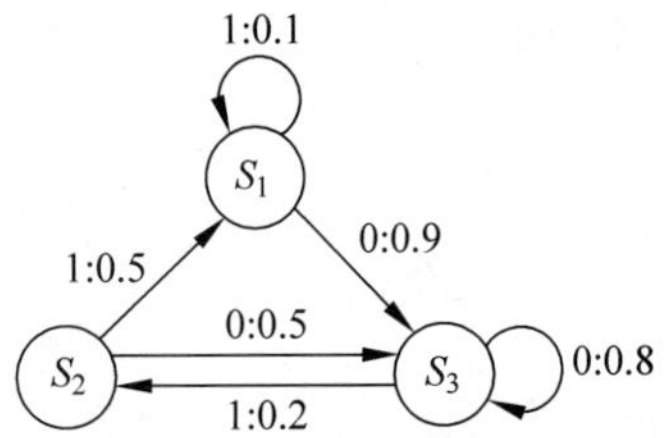

图 2-17 三状态马尔可夫信源状态转移图

解: 由图 2-17 可得状态转移矩阵为

$$\boldsymbol{P}=[p_{ij}]=\begin{bmatrix}0.1&0&0.9\\0.5&0&0.5\\0&0.2&0.8\end{bmatrix}$$

又有

$$\sum_i W_i p_{ij}=W_j$$

可得稳态分布为$W_1=\frac{5}{59}$,$W_2=\frac{9}{59}$,$W_3=\frac{45}{59}$。

同时,由状态转移图可得在状态给定条件下的符号转移概率为

$$[p(x_j\mid S_i)]=\begin{bmatrix}p(0\mid S_1)&p(1\mid S_1)\\p(0\mid S_2)&p(1\mid S_2)\\p(0\mid S_3)&p(1\mid S_3)\end{bmatrix}=\begin{bmatrix}0.9&0.1\\0.5&0.5\\0.8&0.2\end{bmatrix}$$

在状态S_i下每输出一个符号的平均信息量为

$$H(X \mid S_1)=H(0.1)=0.468\,996(\text{比特/符号})$$
$$H(X \mid S_2)=H(0.5)=1(\text{比特/符号})$$
$$H(X \mid S_3)=H(0.2)=0.721\,928(\text{比特/符号})$$

对 3 个状态取统计平均可获得信源每输出一个符号的信息量是

$$\begin{aligned}H_\infty &= \sum_{i=1}^{3} W_i H(X \mid S_i)=\frac{5}{59}\times 0.468\,996+\frac{9}{59}\times 1+\frac{45}{59}\times 0.721\,928 \\ &=0.742\,910(\text{比特/符号})\end{aligned}$$

2.5 信源的相关性和冗余度

前面几节讨论了离散平稳信源及其熵率。实际的离散信源可以是非平稳的。对于非平稳信源而言，其 H_∞ 不一定存在，但为了方便，通常假设它是平稳的，用平稳信源的 H_∞ 来近似。但是，即使对于一般离散平稳信源，求解 H_∞ 也是非常困难的，那么可进一步假设它是 m 阶马尔可夫信源，用 m 阶马尔可夫信源的条件熵 H_{m+1} 来近似。研究表明，大多数平稳信源用马尔可夫信源来近似是可行的。

对于一个离散平稳信源而言，其输出的每个符号实际所携带的平均信息量用熵率 H_∞ 表示。由于信源输出符号间的依赖关系也就是信源的相关性，使信源的 H_∞ 减小。信源输出符号间统计约束关系越长，信源的 H_∞ 越小；当信源输出符号间彼此不存在依赖关系且为等概分布时，信源的 H_∞ 等于最大熵 H_0。

信源存在冗余，也称多余度或剩余度，表示给定信源在实际发出消息时所包含的多余信息部分，归纳起来，冗余度来自两方面：①信源符号间的相关性，当符号间相关最大时，序列的消息熵趋近于熵率 H_∞；②信源符号分布的不均匀性，当信源符号是等概分布时，序列消息熵趋近于 H_0。为了最有效地传送信源的信息，需要掌握信源的全部概率统计特性，即任意维的概率分布，这显然是不现实的。

实际上，对于一般平稳信源而言，它的概率分布不能完全掌握，只能获得一定关联长度下的序列消息熵 H_m。若是采用传送 H_m 的方法去传送仅含 H_∞ 的信源，当然存在多余信息。为此定义信息效率

$$\eta=\frac{H_\infty}{H_m} \tag{2.5.1}$$

它表示不确定性的程度，由定义可知 $0\leqslant\eta\leqslant 1$。$1-\eta$ 表示确定性的程度，不含有信息量，所以是冗余的。定义冗余度

$$\gamma=1-\eta=1-\frac{H_\infty}{H_m} \tag{2.5.2}$$

事实上，当只知道信源符号可能有的取值，而对其概率特性一无所知时，合理的假设是 q 个取值都是可能的，因此熵为 $\log q=H_0$，取得最大值。在统计力学上，最大熵是最合理的假设。一旦一维分布确定，即可计算出 H_1，测定一维分布所获得的信息即为 H_0-H_1；以此类推，测定 m 维分布时，可计算出 H_m，获得的信息为 H_0-H_m；当所有维概率分布测定时，可计算出 H_∞，测定概率所获得的信息为 H_0-H_∞。为了更有效、更经济地传送信息，这些通过测定概率分布可获得的信息不需要传送。

在设计实际通信系统时，信源剩余度的存在对传输是不利的，应尽量压缩信源剩余度，以使每个信源发出的符号平均携带的信息量最大；反之，若考虑通信中的抗干扰问题，则信源剩余度是有利的，此时，常常人为地加入某种特殊的剩余度，以增强通信系统的抗干扰能力。

【例 2-24】 英文字母共 26 个，加上空格 27 个符号，对英文书中各字母出现的概率加以统计，概率分布如表 2-5 所示，计算英文字母的冗余度。

表 2-5 英文字母概率分布

字 母	概 率	字 母	概 率
空格	0.1859	N	0.0574
A	0.0642	O	0.0632
B	0.0127	P	0.0162
C	0.0218	Q	0.0008
D	0.0317	R	0.0434
E	0.1031	S	0.0514
F	0.0308	T	0.0795
G	0.0152	U	0.0228
H	0.0467	V	0.0083
I	0.0575	W	0.0175
J	0.0008	X	0.0013
K	0.0040	Y	0.0164
L	0.0321	Z	0.0005
M	0.0198		

解：英文字母共有 26 个，加上空格共 27 个符号，则最大熵为

$$H_0 = \log 27 = 4.76(\text{比特/符号})$$

对于英文书中各符号出现的概率，如表 2-5 所示。如果认为英文字母间是无记忆的，则可计算出平均每个字母含有的信息为

$$H_1 = -\sum_i p_i \log p_i = 4.03(\text{比特/符号})$$

而实际小英文字母之间还存在着较强的相关性，不能简单地当作无记忆信源来处理。如"th""he"等 20 个双字母出现的概率较大，"the""ing"等 20 个 3 字母出现的概率较高。若将英文书作为二阶、三阶直至高阶平稳信源来看待，根据有关研究可得

$$H_2 = 3.32(\text{比特/符号})$$

$$\vdots$$

考虑无穷长符号间相关性，得到

$$H_\infty = 1.4(\text{比特/符号})$$

若用一般传送方式，即采用等概假设下的信源符号熵 $H_0(X)$，则信息效率和冗余度分别为

$$\eta = \frac{1.4}{4.76} = 0.29$$

$$\gamma = 1 - \eta = 0.71$$

这说明写英文文章时，71%是由语言结构定好的，是多余的，只有 29%是写文章的人可以自由选择的。或者说，对于 100 页的英文书，理论上仅有 29 页有信息，71 页是多余的。然而，正是由于多余信息存在，才能对信源进行压缩编码。

同时，$H_1<H_0$ 是由于各个符号出现的概率不均匀形成的，而 $H_\infty<\cdots<H_3<H_2$ 表示随着字母序列长度增加，字母序列间的相关性也在增加。所以由于信源符号中存在着统计不均匀性和相关性，才使得信源存在冗余度。

【例 2-25】 假设常用汉字约为 10 000 个，其中 140 个汉字出现的概率为 50%，625 个汉字(含前 140)出现的概率占 85%，2400 个汉字(含上 625 个)出现的概率占 99.7%，其余 7600 个汉字出现的概率占 0.3%。不考虑符号间的相关性，只考虑它的概率分布，在一级近似下计算中文汉字的冗余度。

解：为了计算方便，假设每类汉字出现的概率是相等的，可计算出每类汉字的概率如表 2-6 所示。

表 2-6 每类汉字出现的概率

类　　别	汉 字 个 数	出现的概率	每个汉字出现的概率
1	140	0.5	0.5/140
2	485(625－140)	0.35(0.85－0.5)	0.35/485
3	1775(2400－625)	0.147(0.997－0.85)	0.147/1775
4	7600	0.003	0.003/7600

不考虑符号相关性，因此信源的实际熵近似为

$$H(X)=-\sum_i p(x_i)\log p(x_i)=9.773(\text{比特/汉字})$$

而不考虑分布时，汉字的熵为

$$H_0=13.288(\text{比特/汉字})$$

因此，汉字的冗余度为

$$\gamma=1-\frac{H(X)}{H_0}=0.264$$

2.6 连续信源的熵与互信息

在通信中，除了数字式信源以及可离散化的数字信源外，还存在着大量连续的模拟信源，如语音信号和电视图像等。由于这类信源输出的是一个连续的模拟量，且又是随机的，因此可用一个随机过程来描述。对于一个连续信源 $X(t)$，当给定某一时刻 $t=t_0$ 时，其取值是连续的，即时间和幅度均为连续函数。

根据随机过程理论可知，连续信源中消息数是无限的，且每一种可能的消息是随机过程的一个样本函数，可以用有限维概率分布函数或有限维概率密度函数来描述连续信源。

一般而言，任何随机过程都可以用一组互不相关的随机变量来表示。因此，研究连续信源可以首先通过对单个随机变量的情况进行讨论，进而推广到 n 维情况。

2.6.1 连续信源的相对熵

如果一个连续信源输出的信号的频谱受限，且为 ω，则根据取样定理，这个连续信号可以用时间间隔为$\frac{1}{2\omega}$的样值来描述，而不会丢失任何信息。任何一个样点上的样值可以由概率分布密度 $p(x)$来决定。这样，就可以利用与离散信源的熵相类似的表示式来计算连续信源的熵。连续信源输出及其概率分布密度的示意图如图 2-18 所示。

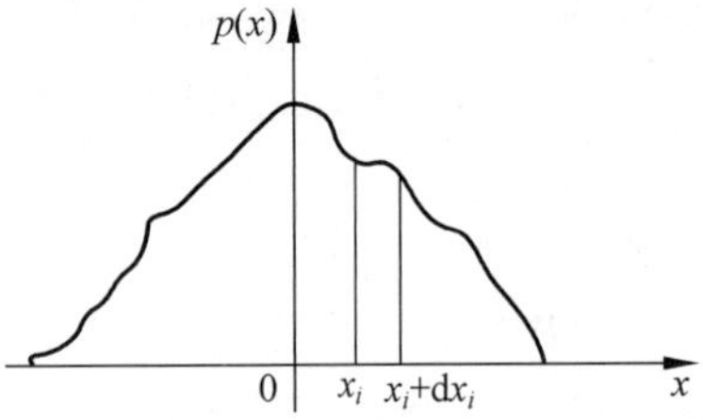

图 2-18 连续信源输出及其概率分布密度示意图

设 $x\in[a,b]$，令 $\Delta x=(b-a)/n$，$x_i\in[a+(i-1)\Delta x, a+i\Delta x]$，$p_x(x)$为连续变量 X 的概率密度函数，则利用中值定理，X 取 x_i 的概率是

$$p(x_i)=\int_{a+(i-1)\Delta x}^{a+i\Delta x}p_x(x)\mathrm{d}x=p_x(x_i)\Delta x \tag{2.6.1}$$

根据离散信源熵的定义，则

$$\begin{aligned}H_n(X)&=-\sum_{i=1}^{n}p(x_i)\log p(x_i)\\&=-\sum_{i=1}^{n}p_x(x_i)\Delta x\log[p_x(x_i)\Delta x]\\&=-\sum_{i}p_x(x_i)\Delta x\log p_x(x_i)-\sum_{i}p_x(x_i)\Delta x\log\Delta x\end{aligned}$$

当 $n\to\infty$，$\Delta x\to 0$，则

$$\begin{aligned}H(X)&=\lim_{n\to\infty}H_n(X)\\&=-\int_a^b p_x(x)\log p_x(x)\mathrm{d}x-\lim_{\Delta x\to 0}\log\Delta x\int_a^b p_x(x)\mathrm{d}x\\&=-\int_a^b p_x(x)\log p_x(x)\mathrm{d}x-\underbrace{\lim_{\Delta x\to 0}\log\Delta x}_{\text{无穷大，当}\Delta\text{确定时，为常量}}\end{aligned} \tag{2.6.2}$$

定义上式中的第 1 项为连续信源的相对熵，它是一相对量，即

$$H_c(X)=-\int p_x(x)\log p_x(x)\mathrm{d}x \tag{2.6.3}$$

其中，$p_x(x)$是连续信源的概率密度分布函数，为了简化，后面记为 $p(x)$。

将式(2.6.3)代入式(2.6.2)得

$$H(X)=H_c(X)-\lim_{\Delta x\to 0}\log\Delta x \tag{2.6.4}$$

或者

$$H(X)=H_c(X)+\lim_{\Delta x\to 0}\log\frac{1}{\Delta x} \tag{2.6.5}$$

由式(2.6.3)定义的连续信源的熵并不是实际输出的绝对熵，而是等于绝对熵与一个无穷大项的相对值。但是这个无穷大项在计算任何一个包括$-\lim\limits_{\Delta x\to 0}\log\Delta x=\lim\limits_{\Delta x\to 0}\log 1/\Delta x$ 的熵的变化问题时，将出现两次，一次为正，一次为负，其大小不变，相互抵消。因此，在任何包含有熵差的问题中，使用连续信源熵的定义，都可获得合理的结论。实际上，通信中常描述的传输速率和信道容量等概念都是熵差。

由上面的分析可知，此处定义的连续信源的熵是一个与无穷大(∞)相比的相对量，不是绝对量，而离散信源定义的熵是一个绝对量，二者是不同的。因此连续信源相对熵有与离散信源熵不相同的性质，如连续信源相对熵可以是负值；连续信源相对熵有着不同的最大值定理。但对于熵差问题，连续信源相对熵有着与离散信源熵相同的意义。

【例 2-26】 有一个连续信源，它输出的信号服从如图 2-19 所示的概率分布密度，求其相对熵。

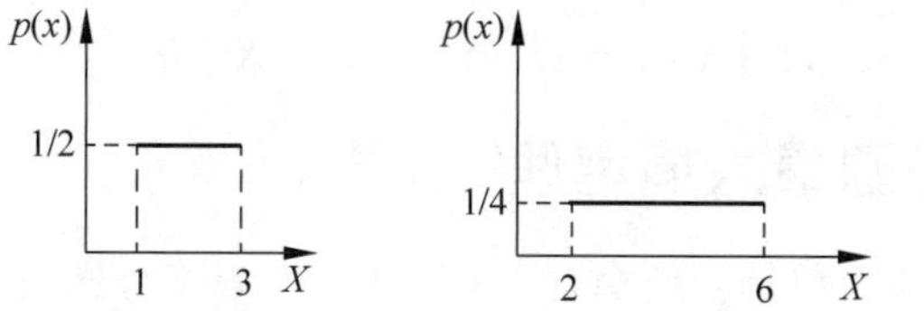

(a) 原始概率分布　　(b) 信号放大2倍后的概率分布

图 2-19　一连续信源输出的概率分布

解：连续变量的概率分布如图 2-19(a)所示，由式(2.6.3)得

$$H_c(X)=-\int_{-\infty}^{+\infty}p(x)\log p(x)\mathrm{d}x=-\int_{1}^{3}\frac{1}{2}\log\frac{1}{2}\mathrm{d}x=1(\text{比特})$$

若将这个信源的输出信号放大 2 倍后，被放大信号的概率分布密度将如图 2-19(b)所示，其相对熵为

$$H_c(X)=-\int_{-\infty}^{+\infty}p(x)\log p(x)\mathrm{d}x=-\int_{2}^{6}\frac{1}{4}\log\frac{1}{4}\mathrm{d}x=2(\text{比特})$$

由此可见，一个信号放大后，其相对熵会增加，那么，其信息量也会变大吗？这显然是不对的。其实这两种情况下，信源的绝对熵并没有改变。只是第 2 种情况无穷大项比第 1 种情况小了 1 比特。因为第 2 种情况下 Δx_2 是第 1 种情况下 Δx_1 的两倍，即 $\Delta x_2=2\Delta x_1$。

因此

$$\log\frac{1}{\Delta x_2}=\log\frac{1}{2\Delta x_1}=\log\frac{1}{2}+\log\frac{1}{\Delta x_1}=-1+\log\frac{1}{\Delta x_1}$$

尽管如此，在所要考虑的是有关熵差的情况下，使用熵的定义 $-\int_{-\infty}^{+\infty}p(x)\log p(x)\mathrm{d}x$ 不会引出任何麻烦。但值得牢记的是：这个式子给出的是熵的相对值，而不是绝对值。对于相对熵，图 2-19(b)所求出的相对熵大于图 2-19(a)所求出的相对熵，但绝对熵应相等(实际上，图 2-19(a)和图 2-19(b)表示的是同一信源)。这样，较容易回答这个问题：用放大器放大信号，连续信息量是增加还是减少？真正反映信源的不确定性是绝对熵，而不是连续信源的相对熵。

同时，值得注意的是，连续信源的相对熵存在负值，这完全不同于离散信源。例如，存在一连续信源，其概率密度分布函数为 $p(x)=\begin{cases}1/(b-a) & a\leqslant x\leqslant b\\ 0 & x>b,x<a\end{cases}$。按照相对熵的计算方法得：$H_c(X)=\log(b-a)$。当 $b-a<1$ 时，$H_c(X)$为负数。

利用相对熵的定义，可推广获得条件相对熵和联合相对熵等概念。现给出两个变量 X

和 Y 情况下的联合相对熵、条件相对熵的定义，分别如下：

$$H_c(XY)=-\int_{R_X}\int_{R_Y}p(xy)\log p(xy)\mathrm{d}x\mathrm{d}y \tag{2.6.6}$$

和

$$H_c(Y\mid X)=-\int_{R_X}\int_{R_Y}p(x)p(y\mid x)\log p(y\mid x)\mathrm{d}x\mathrm{d}y \tag{2.6.7}$$

其中，$p(xy)$和 $p(y|x)$分别是联合概率密度分布和条件概率密度分布。同时，相对联合熵、相对条件熵和相对熵间也存在离散信源熵中类似的相互关系，即熵的链式规则

$$H_c(XY)=H_c(X)+H_c(Y\mid X) \tag{2.6.8}$$

$$H_c(XY)=H_c(Y)+H_c(X\mid Y) \tag{2.6.9}$$

2.6.2 连续信源最大熵定理

我们已经知道对于离散单符号信源，当信源符号为等概分布时具有最大熵。连续信源相对熵也有着极大值，但是与约束条件有关。当约束条件不同时，连续信源的最大熵不同。现阐述两种约束条件下的最大熵。

定理 2.3：限峰功率最大熵：对于定义域有限的随机变量 X，当它是均匀分布时，具有最大熵。

证明：以一维分布为例，设输出限制在区域$[a,b]$内，因此约束条件为

$$\int_a^b p(x)\mathrm{d}x=1$$

在此约束条件下，求相对熵达到极大值时的信源输出分布密度函数，可用拉格朗日乘子法求得。

令

$$\begin{aligned}F(p(x))&=H_c(X)+\lambda\int_a^b p(x)\mathrm{d}x\\&=-\int_a^b p(x)\log p(x)\mathrm{d}x+\lambda\int_a^b p(x)\mathrm{d}x\end{aligned}$$

由 F 函数对 $p(x)$的一阶偏导为 0，得

$$\frac{\partial F}{\partial p(x)}=-\ln p(x)-1+\lambda=0$$

可计算出

$$p(x)=\mathrm{e}^{\lambda-1}$$

由 $\int_a^b p(x)\mathrm{d}x=\int_a^b e^{\lambda-1}\mathrm{d}x=1$ 可得

$$\mathrm{e}^{\lambda-1}=\frac{1}{b-a}$$

所以

$$p(x)=\begin{cases}\dfrac{1}{b-a}, & a\leqslant x\leqslant b\\0, & \text{其他}\end{cases}$$

此时，相对熵可计算得

$$\begin{aligned}H_c(X)&=-\int_a^b p(x)\log p(x)\mathrm{d}x\\&=-\int_a^b \frac{1}{b-a}\log\frac{1}{b-a}\mathrm{d}x\\&=\log(b-a)\end{aligned}$$

这个概率可以推广至 N 维连续变量峰功率受限的情形。当它是 N 维连续变量均匀分布时，熵值最大。最大值为 $X=(x_1,x_2,\cdots,x_N)$ 在 $(a_1,b_1)\times(a_2,b_2)\times\cdots\times(a_N,b_N)$ 区域内均匀分布

$$p(x)=\begin{cases}\prod_{i=1}^{N}(b_i-a_i)^{-1} & x\in\prod_{i=1}^{N}(a_ib_i)\\0 & \text{其他}\end{cases}$$

$$\begin{aligned}H_c(X)&=-\int_{a_1}^{b_1}\int_{a_2}^{b_2}\cdots\int_{a_n}^{b_n}p(x)\log p(x)\mathrm{d}x_1\mathrm{d}x_2\cdots\mathrm{d}x_N\\&=\log\prod_{i=1}^{N}(b_i-a_i)=\sum_{i=1}^{N}\log(b_i-a_i)\end{aligned}$$

定理 2.4：限平均功率最大熵：对于平均功率受限的连续随机变量，当它服从高斯分布时，具有最大熵。

证明：现仍以一维分布为例进行证明。

对于均值为 m，方差为 σ^2 的连续随机变量，存在如下的约束条件：

(1) $\int_{-\infty}^{+\infty}p(x)\mathrm{d}x=1$；

(2) $\int_{-\infty}^{+\infty}p(x)x\,\mathrm{d}x=m$；

(3) $\int_{-\infty}^{+\infty}p(x)(x-m)^2\mathrm{d}x=\sigma^2$。

令

$$F(p(x))=H_c(X)+\lambda_1\int_a^b p(x)\mathrm{d}x+\lambda_2\int_a^b xp(x)\mathrm{d}x+\lambda_3\int_a^b(x-m)^2p(x)\mathrm{d}x$$

由 F 函数对 $p(x)$ 的一阶偏导为零，得

$$\frac{\partial F}{\partial p(x)}=-\ln p(x)-1+\lambda_1+\lambda_2x+\lambda_3(x-m)^2=0$$

可计算出

$$p(x)=\mathrm{e}^{\lambda_3(x-m)^2+\lambda_2x+\lambda_1-1}$$

由约束条件得

$$\mathrm{e}^{\lambda_1-1}=\frac{1}{\sqrt{2\pi}\sigma},\quad \lambda_2=0,\quad \lambda_3=-\frac{1}{2\sigma^2}$$

所以

$$p(x)=\frac{1}{\sqrt{2\pi\sigma^2}}\exp\left[-\frac{(x-m)^2}{2\sigma^2}\right]$$

该分布为一维高斯分布。

由一维连续变量高斯分布，可计算出相对熵为

$$\begin{aligned}H_c(X)&=-\int_{-\infty}^{+\infty}p(x)\log p(x)\mathrm{d}x\\&=-\int_{-\infty}^{+\infty}p(x)\left(\log\exp\left[-\frac{(x-m)^2}{2\sigma^2}\right]-\log\sqrt{2\pi\sigma^2}\right)\mathrm{d}x\\&=\int_{-\infty}^{+\infty}p(x)\log\sqrt{2\pi\sigma^2}\,\mathrm{d}x+\int_{-\infty}^{+\infty}\log e\,\frac{(x-m)^2}{2\sigma^2}p(x)\mathrm{d}x\\&=\log\sqrt{2\pi\sigma^2}+\frac{\log e}{2\sigma^2}\int_{-\infty}^{+\infty}x'^2p(x')\mathrm{d}x'\\&=\log\sqrt{2\pi\sigma^2}+\frac{\log e}{2\sigma^2}\times\sigma^2\\&=\log\sqrt{2\pi\sigma^2 e}=\frac{1}{2}\log(2\pi e\sigma^2)\end{aligned}$$

同样，可推广至 N 维连续变量的情形。

N 维连续变量高斯分布的熵为

$$p(\boldsymbol{X})=\frac{1}{(2\pi)^{\frac{N}{2}}\ |\boldsymbol{R}|^{\frac{1}{2}}}\exp\left[-\frac{1}{2}\sum_{ij}r_{ij}(x_i-m_i)(y_j-m_j)\right]$$

$$R_{ij}=E\{(x_i-m_i)(y_j-m_j)\}\quad(i,j=1,2,\cdots,N)$$

其中，R_{ij} 为协方差矩阵 $\boldsymbol{R}$ 的元素，$R_{ij}=R_{ji}$，$R_{ii}=\sigma_i^2$，r_{ij} 为 $\boldsymbol{R}^{-1}$ 的 i 行 j 列元素，$|\boldsymbol{R}|$ 为相应的行列式，且满足 $|\boldsymbol{R}|\neq 0$。

$$\begin{aligned}H_c(\boldsymbol{X})&=\log\left[(2\pi)^{\frac{N}{2}}\ |\boldsymbol{R}|^{\frac{1}{2}}\right]+\frac{\log e}{2}\sum_{ij}r_{ij}R_{ij}\\&=\frac{N}{2}\log(2\pi e)+\frac{1}{2}\log|\boldsymbol{R}|\end{aligned}$$

若 $N=2$，$m_1=m_2=0$，则

$$\boldsymbol{R}=\begin{bmatrix}\sigma_1^2 & \rho\sigma_1\sigma_2\\ \rho\sigma_1\sigma_2 & \sigma_2^2\end{bmatrix}\qquad -1\leqslant\rho\leqslant 1$$

$$\begin{aligned}H_c(\boldsymbol{X})&=\frac{1}{2}\log\sigma_1^2\sigma_2^2(1-\rho^2)+\log(2\pi e)\\&=\frac{1}{2}\log(2\pi e\sigma_1^2)+\frac{1}{2}\log(2\pi e\sigma_2^2)+\log\sqrt{1-\rho^2}\end{aligned}$$

2.6.3 连续信源的互信息

从定义上互信息表现为熵差。对于连续信源，由前面的例子可知，连续信源的互信息仍可定义为相对熵的熵差，即

$$I(X;Y)=\int_{R_X}\int_{R_Y}p(xy)\log\frac{p(xy)}{p(x)p(y)}\mathrm{d}x\mathrm{d}y \tag{2.6.10}$$

其中，R_X，R_Y 分别为变量 X 和 Y 的取值区间，$p(xy)$、$p(y)$、$p(x)$ 是变量 X 和 Y 的联合概率密度和概率密度。

连续信源的平均互信息不仅在形式上与离散信源的平均互信息一样，在含义和性质上

也相同。容易证明连续随机变量的相对熵和互信息具有如下性质。

(1) 条件相对熵总是小于或等于无条件相对熵。

$$
\begin{aligned}
\text{证明：} -H_c(V)+H_c(V\mid U) &= \iint_{R^2} p(u)p(v\mid u)\log p(v)\,\mathrm{d}u\,\mathrm{d}v - \\
&\quad \iint_{R^2} p(u)p(v\mid u)\log p(v\mid u)\,\mathrm{d}u\,\mathrm{d}v \\
&= \iint_{R^2} p(u)p(v\mid u)\log\left[p(u)\frac{p(v)}{p(u)p(v\mid u)}\right]\mathrm{d}u\,\mathrm{d}v \\
&\leqslant \log\iint_{R^2} p(u)p(v\mid u)\frac{p(u)p(v)}{p(u)p(v\mid u)}\mathrm{d}u\,\mathrm{d}v \\
&= \log\iint_{R^2} p(u)p(v)\,\mathrm{d}u\,\mathrm{d}v = 0 \quad (\text{Jensen 不等式})
\end{aligned}
$$

得：$H_c(V|U)\leqslant H_c(V)$，$H_c(UV)\leqslant H_c(U)+H_c(V)$。

上述证明可推广到 N 个连续随机变量，得

$$H_c(U_1U_2\cdots U_N)=H_c(U_1)+H_c(U_2\mid U_1)+\cdots+H_c(U_N\mid U_1U_2\cdots U_{N-1})$$

(2) 平均互信息等于无条件相对熵和条件相对熵的熵差。

$$
\begin{aligned}
\text{证明：由 } I(U;V) &= H_c(U)-H_c(U\mid V) \\
&= -\iint_{R^2} p(uv)\log p(u)\,\mathrm{d}u\,\mathrm{d}v + \iint_{R^2} p(uv)\log p(u\mid v)\,\mathrm{d}u\,\mathrm{d}v \\
&= -\iint_{R^2} p(uv)\log\frac{p(u)}{p(u\mid v)}\frac{p(v)}{p(v)}\mathrm{d}u\,\mathrm{d}v \\
&= -\iint_{R^2} p(u,v)\log\frac{p(u)p(v)}{p(u)p(v\mid u)}\mathrm{d}u\,\mathrm{d}v \\
&= -\iint_{R^2} p(u,v)\frac{p(v)}{p(v\mid u)}\mathrm{d}u\,\mathrm{d}v = H_c(V)-H_c(V\mid U)
\end{aligned}
$$

(3) 连续信源联合互信息等于平均互信息和条件互信息之和。

$$
\begin{aligned}
\text{证明：} I(U;VW) &= H_c(U)-H_c(U\mid VW) \\
&= H_c(U)-H_c(U\mid V)+H_c(U\mid V)-H_c(U\mid VW) \\
&= I(U;V)+I(U;W\mid V)
\end{aligned}
$$

(4) 连续信源互信息具有不增性。

证明：令新增操作为 $W=f(U)$，且假设 $I(U;W|V)=E\left[\log\frac{p(w|uv)}{p(w|v)}\right]=0$。

由平均互信息的性质

$$I(U;VW)=I(U;V)+I(U;W\mid V)=I(U;V)$$
$$I(U;VW)=I(U;W)+I(U;V\mid W)$$

所以

$$I(U;V)=I(U;W)+I(U;V\mid W)\geqslant I(U;W)$$

(5) 连续信源互信息具有非负性。

$$I(U;V)\geqslant 0$$

(6) 连续信源互信息具有相互性。

$$I(U;V)=I(V;U)$$

2.7 熵计算及熵应用

信息熵是香农信息论中的一个重要概念,掌握和理解信息熵有助于学习香农三大定理及现代通信新技术。信息熵是对信息的度量,涉及信息量的计算。本节主要基于 MATLAB 语言阐述信息熵的计算,并描述信息熵在图像分割中的应用。

2.7.1 熵计算

我们可以借助计算机中的编程语言实现熵计算,现以 MATLAB 语言(介绍略)为例实现熵计算过程。

【例 2-27】 (1)甲地天气预报构成的信源空间为

$$\begin{bmatrix} X \\ p(x) \end{bmatrix}=\begin{bmatrix} \text{晴} & \text{多云} & \text{大雨} & \text{小雨} \\ \frac{1}{2} & \frac{1}{4} & \frac{1}{8} & \frac{1}{8} \end{bmatrix}$$

(2) 乙地天气预报构成的信源空间为

$$\begin{bmatrix} Y \\ p(y) \end{bmatrix}=\begin{bmatrix} \text{晴} & \text{小雨} \\ \frac{7}{8} & \frac{1}{8} \end{bmatrix}$$

求这两个信源的熵。

解:自信息的计算公式为

$$I(a)=\log\frac{1}{p(a)}$$

MATLAB 实现为

`I = log2(1/p) 或 I = - log2(p)。`

熵(平均自信息)的计算公式为

$$H(X)=\sum_{i=1}^{q}p_i\log\frac{1}{p_i}=-\sum_{i=1}^{q}p_i\log p_i$$

程序代码如下:

```
p1 = [1/2,1/4,1/8,1/8];                %p1 代表甲信源对应的概率
p2 = [7/8,1/8];                        %p2 代表乙信源对应的概率
H1 = 0.0;                              %赋初值
H2 = 0.0;                              %赋初值
I = [];                                %赋初值
J = [];                                %赋初值
for i = 1:4
    H1 = H1 + p1(i) * log2(1/p1(i));   %计算公式
    I(i) = log2(1/p1(i));              %计算公式
end
disp('自信息量分别为: ');
I
```

```
disp('H1 信源熵为：');
H1
for j = 1:2
    H2 = H2 + p2(j) * log2(1/p2(j));
    J(j) = log2(1/p2(j));
end
disp('自信息量分别为：');
J
disp('H2 信源熵为：');
H2
```

运行结果：

```
H1 = 1.75
H2 = 0.5436
```

【例 2-28】 符号集 $X=\{0,1\}$，概率空间为 $[X\quad p(x)]^{\mathrm{T}}=\begin{bmatrix}0 & 1\\ p & q\end{bmatrix}(p+q=1)$，给出信源熵及图示 MATLAB 程序实现。

解：根据定义式，有

$$\begin{aligned}H(X)&=-p\log p-q\log q\\&=-p\log p-(1-p)\log(1-p)=H(p)\end{aligned}$$

程序代码如下：

```
H = 0;                                    % 赋初值
e = 0:0.01:1;                             % 设置变量 p 初值和增量大小
H = - e. * log2(e) - (1 - e). * log2(1 - e); % 计算公式
plot(e,H,'-- rs');                        % 图显示
title('熵');
xlabel('概率 e');
ylabel('熵 H');
```

运行结果如图 2-20 所示。

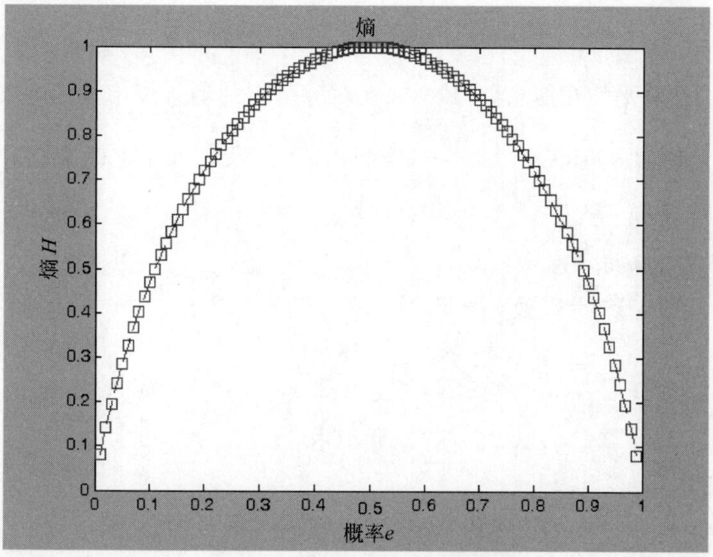

图 2-20 例 2-28 的运行结果

【例 2-29】 绘制三元信源的熵，当 p_1, p_2 从 0 到 1 之间变化时的三元信源的信息熵曲线，其中三元信源的信源空间为

$$\begin{bmatrix} X \\ p(x) \end{bmatrix} = \begin{bmatrix} x_1 & x_2 & x_3 \\ p_1 & p_2 & 1-p_1-p_2 \end{bmatrix} \quad 0 \leqslant p_1, p_2 \leqslant 1$$

解：三元信源的熵为

$$H(p_1, p_2, 1-p_1-p_2) = -p_1 \log p_1 - p_2 \log p_2 - (1-p_1-p_2)\log(1-p_1-p_2)$$

程序代码如下：

```
[p1,p2] = meshgrid(0.00001:0.001:1);      % 设置变量初值和增量大小
h = - p1. * log2(p1) - p2. * log2(p2) - (1 - p1 - p2) . * log2(1 - p1 - p2);      % 计算公式
plot3(p1,p2,h);                            % 画图显示
title('三元信源的信息熵函数曲线');
```

运行结果如图 2-21 所示。

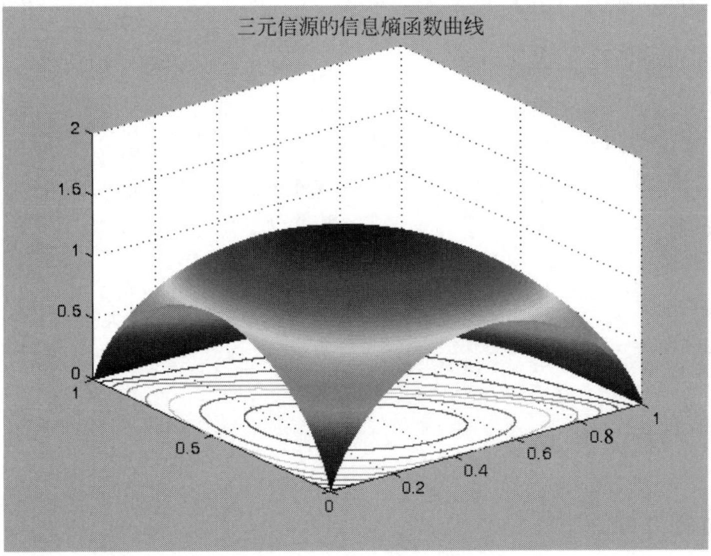

图 2-21 例 2-29 的运行结果

【例 2-30】 绘制平均互信息量，其中二元对称信道的输入概率空间为 $[X \quad P(x)]^{\mathrm{T}} = \begin{bmatrix} 0 & 1 \\ w & \bar{w} \end{bmatrix}$，二元对称信道矩阵为 $\begin{bmatrix} \bar{p} & p \\ p & \bar{p} \end{bmatrix}$，绘制当 w, p 从 0 到 1 之间变化时的平均互信息熵曲线。

解：由平均互信息定义式得

$$\begin{aligned} I(X;Y) &= H(Y) - H(Y \mid X) \\ &= H(Y) - \sum_{x \in X} p(x) \sum_{y \in Y} p(y \mid x) \log \frac{1}{p(y \mid x)} \\ &= H(Y) - \sum_{x \in X} p(x) \left[p \log \frac{1}{p} + \bar{p} \log \frac{1}{\bar{p}} \right] \\ &= H(Y) - \left[p \log \frac{1}{p} + \bar{p} \log \frac{1}{\bar{p}} \right] = H(Y) - H(p) \end{aligned}$$

根据 $p(b_j)=\sum_{i=1}^{2}p(a_i)p(b_j \mid a_i)$，所以

$$p(y=0)=\sum_{i=1}^{2}p(a_i)p(0 \mid a_i)=p(0)p(0 \mid 0)+p(1)p(0 \mid 1)=\omega\bar{p}+\bar{\omega}p$$

$$p(y=1)=\sum_{i=1}^{2}p(a_i)p(0 \mid a_i)=p(0)p(1 \mid 0)+p(1)p(1 \mid 1)=\omega p+\bar{\omega}\bar{p}$$

$$\begin{aligned}I(X;Y)&=H(Y)-H(p)=-(w\bar{p}+\bar{w}p)\log(w\bar{p}+\bar{w}p)-\\&\quad(wp+\bar{w}\bar{p})\log(wp+\bar{w}\bar{p})+p\log p+\bar{p}\log\bar{p}\\&=H(w\bar{p}+\bar{w}p)-H(p)\end{aligned}$$

程序代码如下：

```
[w,p] = meshgrid(0.00001:0.001:1);       %设置变量初值和增量大小
h= - (w. * (1 - p) + (1 - w). * p). * log2(w. * (1 - p) + (1 - w). * p) -
(w. * p + (1 - w). * (1 - p)). * log2(w. * p + (1 - w). * (1 - p)) +
(p. * log2(p) + (1 - p). * log2(1 - p));   %计算公式
meshz(w,p,h);                             %图显示
title('互信息');
ylabel('H(w,p,h)')
```

运行结果如图 2-22 所示。

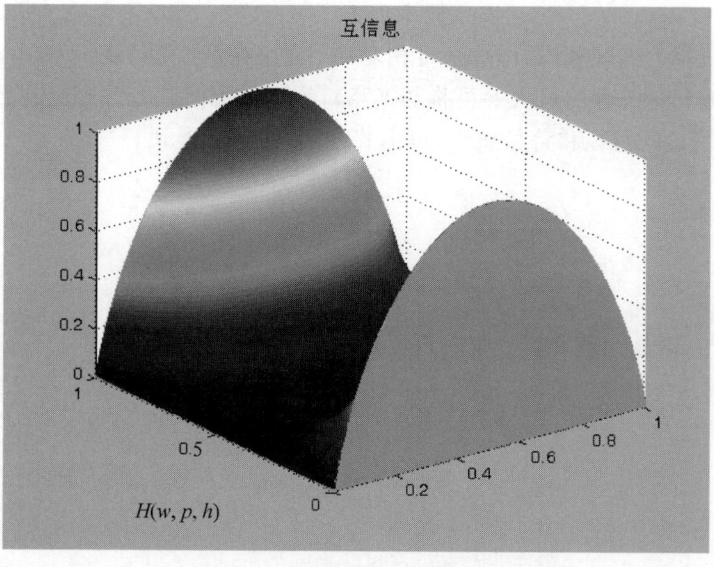

图 2-22 例 2-30 的运行结果

2.7.2 熵信息应用

图像分割是图像理解与模式识别的前提，也是大多数图像分析及视觉系统的重要组成部分，其中，阈值分割是图像分割最常用的方法，它利用图像中要提取的目标与其背景在灰度特性上的差异，把图像视为具有不同灰度级的两类区域(目标和背景)的组合，选取一个合适的阈值，以确定图像中每个像素点应该属于目标还是背景区域，从而产生相应的二值图

像。通过选取适当的阈值,将原图像中的目标与背景分开,可极大地压缩数据,减少存储容量,为后续的分类、识别提供依据。

下面讨论如何基于最大对数熵自动选取图像分割阈值的方法。

对于任意一幅目标图像,假设其灰度级数为 $l(l=0,1,2,\cdots,L-1)$,共 L 级,图像尺寸为 $M\times N$。通过计算每个像素点 $m\times n$ 处的邻域平均灰度值,进而构建一幅灰度均匀图像 $g(xy)$。令 $r(ij)$表示原始图像 $f(xy)$中灰度级数为 i,且新构建图像 $g(xy)$中灰度级数为 j 的像素对的个数,则该像素对在图像中的出现概率可由式(2.7.1)计算得到。

$$p(ij)=\frac{r(ij)}{M\times N},\quad i,j=0,1,2,\cdots,L-1 \tag{2.7.1}$$

其中,$0\leqslant p(ij)\leqslant 1,\sum_{i=0}^{L-1}\sum_{j=0}^{L-1}p(ij)=1$。

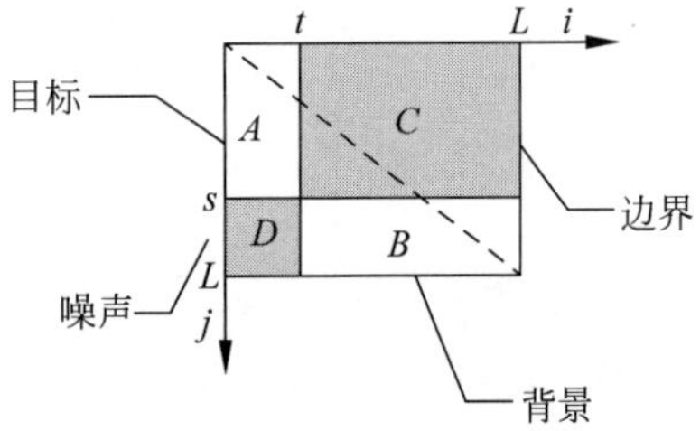

图 2-23 二维灰度直方图

在二维最大熵阈值分割算法中,分别利用像素灰度门限 t 和邻域平均灰度门限 s 来划分图像的二维灰度直方图,如图 2-23 所示。图中阈值向量(t,s)将二维直方图划分为 4 个区域,区域 A 和区域 B 分别表示目标或背景,区域 C 或区域 D 分别表示边缘点和噪声。由于边缘点和噪声点数远远少于目标或背景中的像素点,于是假设区域 C 和区域 D 中像素对的概率为零。

在图像熵值较大的区域内,图像灰度相对均匀;而在熵值较小的区域内,图像灰度分布差异性较大。故利用图像的最大熵可将灰度相对均匀的目标进行分割。在图 2-23 中,区域 A 和区域 B 所代表的目标和背景概率,可由式(2.7.2)定义得到。

$$\begin{aligned}p_A(ts)&=\sum_{i=0}^{t}\sum_{j=0}^{s}p(ij)\\ p_B(ts)&=\sum_{i=t+1}^{L-1}\sum_{j=s+1}^{L-1}p(ij)\end{aligned} \tag{2.7.2}$$

此外,由于二维最大熵阈值分割的目标是使目标和背景的后验熵取得最大值,若忽略远离二维直方图对角线分量的影响,区域 A 和区域 B 的信息熵可分别由式(2.7.3)和式(2.7.4)得出。

$$\begin{aligned}H_A&=-\sum_{i=0}^{t}\sum_{j=0}^{s}\frac{p(ij)}{p_A(ts)}\log\frac{p(ij)}{p_A(ts)}\\ &=\log p_A(ts)+\frac{h_A(ts)}{p_A(ts)}\end{aligned} \tag{2.7.3}$$

其中,$h_A(ts)=-\sum_{i=0}^{t}\sum_{j=0}^{s}p(ij)\log p(ij)$。

$$\begin{aligned}H_B&=-\sum_{i=t+1}^{L-1}\sum_{j=s+1}^{L-1}\frac{p(ij)}{p_B(ts)}\log\frac{p(ij)}{p_B(ts)}\\ &=\log p_B(ts)+\frac{h_B(ts)}{p_B(ts)}\end{aligned} \tag{2.7.4}$$

其中，$h_B(ts)=-\sum_{i=t+1}^{L-1}\sum_{j=s+1}^{L-1}p(ij)\log p(ij)$。此时，图像的总信息熵为

$$H(ts)=H_A+H_B \tag{2.7.5}$$

即

$$H(ts)=\log p_A(ts)p_B(ts)+\frac{h_A(ts)}{p_A(ts)}+\frac{h_B(ts)}{p_B(ts)} \tag{2.7.6}$$

为了获得图像目标和背景的最大信息量，要求选取原始图像和新构建图像的最优像素灰度对(t^*,s^*)，使得图像的总信息熵$H(ts)$取得最大值，即

$$(t^*,s^*)=\underset{1<t<L-1;\ 1<s<L-1}{\arg\max}\ H(ts) \tag{2.7.7}$$

程序代码如下：

```
clear all
a = imread('moon.tif');                    % 从图像文件读数据
figure, imshow(a)                          % 显示图像
count = imhist(a);                         % 显示直方图
[m,n] = size(a);                           % 取图像大小
N = m * n;
L = 256;
count = count/N;                           % 计算每一个像素的分布概率
count
for i = 1:L
    if count(i)~ = 0
        st = i - 1;
        break;
    end
end
st
for i = L: - 1:1
    if count(i)~ = 0
        nd = i - 1;
        break;
    end
end
nd
f = count(st + 1:nd + 1);                  % f 是每个灰度出现的概率
size(f)
E = [];
for Th = st:nd - 1                         % 设定初始分割阈值为 Th
av1 = 0;
av2 = 0;
Pth = sum(count(1:Th + 1));
% 第一类的平均相对熵为
for i = 0:Th
    av1 = av1 - count(i + 1)/Pth * log(count(i + 1)/Pth + 0.00001);
```

```
end
%第二类的平均相对熵为
for i = Th + 1:L - 1
    av2 = av2 - count(i + 1)/(1 - Pth) * log(count(i + 1)/(1 - Pth) + 0.00001);
end
E(Th - st + 1) = av1 + av2;
end
position = find(E == (max(E)));
th = st + position - 1
for i = 1:m
    for j = 1:n
        if a(i,j)> th
            a(i,j) = 255;
        else
            a(i,j) = 0;
        end
    end
end
figure,imshow(a);
```

运行结果如图 2-24 所示。

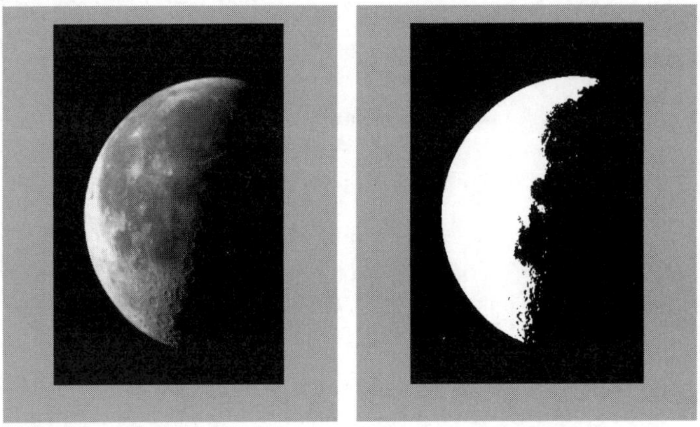

(a) 原图　　(b) 分割图

图 2-24　二维最大熵阈值分割算法的运行结果

习题 2

2-1　证明最大离散熵定理：信源 X 中有 n 个不同离散消息时，信源熵 $H(X)$满足

$$H(X) \leqslant \log n$$

当且仅当 X 中各个消息出现的概率全相等时，上式取等号。

2-2　证明条件熵小于信源熵，即 $H(X|Y) \leqslant H(X)$，并说明等号成立的条件。

2-3　同时掷两均匀的骰子。

(1) 求得知两骰子面朝上点数之和为 12 时的信息量。

(2) 求得知两骰子面朝上点数之和为 9 的信息量。

(3) 求得知两骰子面朝上点数是 3 和 4 时的信息量。

2-4 居住某地区的女孩中有 25%是大学生，在女大学生中有 75%是身高 160cm 以上的，而女孩中身高 160cm 以上的占总数的一半。假如我们得知身高 160cm 以上的某女孩是大学生的消息，问获得了多少信息量？

2-5 如有 6 行 8 列的棋形方格，若有两个质点 A 和 B，分别以等概落入任一方格内，且它们的坐标分别为(X_A, Y_A)和(X_B, Y_B)，但 A 和 B 不能落入同一方格内。

(1) 若仅有质点 A，求 A 落入任一个格的平均信息量。

(2) 若已知 A 已落入，求 B 落入的平均信息量。

(3) 若 A、B 是可分辨的，求 A、B 都落入的平均信息量。

2-6 黑色传真机的消息元只有黑色和白色两种，即 $X=\{黑,白\}$。一般气象图上，黑色出现的概率 $p(黑)=0.3$，白色出现的概率 $p(白)=0.7$，假设黑白消息视为前后无关，求信息熵 $H(X)$。

2-7 设有一离散无记忆信源，其概率空间为

$$[X \quad p]^{\mathrm{T}}=\begin{bmatrix} x_1=0 & x_2=1 & x_3=2 & x_4=3 \\ 3/8 & 1/4 & 1/4 & 1/8 \end{bmatrix}$$

(1) 求每个符号的自信息量。

(2) 若信源发出一消息符号序列为(202 120 130 213 001 203 210 110 321 010 021 032 011 223 210)，求该消息序列的自信息量及平均每个符号携带的信息量。

2-8 在一个袋中放有 5 个黑球、10 个白球，摸一个球为一次实验，摸出的球不再放进去。求：

(1) 一次实验包含的不确定度。

(2) 第 1 次实验 X 摸出的是黑球，第 2 次实验 Y 给出的不确定度。

(3) 第 1 次实验 X 摸出的是白球，第 2 次实验 Y 给出的不确定度。

(4) 第 2 次实验 Y 包含的不确定度。

2-9 有一个可旋转的圆盘，盘面上被均匀地分成 38 份，用 1,2,…,38 数字标示，其中有 2 份涂绿色，18 份涂红色，18 份涂黑色，圆盘停转后，盘面上指针指向某一数字和颜色。

(1) 若仅对颜色感兴趣，计算平均不确定度。

(2) 若对颜色和数字都感兴趣，计算平均不确定度。

(3) 如果颜色已知，计算条件熵。

2-10 两个试验 X 和 Y，$X=\{x_1, x_2, x_3\}$，$Y=\{y_1, y_2, y_3\}$，联合概率 $r(x_i y_j)=r_{ij}$ 如下：

$$\begin{bmatrix} r_{11} & r_{12} & r_{13} \\ r_{21} & r_{22} & r_{23} \\ r_{31} & r_{32} & r_{33} \end{bmatrix}=\begin{bmatrix} 7/24 & 1/24 & 0 \\ 1/24 & 1/4 & 1/24 \\ 0 & 1/24 & 7/24 \end{bmatrix}$$

(1) 如果有人告诉你 X 和 Y 的试验结果，你得到的平均信息量是多少？

(2) 如果有人告诉你 Y 的试验结果，你得到的平均信息量是多少？

(3) 在已知 Y 试验结果的情况下，告诉你 X 的试验结果，你得到的平均信息量是多少？

2-11 假设 X 是一个离散随机变量,$g(X)$是 X 的函数,证明 $H(g(x))\leqslant H(X)$。

2-12 假设 X 是一个定义在$\{0,1,2,3,4\}$上等概分布的离散随机变量,$g(X)=\cos\frac{\pi X}{2}$,试分别计算它们的熵值,并比较熵值的大小。

2-13 有两种离散随机变量 X 和 Y,和为 $Z=X+Y$,若 X 和 Y 相互独立,求证:

(1) $H(X)\leqslant H(Z)$。

(2) $H(Y)\leqslant H(Z)$。

(3) $H(XY)\leqslant H(Z)$。

2-14 对某城市进行交通忙闲的调查,并把天气分成晴雨两种状态,气温分成冷暖两个状态。调查结果得到联合出现的相对频度如图 2-25 所示,若把这些频度看成概率测度,求:

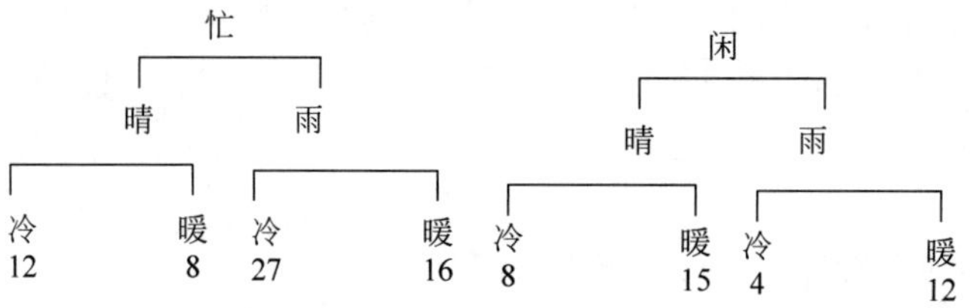

图 2-25 习题 2-14 图

(1) 忙闲的无条件熵。

(2) 天气状态和气温状态已知时,忙闲的条件熵。

(3) 从天气状态和气温状态得到的关于忙闲的信息。

2-15 证明平均互信息量的极值性,即 $I(X;Y)\leqslant H(X)$,并说明等号成立的条件。

2-16 有两个二元随机变量 X 和 Y,它们的联合概率如表 2-7 所示,并定义另一随机变量 $Z=X\cdot Y$(一般乘积)。试计算:

表 2-7 X 和 Y 的联合概率

Y	X	
	0	1
0	1/8	3/8
1	3/8	1/8

(1) $H(X)$、$H(Y)$、$H(Z)$、$H(XZ)$、$H(YZ)$和 $H(XYZ)$。

(2) $H(X|Y)$、$H(Y|X)$、$H(X|Z)$、$H(Z|X)$、$H(Y|Z)$、$H(Z|Y)$、$H(X|YZ)$、$H(Y|XZ)$和 $H(Z|XY)$。

(3) $I(X;Y)$、$I(X;Z)$、$I(Y;Z)$、$I(X;Y|Z)$、$I(Y;Z|X)$和 $I(X;Z|Y)$。

2-17 已知 X、$Y\in\{0,1,2,3\}$是独立、均匀分布的随机变量,试计算:

(1) $H(X+Y)$,$H(X-Y)$,$H(X*Y)$。

(2) $H(X+Y,X-Y)$,$H(X+Y,X*Y)$。

2-18 给定语声样值 X 的概率密度为 $p(x)=\frac{1}{2}\lambda e^{-\lambda|x|}$,$-\infty<x<+\infty$,求 $H_c(X)$,并证明它小于同样方差的正态变量的熵。

2-19 连续随机变量 X 和 Y 的联合概率密度为

$$p(xy)=\frac{1}{2\pi\sqrt{SN}}\exp\left\{-\frac{1}{2N}\left[x^2\left(1+\frac{N}{S}\right)-2xy+y^2\right]\right\}$$

求 $H_c(X)$、$H_c(Y)$、$H_c(Y|X)$和 $I(X;Y)$。

2-20 每帧电视图像可以认为是由 3×10^5 像素组成的，所有像素均是独立变化的，且每像素又取 128 个不同的亮度电平，并且每亮度电平等概率出现，问每帧图像含有多少信息量？若有一个广播员，在约 10000 个汉字中选 1000 个汉字来口述该电视图像，若要恰当地描述此图像，广播员在口述中至少需要多少个汉字？

2-21 设某语音信号$\{x(t)\}$，其最高频率为 4kHz，经取样、量化后编成等长码，设每个样本的分层数为 256，设抽样值取各量化值的概率相等，且抽样间相互统计独立。

(1) 求此语音信号每样本的信息。

(2) 求此信源的信息输出率。

2-22 设有一连续随机变量 X，其概率密度函数为

$$p(x)=\begin{cases}bx^2 & 0\leqslant x\leqslant a\\ 0 & \text{其他}\end{cases}$$

(1) 试求信源 X 的熵 $H_c(X)$。

(2) 试求 $Y=X+A(A>0)$的熵 $H_c(Y)$。

(3) 试求 $Y=ZX$ 的熵 $H_c(Y)$，Z 为常量。

2-23 有一个一阶平稳马尔可夫链 $X_1,X_2,\cdots,X_r,\cdots$，各 X_r 取值于集 $A=\{a_1,a_2,a_3\}$。已知起始概率 $p(X_1)$为 $p(a_1)=1/2$，$p(a_2)=p(a_3)=1/4$，转移概率如表 2-8 所示。

(1) 求 $X_1X_2X_3$ 的联合熵和平均符号熵。

(2) 求这个链的极限平均符号熵。

(3) 求 H_0、H_1、H_2 和它们所对应的冗余度。

表 2-8 转移概率

i	j		
	1	2	3
1	1/2	1/4	1/4
2	2/3	0	1/3
3	2/3	1/3	0

2-24 由符号集$\{0,1\}$组成的二阶马氏链，转移概率为 $p(0|00)=0.8$，$p(0|11)=0.2$，$p(1|00)=0.2$，$p(1|11)=0.8$，$p(0|01)=0.5$，$p(0|10)=0.5$，$p(1|01)=0.5$，$p(1|10)=0.5$。画出状态图，并计算各状态的稳态概率；试计算极限熵值。

2-25 一阶马尔可夫信源的状态图如图 2-26 所示，信源 X 的符号集为$\{0,1,2\}$。

(1) 求平稳后的信源的概率分布。

(2) 求信源熵 H_∞。

(3) 求当 $p=0$ 或 $p=1$ 时信源的熵，并说明理由。

2-26 一阶马尔可夫信源消息集 $X\in\{a_1,a_2,a_3\}$，状态集 $S\in\{S_1,S_2,S_3\}$。条件转移概率和状态转移概率如下：

$$[p(a_j \mid S_i)]=\begin{bmatrix}1/3 & 1/3 & 1/3\\1/4 & 1/2 & 1/4\\1/4 & 1/4 & 1/2\end{bmatrix}\quad [p(S_j \mid S_i)]=\begin{bmatrix}1/3 & 1/3 & 1/3\\1/4 & 1/2 & 1/4\\1/4 & 1/4 & 1/2\end{bmatrix}$$

(1) 画出该马氏链的状态转移图。

(2) 计算 $H(X|S_1)$、$H(X|S_2)$和 $H(X|S_3)$。

(3) 计算信源的符号熵。

2-27 如图 2-27 所示为一张有 4 个节点的随机行走图,从任何一个节点走到下一节点的概率都相等。

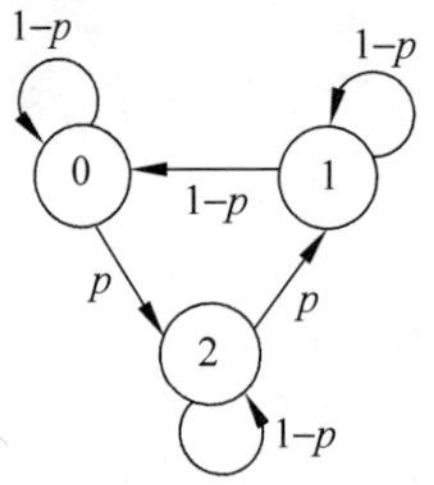

图 2-26 习题 2-25 图

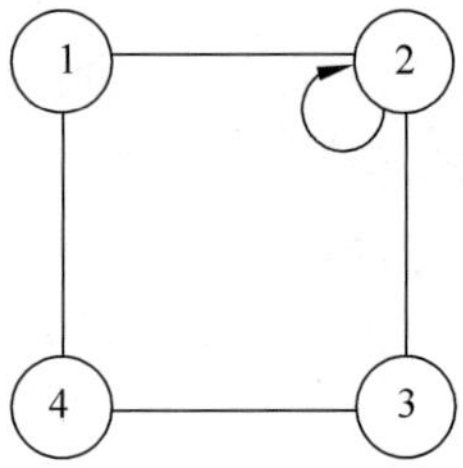

图 2-27 习题 2-27 图

(1) 求随机行走的稳态分布。

(2) 求随机行走的熵率。

第 3 章 信道与信道容量

CHAPTER 3

信道是指信息传递的通道，通常将信源的输出至信宿的接收部分称为信道(channel)。信道的基本任务是以信号方式传输和存储信息。研究信道的主要目的是研究信道中能够传送或存储的最大信息量，即信道容量(capacity)。

本章采用与第 2 章相似的方式描述信道。首先对信道进行分类，并给出其对应的数学描述；然后从最简单的离散单符号信道出发，讨论离散信道的统计特性和数学模型，定量地给出信道传输速率的最大值，并推导出信道容量及其计算方法；最后在前面的基础上，介绍离散序列信道及其容量计算方法、连续信道及其容量计算方法，并介绍著名的香农信道容量公式，进一步探讨多输入多输出(MIMO)系统的信道容量区域。

3.1 信道分类和参数表示

信道是载荷信息的信号所通过的通道或媒介。例如，在二人对话系统中，二人之间的空气就是信道；再如常见的电话线就是信道；当我们看电视、听收音机时，发送与接收无线信号之间的自由空间也是信道。在信息系统中，信道的主要作用是传输与存储信息，而在通信系统中则主要是传输信息，这里我们讨论后者。在通信系统中，研究信道的主要目的是为了描述、度量并分析不同类型信道，计算其容量，即理论上的极限传输能力。

实际通信系统中，信道的种类有很多种描述，可以用不同的方式进行表达。例如，可按传输媒介的类型进行划分，根据传输媒介的类型可将信道划分为有线信道和无线信道。在有线信道中，传输媒介可以是固体介质，也可以是混合介质。对于固体介质，它包含架空线和电缆等；对于混合介质，它包含波导和光缆等。这样的信道划分可用图 3-1 表示。

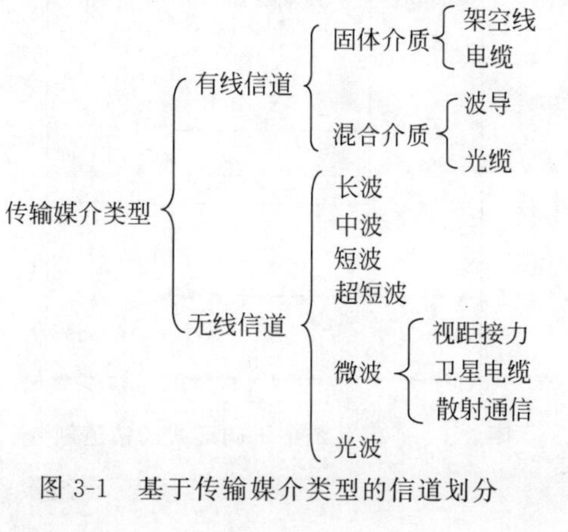

图 3-1 基于传输媒介类型的信道划分

除此之外，信道也可按照信道的信号与干扰的类型进行分类，具体描述如图 3-2 所示。

- 信号与干扰类型
  - 信号类型
    - 离散数字信道
    - 连续模拟信道
    - 半连续或半离散信道
  - 干扰类型
    - 无干扰
    - 有干扰
      - 线性叠加干扰
        - 无源热噪声信道
        - 有源散射噪声信道
        - 脉冲干扰信道
      - 乘性干扰
        - 交调信道
        - 衰落信道
        - 码间干扰信道

图 3-2　基于信号与干扰类型的信道划分

在图 3-2 中，离散信道是指输入空间 X 和输出空间 Y 均为离散事件集；连续信道是指输入空间 X 和输出空间 Y 都是连续事件集；半离散或半连续信道是指输入和输出空间中，一个是离散集，另一个是连续集的情形。

根据信道的物理性质，如统计特性，也可将信道划分为恒参信道和变参信道。其中，恒参信道是指信道的统计特性不随时间变化(如有线信道、微波接力信道和卫星中继信道等)；变参信道是指信道的统计特性随时间变化而变化(如短波通信)。最后，按用户类型可分为两端信道(单用户信道)和多端信道(多用户信道)。其中，两端信道是指信道的输入和输出都只有一个事件集，它是只有一个输入端和一个输出端的单向通信的信道；多端信道是指信道的输入和输出至少有两个或两个以上的事件集，即 3 个或更多个用户之间相互通信的情况。

实际上，就通信系统而言，可以根据不同的研究对象、不同的要求，对信道进行不同形式的划分，具体信道划分如图 3-3 所示。

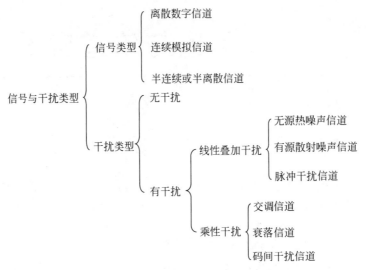

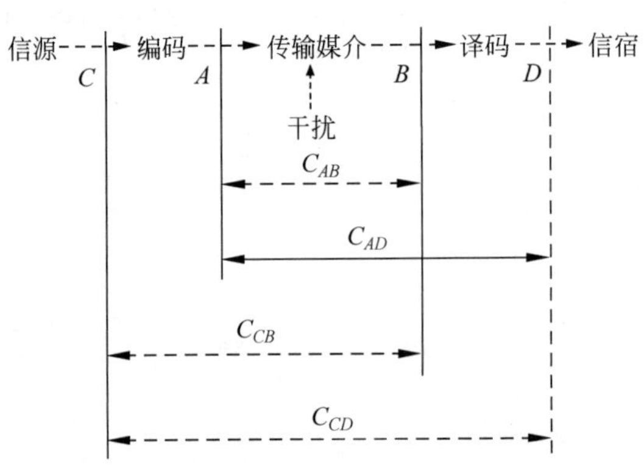

图 3-3　通信系统中不同形式的信道划分

在图 3-3 中，C_{AB} 为狭义的传输型信道，在研究调制解调理论或模拟通信时常引用，是一连续信道；C_{CD} 为广义的传输型信道，在研究数字通信以及编码解码时常引用，是一离散信道；C_{CB} 是一类半离散半连续信道，例如可以看作数字解调前的信道；C_{AD} 是一类半连续半离散信道。上述分类中，最常用的是前两类信道，一般又称为连续的调制信道和离散的编码信道。

在第 2 章中我们已经知道，信源的输出在数学上可表示为一随机过程，信道的作用是将信源输出变为信宿的输入(信宿的输入在数学上也可表示为一随机过程)，因此，信道可认为是从一随机过程向另一随机过程的转移。由于信道存在噪声，信道的输入和输出之间一般不是确定的函数关系，而是统计关系。统计上而言，只要知道信道的输入、输出，以及它们之间的统计依赖关系，那么就能确定信道特性。一般而言，信道的输入和输出信号是广义时间连续随机信号，可用随机过程来描述。无论何种随机过程，只要有某种限制(如限频和限时)，就可展开成时间(或空间)上离散的随机序列。由于实际信道的带宽总是有限制的，所以输入信号和输出信号总可以展开成随机序列来研究。而随机序列中每个随机变量的取值可以是可数的离散值，也可以是不可数的连续值。因此，类似于对信源的统计描述，信道的描述包括 3 个基本要素，分别如下：

(1) 信道输入统计概率空间$[X, p(x)]^{\mathrm{T}}$；

(2) 信道输出统计概率空间$[Y, p(y)]^{\mathrm{T}}$；

(3) 信道本身的统计特性，即信道传递函数 $p(y|x)$。

以上三要素构成了对信道整体的描述

$$\{[X, p(x)]^{\mathrm{T}}, p(y \mid x), [Y, p(y)]^{\mathrm{T}}\} \tag{3.1.1}$$

简记为$\{X, p(y|x), Y\}$。

【例 3-1】 求离散单符号信道描述。

解：离散单符号信道如图 3-4 所示，可以描述为

$$\begin{bmatrix} X \\ p(x) \end{bmatrix} = \begin{bmatrix} x_1 & x_2 & \cdots & x_l & \cdots & x_n \\ p_1 & p_2 & \cdots & p_l & \cdots & p_n \end{bmatrix}$$

$$\begin{bmatrix} Y \\ p(y) \end{bmatrix} = \begin{bmatrix} y_1 & y_2 & \cdots & y_l & \cdots & y_m \\ p_1 & p_2 & \cdots & p_l & \cdots & p_m \end{bmatrix}$$

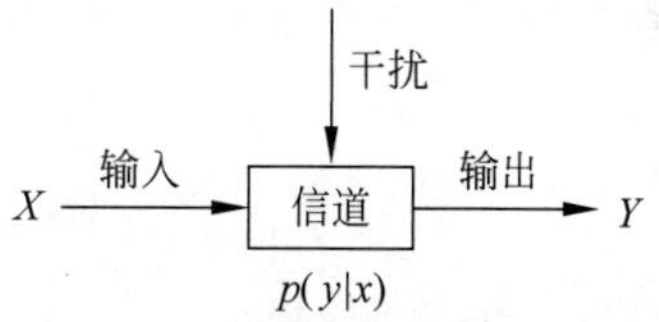

图 3-4　离散单符号信道模型描述

其中，$x_i \in X = \{x_1, x_2, \cdots, x_n\}$，$y_j \in Y = \{y_1, y_2, \cdots, y_m\}$，其信道转移概率矩阵为

$$\boldsymbol{P} = \begin{bmatrix} p(y_1 \mid x_1) & \cdots & p(y_m \mid x_1) \\ \vdots & \ddots & \vdots \\ p(y_1 \mid x_n) & \cdots & p(y_m \mid x_n) \end{bmatrix}$$

根据信道的统计特性，即条件转移概率的不同，离散信道又分成无干扰(无噪)信道、有干扰无记忆信道和有干扰有记忆信道 3 种类型，下面分别进行介绍。

1) 无干扰(无噪)信道

信道中没有随机性的干扰或者干扰很小，输出信号 Y 与输入信号 X 之间有确定的对应关系，其数学表述为

$$y = f(x)$$

$$p(y \mid x) = \begin{cases} 1 & y = f(x) \\ 0 & y \neq f(x) \end{cases} \tag{3.1.2}$$

2）有干扰无记忆信道

在实际应用中，信道通常有干扰（噪声），即输出符号与输入符号之间无确定的对应关系，而是一般的概率分布。若信道任一时刻输出符号只统计依赖于对应时刻的输入符号，而与非对应时刻的输入符号及其他任何时刻的输出符号都无关，则称这种信道为无记忆信道。数学上，满足离散无记忆信道的充要条件是信道联合条件转移概率可表示为每个符号转移概率的乘积，即

$$p(\boldsymbol{y} \mid \boldsymbol{x}) = p(y_1 y_2 \cdots y_L \mid x_1 x_2 \cdots x_L) = \prod_{l=1}^{L} p(y_l \mid x_l) \tag{3.1.3}$$

对于有干扰无记忆信道，存在多种类型，输入可以是离散的和连续的，输出也可以是离散的和连续的；当输入是序列时，则又可分为无记忆序列和有记忆序列。但是，常用的有干扰无记忆信道可归纳为 4 种类型，分别是二进制离散对称信道、离散无记忆信道、离散输入连续输出信道和连续输入连续输出的波形信道，下面分别进行介绍。

（1）二进制离散对称信道（Binary Symmetric Channel，BSC）如图 3-5 所示。其中，信道输入 $X \in \{0,1\}$，信道输出 $Y \in \{0,1\}$，信道转移概率为 $p(Y=0|X=1)=p(Y=1|X=0)=p$，$p(Y=1|X=1)=p(Y=0|X=0)=1-p$。由于信道输入和信道输出是离散二进制符号，信道转移概率也可用如下信道矩阵表示：

$$\boldsymbol{P} = \begin{bmatrix} 1-p & p \\ p & 1-p \end{bmatrix} \tag{3.1.4}$$

该矩阵中每行都是第 1 行的置换，每列都是第 1 列的置换，是一对称矩阵，因此被称为二进制对称信道。

（2）离散无记忆信道（Discrete Memoryless Channel，DMC）是更为一般的离散单符号信道，如图 3-6 所示。

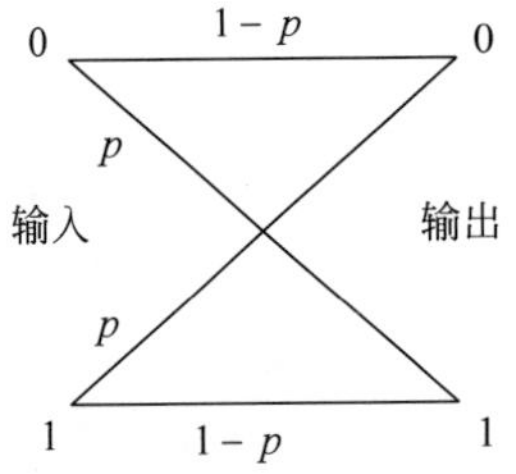

图 3-5　BSC 信道

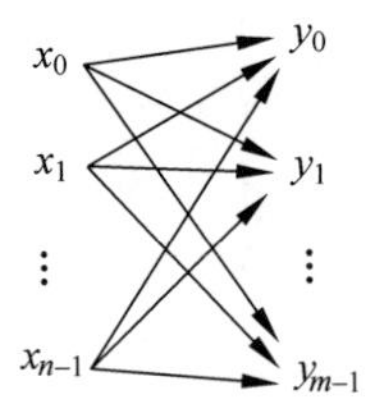

图 3-6　DMC 信道

图中，信道输入为 $X \in \{x_0, x_2, \cdots, x_i, \cdots, x_{n-1}\}$，信道输出为 $Y \in \{y_0, y_2, \cdots, y_j, \cdots, y_{m-1}\}$，信道转移概率为 $p(Y=y_j|X=x_i)=p(y_j|x_i)$。对于离散无记忆信道，其信道矩阵为

$$\boldsymbol{P} = \begin{bmatrix} p_{00} & p_{10} & \cdots & p_{(m-1)0} \\ p_{01} & p_{11} & \cdots & p_{(m-1)1} \\ \cdots & \cdots & \ddots & \cdots \\ p_{0(n-1)} & p_{1(n-1)} & \cdots & p_{(m-1)(n-1)} \end{bmatrix} \tag{3.1.5}$$

其中，$p_{ji}=p(y_j|x_i)$，且 $\sum_j p(y_j \mid x_i)=1, \forall i=0,\cdots,n-1$，称为信道传递函数（又称前向概率），通常用它描述信道的噪声特性。BSC 信道是最简单的 DMC 信道。

值得说明的是：由信道的输入概率分布和信道矩阵，可计算出输入输出随机变量的联合概率分布，即贝叶斯公式：

$$p(x_iy_j)=p(x_i)p(y_j \mid x_i)=p(y_j)p(x_i \mid y_j) \tag{3.1.6}$$

其中，$p(x_i|y_j)$是已知信道输出符号为 y_j 时输入符号为 x_i 的概率，称为后验概率。有时把 $p(x_i)$称为输入符号的先验概率，表示在接收到输出符号之前判断输入符号为 x_i 的概率；而对应地把 $p(x_i|y_j)$称为输入符号的后验概率，表示接收到输出符号 y_j 之后，判断输入符号为 x_i 的概率。同时由全概率公式，可从先验概率和信道传递概率求出输出符号的概率，

$$p(y_j)=\sum_{x_i}p(x_i)p(y_j \mid x_i) \tag{3.1.7}$$

同时，根据贝叶斯公式可由先验概率和信道的传递概率求得后验概率：

$$p(x_i \mid y_j)=\frac{p(x_iy_j)}{p(y_j)}=\frac{p(x_i)p(y_j \mid x_i)}{\sum_{x_i}p(x_i)p(y_j \mid x_i)} \tag{3.1.8}$$

(3) 离散输入连续输出信道。

离散输入连续输出信道表示有限离散的输入 $X\in\{x_0,x_1,\cdots,x_{n-1}\}$和未经量化的输出 $Y\in\{-\infty,+\infty\}$，且输入和输出间转移概率满足

$$p(y \mid X=x_i) \quad i=0,1,2,\cdots,n-1 \tag{3.1.9}$$

信道的转移概率取决于噪声，其中最为重要的一类噪声是加性高斯白噪声(AWGN)信道，输出可表示为 $Y=X+G$。G 是均值为零、方差为 σ^2 的高斯白噪声，$X=x_i$，$i=0,1,\cdots,n-1$，Y 是均值为 x_i、方差为 σ^2 的高斯随机变量。输入和输出间概率表示为

$$p(y \mid x_i)=\frac{1}{\sqrt{2\pi\sigma^2}}\mathrm{e}^{-(y-x_i)^2/2\sigma^2} \tag{3.1.10}$$

(4) 波形信道。

输入是模拟波形、输出也是模拟波形，信道的输入和输出是任意的时间连续函数，称这种信道为波形信道或时间连续信道。若信道输入、输出间关系表示为

$$y(t)=x(t)+n(t) \tag{3.1.11}$$

其中，$n(t)$代表加性噪声过程的一个样本函数，则称此信道为加性波形信道。在这种信道中，噪声与信号通常假设是相互独立，因此有

$$p(y \mid x)=\frac{p(x,y)}{p(x)}=\frac{p(x,n)}{p(x)}=p(n) \tag{3.1.12}$$

即信道的转移概率密度函数等于噪声的概率密度函数。

因为实际波形信道的频宽是受限的，所以在有限观察时间内，能满足限时、限频的条件。因而可把波形信道的输入和输出的平稳随机过程离散化成 L 个时间上离散、取值连续的平稳随机序列，这样波形信道就转化成多维连续信道。

3) 有干扰有记忆信道

一般的信道都是有干扰有记忆的信道，例如实际的数字信道，当信道特性不理想，存在码间干扰时，输出信号不但与当前的输入信号有关，还与以前的输入信号有关，这样的信道称为有记忆信道。这时信道的条件不再满足式(3.1.3)。处理这类信道的常用方法有如下两种：

(1) 把记忆较强的 L 个符号视作一个矢量符号来处理，而各矢量符号之间被认为是无

记忆的,这样可将有记忆信道转化成无记忆信道的问题。当然,这种处理一般会引入误差,因为实际上第1个矢量的最末几个符号与第2个矢量的最前面几个符号是有关联的。L 取值越大,误差将越小。

(2) 将转移概率 $p(y|x)$ 看作马尔可夫链的形式,这是有限记忆信道的问题。把信道某时刻的输入和输出序列看成信道的状态,信道的统计特性可采用在已知时刻的输入符号和前时刻信道所处状态的条件下,信道的输出符号和所处状态的联合条件概率来描述,即用 $p(y_l s_l | x_l s_{l-1})$ 来描述。然而,在一般情况下这种方法仍很复杂,只有在每一个输出符号只与前几个输入符号有关的简单情况下,才可得到比较简单的结果。

在分析实际问题时,选用何种信道模型完全取决于分析者的目的。如果感兴趣的是设计和分析离散信道编码、解码器的性能,从工程角度出发,最常用的是DMC信道模型或其简化形式的BSC信道模型;若分析系统性能的在理论上的极限情况,则多选用离散输入、连续输出信道模型。另外,如果想分析数字调制器和解调器的性能,则可采用波形信道模型。

3.2 离散单符号信道及其容量

类似于对信源的研究,我们仍从最基本、最简单的单个消息的输入输出信道入手,研究其信道容量问题,再逐步推广至消息序列信道和连续信道,下面先介绍信道容量的定义。

3.2.1 信道容量定义

输入单个消息的信道,如图3-7所示。它的输入随机变量为 X,取值于 $a_1,a_2,\cdots,a_n$,输出随机变量为 Y,取值于 $b_1,b_2,\cdots,b_m$,转移概率矩阵表示为

$$\boldsymbol{P}=[p_{ji}]=[p(y_j \mid x_i)] \tag{3.2.1}$$

即

$$\boldsymbol{P}=\begin{bmatrix} p(b_1 \mid a_1) & p(b_2 \mid a_1) & \cdots & p(b_m \mid a_1) \\ p(b_1 \mid a_2) & p(b_2 \mid a_2) & \cdots & p(b_m \mid a_2) \\ \vdots & \vdots & \ddots & \vdots \\ p(b_1 \mid a_n) & p(b_2 \mid a_n) & \cdots & p(b_m \mid a_n) \end{bmatrix}=\begin{bmatrix} p_{11} & p_{21} & \cdots & p_{m1} \\ p_{12} & p_{22} & \cdots & p_{m2} \\ \vdots & \vdots & \ddots & \vdots \\ p_{1n} & p_{2n} & \cdots & p_{mn} \end{bmatrix}$$

其中,当信道有干扰时,$\sum_{j=1}^{m} p(y_j \mid x_i)=1, i=1,2,\cdots,n$;当信道是无干扰离散信道时,矩阵中的元素一个为1,其余均为0。下面介绍几种常见的单符号离散信道。

【例3-2】 对于某二元删除信道(Binary Erasure Channel, BEC),其输入符号集 $A=\{0,1\}$,输出符号集 $B=\{0,?,1\}$,其传递概率如图3-8所示,试描述该信道。

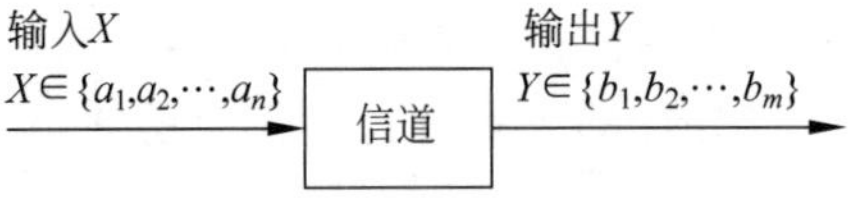

图3-7 单符号离散信道的数学模型

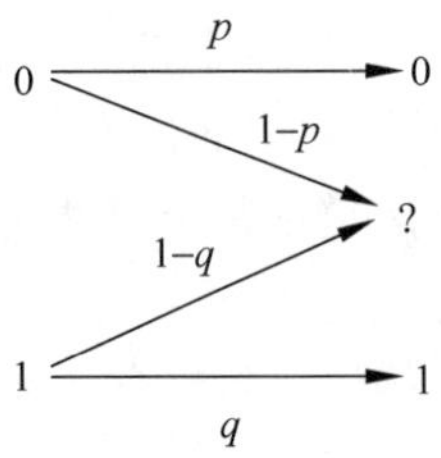

图3-8 二元删除信道

解：转移概率矩阵为

$$\boldsymbol{P}=\begin{bmatrix} p & 1-p & 0 \\ 0 & 1-q & q \end{bmatrix}$$

且有 $\sum_{j} p(b_j \mid a_i)=1, i=1,2$。

这种信道实际是存在的。假如有一个实际信道，它的输入是代表0和1的两个正负方波信号，如图3-9(a)所示。那么，信道输出送入译码器的将是受干扰后的方波信号 $R(t)$，如图3-9(b)所示。可以用积分 $I=\int R(t)\mathrm{d}t$ 来判别发送的信号是0，还是1。如果 I 是正的且大于某一电平，那么判别发送的是0；若 I 是负的且小于某一电平，则判别发送的是1；而若 I 的绝对值很小，不能做出确切的判断，就认为接收到的是特殊符号"?"。假如信道干扰不是很严重，那么1→0和0→1可能性比1→?和0→?的可能性小得多，所以假设 $p(1|0)=p(0|1)=0$ 是较合理的。

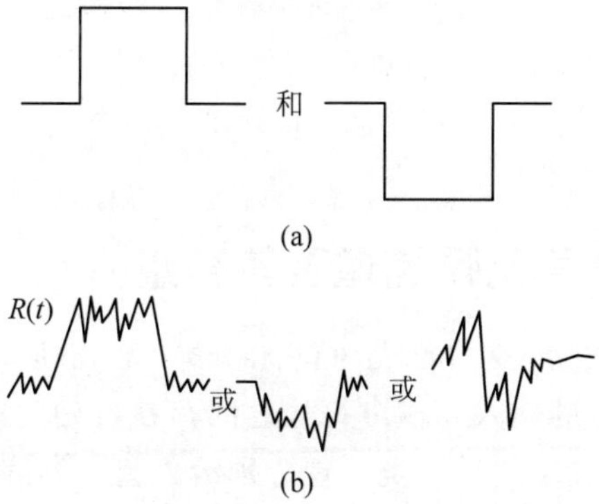

图3-9　实际波形示意图

研究各类信道的目的是讨论信道中平均每符号所传送的信息量，即信道的信息传输率 R。在第2章中，我们学习了平均互信息 $I(X;Y)$，它表示接收到符号 Y 后，平均每个符号可获得的关于 X 的信息量，这也等同于在发送 X 接收 Y 的信息传输过程中，平均每个符号携带了 $I(X;Y)$ 大小的信息，当接收端平均收到一个符号后，获取了 $I(X;Y)$ 的有关 X 的信息。因此信道中信息传输率可用平均互信息表示，其数学表达式为

$$R=I(X;Y)=H(X)-H(X \mid Y) \tag{3.2.2}$$

其中，$X\in\{a_1,\cdots,a_n\}$，$Y\in\{b_1,\cdots,b_m\}$，单位为比特/符号。

有时我们所关心的是信道在单位时间内平均传输的信息量，可定义为

$$R_t=\frac{1}{T}I(X;Y) \tag{3.2.3}$$

其单位为比特/秒。由平均互信息的定义知 $I(X;Y)=\sum_{i=1}^{n}\sum_{j=1}^{m}p(x_i)p(y_j \mid x_i)\log\frac{p(y_j \mid x_i)}{p(y_j)}$，且输出符号的分布概率可表示为 $p(y_j)=p(Y=y_j)=\sum_{i=1}^{n}p(x_i)p(y_j \mid x_i)$。由于在转移概率给定的情形下，$I(X;Y)$ 是输入符号的概率分布 $p(x_i)$ 的上凸函数。因此，对于一个信道，总存在一种特定的输入符号分布，使传输时平均每个符号所载荷的信息量最大。

定义 3.1：对于某一信道，可传输信息速率的最大值称为信道容量(Channel Capacity)，以符号 C 表示，单位为比特/符号或比特/秒。

$$C=\max_{p(x_i)} I(X;Y)=\max_{p(x_i)}\sum_{i=1}^{n}\sum_{j=1}^{m} p(x_i)p(y_j\mid x_i)\log\frac{p(y_j\mid x_i)}{p(y_j)} \tag{3.2.4}$$

如果已知符号传送的周期是 T 秒，也可以用比特/秒为单位来计算信道容量。此时信道容量的计算式为

$$C=\frac{C}{T}=\frac{1}{T}\max_{p(x_i)} I(X;Y) \tag{3.2.5}$$

因为 $I(X;Y)=H(X)-H(X|Y)=H(Y)-H(Y|X)$，在 $p(y_j|x_i)$ 给定的条件下，有

$$C=\max_{p(x_i)} I(X;Y)=\max_{p(x_i)}[H(X)-H(X\mid Y)]=\max_{p(x_i)}[H(Y)-H(Y\mid X)] \tag{3.2.6}$$

由此可知，信道容量与信道输入符号的概率分布无关，它只是信道传输概率的函数，与信道的统计特性有关。所以，信道容量是完全描述信道特性的参数，是信道能够传输的最大信息量。信道容量的物理含义是：消息在信道传输的过程中，在传输消息不产生失真的条件下，信道所允许的最大传输速率；或者是在传输消息不产生失真的条件下，单位时间内信道所允许传输的最大信息量。

3.2.2 离散单符号无噪信道及其容量

在了解信道容量的定义后，我们首先讨论无干扰(无噪)信道的容量问题。无干扰(无噪)信道，其离散无噪声信道的输入和输出符号之间存在着确定的关系，一般可进一步分为无损信道、确定信道和无损确定信道 3 类。现分别给出这 3 类信道容量的计算。

1. 无损信道

无损信道的一个输入对应多个互不相交的输出，如图 3-10 所示。其信道矩阵中每一列只有一个非零元素，即信道输出端接收到 Y 以后必可知发送端的 X 状态。图 3-10 所示的信道中，当 $r=3$ 时，其信道矩阵为

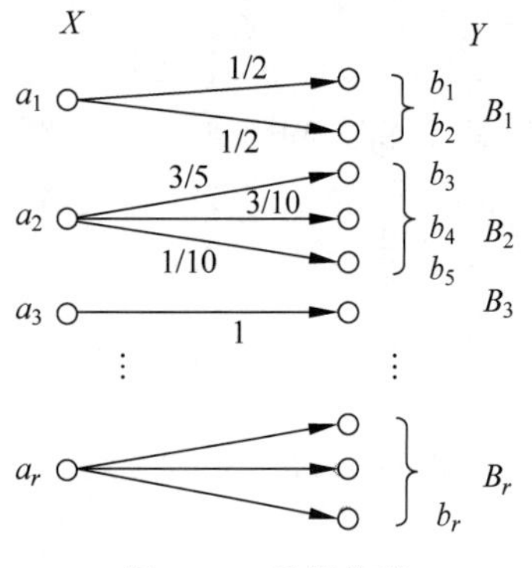

图 3-10 无损信道

$$\boldsymbol{P}=\begin{bmatrix}1/2 & 1/2 & 0 & 0 & 0 & 0\\ 0 & 0 & 3/5 & 3/10 & 1/10 & 0\\ 0 & 0 & 0 & 0 & 0 & 1\end{bmatrix}$$

信道的后向概率为 $p(a_i|b_j)=\begin{cases}0 & b_j\notin B_i\\ 1 & b_j\in B_i\end{cases}$，故知损失熵 $H(X|Y)=0$。在这类信道中，因为信源发生符号 a_i，并不依一定概率取 B_i 中的某一个 b_j，因此噪声熵 $H(Y|X)>0$。于是，可以求出无损信道的平均互信息为 $I(X;Y)=H(X)<H(Y)$，即其信道容量为

$$C=\max_{p(x)}\{I(X;Y)\}=\max_{p(x)}\{H(X)\}=\log r\text{(比特/符号)}$$

2. 确定信道

确定信道如图 3-11 所示。它的一个输出对应多个互不相交的输入。这时，信道矩阵中的每一行只有一个 1，其余元素均等于 0，即发出某一个 a_i，可以知道信道输出端接收到的

是哪一个 b_j。在图 3-11 中，当 $r=2$ 时，其信道矩阵为

$$\boldsymbol{P}=\begin{bmatrix}1&0&0\\1&0&0\\0&1&0\\0&1&0\\0&1&0\end{bmatrix}$$

该信道的传递概率为 $p(b_j|a_i)=\begin{cases}0 & a_j\notin A_i\\1 & a_j\in A_i\end{cases}$，故知噪声熵 $H(Y|X)=0$。在这类信道中，信源输出端接收到某 b_j 以后，并不能判断是哪一个输入符号 a_i，因此损失熵 $H(X|Y)>0$。于是，可以求出确定信道的平均互信息为 $I(X;Y)=H(Y)<H(X)$，即其信道容量为

$$C=\max_{p(x)}\{I(X;Y)\}=\max_{p(x)}\{H(Y)\}=\log s\text{（比特/符号）}$$

3. 无损确定信道

该类信道的输入和输出是一一对应的关系，即 $y=f(x)$，其信道传递概率为 $p(b_j|a_i)=\begin{cases}0 & i\neq j\\1 & i=j\end{cases}$，如图 3-12 所示。

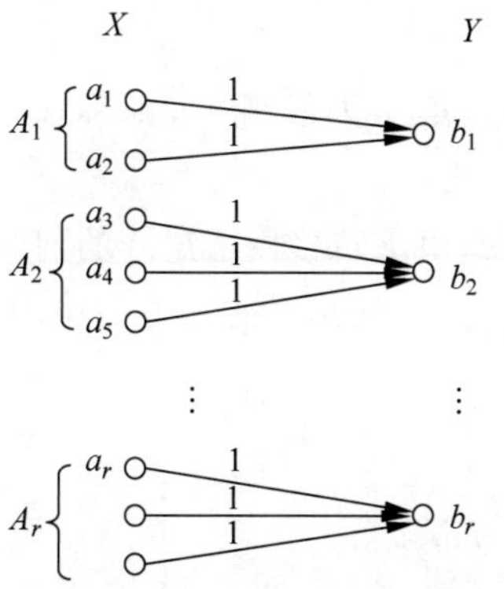

图 3-11 确定信道

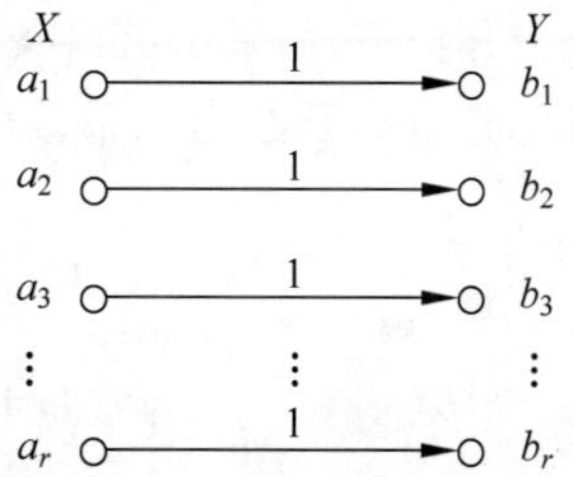

图 3-12 无损确定信道

其信道矩阵为单位阵，当 $r=3$ 时，其信道矩阵为

$$\boldsymbol{P}=\begin{bmatrix}1&0&0\\0&1&0\\0&0&1\end{bmatrix}$$

该信道的传递概率和后向概率一致，即 $p(a_i|b_j)=p(b_j|a_i)=\begin{cases}0 & i\neq j\\1 & i=j\end{cases}$，故信道的噪声熵 $H(Y|X)$ 和损失熵 $H(X|Y)$ 均等于零。于是确定信道的平均互信息为 $I(X;Y)=H(X)=H(Y)$，它表示信道输出端收到符号 Y 后，平均获得的信息量就是信源发出每个符号所含有的平均信息量，信道中没有损失信息。其信道容量为

$$C=\max_{p(x)}\{I(X;Y)\}=\max_{p(x)}\{H(X)\}=\log r\text{（比特/符号）}$$

综合以上 3 种情况可见，凡损失熵等于零的信道为无损信道；凡噪声熵为零的信道为

无噪信道，一一对应的无噪信道则称为无噪无损信道。这 3 类信道容量的求解问题，将从求 $I(X;Y)$ 的极值问题退化为计算 $H(X)$ 或 $H(Y)$ 的极值问题。

3.2.3 离散单符号有噪信道及其容量

在无干扰(噪声)信道容量分析的基础上，下面将进一步讨论有噪声信道的容量问题，并给出几种特殊信道和一般离散单符号有噪信道容量的计算方法。

1. 对称 DMC 信道

离散信道中有一类特殊的信道，其特点是信道矩阵具有对称性。我们首先给出信道矩阵对称的定义。

定义 3.2：如果转移概率矩阵 $\boldsymbol{P}$ 的每一行都是第 1 行的置换，则称该矩阵具有输入对称。

对于输入对称矩阵，其条件熵与信道输入符号的概率分布无关。

$$\begin{aligned}H(Y\mid X)&=-\sum_i p(x_i)\sum_j p(y_j\mid x_i)\log p(y_j\mid x_i)\\&=-\sum_j p(y_j\mid x_i)\log p(y_j\mid x_i)\\&=H(Y\mid x_i)\quad i=0,1,\cdots,n-1\end{aligned}\tag{3.2.7}$$

式(3.2.7)表明：对于输入对称信道矩阵，其条件熵 $H(Y|X)$ 与输入符号的概率分布无关。

定义 3.3：如果转移概率矩阵 $\boldsymbol{P}$ 的每一列都是第 1 列的置换，则称该矩阵具有输出对称。

对于输出对称信道，如果信道输入符号是等概的，由于转移概率矩阵的列对称，则信道输出符号也等概率分布；反之，若信道输出符号等概率分布，输出对称信道的输入符号也必定等概率分布，即由于 $p(y_j)=\sum_i p(x_i)p(y_j\mid x_i)$，当 $p(x_i)=\dfrac{1}{n}$ 时，$p(y_j)=\dfrac{1}{n}\sum_i p(y_j\mid x_i)$ 为常量；反之，当 $p(y_j)=\dfrac{1}{m}$ 为常量时，$p(x_i)$ 也为常量。

定义 3.4：若一个 DMC 信道矩阵同时具有输入对称和输出对称，则称该信道为对称 DMC 信道。

对于对称 DMC 信道，在输入对称和输出对称的条件下，可直接计算出其容量：

$$\begin{aligned}C&=\max_{p(x_i)}[H(Y)-H(Y\mid X)]=\max_{p(x_i)}[H(Y)]-H(Y\mid x_i)\\&=\log m-H(Y\mid x_i)=\log m+\sum_{j=1}^{m}p(y_j\mid x_i)\log p(y_j\mid x_i)\end{aligned}\tag{3.2.8}$$

对称 DMC 信道，当输入符号等概时，互信息可达到最大值，该最大值即为信道容量。此时，信道容量与信道输出符号数目和信道转移概率相关。

【例 3-3】 BSC 信道是一种二进制对称信道，它是对称 DMC 信道的特例，计算其容量。

解：BSC 信道的示意图如图 3-13 所示。

其信道矩阵为

$$\boldsymbol{P}=\begin{bmatrix}1-p & p\\ p & 1-p\end{bmatrix}$$

由对称性质知，信道容量为输入均匀且输出均匀时的互信息量，得

$$\begin{aligned} C &= H(Y) - H(Y \mid X) = 1 - H(Y \mid x_i) \\ &= 1 + (1-p)\log(1-p) + p\log p \\ &= (1-p+p)\log 2 + (1-p)\log(1-p) + p\log p \\ &= (1-p)\log 2(1-p) + p\log 2p \end{aligned}$$

于是，当 $p=0$ 或 $p=1$ 时，容量 $C=1$ 比特/符号；当 $p=1/2$ 时，信道容量 $C=0$；当 $1/2<p<1$ 时，可在 BSC 的输出端颠倒 0 和 1，导致信道容量以 $p=1/2$ 点为中心对称，如图 3-14 所示。

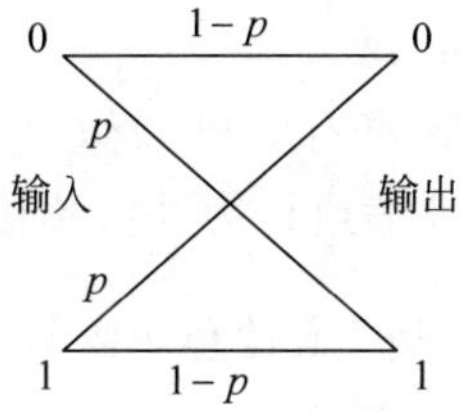

图 3-13 二元对称信道

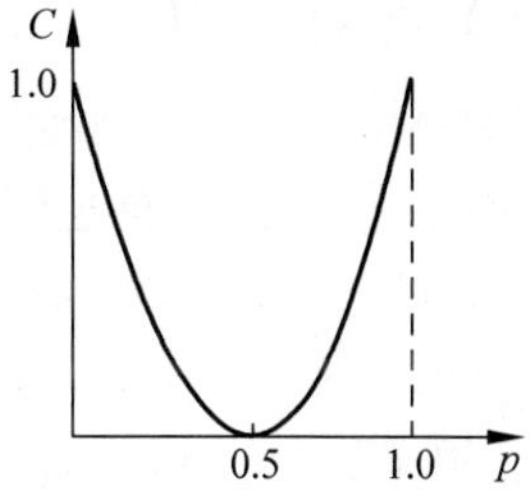

图 3-14 二元对称信道的容量与出错概率 p 的关系

条件熵 $H(X|Y)$ 可以解释为由于噪声而造成的平均信息量的损失，称为噪声熵。当 $p=0$ 或 $p=1$ 时，噪声熵为零，容量等于 X 的信息量，$C=1$ 比特/符号；当 $p=1/2$ 时，信道输出与信道输入无关，因而噪声熵达到最大，为 1 比特/符号，所以信道容量 $C=0$；一般 $I(X,Y)=H(X)-H(X|Y)\geqslant 0$。

【例 3-4】 某对称离散信道矩阵为 $\boldsymbol{P}=\begin{bmatrix} 1/3 & 1/3 & 1/6 & 1/6 \\ 1/6 & 1/6 & 1/3 & 1/3 \end{bmatrix}$，计算其容量。

解：根据对称 DMC 信道容量计算式得

$$\begin{aligned} C &= \log m - H\left(\frac{1}{3},\frac{1}{3},\frac{1}{6},\frac{1}{6}\right) \\ &= 2 + \left(\frac{1}{3}\log\frac{1}{3} + \frac{1}{3}\log\frac{1}{3} + \frac{1}{6}\log\frac{1}{6} + \frac{1}{6}\log\frac{1}{6}\right) \\ &= 0.0817(\text{比特/符号}) \end{aligned}$$

在这个信道中，每个符号平均能够传输的最大信息为 0.0817 比特/符号，而且只有当输入符号为等概率分布时才能达到这个最大值。

2. 强对称信道

对称信道的一种特例是强对称信道。对于强对称信道，该信道的输入和输出符号数不仅相同，且正确的传输概率为 $1-\varepsilon$，错误概率 ε 被对均匀地分布在其他 $n-1$ 个输出符号上，它的信道矩阵表示为

$$\boldsymbol{P}=\begin{bmatrix} 1-\varepsilon & \cdots & \dfrac{\varepsilon}{n-1} \\ \vdots & \ddots & \vdots \\ \dfrac{\varepsilon}{n-1} & \cdots & 1-\varepsilon \end{bmatrix}$$

由平均互信息的定义可得

$$I(X;Y)=H(Y)-H(Y\mid X)=H(Y)+\sum_{i=1}^{n}p(x_i)\sum_{j}p_{ji}\log p_{ji}$$

$$=H(Y)+\left[\sum_{i=1}^{n}p(x_i)\right](1-\varepsilon)\log(1-\varepsilon)+(n-1)\left(\frac{\varepsilon}{n-1}\right)\log\frac{\varepsilon}{n-1}$$

$$=H(m)-H\left[1-\varepsilon,\frac{\varepsilon}{n-1},\cdots,\frac{\varepsilon}{n-1}\right]$$

由离散信源最大熵定理可知,当信道输入等概分布时,信道具有最大的传输速率:

$C=\max\limits_{p(x_i)}I(X;Y)=\log n-H\left[1-\varepsilon,\frac{\varepsilon}{n-1},\cdots,\frac{\varepsilon}{n-1}\right]$。

3. 准对称 DMC

定义 3.5:若一个 DMC 信道矩阵仅具有输入对称,而不具有输出对称,且信道矩阵可分为若干个互不相交的子集,且每个子集均为对称矩阵,则该信道称为准对称信道。

例如,$\boldsymbol{P}=\begin{bmatrix}0.3 & 0.2 & 0.2 & 0.3\\0.2 & 0.3 & 0.2 & 0.3\end{bmatrix}$为一准对称信道。由于信道转移矩阵具有输入对称,条件熵则与信道输入符号的概率分布无关;但由于信道转移矩阵不具有输出对称,所以信道的输入和输出分布概率不同时相等,此时 $H(Y)$的最大值小于 Y 等概率时的熵,因而对于准对称 DMC 信道,它的容量有

$$C=\max_{p(x_i)}[H(Y)-H(Y\mid X)]$$

$$=\max_{p(x_i)}[H(Y)]+\sum_{i=1}^{n}p(x_i)\sum_{j=1}^{m}p(y_j\mid x_i)\log p(y_j\mid x_i)$$

$$\leqslant \log m+\sum_{j=1}^{m}p(y_j\mid x_i)\log p(y_j\mid x_i)$$

定理 3.1:当信道输入符号等概分布时,准对称 DMC 信道达到其信道容量 C。

证明略。

【例 3-5】 对于某一离散信道,其信道转移矩阵为 $\boldsymbol{P}=\begin{bmatrix}0.5 & 0.3 & 0.2\\0.3 & 0.5 & 0.2\end{bmatrix}$ 求其信道容量 C。

解:对于准对称 DMC 信道,当输入均匀分布时,互信息量达到最大。

$$C=\max_{p(x_i)}[H(X)-H(X\mid Y)]=\max_{p(x_i)}[H(Y)-H(Y\mid X)]$$

$$H(X\mid Y)=\sum_{ij}p(x_iy_j)\log p(x_i\mid y_j)$$

由于 $\boldsymbol{P}=[p(y_j\mid x_i)]=\begin{bmatrix}0.5 & 0.3 & 0.2\\0.3 & 0.5 & 0.2\end{bmatrix}$是一输入对称信道,当它输入符号等概分布时,即 $p(x_0)=p(x_1)=1/2$ 时,互信息可达到最大值即信道容量 C。于是,输入输出的联合概率为

$$[p(x_iy_j)]=\begin{bmatrix}0.5\times\frac{1}{2} & 0.3\times\frac{1}{2} & 0.2\times\frac{1}{2}\\[2ex]0.3\times\frac{1}{2} & 0.5\times\frac{1}{2} & 0.2\times\frac{1}{2}\end{bmatrix}$$

信道输出符号概率为

$$p(y_1)=\frac{1}{2}\times(0.5+0.3)=0.4$$

$$p(y_2)=\frac{1}{2}\times(0.3+0.5)=0.4$$

$$p(y_3)=\frac{1}{2}\times(0.2+0.2)=0.2$$

得到

$$\begin{aligned}C&=H(Y)-H(Y\mid x_i)\\&=-0.4\log0.4-0.4\log0.4-0.2\log0.2+0.5\log0.5+0.3\log0.3+0.2\log0.2\\&=0.5\log0.5+0.3\log0.3-0.8\log0.4\\&=0.036(\text{比特/符号})\end{aligned}$$

【例 3-6】 求某离散信道矩阵 $\boldsymbol{P}=\begin{bmatrix}1-p-q & q & p\\ p & q & 1-p-q\end{bmatrix}$的信道容量$C$。

解：因为该信道为准对称信道，所以当输入等概时，$I(X;Y)$有最大值。

$$p(Y=0)=\sum_{i=1}^{2}p(x_i)p(y_0\mid x_i)=\frac{1}{2}(1-p-q+p)=\frac{1}{2}(1-q)$$

$$p(Y=1)=\sum_{i=1}^{2}p(x_i)p(y_1\mid x_i)=\frac{1}{2}(q+q)=q$$

$$p(Y=2)=\sum_{i=1}^{2}p(x_i)p(y_2\mid x_i)=\frac{1}{2}(p+1-p-q)=\frac{1}{2}(1-q)$$

$$\begin{aligned}C&=H(Y)-H(Y\mid X)\\&=-(1-q)\log(1-q)/2-q\log q+(1-p-q)\log(1-p-q)+q\log q+p\log p\\&=(1-p-q)\log(1-p-q)+p\log p-(1-q)\log(1-q)/2\end{aligned}$$

当 $p=0$ 时，$C=1-q$（比特/符号），此时信道退化为如图 3-15 所示的删除信道。

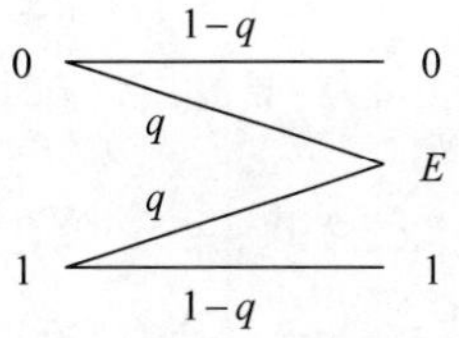

图 3-15　二进制删除信道

对于准对称 DMC 信道，也可通过将信道转移概率矩阵划分成若干个互不相交的对称的子信道来计算其信道容量。

定理 3.2：对于准对称 DMC 信道，可将信道转移概率矩阵划分成若干个互不相交的对称的子信道。当输入分布为等概分布时，达到信道容量：

$$C=\log n-H(p'_1,p'_2,\cdots,p'_m)-\sum_{k=1}^{r}N_k\log M_k \tag{3.2.9}$$

其中，n 为信道输入符号集个数，$p'_1,p'_2,\cdots,p'_m$是信道转移矩阵中一行的元素，N_k 是第 k 个子矩阵中行元素之和，M_k 是第 k 个子矩阵中列元素之和，r 是互不相交的对称子信道的个数。

证明：将准对称 DMC 信道按输出划分为若干互不相交的对称子信道集，设为子信道$[Q_1\ Q_2\cdots\ Q_r]$，它们对应输出 Y 分为子集 $Y_1,Y_2,\cdots,Y_r$，且有 $Y_1\cup Y_2\cdots\cup Y_r=Y$。这样，每个 Y_i 对应的 Q_i 子信道都是对称的。

设 $X_i\in(x_1,x_2,\cdots,x_n)$，有

$$I(x_i;Y)=\sum_{y\in Y}[p(y\mid x_i)\log p(y\mid x_i)/p(y)]$$
$$=\sum_{y\in Y}p(y\mid x_i)\log p(y\mid x_i)-\sum_{y\in Y}p(y\mid x_i)\log p(y)$$

因为每个 Q_i 都是对称子信道,所以信道转移矩阵 $\boldsymbol{P}$ 中的行元素由$\{p_1',p_2',\cdots,p_n'\}$组成,故 $\sum_{y\in Y}p(y\mid x_i)\log p(y\mid x_i)$ 与 x_i 无关,即$\sum_{y\in Y}p(y\mid x_i)\log p(y\mid x_i)=-H(p_1',p_2',\cdots,p_n')$,$i=1,2,\cdots,n$。而$\sum_{y\in Y}p(y\mid x_i)\log p(y)=\sum_{y\in Y}p(y\mid x_i)\log\left(\sum_k p(x_k)p(y\mid x_k)\right)$,设 X 的符号集的符号数为 n,且令 $p(x_i)=1/n$,则

$$\sum_{y\in Y}p(y\mid x_i)\log p(y)=\sum_{y\in Y}p(y\mid x_i)\log\left(1/n\sum_k p(y\mid x_k)\right)$$
$$=\sum_{y\in Y_1}p(y\mid x_i)\log\left(1/n\sum_k p(y\mid x_k)\right)+\cdots+$$
$$\sum_{y\in Y_r}p(y\mid x_i)\log\left(1/n\sum_k p(y\mid x_k)\right)$$

因为 $Q_1,Q_2,\cdots,Q_r$ 对称,所以

$$\sum_k p(y\mid x_k)=M_1\quad y\in Y_1$$
$$\vdots$$
$$\sum_k p(y\mid x_k)=M_n\quad y\in Y_n$$

其中,M_i 是 y 固定时,Q_i 中列元素之和。又因为 $Q_1,Q_2,\cdots,Q_r$ 输入对称,同理得到

$$\sum_{y\in Y_1}p(y\mid x_k)=N_1\quad y\in Y_1$$
$$\vdots$$
$$\sum_{y\in Y_r}p(y\mid x_k)=N_n\quad y\in Y_r(\text{与 } x_i \text{ 无关})$$

其中,N_i 是 x_i 固定时,每个 Q_i 子矩阵中行元素之和,且 $N_1+N_2+\cdots N_r=\sum_{i=1}^{m}p'_i=1$。所以 $\sum_{y\in Y}p(y\mid x_i)\log p(y)$ 在输入等概率时也与 x_i 无关,即

$$\sum_{y\in Y}p(y\mid x_i)\log p(y)=N_1\log M_1/n+N_2\log M_2/n+\cdots N_n\log M_n/n$$
$$=\sum_{k=1}^{r}N_k\log M_k/n$$

所以可得

$$I(X;Y)=-H(p'_1,p'_2,\cdots,p'_m)-\sum_{k=1}^{r}N_k\log M_k/n$$
$$=\log n-H(p'_1,p'_2,\cdots,p'_m)-\sum_{k=1}^{r}N_k\log M_k$$

其中,n 为信道输入符号集个数,$p_1',p_2',\cdots,p_m'$是信道转移矩阵中一行的元素,N_k 是第 k 个子矩阵中行元素之和,M_k 是第 k 个子矩阵中列元素之和,r 是互不相交的子对称信道的个数。

【例 3-7】 对准对称矩阵 $P=\begin{bmatrix}0.5 & 0.3 & 0.2\\ 0.3 & 0.5 & 0.2\end{bmatrix}$进行分解，得到两个子对称矩阵 $\begin{bmatrix}0.5 & 0.3\\ 0.3 & 0.5\end{bmatrix}$和$\begin{bmatrix}0.2\\ 0.2\end{bmatrix}$。利用上述方法计算出该准对称信道的容量。

解：由分解过程可知，子信道个数为 2，

$$N_1=0.5+0.3=0.8$$
$$M_1=0.5+0.3=0.8$$
$$N_2=0.2$$
$$M_2=0.2+0.2=0.4$$

计算容量：

$$\begin{aligned}C&=\log2-H(0.5,0.3,0.2)-0.8\log0.8-0.2\log0.4\\&=0.036(\text{比特/符号})\end{aligned}$$

【例 3-8】 对信道 $P=\begin{bmatrix}1-p-q & q & p\\ p & q & 1-p-q\end{bmatrix}$进行分解，得到两个子对称矩阵 $\begin{bmatrix}1-p-q & p\\ p & 1-p-q\end{bmatrix}$和$\begin{bmatrix}q\\ q\end{bmatrix}$。计算其容量。

解：由信道分解得到

$$N_1=1-p-q+p=1-q$$
$$M_1=1-p-q+p=1-q$$
$$N_2=q$$
$$M_2=q+q=2q$$

计算容量：

$$\begin{aligned}C&=\log2-H(1-p-q,q,p)-(1-q)\log(1-q)-q\log2q\\&=\log2+(1-p-q)\log(1-p-q)+p\log p+q\log q-(1-q)\log(1-q)-q\log2q\\&=(1-p-q)\log(1-p-q)+p\log p-(1-q)\log(1-q)/2\end{aligned}$$

【例 3-9】 计算准对称信道 $P=\begin{bmatrix}1/3 & 1/3 & 1/6 & 1/6\\ 1/6 & 1/3 & 1/6 & 1/3\end{bmatrix}$的容量。

解：可将该准对称信道分解成$\begin{bmatrix}1/3 & 1/6\\ 1/6 & 1/3\end{bmatrix}$、$\begin{bmatrix}1/3\\ 1/3\end{bmatrix}$和$\begin{bmatrix}1/6\\ 1/6\end{bmatrix}$。根据计算公式，可计算出

$$\begin{aligned}C=&\log2-H\left(\frac{1}{3},\frac{1}{3},\frac{1}{6},\frac{1}{6}\right)-\left(\frac{1}{3}+\frac{1}{6}\right)\log\left(\frac{1}{3}+\frac{1}{6}\right)-\frac{1}{3}\log\left(\frac{1}{3}+\frac{1}{3}\right)-\\&\frac{1}{6}\log\left(\frac{1}{6}+\frac{1}{6}\right)=0.041(\text{比特/符号})\end{aligned}$$

4. 可逆矩阵信道的信道容量

定义 3.6：若离散单符号信道的信道矩阵 $\boldsymbol{P}$ 存在可逆矩阵 $\boldsymbol{R}=\boldsymbol{P}^{-1}$，则该信道称为可逆矩阵信道。

定理 3.3：对于信道输入、输出具有相同数量元素的可逆矩阵信道，若信道矩阵的可逆矩阵为 $\boldsymbol{R}[R_{ik}]=\begin{bmatrix}R_{11} & \cdots & R_{1n}\\ \vdots & \ddots & \vdots\\ R_{n1} & \cdots & R_{nn}\end{bmatrix}=\boldsymbol{P}^{-1}$，则信道的容量为

$$C=\log\left[\sum_k \exp\left(\sum_i\sum_j R_{ik}p_{ji}\log p_{ji}\right)\right] \tag{3.2.10}$$

其中，$\sum_i p_{ji}R_{ik}=\delta_{kj}=\begin{cases}1 & k=j\\ 0 & k\neq j\end{cases}$，$\sum_i R_{ik}=\sum_i R_{ik}\sum_j p_{ji}=\sum_j\sum_i R_{ik}p_{ji}=\sum_j \delta_{kj}=1$。

证明：引用拉格朗日乘子法，求解互信息的极值，其中 $p(x_i)$简记为 p_i，得到表达式为

$$\frac{\partial}{\partial p_i}\left[I(p_i)-\lambda\sum_i p_i\right]=0 \quad i=1,2,\cdots,n$$

由 $q_j=\sum_i p_i p_{ji}$ 且$\frac{\partial q_j}{\partial p_i}=p_{ji}$ 得

$$\sum_j p_{ji}\log p_{ji}-\sum_j(\log e+\log q_j)p_{ji}-\lambda=0$$

进一步整理得到

$$\sum_j p_{ji}\log\frac{p_{ji}}{q_j}=\log e+\lambda=C$$

用 $\sum_i R_{ik}=1$ 乘上式两边，得到

$$\sum_i\sum_j R_{ik}p_{ji}\log p_{ji}-\sum_j\left[\sum_i R_{ik}\right]p_{ji}\log q_j=(\log e+\lambda)\sum_i R_{ik}=C$$

故有

$$\sum_i\sum_j R_{ik}p_{ji}\log p_{ji}-\log q_k=C$$

设对数的底是 e，得

$$q_k=\exp\left\{-C+\sum_i\sum_j R_{ik}p_{ji}\log p_{ji}\right\}$$

因此，

$$\sum_k q_k=\sum_k\exp\left\{-C+\sum_i\sum_j R_{ik}p_{ji}\log p_{ji}\right\}=1$$

最后得到

$$C=\log\sum_k\exp\left\{\sum_i\sum_j R_{ik}p_{ji}\log p_{ji}\right\}$$

可见，这一结果仅是理论上的意义，即当信道转移矩阵的逆矩阵存在时，其信道容量可求。

另一方面，当信道转移矩阵是非奇异的，由上面结果可得

$$\sum_j p_{ji}\log p_{ji}-\sum_j p_{ji}\log q_j=C \quad i=1,2,\cdots,n$$

移项后，得到

$$\sum_j p_{ji}\log p_{ji}=\sum_j p_{ji}[C+\log q_j] \quad i=1,2,\cdots,n$$

令 $\beta_j=C+\log q_j$，得到

$$\sum_j p_{ji}\log p_{ji}=\sum_j p_{ji}\beta_j \quad i=1,2,\cdots,n$$

这是含有 m 个未知数β_j 的 n 个方程的非齐次线性方程组。如果 $m=n$，信道转移矩阵

$\boldsymbol{P}$ 是非奇异矩阵,则此方程组有解。可根据 $\sum_{j=1}^{m} q_j = 1$ 的条件,求得信道容量为

$$C = \log \sum_j 2^{\beta_j} \text{(比特/符号)}$$

由 C 值可计算对应的输出概率分布 $q_j = 2^{\beta_j - C}$, $j=1,2,\cdots,m$。再由式 $q_j = \sum_i p_i p_{ji}$,可计算出达到信道容量的最佳输入概率分布。

5. 一般 DMC 信道容量计算

对于一般离散单符号信道而言,信道容量的计算非常复杂,几乎不易得到手工计算的结果,但可以借助于计算机计算。现介绍一般离散单符号信道容量的计算算法。

一般离散单符号信道的输入为 $X \in \{a_1, a_2, \cdots, a_n\}$,输出为 $Y \in \{b_1, b_2, \cdots, b_m\}$。信道的容量等于 $C = \max\limits_{p(x_i)} I(X;Y)$。其中,信道矩阵 $\boldsymbol{P}$ 由 $\{p(b_i \mid a_i)\}$ 给定。一般而言,为使 $I(X;Y)$ 最大化以便求取 DMC 信道的容量,输入概率集 $\{p(a_i)\}$ 必须满足的充分和必要条件是

(1) 对于所有满足 $p(a_i) > 0$ 条件的 i 有

$$I(a_i; Y) = C$$

(2) 对于所有满足 $p(a_i) = 0$ 条件的 i 有

$$I(a_i; Y) \leqslant C \tag{3.2.11}$$

此算法称为 Blahut-Arimoto 算法。它是 1972 年由 R-Blahut 和 A-Arimoto 分别独立提出的一种算法。该算法可以这样直观地理解:在某种给定的输入符号 x_i 分布下,对输出 Y 所提供的平均互信息为 $I(a_i; Y) = \sum_{j=1}^{m} p(b_j \mid a_i) \log \frac{p(b_j \mid a_i)}{p(b_j)}$。若其中某一输入符号比其他输入符号可获得的平均互信息量都大时,可进一步增加这一符号的输入概率,使得加权平均后的互信息增大;但是,这种符号的输入概率的改变使得这一符号的输出平均互信息会减小。经过不断调整输入符号的概率分布,最终可使每个概率不为零的输入符号对输出 Y 提供的平均互信息量相同。

Blahut-Arimoto 算法只给出了达到信道容量时最佳输入概率分布应满足的条件,并没有给出输入符号的最佳概率分布,因而也没有给出信道容量的数值大小。另外,算法本身也隐含着达到信道容量的最佳分布并不一定是唯一的。在一些特殊情况下,我们可以利用这一算法来找出所求信道的信道容量。

【例 3-10】 信道如图 3-16 所示,输入符号集为 $\{0,1,2\}$,输出符号集为 $\{0,1\}$,信道矩阵为 $\boldsymbol{P} = \begin{bmatrix} 1 & 0 \\ 1/2 & 1/2 \\ 0 & 1 \end{bmatrix}$,求其容量。

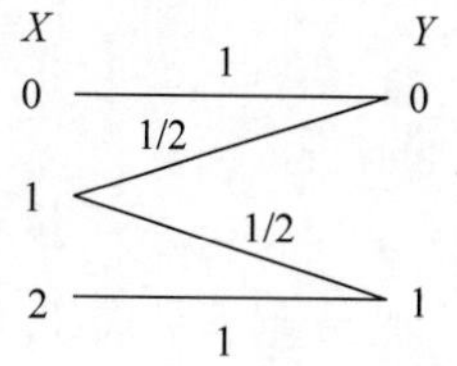

图 3-16 例 3-10 的离散信道

解:观察该信道,若输入符号 1 的概率分布等于零,则该信道成为一一对应信道,接收 Y 后对输入 X 完全确定。若输入符号 1 的概率分布不等于零,就会增加不确定性。所以,先假设输入概率分布为 $p(0) = p(2) = 1/2$, $p(1) = 0$,检查是否满足式(3.2.11),若满足,则该分布就是我们要求的最佳分布;若不满足,则可再找最佳分布。

根据式(3.2.11)可计算得

$$I(0;Y)=\sum_{y=0}^{1}p(y\mid 0)\log\frac{p(y\mid 0)}{p(y)}=\log 2$$

同理，

$$I(2;Y)=\sum_{y=0}^{1}p(y\mid 2)\log\frac{p(y\mid 2)}{p(y)}=\log 2$$

而

$$I(1;Y)=\sum_{y=0}^{1}p(y\mid 1)\log\frac{p(y\mid 1)}{p(y)}=0$$

可见，此分布满足式(3.2.11)。因此，求得该信道的容量为

$$C=\log 2=1(\text{比特/符号})$$

且达到信道容量的输入概率分布为 $p(0)=p(2)=1/2, p(1)=0$。

【例 3-11】 设信道如图 3-17 所示，输入符号集为$\{a_1,a_2,a_3,a_4,a_5\}$，输出符号集为$\{b_1,b_2\}$，信道矩阵为 $\boldsymbol{P}=\begin{bmatrix}1 & 0\\ 1 & 0\\ 1/2 & 1/2\\ 0 & 1\\ 0 & 1\end{bmatrix}$，求其容量。

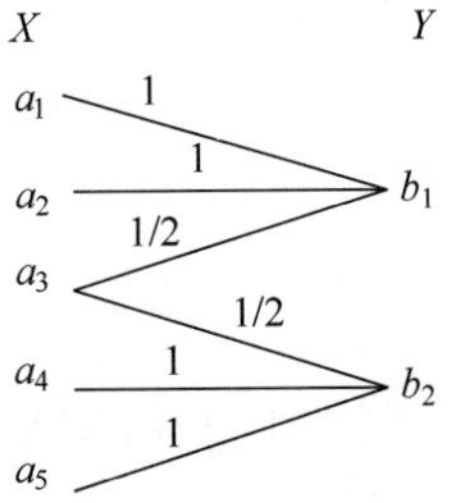

图 3-17 例 3-11 的离散信道

解：

观察该信道，由于输入符号 a_3 到 b_1 和 b_2 的概率相等，所以可以设 a_3 的分布概率为零；同时 a_1、a_2 与 a_4、a_5 都分别传输到 b_1 和 b_2，因此可只取 a_1 和 a_5。先假设输入概率分布为 $p(a_1)=p(a_5)=1/2, p(a_2)=p(a_4)=p(a_3)=0$，可计算得

$$I(a_1;Y)=I(a_2;Y)=\log 2$$
$$I(a_4;Y)=I(a_5;Y)=\log 2$$
$$I(a_3;Y)=0$$

可见，此分布满足式(3.2.11)。因此，求得该信道的容量为

$$C=\log 2=1(\text{比特/符号})$$

达到信道容量的输入概率分布为

$$p(a_1)=p(a_5)=1/2,\quad p(a_2)=p(a_4)=p(a_3)=0$$

若假设输入分布为 $p(a_1)=p(a_5)=p(a_2)=p(a_4)=1/4, p(a_3)=0$，同理可计算得

$$I(a_1;Y)=I(a_2;Y)=\log 2$$
$$I(a_4;Y)=I(a_5;Y)=\log 2$$
$$I(a_3;Y)=0$$

此分布满足式(3.2.11)，$p(a_1)=p(a_5)=p(a_2)=p(a_4)=1/4, p(a_3)=0$ 也是该信道的最佳分布。

由此可见，这类信道的最佳输入分布不是唯一的。因为互信息 $I(a_i;Y)$ 仅与信道转移概率和输出概率分布有关，因而达到信道容量的输入概率分布不是唯一的，但输出概率分布应是唯一的。

为了获得一般离散单符号信道的容量，可通过迭代计算方法实现信道容量计算，现给出

迭代计算的迭代公式。

根据平均互信息的定义式：

$$I(X;Y)=H(X)-H(X\mid Y)=-\sum_i p_i\log p_i+\sum_{ij}p_i p_{ji}\log\theta_{ij}$$
$$=-\sum_i p_i\log p_i+\sum_{ij}q_j\theta_{ij}\log\theta_{ij}$$

其中，p_i 是信道输入符号的概率分布，$\theta_{ij}=\dfrac{p_i p_{ji}}{\sum_i p_i p_{ji}}$ 为反条件概率(后向概率)，$q_j=\sum_i p_i p_{ij}$ 为输出符号分布概率。平均互信息可描述为两个变量(p_i,θ_{ij})的函数，即 $I\sim I(p_i,\theta_{ij})$。首先，$I(p_i,\theta_{ij})$在 p_i 不变且满足 $\sum_i\theta_{ij}=1$ 的条件下，求解平均互信息 I 关于 θ_{ij} 的条件极值问题。数学上，可通过拉格朗日乘子法求解，得到

$$\frac{\partial}{\partial\theta_{ij}}\left[I(p_i,\theta_{ij})-\lambda_j\sum_i\theta_{ij}\right]=0\quad i=1,2,\cdots,n;\quad j=1,2,\cdots,m$$

解得 $\theta_{ij}^*=\dfrac{p_i p_{ji}}{\sum_i p_i p_{ji}}$，此式为迭代公式 1。

其次，$I(p,\theta_{ij})$在 θ_{ij} 给定且满足 $\sum_i p_i=1$ 的条件下求解关于 p_i 的极值问题，再次通过拉格朗日乘子法求解：

$$\frac{\partial}{\partial p_i}\left[I(p_i,\theta_{ij})-\lambda\sum_i p_i\right]=0\quad i=1,2,\cdots,n;\quad j=1,2,\cdots,m$$

通过计算，可求得解为 $p_i^*=\dfrac{\exp\left[\sum_j p_{ji}\log\theta_{ij}\right]}{\sum_i\exp\left[\sum_j p_{ji}\log\theta_{ij}\right]}$，此式为迭代公式 2。

将迭代公式 1 和公式 2 修改为更加便于计算的迭代关系如下：

$$\begin{cases}\theta_{ij}^n=\dfrac{p_i^n p_{ji}}{\sum_i p_i^n p_{ji}}\\[2ex] p_i^{n+1}=\dfrac{\exp\left[\sum_j p_{ji}\log\theta_{ij}^n\right]}{\sum_i\exp\left[\sum_j p_{ji}\log\theta_{ij}^n\right]}\end{cases}\tag{3.2.12}$$

因此，一般离散单符号信道容量的迭代实现过程如式(3.2.12)所示：假设信道的输入分布为某一特定分布，如等概分布，由迭代公式(3.2.12)计算出反条件概率最佳值，再由信道的输入分布和反条件概率的两个变量(p_i,θ_{ij})根据平均互信息定义式获得互信息量 $C(1,1)$；在此基础上，将计算出的最佳反条件概率作为已知条件，由迭代公式(3.2.12)计算出最佳信道的输入分布概率，并由平均互信息定义式计算互信息量 $C(2,1)$；该过程不断重复，直到第 r 次，计算出的容量差值 $\delta=C(r+1,r)-C(r,r)<\varepsilon$，其中 ε 为预置的精度要求，则停止迭代，表明达到平均互信息的最大值，即信道容量；反之，将继续迭代和计算下去，直到最大值获得为止。迭代步骤示意图如图 3-18 所示。

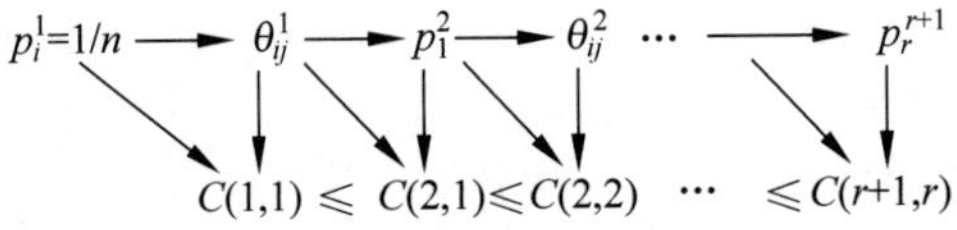

图 3-18 一般离散单符号信道容量迭代步骤示意图

可以进一步证明$\lim\limits_{r\to\infty}C(r,r)=\lim\limits_{r\to\infty}C(r+1,r)=C$,即该计算值将收敛于信道容量;收敛速度取决于$C-C(r+1,r)\leqslant\frac{1}{r}[\log n-H(p)]$,可见,迭代速度正比于信源冗余$D=\log n-H(p)$,反比于迭代次数$r$。

3.3 离散序列信道及其容量

前面讨论了信道的输入输出为单个符号的随机变量时的信道容量。然而,在实际应用中,信道的输入和输出却在空间或时间上是离散的随机序列,其中包含无记忆的随机序列和有记忆的随机序列。序列信道的基本模型可用图 3-19 描述。

图 3-19 离散序列信道模型示意图

对于无记忆离散序列信道,其信道转移概率为

$$\begin{aligned}p(\boldsymbol{Y}\mid\boldsymbol{X})&=p(Y_1Y_2\cdots Y_L\mid X_1X_2\cdots X_L)\\&=\prod_{l=1}^{L}p(Y_l\mid X_l)\end{aligned}\tag{3.3.1}$$

若信道是平稳的,则序列信道的转移概率可进一步表示为

$$p(\boldsymbol{Y}\mid\boldsymbol{X})=p^L(Y_l\mid X_l)\tag{3.3.2}$$

其中,$p(Y_l|X_l)$是信道符号转移概率。根据联合平均互信息的定义,可以得到

$$\begin{aligned}I(\boldsymbol{X};\boldsymbol{Y})&=H(\boldsymbol{X})-H(\boldsymbol{X}\mid\boldsymbol{Y})\\&=H(\boldsymbol{Y})-H(\boldsymbol{Y}\mid\boldsymbol{X})\\&=\sum p(\boldsymbol{X},\boldsymbol{Y})\log\frac{p(\boldsymbol{Y}\mid\boldsymbol{X})}{p(\boldsymbol{Y})}\end{aligned}$$

因此,当输入离散序列达到最佳分布时,离散序列信道的容量为

$$C_L=\max_{p(\boldsymbol{X})}I(\boldsymbol{X};\boldsymbol{Y})\tag{3.3.3}$$

离散无记忆序列信道有几种常见形式,分别是并联信道、和信道和扩展信道,现逐一阐述如下。

3.3.1 并联信道

并联信道是指两个或两个以上的信道相并联的情况。在此只讨论各信道相互独立的情形。图 3-20 是两个相互独立的信道相并联构成一个整体信道的结构示意图。

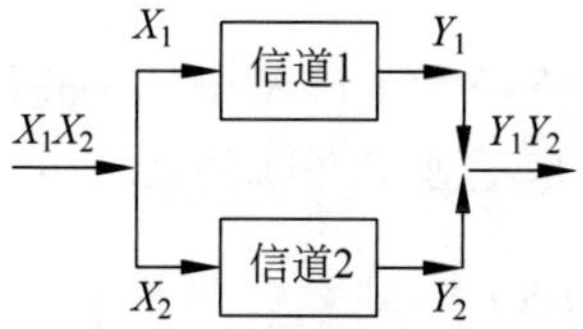

图 3-20 两个相互独立的信道相并联的结构示意图

当各信道相互独立时，联合条件概率可表示为每个符号转移概率的乘积，即

$$p(y_1y_2 \mid x_1x_2)=p(y_1 \mid x_1)p(y_2 \mid x_2)$$

于是，平均联合互信息量表示为

$$\begin{aligned}I(X_1X_2;Y_1Y_2)&=\sum_{x_1x_2y_1y_2}p(x_1x_2y_1y_2)\log\frac{p(y_1y_2 \mid x_1x_2)}{p(y_1y_2)}\\&=\sum_{x_1x_2y_1y_2}p(x_1x_2)p(y_1 \mid x_1)p(y_2 \mid x_2)\log\frac{p(y_1 \mid x_1)p(y_2 \mid x_2)}{p(y_1y_2)}\end{aligned}$$

这里的信源是有记忆信源，第 1 个符号 x_1 和第 2 个符号 x_2 之间不独立，所以 $p(x_1x_2)=p(x_1)p(x_2|x_1)$。下面来比较 $I(X_1X_2;Y_1Y_2)$ 与 $I(X_1;Y_1)+I(X_2;Y_2)$ 的大小。

按照平均互信息的定义式，信道 1 上传输的平均互信息为

$$\begin{aligned}I(X_1;Y_1)&=\sum_{x_1y_1}p(x_1)p(y_1 \mid x_1)\log\frac{p(y_1 \mid x_1)}{p(y_1)}\\&=\sum_{x_1y_1}\underbrace{\sum_{x_2}p(x_1x_2)}_{=p(x_1)}p(y_1 \mid x_1)\underbrace{\sum_{y_2}p(y_2 \mid x_2)}_{=1}\log\frac{p(y_1 \mid x_1)}{p(y_1)}\\&=\sum_{x_1x_2y_1y_2}p(x_1x_2)p(y_1 \mid x_1)p(y_2 \mid x_2)\log\frac{p(y_1 \mid x_1)}{p(y_1)}\end{aligned}$$

同理，信道 2 之上传输的平均互信息量为

$$I(X_2;Y_2)=\sum_{x_1x_2y_1y_2}p(x_1x_2)p(y_1 \mid x_1)p(y_2 \mid x_2)\log\frac{p(y_2 \mid x_2)}{p(y_2)}$$

因此，

$$\begin{aligned}&I(X_1X_2;Y_1Y_2)-[I(X_1;Y_1)+I(X_2;Y_2)]\\&=\sum_{x_1x_2y_1y_2}p(x_1x_2)p(y_1 \mid x_1)p(y_2 \mid x_2)\log\frac{p(y_1)p(y_2)}{p(y_1y_2)}\\&=\sum_{y_1y_2}p(y_1y_2)\log\frac{p(y_1)p(y_2)}{p(y_1y_2)}\end{aligned}$$

由于输入消息 x_1 和第 2 个符号 x_2 不是相互独立的，故输出消息 y_1 和 y_2 也不会相互独立。根据 Jensen 不等式得

$$\begin{aligned}&I(X_1X_2;Y_1Y_2)-[I(X_1;Y_1)+I(X_2;Y_2)]\\&\leqslant\log\sum_{y_1y_2}p(y_1y_2)\left[\frac{p(y_1)p(y_2)}{p(y_1y_2)}\right]=\log 1=0\end{aligned}$$

即

$$I(X_1X_2;Y_1Y_2)\leqslant[I(X_1;Y_1)+I(X_2;Y_2)] \tag{3.3.4}$$

类似结论可以推广至 N 个子信道独立并联的情形，可以得到

$$I(\boldsymbol{X};\boldsymbol{Y})\leqslant\sum_{l=1}^{L}I(X_l;Y_l) \tag{3.3.5}$$

根据信道容量的定义，两个独立信道并联后构成的并联信道的总容量 C_{12} 满足：

$$C_{12}=\max I(X_1X_2;Y_1Y_2)\leqslant\max[I(X_1;Y_1)+I(X_2;Y_2)]=C_1+C_2 \tag{3.3.6}$$

以此类推，当 N 个相互独立的信道并联时，其总信道容量满足：

$$C\leqslant\sum_{l=1}^{N}C_l \tag{3.3.7}$$

其中，C_l 为第 l 个子信道的信道容量。当并联的各个信道都相同时，有 $C\leqslant NC_l$。

3.3.2 和信道

若在任一单位时间内随机地选用图 3-21 中的信道 1 或信道 2 中的任一个而不能同时选用两个，则称这种信道为和信道或并信道。若选用信道 1 的概率为 k_1，选用信道 2 的概率为 k_2，且 $k_1+k_2=1$，则此时和信道的输入 X 相当于 X_1+X_2，输出 Y 为 Y_1+Y_2，其转移概率分布为 $[p(y|x),p(y'|x')]$，信道模型如图 3-21 所示。

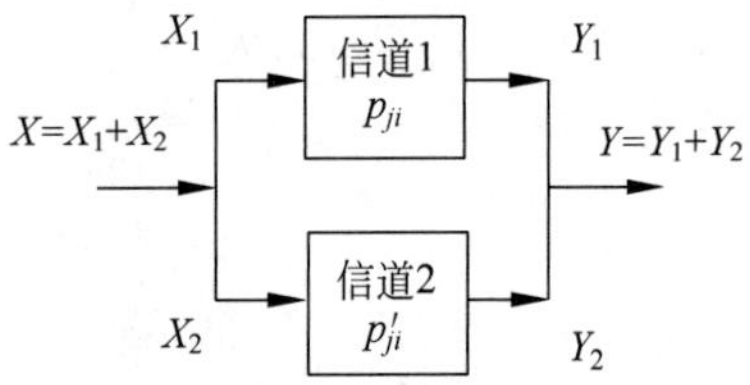

图 3-21 和信道的信道模型

和信道的互信息量为

$$\begin{aligned}I(X;Y)&=\sum_i\sum_j k_1p(x_i)p(y_j\mid x_i)\log\frac{p(y_j\mid x_i)}{k_1p(y_j)}+\\&\quad\sum_{i'}\sum_{j'}k_2p(x'_i)p(y'_j\mid x'_i)\log\frac{p(y'_j\mid x'_i)}{k_2p(y'_j)}\\&=k_1I(X_1;Y_1)+k_2I(X_2;Y_2)-(k_1\log k_1+k_2\log k_2)\end{aligned}$$

其中，k_1 和 k_2 分别为每个子信道的使用概率。由信道容量定义可知，信道容量将是互信息的最大值，即

$$C=\max_{k_1}[k_1C_1+k_2C_2+H(K)]$$

其中，C_1、C_2 分别是信道 1、信道 2 的容量，$H(K)=-(k_1\log k_1+k_2\log k_2)$。

对 k_1 求导数，令导数为零，得

$$\frac{\mathrm{d}}{\mathrm{d}k_1}[k_1C_1+k_2C_2+H(K)]=C_1-C_2-\log k_1+\log k_2=0$$

所以 $C_1-\log k_1=C_2-\log k_2=\mu$，即有

$$\begin{cases}k_1=2^{C_1-\mu}\\k_2=2^{C_2-\mu}\end{cases}$$

由于 $k_1+k_2=1$，所以可解得

$$\begin{cases} k_1 = \dfrac{2^{C_1}}{\sum\limits_{i=1}^{2} 2^{C_i}} \\ k_2 = \dfrac{2^{C_2}}{\sum\limits_{i=1}^{2} 2^{C_i}} \end{cases}$$

代入和信道容量公式,得到 $C=\log(2^{C_1}+2^{C_2})$。此结论可推广到 N 个独立信道构成的和信道,其信道容量 C 为

$$C=\log\left(\sum_{l=1}^{L} 2^{C_l}\right) \tag{3.3.8}$$

3.3.3 扩展信道

对于一般的离散单符号信道的 N 次扩展信道,可构成 N 次离散无记忆序列信道。由定义可知,此时平均序列互信息将小于每个信道平均互信息之和,即

$$I(\boldsymbol{X};\boldsymbol{Y}) \leqslant \sum_{l=1}^{N} I(X_l;Y_l) \tag{3.3.9}$$

同样,可计算出其信道容量为

$$C^N=\max_{p(\boldsymbol{x})}\{I(\boldsymbol{X};\boldsymbol{Y})\}=\max_{p(\boldsymbol{x})}\sum_{l=1}^{N} I(\boldsymbol{X}_l;\boldsymbol{Y}_l)=\sum_{l=1}^{N} C_l \tag{3.3.10}$$

式中,$C_l=\max\limits_{p(x)}\{I(X_l;Y_l)\}$,是某时刻通过离散无记忆信道传输的最大信息量。根据前面讨论的方法可求出离散无记忆信道的信道容量 C。因为现在输入随机序列 $\boldsymbol{X}=(X_1X_2\cdots X_N)$ 在同一信道中传输,所以 $C_l=C$。即任何时刻通过离散无记忆信道传输的最大的信息量都相同,于是得

$$C^N=NC \tag{3.3.11}$$

此式说明离散无记忆的 N 次扩展信道的信道容量等于原单符号离散信道的信道容量的 N 倍,且只有当输入信源是无记忆的及每一输入变量 X_l 的分布各自达到最佳分布 $p(x)$ 时,才能达到信道容量 NC。

一般情况下,消息序列在离散无记忆的 N 次扩展信道中传输的信息量为

$$I(\boldsymbol{X};\boldsymbol{Y}) \leqslant NC \tag{3.3.12}$$

【例 3-12】 求二元对称信道的二次扩展信道矩阵和容量。

解:二元对称信道的二次扩展信道的输入、输出序列的每一个随机变量均取值于{0,1},输入共有 $n^N=2^2=4$ 个取值,输出共有 $m^N=2^2=4$ 个取值。根据无记忆序列信道的转移概率计算方法得

$$\begin{aligned} p(y_1\mid x_1)&=p(00\mid 00)=p(0\mid 0)p(0\mid 0)=p^2 \\ p(y_2\mid x_1)&=p(01\mid 00)=p(0\mid 0)p(1\mid 0)=pq \\ p(y_3\mid x_1)&=p(10\mid 00)=p(1\mid 0)p(0\mid 0)=pq \\ p(y_4\mid x_1)&=p(11\mid 00)=p(1\mid 0)p(1\mid 0)=q^2 \end{aligned}$$

其中,$p+q=1$。同理,可求出其他的转移概率,得

$$\boldsymbol{P}=\begin{bmatrix}p^2 & pq & qp & q^2\\ pq & p^2 & q^2 & qp\\ qp & q^2 & p^2 & pq\\ q^2 & qp & pq & p^2\end{bmatrix}$$

由此可见,这是一对称 DMC 信道,当输入序列等概率分布时,可计算出容量为

$$C_2=\log 4-H(p^2,pq,qp,q^2)$$

例如,当 $p=0.1$ 时,则 $C_2=(2-0.938)=1.062$(比特/序列),而 $p=0.1$ 时的 BSC 单符号信道的容量是 $C_1=1-H(1)=0.531$(比特/符号)。二次扩展信道的容量刚好是 BSC 单符号信道的容量的 2 倍。

3.4 连续信道及其容量

对于连续信道,其输入和输出均为连续的,但从时间关系上来看,可以分为时间离散和时间连续两大类。当信道的输入和输出只能在特定的时刻变化,即时间为离散值时,称此信道为时间离散信道。当信道的输入和输出的取值是随时间变化的,即时间为连续值时,称此信道为连续信道或波形信道。下面分别介绍这两类信道及其容量。

3.4.1 时间离散信道及其容量

连续信道的输入和输出为随机过程 $X(t)$和 $Y(t)$,设 $N(t)$为随机噪声,那么简单的加性噪声信道模型可以表示为

$$Y(t)=X(t)+N(t) \tag{3.4.1}$$

根据随机信号的采样定理,可将随机信号离散化。因此,时间离散信道的输入和输出序列可以分别表示为

$$\begin{aligned}\boldsymbol{X}&=[X_1,X_2,\cdots,X_n]\\ \boldsymbol{Y}&=[Y_1,Y_2,\cdots,Y_n]\end{aligned} \tag{3.4.2}$$

如果信道转移概率满足

$$p(\boldsymbol{y}\mid\boldsymbol{x})=p(y_1\mid x_1)p(y_2\mid x_2)\cdots p(y_n\mid x_n) \tag{3.4.3}$$

则称这种信道为无记忆连续信道。此时,可类同于离散信道情形,存在

$$I(\boldsymbol{X};\boldsymbol{Y})\leqslant\sum_{i=1}^{n}I(X_i;Y_i)\leqslant nC \tag{3.4.4}$$

式中,信道容量 C 定义为 $C=\max\limits_{p(\boldsymbol{x})}I(\boldsymbol{X};\boldsymbol{Y})$,$p(\boldsymbol{x})$为信道输入随机变量的概率密度分布。

为了简单且不失一般性,我们研究一维随机变量模型。图 3-22 为一维加性高斯信道模型示意图。

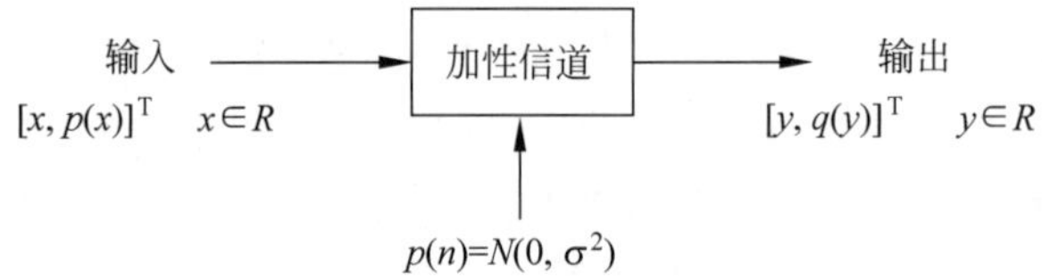

图 3-22 一维加性高斯信道模型

由于输入和干扰是相互独立的，其信道模型可以表示为

$$Y=X+N \tag{3.4.5}$$

其中，X 为输入随机变量，Y 为输出随机变量，N 为随机噪声，且 X 和 N 统计独立。现讨论这种最简单的时间离散加性噪声信道的容量，即讨论平均互信息量 $I(X;Y)$ 的最大值。设随机变量 X 和 N 的概率密度分别为 $p_X(x)$ 和 $p_N(z)$，根据概率论可求得随机变量 Y 在 X 给定条件下的概率密度为

$$p(y\mid x)=p_N(y-x)=p_N(z) \tag{3.4.6}$$

则有

$$\begin{aligned}H_c(Y\mid X)&=-\int_{-\infty}^{+\infty}\int_{-\infty}^{+\infty}p(xy)\log p(y\mid x)\mathrm{d}x\mathrm{d}y\\&=-\int_{-\infty}^{+\infty}\int_{-\infty}^{+\infty}p_X(x)p(y\mid x)\log p(y\mid x)\mathrm{d}x\mathrm{d}y\\&=-\int_{-\infty}^{+\infty}p_N(x)\int_{-\infty}^{+\infty}p_N(z)\log p_N(z)\mathrm{d}z\mathrm{d}x\\&=\int_{-\infty}^{+\infty}p_X(x)H_c(N)\mathrm{d}x=H_c(N)\end{aligned}$$

其中，$H_c(N)$ 为信道噪声的熵，因此平均互信息量为

$$I(X;Y)=H_c(Y)-H_c(Y\mid X)=H_c(Y)-H_c(N) \tag{3.4.7}$$

此式表明：加性噪声信道的平均互信息量由输出熵和噪声熵所决定。若信道输入随机变量 X 和噪声 N 分别是均值为0、方差为 σ_X^2 和 σ_N^2 的高斯分布，则随机变量 Y 也是均值为0、方差为 $\sigma_X^2+\sigma_N^2$ 的高斯分布。所以

$$\begin{aligned}I(X;Y)&=H_c(Y)-H_c(N)=\frac{1}{2}\log[2\pi\mathrm{e}(\sigma_X^2+\sigma_N^2)]-\frac{1}{2}\log(2\pi\mathrm{e}\sigma_N^2)\\&=\frac{1}{2}\log\left(1+\frac{\sigma_X^2}{\sigma_N^2}\right)\end{aligned} \tag{3.4.8}$$

当 σ_X^2/σ_N^2 任意大时，$I(X;Y)$ 同样也可以任意大，通常定义 $\mathrm{SNR}=\sigma_X^2/\sigma_N^2$ 为信噪比。由于实际信号和噪声的能量是有限的，因此所研究的时间离散连续信道的容量是在功率受限条件下进行的。

输入信号平均功率不大于 $S=\sigma_X^2$ 的时间离散信道容量定义为

$$C=\sup_{n,p_n}\frac{1}{n}I(X;Y) \tag{3.4.9}$$

式中，上限是对所有的 n 和所有的概率密度分布 p_n 求得的。在无记忆平稳条件下，时间离散信道容量为

$$C=\max_{p_n}I(X;Y) \tag{3.4.10}$$

平均功率受限的时间离散平稳加性高斯信道的互信息量为 $I(X;Y)=H_c(Y)-H_c(N)$。当信道输出 Y 在方差一定的情况下满足高斯分布时，其熵值 $H_c(Y)$ 最大。由概率论可知，只有当 X 满足均值为0、方差为 σ_X^2 的高斯分布时，才能使得 $Y=X+N$ 满足高斯分布，且 Y 的均值为0、方差为 $\sigma_X^2+\sigma_N^2$。

由于高斯噪声的熵为 $H_c(N)=\frac{1}{2}\log(2\pi\mathrm{e}\sigma_N^2)$ 且 $H_c(Y)=\frac{1}{2}\log[2\pi\mathrm{e}(\sigma_X^2+\sigma_N^2)]$，故信

道容量为

$$C=H_c(Y)-H_c(N)=\frac{1}{2}\log\left(1+\frac{\sigma_X^2}{\sigma_N^2}\right) \tag{3.4.11}$$

在更一般情形下，对于加性单个消息连续信道，当信道输出平均功率一定且受非正态平均功率大小为 σ^2 的干扰时，其容量存在上、下界，即

$$\frac{1}{2}\log\left(1+\frac{S}{\sigma^2}\right)\leqslant C\leqslant\frac{1}{2}\log 2\pi eP-H_c(n) \tag{3.4.12}$$

其中，S,P 分别为信道输入、输出平均功率，$H_c(n)$为噪声的熵，高斯信道容量是该容量的下界，有关上界的推导如下。

因为当信道输出的平均功率一定时，$E[Y^2]=P$，则

$$\begin{aligned}C&=\max_{p(x)}I(X;Y)=\max_{p(x)}[H_c(Y)-H_c(Y\mid X)]\\&=\max_{p(x)}[H_c(Y)-H_c(n)]=\max_{q(y)}H_c(Y)-H_c(n)\\&\leqslant\frac{1}{2}\log 2\pi eP-H_c(n)\end{aligned}$$

由此，当某种噪声给定时，$H_c(n)$已知且大于0，由限平均功率最大熵定理，不等式成立。其物理含义是对于某个特定的非正态迭加性干扰 $p(n)$，一定存在输入信号 X 的某一个最佳的非正态分布 $p(x)$，当且仅当在信道输出端 $y=x+n$ 为一正态分布 $q_N(y)$时，才能达到其容量上限值，否则其容量必小于其上限值。

上下界结果表明，当噪声功率 σ^2 给定后，高斯型干扰是最坏的干扰，此时其信道容量 C 最小。因此，在实际应用中，往往把干扰视为高斯分布，这样分析最坏的情况下的结论应是安全的。

另一方面，若信道的输入字符集有限，而输出为连续集，如信道为二进制调制和加性高斯白噪声(AWGN)信道组合，则信道容量可表示为

$$C=\max_{p(x)}\sum_{i=1}^{n}\int_{-\infty}^{+\infty}p(y\mid x_i)p(x_i)\log\frac{p(y\mid x_i)}{p(y)}\mathrm{d}y \tag{3.4.13}$$

其中，$X=\{x_1,x_2,\cdots,x_n\}$，$Y=\{-\infty,+\infty\}$，$p(y|x)=p(n)$。

【例 3-13】 对于二进制加性高斯白噪声信道 $p(y|x)=\frac{1}{\sqrt{2\pi}\sigma}e^{-\frac{(y-x)^2}{\sigma^2}}$，$X=\{x_1,x_2\}=\{A,-A\}$，当 $p(x)=(0.5,0.5)$等概率输入时，$I(X;Y)$最大，求其信道容量。

解：

$$\begin{aligned}C&=\frac{1}{2}\int_{-\infty}^{+\infty}p(y\mid A)\log\frac{p(y\mid A)}{p(y)}\mathrm{d}y+\frac{1}{2}\int_{-\infty}^{+\infty}p(y\mid -A)\log\frac{p(y\mid -A)}{p(y)}\mathrm{d}y\\&=\frac{1}{2}\frac{1}{\sqrt{2\pi}\sigma}e^{-\frac{(y-A)^2}{\sigma^2}}+\frac{1}{2}\frac{1}{\sqrt{2\pi}\sigma}e^{-\frac{(y+A)^2}{\sigma^2}}=\frac{1}{2\sqrt{2\pi}\sigma}\left[e^{-\frac{(y-A)^2}{\sigma^2}}+e^{-\frac{(y+A)^2}{\sigma^2}}\right]\end{aligned}$$

其中，$p(y|x)=p(y-x)=p(z)=\frac{1}{\sqrt{2\pi}\sigma}\exp\left(-\frac{z^2}{2\sigma^2}\right)$。

3.4.2 时间连续信道及其容量

时间连续的信道也称作波形信道。在数学上,时间连续信道可用随机过程描述,则加性噪声信道的一般模型可表示为

$$Y(t)=X(t)+N(t) \tag{3.4.14}$$

式中,$X(t)$、$Y(t)$和$N(t)$均为随机过程。由于信道的带宽总是有限的,根据随机信号采样定理,可以把一个时间连续的信道变换为时间离散的随机序列进行处理。设输入、噪声和输出随机序列分别为$X_i,N_i,Y_i,i=1,2,\cdots,n$,则有

$$Y_i=X_i+N_i \tag{3.4.15}$$

当信道干扰是加性白高斯噪声时,记为AWGN(Additive White Gaussian Channel,加性白高斯信道)。一个受加性高斯白噪声干扰的带限波形信道的容量,已由香农在1948年正式定义为

$$C=\lim_{T\to\infty}\max_{p_x}\frac{1}{T}I(X;Y) \tag{3.4.16}$$

在该定义指导下,下面讨论平均功率受限时间连续的加性高斯信道容量。

限频(W)、限时(T)的随机过程$U(t,w)$用取样函数可展开成有限个($2WT$)样值序列。根据定理:对于序列互信息,同时满足信源无记忆(组成序列信源的各变量x_i独立)和信道无记忆,即$p(\boldsymbol{y}\mid\boldsymbol{x})=\prod_{k=1}^{K}p(y_i\mid x_i)$时,互信息表示为

$$I(\boldsymbol{X};\boldsymbol{Y})=\sum_{i=1}^{n}I(X_i;Y_i) \tag{3.4.17}$$

按照信道容量的定义,得

$$C=\max_{p(x)}I(\boldsymbol{X};\boldsymbol{Y})=\sum_{i=1}^{n}\max_{p(x)}I(X_i;Y_i)=\sum_{i=1}^{K}C_i \tag{3.4.18}$$

由于信源随机过程满足广义平稳性,则将输入$X(t)$,输出$Y(t)$和噪声波形$N(t)$展开成一个正交函数的完备集,可得到与展开式对应的一组系数$\{X_i\}$、$\{Y_i\}$和$\{N_i\}$。利用展开式中的系数来描述信道特征,可获得

$$Y_i=X_i+N_i \tag{3.4.19}$$

其中,$X(t)=\sum_i X_i\varphi_i(t),0\leqslant t\leqslant T,X_i=\int_0^T X(t)\varphi_i(t)\mathrm{d}t$;$N(t)=\sum_i N_i\varphi_i(t),0\leqslant t\leqslant T,N_i=\int_0^T N(t)\varphi_i(t)\mathrm{d}t$;$Y_i=\int_0^T Y(t)\varphi_i(t)\mathrm{d}t=X_i+N_i$。于是,时间连续加性高斯白噪声信道可等效为一组独立并联信道,其结构示意图如图3-23所示。

若进一步假设,信道输入功率不超过S,即$E\left[\int_0^T X^2(t)\mathrm{d}t\right]\leqslant ST$,因为$\{\varphi_i(t)\}$是标准正交系,所以$\sum_i E[X_i^2]=\sum_i S_i\leqslant ST$,其中$S_i=E[X_i^2]$,则

$$\begin{aligned}I(X^n;Y^n)&=\sum_{i=1}^{n}\int_{-\infty}^{+\infty}\int_{-\infty}^{+\infty}p(y_i\mid x_i)p(x_i)\log\frac{p(y_i\mid x_i)}{p(y_i)}\mathrm{d}y_i\mathrm{d}x_i\\&=\sum_{i=1}^{n}[H_c(Y_i)-H_c(Y\mid X)]\end{aligned} \tag{3.4.20}$$

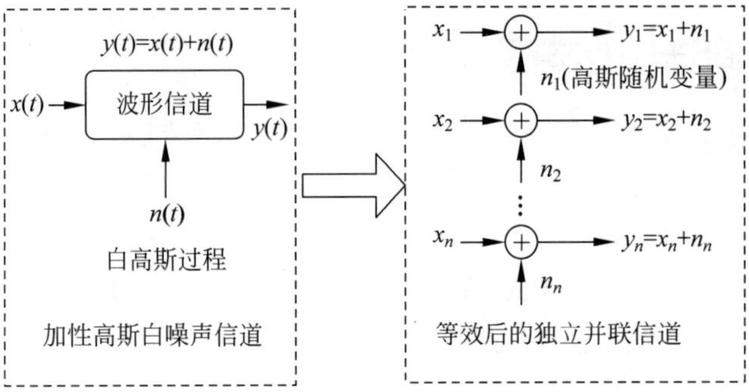

图 3-23 加性高斯白噪声信道可等效为独立并联信道

其中，$p(y_i|x_i)=\dfrac{1}{\sqrt{\pi N_0}}\mathrm{e}^{-(y_i-x_i)^2/N_0}$。

当$\{X_i\}$是统计独立、零均值的高斯随机变量时，即 $p(x_i)=\dfrac{1}{\sqrt{2\pi}\sigma_x}\mathrm{e}^{-x_i^2/2\sigma_x^2}$，则

$$C=\max_{p(x)} I(X^n;Y^n)=\sum_{i=1}^{n}\frac{1}{2}\log\left(1+\frac{2\sigma_x^2}{N_0}\right)=\frac{1}{2}n\log\left(1+\frac{2\sigma_x^2}{N_0}\right)$$

$$=WT\log\left(1+\frac{2\sigma_x^2}{N_0}\right) \tag{3.4.21}$$

因为，输入功率 $P_{\mathrm{av}}=\dfrac{1}{T}\displaystyle\int_0^T E[x^2(t)]\mathrm{d}t=\dfrac{1}{T}\sum_{i=1}^{n}E(x_i^2)=\dfrac{n\sigma_x^2}{T}$，$\sigma_x^2=\dfrac{TP_{\mathrm{av}}}{n}=\dfrac{TP_{\mathrm{av}}}{2WT}=\dfrac{P_{\mathrm{av}}}{2W}$，则单位时间的信道容量为

$$C_{\mathrm{t}}=\frac{1}{T}C=W\log\left(1+\frac{P_{\mathrm{av}}}{WN_0}\right)=W\log(1+\mathrm{SNR})\text{（比特/秒）} \tag{3.4.22}$$

式(3.4.22)称为香农公式。香农公式对实际通信系统有非常重要的意义，因为它给出了理想通信系统的极限信息传输率。

从前述内容可知，只有输入信号为功率受限的高斯白噪声时，其信道容量才能达到该极值。由于高斯白噪声信道是平均功率受限情况下最差信道，所以香农公式可用于确定非高斯信道容量的下限。

当 $W\to\infty$时，取以 2 为底的对数，则

$$C=\lim_{W\to\infty}W\log(1+\mathrm{SNR})=1.443\frac{P_{\mathrm{av}}}{N_0} \tag{3.4.23}$$

结果表明，当频带很宽或信噪比很低时，信道容量与信号功率与噪声谱密度成正比，这一比值是加性高斯噪声信道信息传输率的极限值。

【例 3-14】 已知一个高斯信道，输入信噪比 SNR 为 3，频带 W 为 3000 赫兹，求最大传送信息率，若 SNR=15，求传送同样信息率所需要的带宽。

解：$\mathrm{SNR}=\dfrac{S}{\sigma^2}=3$，$W=3\times10^3\,\mathrm{Hz}$，则

$$C=W\log(1+\mathrm{SNR})=W\log(1+3)=2W=6\times10^3\text{（比特/秒）}$$

$$C=W'\log(1+\mathrm{SNR}')=W'\log(1+15)=4W'$$

$$W'=\frac{1}{2}W=1.5\times10^3\text{（赫兹）}$$

下面对香农公式做深入讨论，以说明增加信道容量的途径。

(1) 由带限 AWGN 波形信道在平均功率受限条件下信道容量的基本公式可知，当带宽 W 不变时，信噪比 SNR 增大，信道容量 C 增大。信噪比和信道容量成对数关系。另外，降低噪声功率可以增加容量。当 $N_0 \to 0$ 时，信道容量达到无穷大。

(2) 当输入信号功率一定时，增加信道带宽，可以增加容量，但到一定阶段后增加变得缓慢，最后趋于某个极限值。

这是因为当噪声为加性高斯白噪声时，随着 W 的增加，噪声功率 N_0W 也随之增加。当 $W \to \infty$，信道容量并不是达到无穷。因为 x 很小时，有 $\ln(1+x) \approx x$。当带宽趋向无穷时，即 $\frac{P_{av}}{WN_0} \to 0$，则 $C_\infty = W\left(\frac{P_{av}}{WN_0}\Big/\ln 2\right) = \frac{P_{av}}{N_0}\Big/\ln 2 = \frac{P_{av}}{N_0 \ln 2}$，其中，$C_\infty$ 称为无限带宽 AWGN 波形信道的极限容量。图 3-24 给出了限带高斯白噪声加性信道的信道容量随带宽变化的示意图。随着带宽增加，信道容量增加，但带宽增加并不能无限地使信道容量增大。当带宽不受限制时，信道容量达到容量极限，即香农限值。

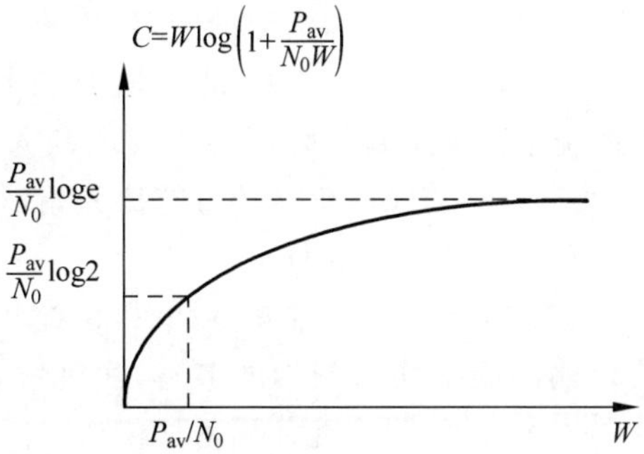

图 3-24　限带高斯白噪声加性信道的信道容量

进一步分析，假设每传输 1 比特信息所需的能量为 E_b，以最大速率 C_∞ 传递信息，即 $P_{av} = CE_b$。由香农公式 $C = W\log\left(1+\frac{P_{av}}{WN_0}\right)$，等号两边同除 W，得 $\frac{C}{W} = \log\left(1+\frac{CE_b}{WN_0}\right)$，称为频带利用率。于是有 $\frac{E_b}{N_0} = \frac{2^{\frac{C}{W}}-1}{\frac{C}{W}}$。令 $C/W=1$，即每赫兹(Hz)传输 1 比特，得到 $E_b/N_0=1$，即信噪比为 1；同样令 $C/W \to \infty$，得到 $\frac{E_b}{N_0} = \frac{2^{\frac{C}{W}}}{\frac{C}{W}} \approx \exp\left(\frac{C}{W}\ln 2 - \ln\frac{C}{W}\right)$；若 $C/W \to 0$，则 $\frac{E_b}{N_0} = \lim\limits_{\frac{C}{W}\to 0}\frac{2^{\frac{C}{W}}-1}{\frac{C}{W}} = \ln 2 \Rightarrow -1.6\text{dB}$。这是信噪比可达到的理论极限，也称为香农限(Shannon Limit)，它是加性高斯噪声信道信息传输率的极限值，是一切编码方式所能达到的理论极限。即当带宽不受限制时，传送 1 比特信息，信噪比最低只需 -1.6dB。但是，要获得可靠的通信时，信噪比的实际值常常要比这个值大得多。

(3) 当信道容量一定时，带宽 W、传输时间 T 和信噪比 SNR 之间可以互换，其互换过程如图 3-25 所示。具体可表示成以下 3 种特征。

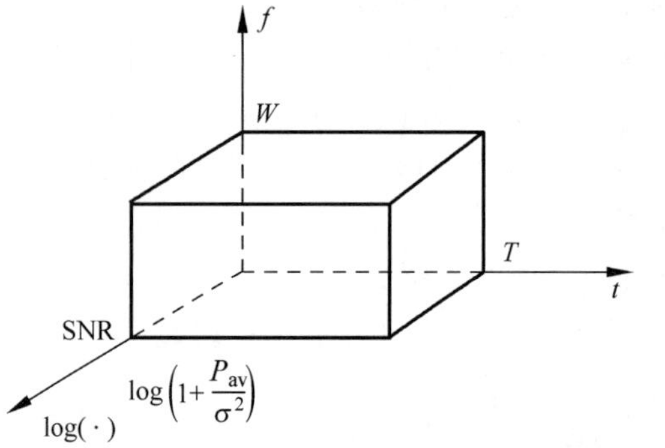

图 3-25　带宽 W、传输时间 T 和信噪比 SNR 之间的互换关系

(i) 若传输时间 T 固定，则扩展信道带宽 W 可以降低信噪比的要求；反之，带宽变小，就要增加信噪比。即可以通过带宽和信噪比的互换而保持信息传输率不变。例如，若要保持信道的信息传输率 $C=12\times10^3$ 比特/秒，当信道的带宽 W 从 4×10^3 赫兹减小到 3000 赫兹，则根据香农公式，要求信噪比增加 61%。可见，通过增加较少的带宽，就能节省较大的信噪比。因此，在实际通信系统中常采用调制解调方法实现带宽和信噪比的互换。在发送端，信号先经过编码和调制，使信道中传输的信号的带宽比原始消息的带宽加宽；在接收端再进行相应的解调和译码，从而完成信息的传输。

(ii) 如果信噪比固定不变，则增加信道的带宽 W 就可以缩短传送时间 T，换取传输时间的节省，或者花费较长的传输时间来换取频带的节省，实现频带和通信时间的互换。例如，为了能在窄带电缆信道中传送电视信号，往往用增加传送时间的办法来压缩电视信号的带宽。首先将电视信号高速地记录在录像带上，然后慢放这个磁带，慢到使输出频率降低到足以在窄带电缆信道中传送的程度。在接收端，将接收到的慢录像信号进行快放，恢复出原来的电视信号。

(iii) 如果保持频带不变，可以通过增加时间 T 来改善信噪比。这一原理已被应用于弱信号的接收技术中，即所谓的积累法。该方法是将重复多次收到的信号叠加起来。由于有用信号直接相加，而干扰则按功率相加，因此经积累相加后，信噪比得到改善，但所需接收时间也相应增长。

3.5　信道容量计算及 MATLAB 程序实现

信道容量是信道的一个参数，反映了信道所能传输的最大信息量，其大小与信道输入分布无关。对于不同的输入概率分布，互信息一定存在最大值，这个最大值就是信道容量。对于信道，一旦信道传递概率确定，信道容量也就完全确定。尽管信道容量的定义中涉及信道输入概率分布，但信道容量是最大值，因此它的数值与输入概率分布无关。对于只有一个信源和一个信宿的单用户信道，信道容量是一个数，单位是比特/秒或比特/符号。它代表每秒或每信道符号能传送的最大信息量，或者说小于这个数的信息率必能在此信道中无错误地被传送。我们在 3.2 节中给出了一般离散信道的容量迭代算法，现借助 MATLAB 语言，给出信道容量的计算。

3.5.1 信道容量的 MATLAB 计算

【例 3-15】 二进制对称信道,它的输入符号 X 取值于$\{0,1\}$,输出符号 Y 取值于$\{0,1\}$,信道输入数 r 和信道输出数 s 均为 2,即 $r=s=2$,且 $a_1=b_1=0,a_2=b_2=1$,传递概率为

$$p(b_1 \mid a_1)=p(0 \mid 0)=1-p=\bar{p}, \quad p(b_2 \mid a_2)=p(1 \mid 1)=1-p=\bar{p}$$

$$p(b_1 \mid a_2)=p(0 \mid 1)=p, \quad p(b_2 \mid a_1)=p(1 \mid 0)=p$$

求信道容量与 p 的关系。

解:由于该信道为一对称信道,其容量为

$$C=\max_{p(x)} I(X;Y)=1-H(p)$$

程序代码如下:

```
C = 0;
p = 0:0.01:1;
C = 1 - [ - p. * log2(p) - (1 - p). * log2(1 - p)];
plot(p,C,'-- rs');
title('容量');
xlabel('差错概率 p');
ylabel('容量 C');
```

运行结果如图 3-26 所示。

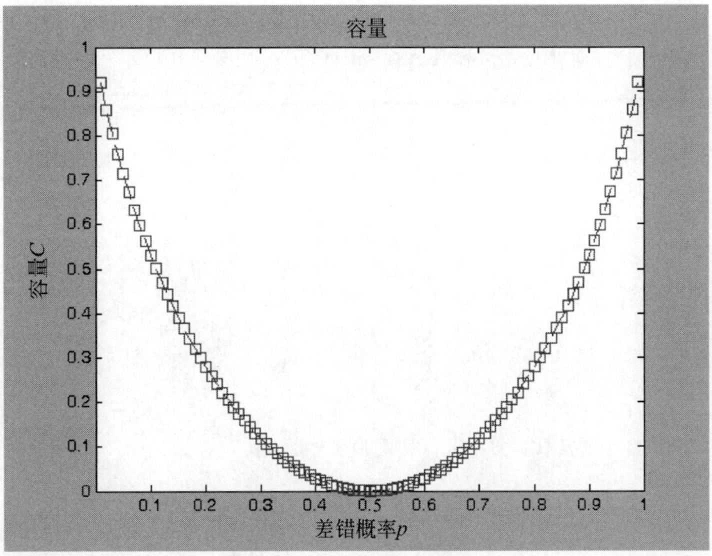

图 3-26 例 3-15 运行结果

【例 3-16】 对于一般 DMC 信道 $\begin{bmatrix} 1/2 & 1/4 & 0 & 1/4 \\ 0 & 1 & 0 & 0 \\ 0 & 0 & 1 & 0 \\ 1/4 & 0 & 1/4 & 1/2 \end{bmatrix}$,迭代精度为 0.00001,求其容量。

解:对于一般 DMC 信道的信道容量,可根据迭代公式

$$\begin{cases} \theta_{ij}^n = \dfrac{p_i^n p_{ji}}{\sum\limits_i p_i^n p_{ji}} \\ p_i^{n+1} = \dfrac{\exp\left[\sum\limits_j p_{ji}\log\theta_{ij}^n\right]}{\sum\limits_i \exp\left[\sum\limits_j p_{ji}\log\theta_{ij}^n\right]} \end{cases}$$

重复迭代得到。

程序代码如下：

```
function exp3_16(P, e)
n = 0;
C = 0;
C_0 = 0;
C_1 = 0;
[r,s] = size(P);
for i = 1:r
    if(sum(P(i,:))~ = 1)                      % 检测概率转移矩阵是否行和为 1
        error('概率转移矩阵输入有误!')
        return;
    end
    for j = 1:s
        if(P(i,j)< 0||P(i,j)> 1)              % 检测概率转移矩阵是否为负值或大于 1
            error('概率转移矩阵输入有误!')
            return;
        end
    end
end
X = ones(1,r)/r;
A = zeros(1,r);
B = zeros(r,s);
while(1)
    n = n + 1;
    for i = 1:r
        for j = 1:s
            B(i,j) = log(P(i,j)/(X * P(:,j)) + eps);
        end
        A(1,i) = exp(P(i,:) * B(i,:)');
    end
    C_0 = log2(X * A');
    C_1 = log2(max(A));
    if (abs(C_0 - C_1)< e)                    % 满足迭代终止条件停止迭代
        C = C_0;
        fprintf('迭代次数: n = %d\n',n)
        fprintf('信道容量: C = %f 比特/符号\n',C)
        break;                                % 满足后输出结果并退出
    else
        X = (X. * A)/(X * A');
        continue;
```

```
    end
end
```

测试程序 1 如下：

```
pp = [1/2, 1/4, 0, 1/4;
      0, 1, 0, 0;
      0, 0, 1, 0;
      1/4, 0, 1/4, 1/2];
delta = 0.00001;
exp3_16(pp,delta)
```

运行结果如下：

迭代次数：n＝10

信道容量：C＝1.321 928(比特/符号)

当迭代精度减小时，迭代次数可减少，如 delta＝0.001，运行迭代次数减少。

测试程序 2 如下：

```
function main()
clc;
pp = [1/2, 1/4, 0, 1/4;
      0, 1, 0, 0;
      0, 0, 1, 0;
      1/4, 0, 1/4, 1/2];
delta = 0.001;
exp3_16(pp,delta)
```

运行结果如下：

迭代次数：n＝6

信道容量：C＝1.321 928(比特/符号)

3.5.2 MIMO 信道容量

无线通信、因特网技术和多媒体业务的飞速发展，需要高质量、高速率传输的新一代无线通信系统。增加信道容量的方法很多，如广设基站和拓宽频率范围等，其中多输入、多输出(Multiple-Input-Multiple-Output，MIMO)技术既能增加系统容量，也能增强系统性能。在不增加带宽和发射功率的前提下，发射端和接收端装配多个天线的无线通信系统，它的系统容量将随着发射端和接收端天线数目的最小值线性增加，且可显著地提高系统的频谱利用率。

图 3-27 是一般 MIMO 系统的结构示意图，其中发射端配有 M_T 根天线，接收端配有 M_R 根天线，总的发射功率为 P。用户信息通过空时编码器构成并行的数列 $x_1, x_2, \cdots, x_{M_T}$；通过衰落信道传送到接收端，获得接收信号 $y_1, y_2, \cdots, y_{M_R}$，并输出到空时译码器译码。

假设信道的衰落类型是频率非选择性衰落，信道系数是均值为 0、方差为 1 的复高斯随机变量。假设发射端并未提前知道信道的瞬时状态信息(Side Channel Information, SCI)，因此只能将所有的功率平均分配给所有的天线，所以每根发射天线的功率为 P/M_T，且每根接收天线上的噪声功率为 σ^2，于是每根接收天线上的信噪比(SNR)为

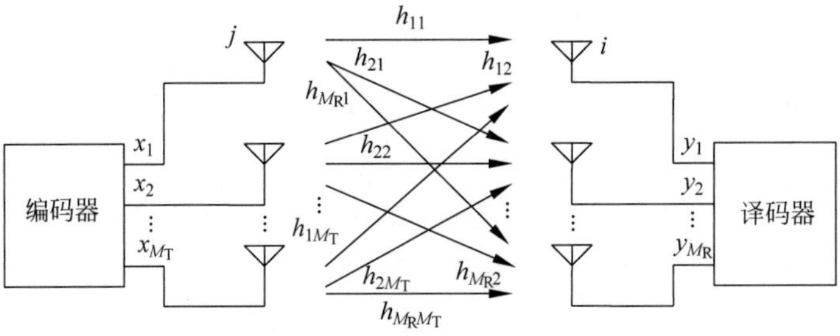

图 3-27 MIMO 系统结构示意图

$$\zeta = P_T / \sigma^2 \tag{3.5.1}$$

其中，P_T 为每根接收天线输出端的信号功率，信道矩阵 $\boldsymbol{H}$ 为 $M_R \times M_T$ 复矩阵，$\boldsymbol{H}$ 中的第 ij 个分量 $\boldsymbol{H}(i,j)=h_{ij}$ 表示第 j 根发送天线至第 i 根接收天线的信道衰落系数，则

$$\boldsymbol{H} = \begin{bmatrix} h_{11} & \cdots & h_{1M_T} \\ \vdots & h_{ij} & \vdots \\ h_{M_R1} & \cdots & h_{M_RM_T} \end{bmatrix} \tag{3.5.2}$$

现考虑 MIMO 信道的容量问题。首先对最简单的情形进行讨论。若采用单根天线发射和单根天线接收，此时通信系统退化为单输入单输出(Single Input Single Output, SISO)系统。对于加性高斯白噪声 SISO 信道，$M_T = M_R = 1$，信道矩阵 $\boldsymbol{H} = \boldsymbol{H}(1,1) = 1$，假设接收端的信噪比为 ζ，则根据香农公式，该信道的归一化容量可以表示为

$$C = \log(1+\zeta) \tag{3.5.3}$$

该容量的取值不受编码或者信号设计复杂性的限制，信噪比每增加 3dB(2 倍)时，信道容量增加 1 波特/赫兹。

然而，实际的无线信道是时变的，会受到衰落的影响。图 3-28 是时变信道容量取值的示意图。因为时变信道的信道状态可以看作一个随机变量，该随机变量的不同取值都可看作一个确定性信道，从而就对应着一个容量值，因此时变信道的瞬时容量也是一个随机变量。对这些瞬时容量求概率平均得到各态历经容量，即各态历经容量 C 是所有容量样本的数学期望，它表示无线系统能够提供的平均传输速率。瞬时容量的概率分布函数决定了中断容量(Outage Capacity)，记作 C_{outage}，当信道瞬时容量值小于某个指定容量值的概率，小于或等于某一给定的中断概率 p_{outage} 时，该指定的信道容量即为中断容量。中断容量确保了传输高可靠性数据的传输速率。

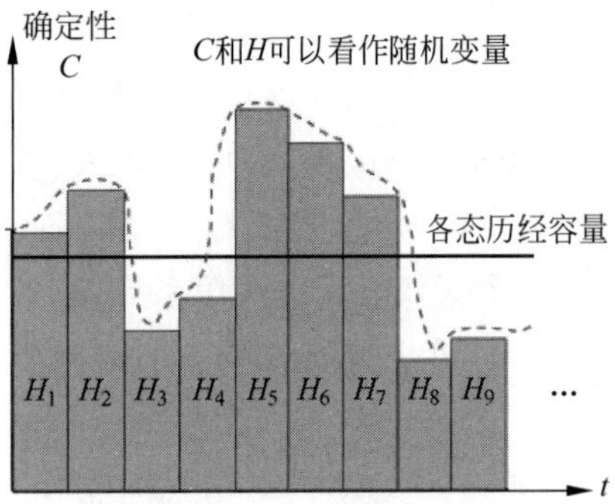

图 3-28 时变信道容量示意图

如果用 H 表示信道系数的瞬时值，则信道容量可以表示为

$$C = \log(1+\zeta |H|^2) \tag{3.5.4}$$

此时，容量 C 是一个随机变量，可以通过计算其概率分布获得各态历经容量和中断容量值。

对于 SISO 的 AWGN 信道而言，其信道衰落系数是一个尺度因子，其输入输出是一个随机变量，当输入为零均值高斯随机变量时，信道具有最大互信息。而对于多天线 AWGN 信道而言，其信道需要用一个随机矩阵来表示，其输入输出是一个随机向量，因此有必要对随机向量的有关性质进行研究，以推导多天线信道的容量表达式，为此先给出一些定义和定理。

定义 3.7：复高斯随机向量：由高斯随机向量 $\boldsymbol{x}$ 的实部和虚部构成的 $2n$ 维实随机向量，$\hat{\boldsymbol{x}}=[\mathrm{Re}(\boldsymbol{x}^{\mathrm{T}})\mathrm{Im}(\boldsymbol{x}^{\mathrm{T}})]^{\mathrm{T}}$，称为 n 维复高斯随机向量。

定义 3.8：循环对称复高斯随机向量：如存在非负定的 Hermitian（厄米）矩阵 $\boldsymbol{Q}\in\mathbf{C}^n\times\mathbf{C}^n$（特征值不都小于零），使得 n 维复高斯随机向量 $\boldsymbol{x}$ 所对应的 $2n$ 维实随机向量 $\hat{\boldsymbol{x}}=[\mathrm{Re}(\boldsymbol{x}^{\mathrm{T}})\mathrm{Im}(\boldsymbol{x}^{\mathrm{T}})]^{\mathrm{T}}$ 的协方差满足

$$E\{(\hat{\boldsymbol{x}}-E\{\hat{\boldsymbol{x}}\})(\hat{\boldsymbol{x}}-E\{\hat{\boldsymbol{x}}\})^{\mathrm{H}}\}=\frac{1}{2}\begin{bmatrix}\mathrm{Re}(\boldsymbol{Q}) & -\mathrm{Im}(\boldsymbol{Q})\\ \mathrm{Im}(\boldsymbol{Q}) & \mathrm{Re}(\boldsymbol{Q})\end{bmatrix}$$

则称 $\hat{\boldsymbol{x}}$ 为循环对称复高斯随机向量，其中，$\mathrm{Re}(\cdot)$ 为取矩阵实部，$\mathrm{Im}(\cdot)$ 为取矩阵虚部，$(\cdot)^{\mathrm{H}}$ 为矩阵共轭。

定理 3.4：设 $\boldsymbol{x}\in\mathbf{C}^n$ 为零均值 n 维循环复随机向量，且满足 $E\{\boldsymbol{x}\boldsymbol{x}^{\mathrm{H}}\}=\boldsymbol{Q}$，即 $E\{x_i x_j^*\}=Q_{ij}$，$(1\leqslant i,j\leqslant n)$，则 $\boldsymbol{x}$ 的熵满足 $H(\boldsymbol{x})\leqslant\log\det(\pi e\boldsymbol{Q})$，当且仅当 $\boldsymbol{x}$ 为循环对称复高斯分布时，等号成立。

从定理 3.4 可以得到：当自相关矩阵给定，即平均功率受限时，零均值循环对称复数高斯随机向量的熵最大，此时其自相关矩阵就等同于其自协方差矩阵，这也是一般的容量分析文献中均考虑的是零均值信源的原因。另外，在通信系统其他方面的理论分析中也常常假定信号均值为零，其主要原因如下：

(1) 均值是一个定值，在处理过程中只起到固定基准的作用，不反映相对变化量，不影响系统输入-输出间的信息熵差；

(2) 非零均值的信号会导致分析中出现非平稳的带通过程，导致分析过程复杂；

(3) 零均值的信源频谱特性会更好一些；

(4) 一般的通信信号平均功率都是受限的，当均值为零时，自相关函数就等同于自协方差函数，会利于更多表达的简便。

进一步，循环对称复高斯向量具有以下性质：

(1) 若 $\boldsymbol{x}\in\mathbf{C}^n$ 为零均值 n 维循环对称复高斯向量，$E\{\boldsymbol{x}\boldsymbol{x}^{\mathrm{H}}\}=\boldsymbol{Q}$，则对任意的 $\boldsymbol{A}\in\mathbf{C}^{n\times n}$，$\boldsymbol{y}=\boldsymbol{A}\boldsymbol{x}$ 也服从循环对称高斯分布，且 $E\{\boldsymbol{y}\boldsymbol{y}^{\mathrm{H}}\}=\boldsymbol{A}\boldsymbol{Q}\boldsymbol{A}^{\mathrm{H}}$；

(2) 若 $\boldsymbol{x},\boldsymbol{y}\in\mathbf{C}^n$ 为 n 维循环对称复高斯向量，且相互独立，$E\{\boldsymbol{x}\boldsymbol{x}^{\mathrm{H}}\}=\boldsymbol{A}$，$E\{\boldsymbol{y}\boldsymbol{y}^{\mathrm{H}}\}=\boldsymbol{B}$，则 $\boldsymbol{z}=\boldsymbol{x}+\boldsymbol{y}$ 也服从循环对称复高斯分布，且 $E\{\boldsymbol{z}\boldsymbol{z}^{\mathrm{H}}\}=\boldsymbol{A}+\boldsymbol{B}$。

根据以上 MIMO 系统模型和基本知识，可推导出平坦衰落 MIMO 信道容量。下面分两种情形推导：未知信道状态信息(CSI)和已知 CSI 情形。

1. 未知 CSI 情形

$$C=\max_{p(\boldsymbol{x})} I(\boldsymbol{x};\boldsymbol{y})=\max_{p(\boldsymbol{x})}\{H(\boldsymbol{y})-H(\boldsymbol{y}\mid\boldsymbol{x})\} \tag{3.5.5}$$

因为噪声 $\boldsymbol{n}$ 与 $\boldsymbol{x}$ 相互独立，所以有

$$C=\max_{p(\boldsymbol{x})}\{H(\boldsymbol{y})\}-H(\boldsymbol{n}) \tag{3.5.6}$$

由以上定理和推论不难得出，当 $\boldsymbol{x}$ 为零均值循环对称复高斯随机向量时，式(3.5.6)达

到最大值，此时，$\boldsymbol{x}$、$\boldsymbol{n}$ 和 $\boldsymbol{y}$ 均为循环对称复高斯随机向量。从而有

$$\begin{aligned} C &= \max_{\mathrm{tr}(\boldsymbol{Q}_x)\leqslant P_\mathrm{t}} \{\mathrm{logdet}(\pi \mathrm{e}\boldsymbol{Q}_y)\} - \mathrm{logdet}(\pi \mathrm{e}\boldsymbol{Q}_n) \\ &= \max_{\mathrm{tr}(\boldsymbol{Q}_x)\leqslant P_\mathrm{t}} \mathrm{logdet}\left(\frac{\boldsymbol{Q}_y}{\boldsymbol{Q}_n}\right) \\ &= \max_{\mathrm{tr}(\boldsymbol{Q}_x)\leqslant P_\mathrm{t}} \mathrm{logdet}\left(\frac{\boldsymbol{H}\boldsymbol{Q}_x\boldsymbol{H}^\mathrm{H} + \boldsymbol{Q}_n}{\boldsymbol{Q}_n}\right) \end{aligned}$$

因为 $\boldsymbol{Q}_n = \sigma_n^2 \boldsymbol{I}_{N_\mathrm{r}}$，则上式可进一步得

$$C = \max_{\mathrm{tr}(\boldsymbol{Q}_x)\leqslant P_\mathrm{t}} \mathrm{logdet}\left(\boldsymbol{I}_{N_\mathrm{r}} + \frac{1}{\sigma_n^2}\boldsymbol{H}\boldsymbol{Q}_x\boldsymbol{H}^\mathrm{H}\right) \tag{3.5.7}$$

当 $\boldsymbol{H}$ 为时变信道时，其各态历经容量为

$$C = \max_{\mathrm{tr}(\boldsymbol{Q}_x)\leqslant P_\mathrm{t}} E_H\left\{\mathrm{logdet}\left(\boldsymbol{I}_{N_\mathrm{r}} + \frac{1}{\sigma_n^2}\boldsymbol{H}\boldsymbol{Q}_x\boldsymbol{H}^\mathrm{H}\right)\right\} \tag{3.5.8}$$

当发射端无 CSI 信息时，或者矩阵 $\boldsymbol{H}$ 服从独立同分布(i. i. d)瑞利衰落条件下，使上式最大的 $\boldsymbol{Q}_x$ 为 $\frac{P_\mathrm{t}}{N_\mathrm{t}}\boldsymbol{I}_{N_\mathrm{t}}$，从而有

$$\begin{aligned} C &= E_H\left\{\mathrm{logdet}\left(\boldsymbol{I}_{N_\mathrm{r}} + \frac{P_\mathrm{t}}{N_\mathrm{t}\sigma_n^2}\boldsymbol{H}\boldsymbol{H}^\mathrm{H}\right)\right\} \\ &= E_H\left\{\mathrm{logdet}\left(\boldsymbol{I}_{N_\mathrm{r}} + \frac{\rho}{N_\mathrm{t}}\boldsymbol{H}\boldsymbol{H}^\mathrm{H}\right)\right\}, \quad \rho = \frac{P_t}{\sigma_n^2} \end{aligned} \tag{3.5.9}$$

因为 $\det(\boldsymbol{I}+\boldsymbol{AB}) = \det(\boldsymbol{I}+\boldsymbol{BA})$，所以 C 还可以表示为

$$C = E_H\left\{\mathrm{logdet}\left(\boldsymbol{I}_{N_\mathrm{r}} + \frac{\rho}{N_\mathrm{t}}\boldsymbol{H}^\mathrm{H}\boldsymbol{H}\right)\right\} \tag{3.5.10}$$

因此，信道 $\boldsymbol{H}$ 的容量和信道 $\boldsymbol{H}^\mathrm{H}$ 的容量是相等的，这是因为根据 Wishart 矩阵的性质，$\boldsymbol{H}\boldsymbol{H}^\mathrm{H}$ 和 $\boldsymbol{H}^\mathrm{H}\boldsymbol{H}$ 的非零特征值是一样的。进一步地，对于独立同分布瑞利衰落信道，当 $\rho\to\infty$ 时，有

$$C = \min(N_\mathrm{r}, N_\mathrm{t})\log\rho + O(1) \tag{3.5.11}$$

即对于 i. i. d 瑞利衰落 MIMO 信道，信道容量正比于收发两端的最小天线数目，且随之线性增长，是 SISO 信道容量的 $\min(N_\mathrm{r}, N_\mathrm{t})$ 倍，这说明了 MIMO 信道能够提供巨大的信息传输速率。

2. 已知 CSI 情形

另一方面，MIMO 信道可以看成 r 个 SISO 并行子信道的组合，所以可以直接由 SISO 容量公式来推导出 MIMO 信道容量。令第 i 个子信道上信号功率为 $P_{\mathrm{t}i}$，子信道噪声功率均为 σ_n^2，根据公式(3.5.4)有

$$C = \max_{\sum_{i=1}^{r} P_{\mathrm{t}i}\leqslant P_\mathrm{t}} \sum_{i=1}^{r}\log\left(1 + \lambda_i\frac{P_{\mathrm{t}i}}{\sigma_n^2}\right) \tag{3.5.12}$$

注意，式(3.5.7)和式(3.5.12)是等同的，但前者更具一般通用性，后者则更为直观。当发射端获知完全的 CSI 时，$\boldsymbol{H}$ 就可以看作是一个确定性信道，此时可以根据"注水"原理来最优调配各个特征子信道上的信号发射功率，以使式(3.5.12)达到最大，即相当于求解如下

的拉格朗日等式：

$$Z=\sum_{i=1}^{r}\log\left(1+\lambda_i\frac{P_{ti}}{\sigma_n^2}\right)+\eta\left(P_t-\sum_{i=1}^{r}P_{ti}\right) \tag{3.5.13}$$

其中，η 为拉格朗日因子。由此可以得出满足功率约束条件下的最优功率分配为

$$P_{ti}=\left(\mu-\frac{\sigma_n^2}{\lambda_i}\right)^+ \tag{3.5.14}$$

其中，$(\cdot)^+$ 表示在 $\mu-\frac{\sigma_n^2}{\lambda_i}$ 和 0 之间选择较大者。说明当信道质量太差时，必须置该子信道的输入功率为 0，即不使用该发送天线。重新调整各天线的输入功率分配，直到各子信道输入功率不出现负值为止。在此基础上，获得相应确定性的信道容量为

$$C=\sum_{i=1}^{r}\log\left(\lambda_i\frac{\mu}{\sigma_n^2}\right)^+ \tag{3.5.15}$$

其中，$\mu=1/\eta\ln 2$ 为一常数。

由前面的分析易知，特征子信道的功率增益(对应信道奇异值)越大，噪声功率越小，则此子信道的“质量”越高，能够支持的传输速率也越高。所以，“注水”思想就是要尽可能地利用“质量”相对好一些的子信道，即要在这些子信道上分配较多的发射功率。同时，尽管分析了采用“注水”方法所能够达到的容量，但没有给出具体的收发信号处理过程。要想实现“注水”容量，必须在收发两端都对信号做一些处理，使输入-输出间的信道关系表现为独立并行的子信道的组合，如图 3-29 所示。其所对应的数学描述为

$$\begin{aligned}&\boldsymbol{x}=\boldsymbol{V}\boldsymbol{d}\\&\boldsymbol{y}=\boldsymbol{H}\boldsymbol{x}+\boldsymbol{n}=\boldsymbol{U}\boldsymbol{D}\boldsymbol{V}^{\mathrm{H}}\boldsymbol{V}\boldsymbol{d}+\boldsymbol{n}=\boldsymbol{U}\boldsymbol{D}\boldsymbol{d}+\boldsymbol{n}\\&\tilde{\boldsymbol{y}}=\boldsymbol{U}^{\mathrm{H}}\boldsymbol{y}=\boldsymbol{U}^{\mathrm{H}}\boldsymbol{U}\boldsymbol{D}\boldsymbol{d}+\boldsymbol{U}^{\mathrm{H}}\boldsymbol{n}=\boldsymbol{D}\boldsymbol{d}+\tilde{\boldsymbol{n}}\end{aligned} \tag{3.5.16}$$

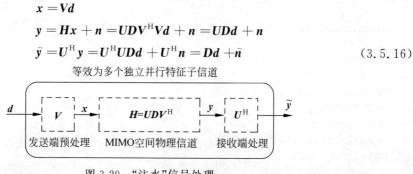

图 3-29 “注水”信号处理

注意，式(3.5.16)中的基带数据向量 $\boldsymbol{d}$ 中各元素的幅值已经隐含了功率分配因子，且其自协方差矩阵 $\boldsymbol{Q}_d$ 为一个对角矩阵。图 3-30 以 3 发 2 收 MIMO 系统为例，给出了更为直观清晰的处理过程(假设信道矩阵行满秩，即有 2 个特征子信道，而且很显然的是必有 $P_{t3}=0$)。

上面的分析和示意图可以很清晰地看出“注水”处理的过程：传统阵列天线里面的波束成形是将一个独立数据流乘以权向量经由不同的天线元素发射出去，而由图 3-30 不难看出，MIMO 系统的“注水”预处理是对多个数据流分别由不同的权向量加权后再合并到不同天线上发射出去，所以可以看作是一种“多波束成形”。通过这样一种“多波束成形”机制来对信道空间的不同方向进行选择，调整发射波形把能量对应到有利于传输的方向。也就是说，等效模型里面的每个特征子信道都对应着实际信道空间的一组方向的集合，而不同特征子信道是独立并行的，所以不同子信道所对应的方向集合是空间正交的。

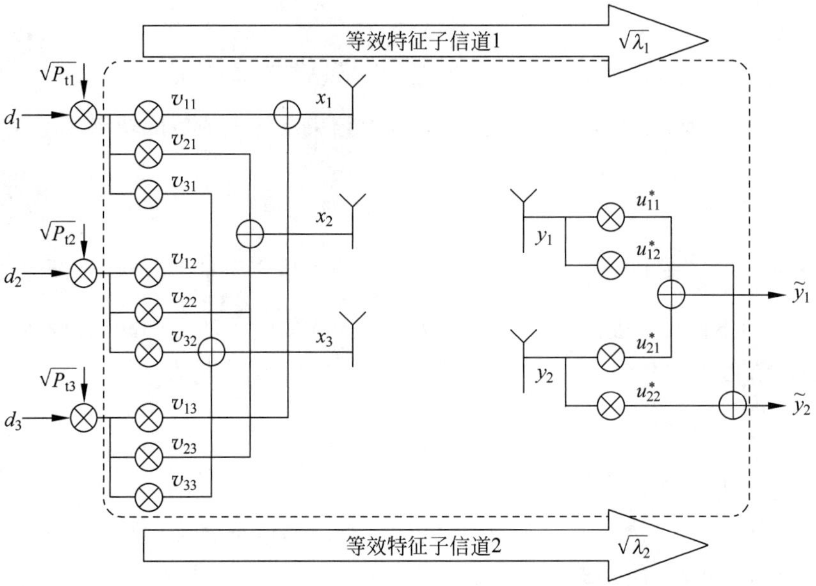

图 3-30　3×2MIMO 系统"注水"收发处理示意图

【例 3-17】 对于 2×2 的 MIMO 系统，计算 CSI 未知和 CSI 已知两种情形下的容量。

解：当 CSI 未知时，可通过式(3.5.10)计算各态历经容量；若 CSI 已知时，可通过注水法计算各态历经容量，其实现程序代码如下：

```
function output = exp3_17_1(SNR,M,corr,value,XPD,alpha,output)
% SNR: 以 dB 为信噪比的单位
% M: M×M 系统的天线数目
% corr: 对于 2×2 的 MIMO 系统,corr = 1 表示相关,corr = 0 表示不相关
% value: 相关系数,取值范围为 0～1
% 若天线 XPD 被使用,则将 XPD 值置为 1,否则置为 0
% alpha: XPD 值
% output: 取 erg 时 x 表示遍历容量,取 out 时表示中断容量
SNR = 10^(0.1 * SNR);
% 10000 次蒙特-卡罗仿真
for K = 1:10000
   T = randn(M,M) + j * randn(M,M);
   T = 0.707. * T;
  if corr
      T = [1 value; value 1];
      T = chol(T);
  elseif XPD
      T = [1 alpha; alpha 1];
      T = chol(T);
  end
   I = eye(M);
   a = (I + (SNR/M) * T * T');
   a = det(a);
   y(K) = log2(a);
end
```

```
[n1 x1] = hist(y,40)
n1_N = n1/max(K);
a = cumsum(n1_N);
b = abs(x1);
if output == 'erg'
    output = interp1q(a,b',0.5);                    % 遍历容量
elseif output == 'out'
    output = interp1q(a,b',0.1);                    % 中断容量
end
end
function output = exp3_17_2(SNR,M)
% SNR: 信噪比
% M: M×M 系统的天线数
%将遍历容量(本程序需要的结果)作为输出
snr = 10^(0.1 * SNR);
for K = 1:10000
      T = randn(M,M) + j * randn(M,M);
      T = 0.707. * T;
         I = eye(M);
         eigen = eig(T * T');                       % 抽取特征值
         gamma = zeros(M,1);
         r = M;                                     % 令秩等于天线数(满秩)
         p = 1;                                     % 初始计数
     for i = 1:r
         mu = getmu(r,SNR,T,p,M);                   % 决定 mu 的值
         gamma(i) = mu - (M/snr) * (1/eigen(i));    % 计算 gamma
         if gamma(i)< 0
             gamma(i) = 0;    % 若 gamma < 0, 令 gamma = 0,即忽略它
             p = p + 1;       % 计数增加
             mu = 0;          % 清除寄存器
         else
            mu = 0;           % 若 gamma > 0,将 gamma 存储并清除寄存器
         end
    end
    a = I + (snr/M) * diag(gamma). * diag(eigen);
     a = det(a);
     y(K) = log2(a);
end
    [n1 x1] = hist(y,40);
    n1_N = n1/max(K);
    a = cumsum(n1_N);
    b = abs(x1);
output = interp1q(a,b',0.5);
end
```

测试程序如下：

```
M = 2;
corr = 1;
value = 0.5;
XPD = 1;
```

```
alpha = 0.5;
output  =  'erg';
 % vary SNR through 20 dB
SNR = 0:1:20;                  % 以 dB 为 SNR 的单位
temp2 = [ ];
temp3 = [ ];
for i = 1:length(SNR)
    temp1(i) = exp3_17_1(SNR(i),M,corr,value,XPD,alpha,output);
    temp2 = [temp2 temp1(i)];
    temp1(i) = exp3_17_2(SNR(i),M);
    temp3 = [temp3 temp1(i)];
    temp1(i) = 0;
end
plot(SNR,temp2,'b - ^');
hold on
plot(SNR,temp3,'r - ^');
grid;
xlabel('SNR');
ylabel('容量(b/s)');
title('Corr = 0.5,XPD = 0.5 时,遍历容量与信噪比的关系');
end
```

运行结果如图 3-31 所示。

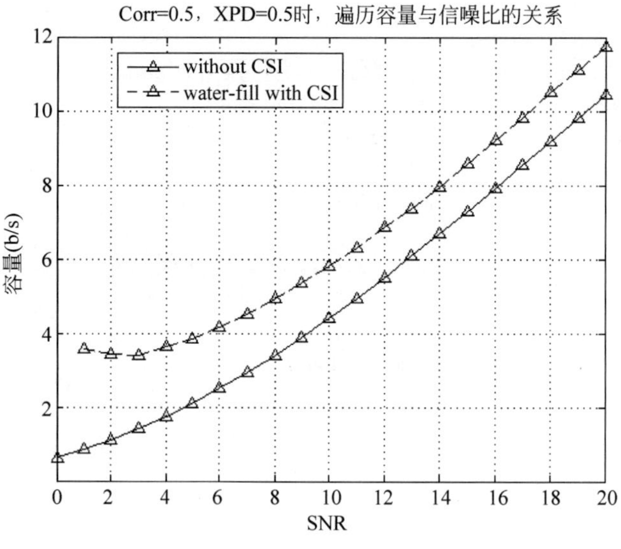

图 3-31　例 3-17 运行结果

习题 3

3-1　证明：准对称信道的信道容量也是在输入为等概率分布时达到，并求出信道容量的一般表达式。

3-2　由($\boldsymbol{Q}_1$,$\boldsymbol{Q}_2$, …,$\boldsymbol{Q}_m$)m 个离散信道的和组成一个信道矩阵，该信道矩阵 $\boldsymbol{Q}$ 为

$$Q=\begin{pmatrix} Q_1 & 0 & \cdots & 0 \\ 0 & Q_2 & & 0 \\ \vdots & & \ddots & \vdots \\ 0 & 0 & \cdots & Q_m \end{pmatrix}$$

设 C_i 是第 i 个信道的信道容量。试证明：该和信道的信道容量为

$$C=\log\sum_i 2^{C_i}\quad(\text{比特/符号})$$

3-3　设二进制对称信道的转移概率矩阵为 $\begin{bmatrix} 2/3 & 1/3 \\ 1/3 & 2/3 \end{bmatrix}$，回答下列问题：

(1) 若 $p(x_1)=3/4, p(x_2)=1/4$，求 $H(X)$、$H(X|Y)$、$H(Y|X)$ 和 $I(X;Y)$；

(2) 求该信道的信道容量及达到信道容量时的输入概率分布。

3-4　设有一离散无记忆信源，其概率空间为

$$[X \quad p]^{\mathrm{T}}=\begin{bmatrix} x_1 & x_2 \\ 0.6 & 0.4 \end{bmatrix}$$

通过一干扰信道 $\begin{bmatrix} \frac{5}{6} & \frac{1}{6} \\ \frac{3}{4} & \frac{1}{4} \end{bmatrix}$，信道输出端的接收符号集为 $Y=\{y_1, y_2\}$。

试求：

(1) 信源 X 中事件 x_1 和 x_2 分别含有的自信息；

(2) 收到消息 $y_j(j=1,2)$ 后，获得的关于 $x_i(i=1,2)$ 的不确定度；

(3) 信源 X 和信源 Y 的信息熵；

(4) 信道疑义度 $H(X|Y)$ 和噪声熵 $H(Y|X)$；

(5) 接收到消息 Y 后获得的平均互信息。

3-5　信源发送端有两个符号，$x_i, i=1,2, p(x_1)=a$，每秒发出一个符号。接收端有 3 种符号 $y_j, j=1,2,3$，转移概率矩阵为 $\boldsymbol{P}=\begin{bmatrix} 1/2 & 1/2 & 0 \\ 1/2 & 1/4 & 1/4 \end{bmatrix}$。

(1) 计算接收端的平均不确定度；

(2) 计算由于噪声产生的不确定度 $H(Y|X)$；

(3) 计算信道容量。

3-6　若有一个离散 Z 信道，其信道转移概率如图 3-32 所示。

试求：

(1) 最佳输入分布；

(2) $\varepsilon=1/2$ 时的信道容量；

(3) 若将两个 Z 信道串联，求串联信道的转移概率；

(4) 串联后的信道容量 C_2。

3-7　求图 3-33 所示信道的信道容量及其最佳的输入概率分布，并分别求当 $\varepsilon=0$ 和 1/2 时的信道容量 C。

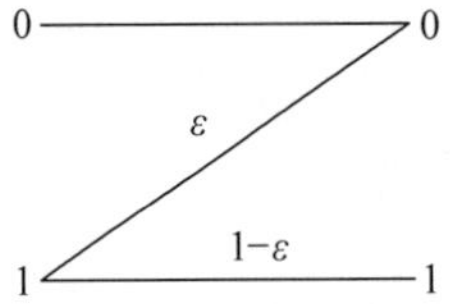

图 3-32　习题 3-6 图

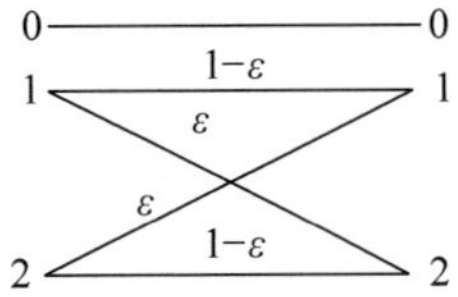

图 3-33　习题 3-7 图

3-8　设有一离散信道,其信道转移概率矩阵为

$$\boldsymbol{P}=\begin{bmatrix}1-p-\varepsilon & p-\varepsilon & 2\varepsilon\\ p-\varepsilon & 1-p-\varepsilon & 2\varepsilon\end{bmatrix}$$

试求信道容量 C。

3-9　若将 n 个二进制对称信道(BSC)级联,每个信道的错误转移概率为 p_e,试证明级联后的信道可等效于一个二进制对称信道,其错误概率为 $\frac{1}{2}[1-(1-2p_e)^n]$。并求解:$\lim\limits_{n\to\infty}I(Z_i,Z_0)$,其中 Z_i、Z_0 分别为级联的输入与输出。

3-10　离散无记忆加性噪声为 $\begin{bmatrix}Y\\P\end{bmatrix}=\begin{bmatrix}1 & 2 & 3\\1/3 & 1/3 & 1/3\end{bmatrix}$,信道模型为 $Z=(X+Y)\bmod K$,其中信道输入 $X\in\{0,1,2,\cdots,10\}$,当 $K=11$ 时,求该信道容量。

3-11　发送端有 3 种等概符号(x_1,x_2,x_3),$p(x_i)=1/3$,接收端收到 3 种符号(y_1,y_2,y_3),信道转移概率矩阵为 $\boldsymbol{P}=\begin{bmatrix}0.5 & 0.3 & 0.2\\0.4 & 0.3 & 0.3\\0.1 & 0.9 & 0\end{bmatrix}$。试求:

(1) 接收端收到一个符号后得到的信息量 $H(Y)$;

(2) 噪声熵 $H(Y|X)$;

(3) 当接收端收到一个符号 y_2 时的错误概率;

(4) 从接收端看的平均错误概率;

(5) 从发送端看的平均错误概率;

(6) 从转移矩阵中能否看出该信道的好坏?

(7) 发送端的 $H(X)$和 $H(X|Y)$。

3-12　若已知两信道 C_1 和 C_2 的信道转移概率分别为

$$\boldsymbol{P}_{C_1}=\begin{bmatrix}1/3 & 1/3 & 1/3\\0 & 1/2 & 1/2\end{bmatrix},\quad \boldsymbol{P}_{C_2}=\begin{bmatrix}1 & 0 & 0\\0 & 2/3 & 1/3\\0 & 1/3 & 2/3\end{bmatrix}$$

试求:

(1) $C_3=C_1\cdot C_2$ 时的信道转移概率,其中 · 为一般乘,并回答其容量是否发生变化。

(2) $C_4=C_2\cdot C_1$ 时,它能否构成信道?为什么?

3-13　电视图像由 30 万像素组成,对于适当的对比度,一个像素可取 10 个可辨别的亮度电平,假设各个像素的 10 个亮度电平都以等概率出现,实时传送电视图像每秒发送 30 帧图像。为了获得满意的图像质量,要求信号与噪声的平均功率比值为 30dB,试计算在这些条件下传送电视的视频信号所需的带宽。

3-14　若有一限频、限功率、白色高斯连续信道,它由两级串接功率放大器组成,其功率增益分别为 $G_1=20\text{dB}$,$G_2=10\text{dB}$,带宽为 1 兆赫兹,当信道输入为 2 毫瓦时,试求:

(1) 信道噪声功率密度 $N_0=2\times10^{-6}$ 毫瓦/赫兹时的信道容量 C;

(2) 当信道输入 G_2,N_0 均不变,而带宽变为 1.5 兆赫兹时,若要获得相同的信道容量 C,G_1 应为多少分贝(设对数底为 10)?

3-15　一个平均功率受限制的连续信道,其通频带为 1 兆赫兹,信道上存在白色高斯噪声。

(1) 已知信道上的信号与噪声的平均功率比值为 10,求该信道的信道容量;

(2) 信道上的信号与噪声的平均功率比值降至 5,要达到相同的信道容量,信道通频带应为多大?

(3) 若信道通频带减小为 0.5 兆赫兹时,要保持相同的信道容量,信道上的信号与噪声的平均功率比值为多大?

3-16　有一个二元对称信道,其信道矩阵如图 3-34 所示。设该信道以 1500 个二元符号/秒的速度传输输入符号。现有一消息序列共有 14000 个二元符号,并设在该消息中 $p(0)=p(1)=1/2$。问从信息传输的角度来考虑,10 秒内能否将该消息序列无失真地传送完?

3-17　离散无记忆加性噪声信道如图 3-35 所示,其输入随机变量 X 与噪声 Y 统计独立。X 的取值为$\{0,1\}$,而 Y 的取值为$\{0,a\}(a\geqslant1)$,又 $p(y=0)=p(y=a)=0.5$。信道输出 $Z=X+Y$(一般加法)。试求此信道的信道容量,以及达到信道容量的最佳输入分布。请注意:信道容量依赖 a 的取值。

3-18　有一加性噪声信道,输入符号 X 是离散的,取值为$+1$或-1,噪声 N 的概率密度函数为

$$p_N(n)=\begin{cases}\dfrac{1}{8} & |n|\leqslant4\\[2ex] 0 & |n|>4\end{cases}$$

则其输出 $Y=X+N$ 是一个连续变量。求该离散连续信道的容量。

3-19　设离散信道如图 3-36 所示,输入符号集为$\{0,1,2\}$,输出符号集为$\{0,1\}$,求其信道容量。

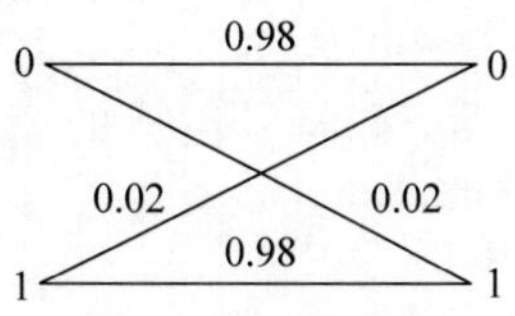

图 3-34　习题 3-16 图

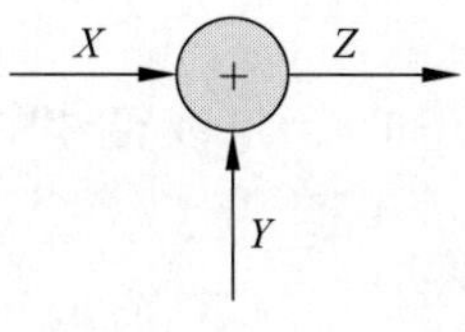

图 3-35　习题 3-17 图

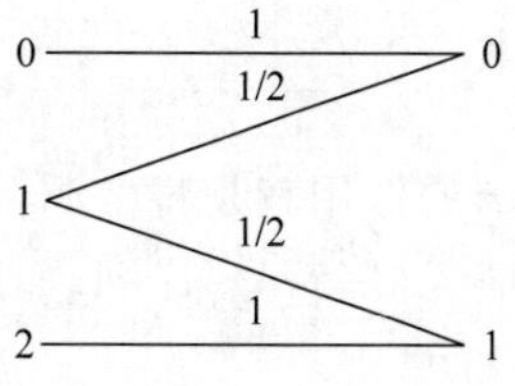

图 3-36　习题 3-19 图

第 4 章 信源编码理论

CHAPTER 4

通信的根本目的是将信源的输出在接收端精确或近似地重现出来。为此,需要解决两个问题：一个是信源的输出应如何描述,即如何计算它产生的信息量,第 2 章已回答了该问题,即通过信源的熵值表述信源所产生的输出信息；另一个是如何表示信源的输出,即信源编码问题。当然,这两个问题的解决与信宿对通信质量的要求是相关的。若信宿要求精确地重现出信源,就要保证信源所产生的信息全部无损地被传送给信宿,这时的信源编码称为无失真信源编码。有时信宿允许有一定的失真,即不要求完全精确地复制出信源,但信宿对信源存在特定的接收准则或保真度准则。在给定接收准则后,可计算出为达到这一要求至少要保留多少有关信源输出的信息量,以及如何表示它们,这就是限失真信源编码。本章将主要讨论信源的编码问题,包括无失真信源编码和限失真信源编码。由于研究信源编码时常假设信道是无噪无损信道,因而,又称为无噪信道编码。

4.1 信源编码的基本概念

4.1.1 编码的定义

信源输出的符号序列需要通过变换,成为适合于信道传输的符号序列(称为码元序列)。其中,对信源输出的符号序列按照一定的数学规律进行的变换称为编码,完成编码功能的器件称为编码器。与此对应,在接收端存在译码,可完成相反的功能。

例如,信源编码器的输入符号集 $U=\underbrace{\{a_1,a_2,\cdots,a_q\}}_{q\text{个信源符号}}$,共有 q 个信源符号。同时存在码符号集 $X=\underbrace{(x_1,x_2,\cdots,x_r)}_{r\text{个码元(码符号)}}$,共有 r 个码符号,其中码符号集上的元素称为码元或码符号。编码器的作用就是将信源符号集 U 中的符号(或符号序列)变换成由码符号组成的一一对应的码元(码符号)序列,如图 4-1 所示。

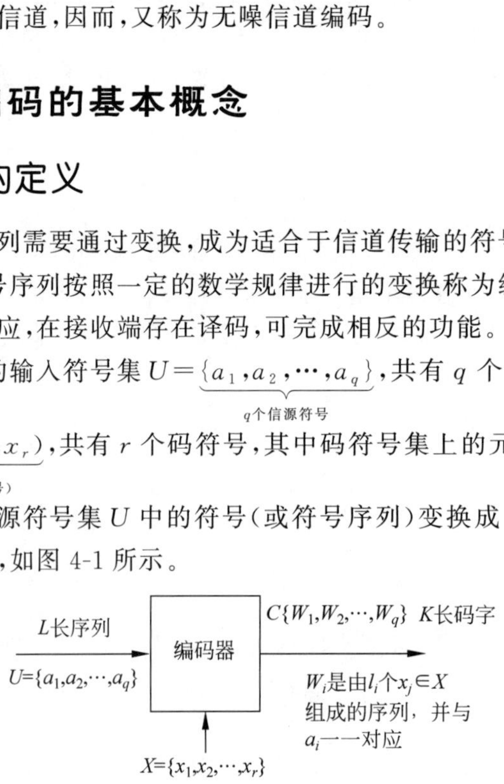

图 4-1　信源编码器示意图

编码器的输出符号序列又称为码字(Codeword)。码字的集合称为码集,用 C 表示,即 $C=(W_1,W_2,\cdots,W_q)$。其中,码字 W_i 包含 l_i 个码符号 $W_i=(X_{i1},X_{i2},\cdots,X_{il_i})$,$i=1,2,\cdots,q$,长度 l_i 称为码字长度,简称码长(Code Length)。所以,信源编码就是把信源符号序列变换成码符号序列的一种映射。若要实现无失真编码,那么空间映射必须是一一对应的,即可逆映射。

例如,设信源 X 的概率空间为 $\begin{bmatrix} X \\ p(x) \end{bmatrix} = \begin{bmatrix} x_1 & x_2 & \cdots & x_n \\ p(x_1) & p(x_2) & \cdots & p(x_n) \end{bmatrix}$,若把它通过一个二进制信道进行传输,为使信源适合信道的传输,就必须把信源符号 x_i 变换成由 0、1 符号组成的码元序列(称为二进制码元序列),即必须进行编码。此时码符号集为{0,1},可采用不同的二进制序列使其与信源符号 x_i 一一对应,这样就可得到不同的码表,如表 4-1 所示。在表 4-1 中,码 1 和码 2 都是二进制码,二进制码是数字通信和计算机系统中最常用的一种码。

表 4-1 信源编码

信源符号 x_i	信源符号出现概率 $p(x_i)$	码 1	码 2
x_1	$p(x_1)$	00	0
x_2	$p(x_2)$	01	01
x_3	$p(x_3)$	10	001
x_4	$p(x_4)$	11	111

一般情况下,码可分为两类:一类是固定长度码;另一类是可变长度码。如果码中所有码字含有的码符号个数都相同,则称此码为固定长度码或称定长码;反之,则称为变长码。图 4-2 给出了编码的过程示意,其中,编码器的输入为符号集{x_1,x_2,x_3,x_4},分别被编成码 C_1{00,01,10,11}和码 C_2{0,01,001,111}。

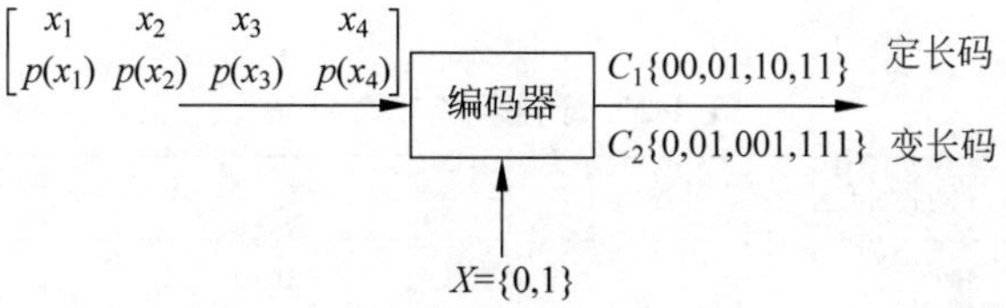

图 4-2 编码过程示意图

整体上看,信源编码主要有以下 3 种方法。

(1) 匹配编码:根据信源符号的概率不同,编出不同码长的码字,即概率大的信源符号用短码,概率小的信源符号用长码,这样可使平均码长达到最小。常见的无失真编码,如香农码、费诺码、赫夫曼编码和算术编码都属于匹配编码。

(2) 变换编码:先对信号进行变换,从一种信号空间变换成另一种信号空间,然后针对变换后的信号进行编码。例如,将时、空域中的信号(语音信号或图像信号)映射成变换域(如频域、空域)。使相关性很强的原始信号经过变换后,得到的变换域系数相互独立,并且能量集中在少数系数上,这样只需对少量的变换域的系数进行编码,即可达到数据压缩的目的。如离散傅里叶变换(Discrete Fourier Transform, DFT)、离散余弦变换(Discrete Cosine Transform, DCT)和小波变换等都属于变换编码。

(3) 识别编码：主要用于印刷或打字机等有标准形状的文字、符号和数据的编码，如中文文字和语音的识别等。

其中，变换编码和识别编码均为限失真信源编码。

由第2章内容可知，由于信源分布的不均匀性和符号之间的相关性，使得信源存在冗余度，而实际上传送信源信息只需要传送信源极限熵大小的信息量。因此，信源编码的主要任务就是减少冗余度。具体地说，就是针对信源输出符号序列的统计特性，寻找一定的方法把信源输出符号序列变换为最短的码字序列。主要存在两种去除冗余度的方法：一是去除相关性，使编码后码序列的各个码符号尽可能地相互独立，这可通过对信源的符号序列编码而不是对单个的信源符号编码实现；二是使编码后各个码符号出现的概率尽可能地相等，即概率分布均匀化，这可通过概率匹配的方法实现。

4.1.2 码的分类

信源编码可以看作一种映射。若是信源符号集中的每个信源符号 x_i 都固定地映射成一个码字 w_i，这样的编码称为分组码(Block Codes)。与分组码对立的信源编码称为非分组码，此时编码器输出的码符号通常与编码的所有信源符号都有关。一般来说，对于等长 r 元码，若长度为 N，则至少有 r^N 个码字。对于不等长 r 元码，若码字最长限定为 N，则至少有 $r(r^N-1)/(r-1)$ 个码字。

用分组码对信源符号进行编码时，为了使接收端能够迅速准确地译出，分组码必须具有一些直观属性。通常，将信源符号与码字不一一对应的码称为奇异码(Singular Codes)，反之称为非奇异码(Non-singular Codes)，其中非奇异码是分组码能够被正确译码的必要条件。这是由于非奇异的分组码并不是总能保证码字能正确地被译出，当码字排在一起时还可能出现奇异特性。如表4-2中所示的 C_1 是奇异码，x_1 和 x_3 对应相同的码字；C_2 是非奇异码。但若传送码 C_2 时，在信道输出端接收到00时，并不能确定译出发送端的消息是两个 x_1 还是一个 x_3。

表4-2 奇异码和非奇异码

信源符号 X	信源符号出现概率 $p(x_i)$	C_1	C_2
x_1	$p(x_1)$	00	0
x_2	$p(x_2)$	01	10
x_3	$p(x_3)$	00	00
x_4	$p(x_4)$	11	01

任意有限长的码元序列，只能被唯一地分割成一个个的码字，称为唯一可译码(Uniquely Decodable Codes)。因为只有任意有限长的信源序列所对应的码元序列各不相同，才能把该码元序列唯一地分割成一个个对应的信源符号，从而实现唯一译码。同时，对于唯一可译码，其译码方法仍有不同。如表4-3中列出的两组唯一可译码，其译码方法不同。当传送码 C_1 时，信道输出端接收到一个码字后不能立即译码，还需等到下一个码字接收到后才能判断、译码。而若传送码 C_2 时，则无此限制，一旦接收到一个完整码字后立即可以译码，将这种可以立即译码的唯一可译码称为即时码(Instantaneous Codes)。

表 4-3 唯一可译码

信源符号 X	信源符号出现概率 $p(x_i)$	C_1	C_2
x_1	$p(x_1)$	1	1
x_2	$p(x_2)$	10	01
x_3	$p(x_3)$	100	001
x_4	$p(x_4)$	1000	0001

若一个码字是其他码字的前缀或是其他码字的后缀，则称为延长码；反之，任何一个码字都不是其他码字的前缀，则称为异前缀码(Prefix Codes)。在延长码中，有的码是唯一可译的，这要取决于码的总体结构。非延长码，即异前缀码一定是即时码。

综上所述，可将码作如下分类：

- 码
  - 非分组码
  - 分组码
    - 奇异码
    - 非奇异码
      - 非唯一可译码
      - 唯一可译码
        - 非即时码
        - 即时码(非延长码)

表 4-4 给出了 4 种不同属性的码，其中，码 1 为奇异码，码 2 为非奇异码、非唯一可译码，码 3 为延长码、唯一可译码、非即时码，码 4 为非延长码、即时码。

表 4-4 码的不同属性

X	$p(x)$	码 1	码 2	码 3	码 4
x_1	1/2	0	0	1	1
x_2	1/4	11	10	10	01
x_3	1/8	00	00	100	001
x_4	1/8	11	01	1000	0001

4.1.3 码树

通常可用码树来表示码字的构成。树中最顶部的节点称为根节点，没有子节点的节点称为叶子节点或叶节点。对于 r 进制码树，每个节点最多有 r 个子节点。从节点到其若干个子节点的弧上分别标注 $0,1,\cdots,r-1$ 等码符号。将从根节点的各段弧上的码符号依次连接，就可得到相应的码字。图 4-3 是一个二进制码树。所有根节点的子节点称为一阶节点，所有一阶节点的子节点称为二阶节点，以此类推，n 阶节点最多有 r^n 个叶子节点。节点的阶次又称为节点的深度。

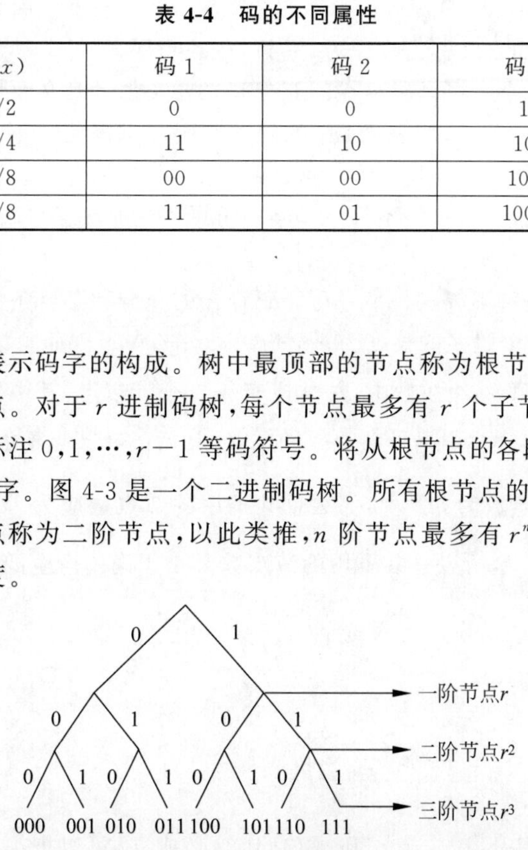

图 4-3 二进制码树

终端节点(叶节点)表示一个信源符号,满足即时码的条件,因为从树根到每一个终端节点所走的路径均不相同,故一定满足对前缀的限制。若码树的各个分支都延伸到最后一级端点,此时共有 r^n 个码字,这样的码树称为满树;否则称为非满树。若每个节点上都有 r 个分支,则称为全树;否则称为非全树。图 4-3 所示为满树,图 4-4(a)所示为全树,图 4-4(b)所示为非全树。通常满树与定长码相对应,非满树与非定长码相对应。

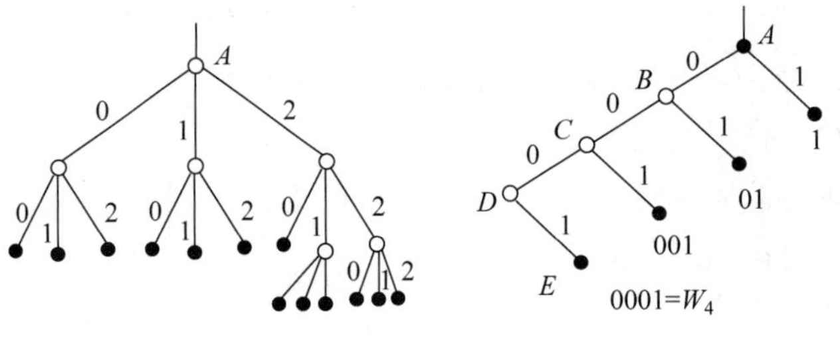

(a) 全树　　(b) 非全树

图 4-4　全树和非全树

由码树概念可导出唯一可译码存在的充分必要条件,称为克劳夫特(Kraft's Inequality)不等式,它包含各码的长度必须符合的关系,即

$$\sum_{i=1}^{N} m^{-k_i} \leqslant 1 \tag{4.1.1}$$

其中,m 是码符号进制数,N 是信源符号数,k_i 为各码字的长度。由克劳夫特不等式可导出唯一可译码的存在,因而它又称为唯一可译码存在的判据。

克劳夫特不等式是唯一可译码存在的充分和必要条件。其必要性表现在如果码是唯一可译码,则必须满足该不等式,如表 4-4 中的码 3 和码 4 都满足该不等式;充分性表现在如果满足该不等式,则这种码长结构的唯一可译码一定存在,但并不表示所有满足不等式的码都是唯一可译码。所以,克劳夫特不等式是唯一可译码的必要条件,而不是唯一可译码的充分条件。

现分别证明克劳夫特不等式是唯一可译码存在的充分和必要条件,首先证明必要条件。

设异前缀码中第 i 个码字的长度为 k_i,$i=1,2,\cdots,N$。因而可以根据各码字的长度构造出一个码树,在码树第 k_i 级阶数上,总共应有 m^{k_i} 个叶节点,其中异前缀码第 i 个节点占据了码树第 k_i 级的 $1/m^{k_i}$。根据异前缀码的定义,其后的叶节点不能再用。对于 N 级满树而言,其后不能用的节点数为 m^{N-k_i},那么总共不用的节点数应为 $\sum_{i=1}^{N} m^{N-k_i}$。N 级满树第 N 级上的总节点数为 m^N,所以总共不用的节点数必小于满树产生的总节点数

$$\sum_{i=1}^{N} m^{N-k_i} \leqslant m^N \tag{4.1.2}$$

对上式两边除以 m^N,得

$$\sum_{i=1}^{N} m^{-k_i} \leqslant 1 \tag{4.1.3}$$

这是异前缀码存在的必要条件。

反之,如果克劳夫特不等式成立,则式(4.1.2)必成立,可以把第 N 级上的树枝分成 N

组，各组中从第 N 级开始删除 m^{N-k_i}，$i=1,2,\cdots,N$。相对于 N 级满树而言，等于删除了 k_i 节点后所有可能的节点。在该组中，以第 k_i 节点作为终节点，就构造好了第 i 个码字。对所有的 N 个码字均如此，则共删除了所有 m^N 个节点中的 $\sum_{i=1}^{N} m^{N-k_i}$。由于 $\sum_{i=1}^{N} m^{-k_i} \leqslant 1$，于是构造了一个异前缀码。这是异前缀码存在的充分条件。

【例 4-1】 设二进制码树中 $X\in\{x_1,x_2,x_3,x_4\}$，$k_1=1$，$k_2=2$，$k_3=2$，$k_4=3$，则应用克劳夫特不等式

$$\sum_{i=1}^{4} 2^{-k_i}=2^{-1}+2^{-2}+2^{-3}+2^{-3}=\frac{9}{8}>1$$

所以不存在满足这样 k_i 的唯一可译码。

【例 4-2】 码字{0,10,110,111}是一个唯一可译码，应用克劳夫特不等式计算得

$$\sum_{i=1}^{4} 2^{-k_i}=2^{-1}+2^{-2}+2^{-3}+2^{-3}=1\leqslant 1$$

【例 4-3】 码字{0,10,010,111}不是唯一可译码，尽管应用克劳夫特不等式，计算结果仍满足

$$\sum_{i=1}^{4} 2^{-k_i}=2^{-1}+2^{-2}+2^{-3}+2^{-3}=1\leqslant 1$$

因此，克劳夫特不等式仅是判断满足条件的唯一可译码是存在的，并不表明该码码字是唯一可译码。

4.2 无失真信源编码定理

信源编码定理是无失真信源编码定理和限失真信源编码定理的总称。为了理解和掌握无失真编码定理和限失真编码定理，首先需要理解一个重要概念，即典型序列。

在信息论中，与大数定理可以比拟的是渐近等分割特性(Asymptotic Equipartition Property，AEP)。实际上，AEP 是弱大数定理的直接推论。我们知道，对于独立等分布随机变量(Independent Identical Distribution，i. i. d) $x_1x_2\cdots x_N$，当 N 充分大时，算术平均 $\frac{1}{N}\sum_{i=1}^{N}x_i$ 接近其数学期望 $E[x]$。AEP 指出若 $x_1x_2\cdots x_N$ 是独立等分布随机变量，其联合概率为 $p(x_1x_2\cdots x_N)$，只要 N 足够大，$\frac{1}{N}\log\frac{1}{p(x_1x_2\cdots x_N)}$ 将接近于信源熵 $H(X)$。这时序列中各个符号的出现频数非常接近于各自的出现概率，且各序列的概率趋近于相等，为 $p(x_1x_2\cdots x_N)\approx 2^{-NH(X)}$。

4.2.1 典型序列和 ε 典型序列

AEP 是随机变量长序列的一种重要特性，它是信源编码定理的理论基础。AEP 表明：当随机变量的序列足够长时，该序列中的部分序列样本就表现出一种典型的性质，即序列中各个符号的出现频数非常接近于各符号的概率。同时，这些序列的概率趋近于相等，且它们的和非常接近于 1，将这些序列称为**典型序列**(Typical Sequence)。通常，序列的长度越长，

典型序列的总概率和越接近于 1,且它的各个序列出现的概率越趋于相等。

香农最早发现随机变量长序列的渐近等分割特性,并在 1948 年发表的论文《通信的数学理论》中将它表述为一个定理。后来,麦克米伦在 1953 年发表的《信息论的基本定理》一文中严格地证明了这一结果,因此,有人也把它称为麦克米伦定理。

定义 4.1:设 $\boldsymbol{X}_i=(X_{i1},X_{i2},\cdots,X_{il},\cdots,X_{iL})$ 是信源序列的样本矢量,$X_{il}\in\{a_1,a_2,\cdots,a_i,\cdots,a_n\}$,共有 n^L 种样本序列。对于任意小的正数 ε,满足,

$$\left|\frac{I(a_1\cdots a_L)}{L}-H(\boldsymbol{X})\right|<\varepsilon \tag{4.2.1}$$

的序列称为 ε 典型序列。若 ε 为零,则称为完全典型序列或精确典型序列。由典型序列构成的集合称为典型序列集合,其中 $A_\varepsilon=\left\{(a_1\cdots a_L):\left|\frac{I(a_1\cdots a_L)}{L}-H(\boldsymbol{X})\right|<\varepsilon\right\}$,否则为非典型序列集合 $A_\varepsilon^c=\left\{(a_1\cdots a_L):\left|\frac{I(a_1\cdots a_L)}{L}-H(\boldsymbol{X})\right|\geqslant\varepsilon\right\}$。对于典型序列,存在一些性质。

定理 4.1:对于任意小的正数 ε 和 δ,当 L 足够大时,具有以下性质:

(1) 典型序列发生的概率为 $p\{A_\varepsilon\}>1-\delta$;

(2) 典型序列集合中序列数的上界为 $|A_\varepsilon|\leqslant 2^{L[H(\boldsymbol{X})+\varepsilon]}$;

(3) 典型序列集合中序列数的下界为 $|A_\varepsilon|\geqslant(1-\varepsilon)2^{L[H(\boldsymbol{X})-\varepsilon]}$。

这就给我们这样的启示:随着信源序列长度的增加,基本上是典型序列出现。因此,若仅考虑对典型序列进行编码,则可极大降低编码后的码长度。

【例 4-4】 若抛硬币时正面为 1,反面为 0,且 0 和 1 等概率出现。抛 L 次(L 足够大)的结果形成一独立等分布的随机变量,其中绝大多数序列包含 $L/2$ 个 1 和 $L/2$ 个 0,求这样的序列为典型序列的个数。

解:设这样结构的序列共有 M 种。根据"不尽相异元素的全排列"可算得 $M=L!\Big/\left(\frac{L}{2}!\ \frac{L}{2}!\right)\approx 2^{LH(\boldsymbol{X})}=2^L$。

4.2.2 无失真定长编码定理

若信源输出符号序列的长度 $L\geqslant 1$,即 $\boldsymbol{X}=(X_1,X_2,\cdots,X_l,\cdots,X_L)$,且 $X_l\in\{a_1,a_2,\cdots,a_i,\cdots,a_n\}$编码成由 K_L 个码元符号组成的码序列,$\boldsymbol{Y}=(Y_1,Y_2,\cdots,Y_k,\cdots,Y_{K_L})$,且 $Y_k\in\{b_1,b_2,\cdots,b_j,\cdots,b_m\}$。编码的目标是无失真地从 $\boldsymbol{Y}$ 恢复 $\boldsymbol{X}$,同时希望传送 $\boldsymbol{Y}$ 时所需要的信息率最小。

由上式编码过程可知,$\boldsymbol{X}$ 序列的样值空间数为 n^L,而 $\boldsymbol{Y}$ 序列的样值空间数将为 m^{K_L}。由于信源编码是一种映射,为了无失真地从码元序列 $\boldsymbol{Y}$ 恢复符号序列 $\boldsymbol{X}$,从数学上要求 $\boldsymbol{Y}$ 序列的样值空间必大于 $\boldsymbol{X}$ 序列的样值空间,即 $m^{K_L}\geqslant n^L$,当 $m=n$ 时,$K_L\geqslant L$。同时要求传送 $\boldsymbol{Y}$ 时所需要的信息率最小,即 $m=n$ 时,$K_L<L$,这是一对矛盾。那么,信源的定长编码如何解决这样的问题?麦克米伦定理告诉我们,若仅对高概率的典型序列进行一一对应的编码,当 $\boldsymbol{X}$ 序列足够长时,既可保证译码后无失真,又保证了编码后码长的减少。

定理 4.2:由 L 个符号组成的,每个符号的熵为 $H_L(\boldsymbol{X})$ 的无记忆平稳信源符号序列

$X_1,X_2,\cdots,X_l,\cdots,X_L$，可用 K_L 个符号 $Y_1,Y_2,\cdots,Y_k,\cdots,Y_{k_L}$（每个符号有 m 种可能值）进行定长编码，对任意 $\varepsilon>0$ 以及 $\delta>0$，只要 $\frac{K_L}{L}\log m\geqslant H_L(\boldsymbol{X})+\varepsilon$，则当 L 足够大时，可使译码差错小于 δ；反之，当 $\frac{K_L}{L}\log m\leqslant H_L(\boldsymbol{X})-2\varepsilon$ 时，则译码差错一定是有限值，而当 L 足够大时，译码几乎处处出错。

定理 4.2 的证明过程涉及典型序列。设 $\boldsymbol{X}_i=(X_1,X_2,\cdots,X_l,\cdots,X_L)$是信源序列的样本矢量，$X_l\in\{a_1,a_2,\cdots,a_i,\cdots,a_n\}$，共有 n^L 种样本。在该样本空间中，出现两类输出序列，一类是高概率的 ε 典型序列，另一类是低概率的非 ε 典型序列，如图 4-5 所示，其中 A_ε 为典型序列集合，定义为 $A_\varepsilon=\left\{(a_1a_2\cdots a_L):\left|\frac{I(a_1a_2\cdots a_L)}{L}-H(\boldsymbol{X})\right|<\varepsilon\right\}$；$A_\varepsilon^c$ 为非典型序列的集合，定义为 $A_\varepsilon^c=\left\{(a_1\cdots a_L):\left|\frac{I(a_1\cdots a_L)}{L}-H(\boldsymbol{X})\right|\geqslant\varepsilon\right\}$。

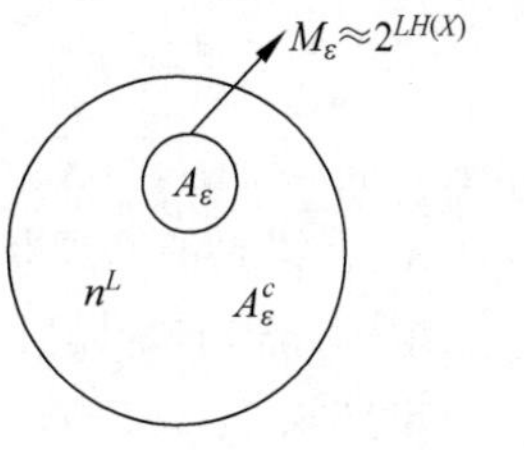

图 4-5　典型序列和非典型序列

可以计算出 A_ε 的个数为 $M_\varepsilon\approx2^{LH(\boldsymbol{X})}$，且 ε 典型序列出现的概率很高，而非 ε 典型序列出现的概率较小。特别是，当 $L\to\infty$ 时，ε 典型序列出现的概率趋于 1，而非 ε 典型序列出现的概率趋于零。由于 ε 典型序列在全部序列中的比例较小，因此只对少数的 ε 典型序列进行一一对应的等长编码，就可保证 $L\to\infty$ 时译码的差错概率趋于零。

由不等式

$$p\{|I(a_i)-H(X)|\geqslant\varepsilon\}\leqslant\frac{\sigma_i^2}{\varepsilon^2}\tag{4.2.2}$$

可得序列的切比雪夫不等式如下

$$\begin{aligned}p\{|I(a_1\cdots a_L)-H_L(\boldsymbol{X})|\geqslant L\varepsilon\}&=p\left\{\left|\frac{I(a_1\cdots a_L)}{L}-H_L(\boldsymbol{X})\right|\geqslant\varepsilon\right\}\\&\leqslant\frac{L\sigma^2(X)}{(L\varepsilon)^2}\\&=\frac{\sigma^2(X)}{L\varepsilon^2}\end{aligned}\tag{4.2.3}$$

即 $p(A_\varepsilon^c)=\frac{\sigma^2(X)}{L\varepsilon^2}$，它表示只对 ε 典型序列进行一一编码时的差错概率。若要求 $p(A_\varepsilon^c)\leqslant\delta$，则可计算出

$$p_e\leqslant\frac{\sigma^2(X)}{L\varepsilon^2}\tag{4.2.4}$$

其中，$\sigma^2(X)=E\{[I(x_i)-H_L(\boldsymbol{X})]^2\}=\sum_{i=1}^{n}p(a_i)[\log p(a_i)]^2-[H_L(\boldsymbol{X})]^2$ 为信息方差。

于是，可计算 L 为

$$L\geqslant\frac{\sigma^2(X)}{\varepsilon^2\delta}\tag{4.2.5}$$

令 $R=\frac{K_L}{L}\log m$，只要 $R>H_L(\boldsymbol{X})$，这种编码器一定可以做到几乎无失真，接收端的译

码差错概率接近于零。

由 $1 \geqslant p(A_\varepsilon) \geqslant 1-\dfrac{\sigma^2(X)}{L\varepsilon^2}$，得到 ε 典型的个数 M_s 的上下界为

$$\left(1-\frac{\sigma^2(X)}{L\varepsilon^2}\right)\mathrm{e}^{LH_L(\boldsymbol{X})-\varepsilon} < M_s < \mathrm{e}^{LH_L(\boldsymbol{X})+\varepsilon} \tag{4.2.6}$$

同时，无失真编码需要 $m^{K_L} > M_s$，于是可以得到

$$\frac{K_L}{L}\log m = R \geqslant H_L(\boldsymbol{X}) + \varepsilon \tag{4.2.7}$$

即 $K_L \log m > LH_L(\boldsymbol{X}) = H(\boldsymbol{X})$；反之，当 $R < H_L(\boldsymbol{X})$ 时，不可能构成无失真的编码，$R = H_L(\boldsymbol{X})$ 为编码的临界状态。

编码方式的好坏可通过编码效率来表示，现给出编码效率的定义。

定义 4.2：编码效率定义为编码前平均每个符号所含的信息与编码后平均每个符号所含的信息之比，即

$$\eta = \frac{H_L(\boldsymbol{X})}{R} = \frac{H_L(\boldsymbol{X})}{\dfrac{K_L}{L}\log m} \tag{4.2.8}$$

对于无失真等长编码方法，其最佳编码效率为

$$\eta = \frac{H_L(\boldsymbol{X})}{R} \leqslant \frac{H_L(\boldsymbol{X})}{H_L(\boldsymbol{X}) + \varepsilon}, \quad \varepsilon > 0 \tag{4.2.9}$$

【例 4-5】 设离散无记忆信源有 8 种符号，其概率分布为

$$\begin{bmatrix} X \\ p(x) \end{bmatrix} = \begin{bmatrix} x_1 & x_2 & x_3 & x_4 & x_5 & x_6 & x_7 & x_8 \\ 0.4 & 0.18 & 0.1 & 0.1 & 0.07 & 0.06 & 0.05 & 0.04 \end{bmatrix}$$

如果对信源符号采用定长二进制编码，要求编码效率 $\eta = 90\%$，允许错误概率 $\delta \leqslant 10^{-6}$，试确定其信源序列长度。

解：对于本题符号序列长度 $L=1$，编码进制为 $m=2$。若不考虑符号存在分布概念，则根据无失真编码定理，编码后码元序列长度为

$$K_L > \frac{H_L(\boldsymbol{X})}{\dfrac{\log m}{L}} = \frac{\log 8}{1} = 3(\text{比特})$$

然而，信源符号存在概率分布，可计算出每个符号的平均不确定度为

$$H_L(\boldsymbol{X}) = -\sum_i p_i \log p_i = 2.55(\text{比特/符号})$$

因此，根据无失真编码定理，编码后码元序列长度可为

$$K_L \geqslant \frac{H_L(\boldsymbol{X})}{\dfrac{\log m}{L}} = 2.55(\text{比特/符号})$$

由于 $2^{2.55} = 5.856 < 8$，因此，一定存在译码差错。

若已知编码效率、信源信息熵和译码差错概率，可计算出需要多长信源符号序列一起进行信源编码。首先计算信息方差，根据定义，

$$\sigma^2(X) = \sum_{i=1}^{8} p_i(\log p_i)^2 - [H_L(\boldsymbol{X})]^2 = 7.82$$

其次，根据给定的 $\eta=90\%$，$H_L(\boldsymbol{X})=H(\boldsymbol{X})=2.55$(比特/符号)，由 $\eta=\frac{H(\boldsymbol{X})}{H(\boldsymbol{X})+\varepsilon}=0.90$，可计算出 $\varepsilon=0.28$。

最后，代入译码差错要求

$$\delta \leqslant 10^{-6} \Rightarrow p_e \leqslant 10^{-6}$$

可得

$$L \geqslant \frac{\sigma^2(X)}{\varepsilon^2 \delta}=\frac{7.82}{0.28^2 \times 10^{-6}}=9.8\times 10^7 \approx 10^8$$

因此，在编码效率和译码错误概率的要求并不十分苛刻的情形下，信源序列长度 L 需长达 10^8 以上，这对存储或处理技术的要求很高，在实际上很难实现。

另一方面，若选用 $m=2$，$K_L=3$，即采用3个二进制符号对上进行无失真等长编码，则此时编码效率为

$$\eta=\frac{2.55}{\frac{K_L}{L}\log m}=\frac{2.55}{3}=0.85$$

由此可见，对于定长编码，在差错率和编码效率要求并不十分苛刻的条件下，就需要近一百万个信源符号进行联合编码；而且当 L 不是很长时，高编码效率的等长码一定会引入译码错误。另外，当 L 有限时，定长编码效率会较低。那么，如何获得高效率的编码呢？变长编码是解决这一问题的有效手段。

4.2.3 无失真变长编码定理

在变长编码中，码长是变化的。可以根据信源各个符号的统计特性，设计对应的编码，如概率大的信源符号用短码，而对概率小的信源符号用长码。这样在大量信源符号编成码后，平均每个信源符号所需的输出符号数就可以降低，从而提高编码效率；不仅如此，通过该编码后获得的序列平均长度也有限，即可用有限的变长编码获得高效率的无失真信源编码。

无失真变长编码定理的引入分为两个阶段：首先讨论单个消息(符号)信源的变长编码定理，它是最简单也是最基本的变长编码定理；在此基础上，再讨论消息序列的变长编码定理。

定理4.3：单个符号变长编码，若一离散无记忆信源的符号熵为 $H(X)$，每个信源符号用 m 进制码元进行变长编码，一定存在一种无失真编码方法，其码字平均长度 $\overline{K}$，满足下列不等式

$$\frac{H(X)}{\log m} \leqslant \overline{K} < \frac{H(X)}{\log m}+1 \tag{4.2.10}$$

证明：设信源符号 $X\in\{a_1,a_2,\cdots,a_n\}$，概率为 $p_i(i=1,2,\cdots,n)$，若对 a_i 用一个长度为 K_i 的码字，使

$$1-\frac{\log p_i}{\log m} > K_i \geqslant \frac{-\log p_i}{\log m}$$

满足上式的整数 K_i 是存在的。对该不等式分别乘以 p_i，再对 i 求和得

$$1-\sum_{i=1}^{n} p_i \frac{\log p_i}{\log m} > \sum_{i=1}^{n} K_i p_i \geqslant \sum_{i=1}^{n} p_i \frac{-\log p_i}{\log m}$$

即 $1+\frac{H(X)}{\log m}>\bar{K}\geqslant\frac{H(X)}{\log m}$，其中，$\bar{K}=\sum_{i=1} p_i K_i$ 为平均码长。

现还需要证明这样的变长码是可以分离的，可通过克劳夫特不等式证明。

由 $K_i \log m \geqslant -\log p_i$ 得

$$m^{K_i} \geqslant \frac{1}{p_i} \Rightarrow p_i \geqslant m^{-K_i}$$

由概率归一性得到

$$1=\sum_{i} p_i \geqslant \sum_{i} m^{-K_i}$$

该式满足克劳夫特不等式，由此证明该码长分布的唯一可译码是存在的。

下面在单个符号无失真变长编码的基础上，推导出无记忆序列信源的变长编码定理。

定理 4.4：离散平稳无记忆序列变长编码定理，对于平均符号熵为 $H_L(\boldsymbol{X})$ 的离散平稳无记忆序列信源，必存在一种无失真编码方法，使平均信息率满足不等式

$$H_L(\boldsymbol{X}) \leqslant R < H_L(\boldsymbol{X})+\varepsilon \tag{4.2.11}$$

其中，ε 为任意小的正数。

证明：设用 m 进制码元作变长编码，序列长度为 L 个信源符号，则由单个符号编码定理可以得到平均码字长度 $\bar{K}_L$，满足下列不等式：

$$\frac{LH_L(\boldsymbol{X})}{\log m} \leqslant \bar{K}_L < \frac{LH_L(\boldsymbol{X})}{\log m}+1$$

已知信源平均信息率为

$$R=\frac{\bar{K}_L}{L}\log m$$

则 $H_L(\boldsymbol{X})\leqslant R<H_L(\boldsymbol{X})+\log m/L$，当 $L\to\infty$ 时，可使 $\frac{\log m}{L}<\varepsilon$。

综上，无记忆信源的变长编码定理得证。

进一步计算无失真变长编码方法的编码效率。根据无失真变长编码定理，可以计算出编码效率的下界为

$$\eta=\frac{H_L(\boldsymbol{X})}{R}>\frac{H_L(\boldsymbol{X})}{H_L(\boldsymbol{X})+\frac{\log m}{L}} \tag{4.2.12}$$

【例 4-6】 对于例 4-5，若采用无失真变长编码方法，试计算序列长度。

解：可计算出

$$m=2,\quad H(\boldsymbol{X})=2.55(\text{比特/符号}),\quad \eta>90\%$$

$$\frac{2.55}{2.55+\frac{1}{L}}=0.9 \Rightarrow L=\frac{1}{0.28}\approx 4$$

即当符号序列长度为 4 时，可达到 90% 的编码效率。

另外，可通过剩余度衡量各种编码方法与最佳码的差距，其中剩余度定义为

$$\gamma = 1 - \eta = 1 - \frac{H_L(X)}{R} \tag{4.2.13}$$

【例 4-7】 讨论编码序列长度对编码效率的影响。对于信源 $\begin{bmatrix} X \\ p(x) \end{bmatrix} = \begin{bmatrix} x_1 & x_2 \\ \frac{3}{4} & \frac{1}{4} \end{bmatrix}$,求用二元码符号{0,1}来构造一个即时码时,计算其传输率。

解:由信源分布得

$$H(X) = -\sum_i p_i \log p_i = -\frac{1}{4}\log\frac{1}{4} - \frac{3}{4}\log\frac{3}{4} = 0.81(\text{比特/符号})$$

若用表 4-5 所示的二元定长编码,则

$$K_L = \sum_i p_i k_i = \frac{3}{4} \times 1 + \frac{1}{4} \times 1 = 1(\text{二元码符号 / 信源符号})$$

可计算编码效率为

$$\eta = \frac{H(X)}{\frac{K_L}{L}\log m} = \frac{0.81}{\log 2} = 0.81$$

表 4-5　例 4-7 二元定长编码

符　号	即　时　码
x_1	0
x_2	1

当信源给定时,信源熵 $H(X)$ 就确定了,而编码后每个信源符号平均用 K_L 个码元来变换。故平均每个码元载荷的信息量就是编码后信道的信息传输率 R',大小为

$$R' = \frac{H(X)}{K_L} = \frac{0.81}{1} = 0.81(\text{比特/二元码符号})$$

为了提高传输效率,可以对信源二次扩展后进行信源编码。表 4-6 给出了扩展后信源符号序列、概率分布和可实现的即时码。

表 4-6　二次扩展后的信源编码

符号序列	概　率	即　时　码
x_1x_1	9/16	0
x_1x_2	3/16	10
x_2x_1	3/16	110
x_2x_2	1/16	111

对于该码,可计算出平均码长为

$$\overline{K}_2 = \sum_i p_i k_i = \frac{9}{16} \times 1 + \frac{3}{16} \times 2 + \frac{3}{16} \times 3 + \frac{1}{16} \times 3 = \frac{27}{16}(\text{二进制码元/序列})$$

$$\overline{K} = \frac{\overline{K}_2}{2} = \frac{27}{32}(\text{二进制码元/符号}),\quad R = \frac{\overline{K}}{L}\log m = \frac{27}{32}(\text{比特/符号})$$

编码效率为

$$\eta=\frac{H_L(\boldsymbol{X})}{R}=\frac{32\times0.811}{27}=0.961$$

也可计算出即时码的传输信息率为

$$R'_2=\frac{H_L(\boldsymbol{X})}{\bar{K}}=0.961(\text{比特/二元码符号})$$

用同样的方法可进一步对信源进行 3 次和 4 次扩展并编码，并分别求出其编码效率和即时码的传输信息率为

$$\eta_3=0.985\quad R'_3=0.985(\text{比特/二元码符号})$$

$$\eta_4=0.991\quad R'_4=0.991(\text{比特/二元码符号})$$

很明显，用变长码编码时，L 不需要很大就可以达到相当高的编码效率，而且可实现无失真编码。随着扩展信源次数的增加，编码效率越来越接近于1，传输信息率 R' 也越来越接近于无噪无损二元信道的信道容量($C=1$ 比特/二元码符号)，实现信源与信道匹配的效果，使信道得到充分利用。

如果对这一信源采用定长二元码编码，要求编码效率 $\eta=96\%$，允许译码错误概率 $\delta=p_e\leqslant10^{-5}$，则根据上一小节内容，可计算出信息方差为

$$\sigma^2(X)=\sum_i p_i(\log p_i)^2-[H(X)]^2=0.4715$$

由编码效率，可推导出 ε 为

$$\eta=\frac{H(X)}{H(X)+\varepsilon}=0.96\quad 即\quad 0.96\varepsilon=0.04H(X)$$

所需要的信源序列长度为

$$L\geqslant\frac{\sigma^2(X)}{\varepsilon^2\delta}=\frac{0.4715}{\left[\frac{0.04H(X)}{0.96}\right]^2\times10^{-5}}=\frac{0.4715\times0.96^2}{0.04^2\times0.811^2\times10^{-5}}\approx4.13\times10^7$$

很显然，定长码需要的信源序列很长，这使得码表很大；而且序列长度不为无限大时，总存在译码差错。变长码若达到相同的编码效率时，序列长度要远远小于定长码，而且可实现无失真编码。

4.3 限失真信源编码定理

4.2 节所讲的信源编码定理，都是针对无失真的情况。而在实际信息处理过程中，为了提高传输和存储的效率，就必须对有待传送和存储的数据进行压缩，这样也会损失一定的信息，带来失真。在现实生活中，人们一般并不要求完全无失真地恢复消息，而是通常要求在保证一定质量(一定保真度)的条件下近似地再现原来的消息，也就是允许一定的错误(失真)存在。例如，在传送语言信号时，由于人耳接受的带宽和分辨率是有限的，所以说这种失真是允许的。又如传送图像时，也并不需要全部精确地把图像传送到观察者，因为人眼有一定的主观视觉特征，允许传送图像时有一定的误差存在。根据图像使用目的不同，也允许有不同程度的失真。本节描述限失真情形下的信源编码定理，下面先介绍失真测度。

4.3.1 失真测度

在实际通信问题中，信号有一定的失真是可以容忍的。但是当失真大于某一限定后，信

息质量将被严重损伤，甚至失去其实用价值。要规定失真限度，必须采用失真测度。

在失真测度中，通常用失真函数表示失真。失真函数 $d(x,y)$ 定义为用 y 来代替 x 所产生的失真的大小，其中 x 是信源符号或样值的值，y 是经失真编码后的值。失真函数可以各种各样，但应尽可能符合信源的主观特性，也就是主观上失真感觉应与 $d(x,y)$ 的值相对应。当 $d(x,y)$ 越大，所感觉到的失真也应越大，最好成正比。一般地，当 $x=y$ 时，$d(x,y)$ 应为零；x 与 y 不同时，$d(x,y)$ 设定为一正值；当 x 与 y 不同程度越大时，$d(x,y)$ 值越大。

定义 4.3：信源 X 输出一个随机变量 $X\in\{x_1,x_2,\cdots,x_n\}$，经传输或编码后，变成 $Y\in\{y_1,y_2,\cdots,y_m\}$，如果 $x_i=y_j$，则认为没有失真，$d(x_i,y_j)=0$；如果 $x_i\neq y_j$，就产生了失真，大小为 $d(x_i,y_j)$，$d(x_i,y_j)$ 称为失真函数。

例如，一个离散信源的失真函数可表示为

$$d(x_i,y_j)=\begin{cases}0 & x_i=y_j\\ a & x_i\neq y_j\end{cases} \tag{4.3.1}$$

其中，a 为正数，为失真大小。

对于离散信源，将所有的失真函数 $d(x_i,y_j)$，$i=1,2,\cdots,n$，$j=1,2,\cdots,m$，按行和列排列起来，将构成一矩阵

$$\boldsymbol{d}=[d(x_i,y_j)]=\begin{bmatrix}d(x_1,y_1) & d(x_1,y_2) & \cdots & d(x_1,y_m)\\ \vdots & \vdots & \vdots & \vdots\\ d(x_n,y_1) & d(x_n,y_2) & \cdots & d(x_n,y_m)\end{bmatrix} \tag{4.3.2}$$

称为**失真矩阵**。

【例 4-8】 设信源符号为 $X\in\{0,1\}$，接收端收到符号序列 $Y\in\{0,1,2\}$，规定失真函数为 $d(0,0)=d(1,1)=0$，$d(1,0)=d(0,1)=1$，$d(0,2)=d(1,2)=0.5$，求失真矩阵。

解：由失真矩阵得

$$\begin{aligned}\boldsymbol{d}&=\begin{bmatrix}d(x_1,y_1) & d(x_1,y_2) & d(x_1,y_3)\\ d(x_2,y_1) & d(x_2,y_2) & d(x_2,y_3)\end{bmatrix}\\ &=\begin{bmatrix}d(0,0) & d(0,1) & d(0,2)\\ d(1,0) & d(1,1) & d(1,2)\end{bmatrix}=\begin{bmatrix}0 & 1 & 0.5\\ 1 & 0 & 0.5\end{bmatrix}\end{aligned}$$

最常用的失真函数有多种形式，如均方失真，它的失真函数定义为 $d(x,y)=(x-y)^2$；绝对失真，它的失真函数定义为 $d(x,y)=|x-y|$；相对失真，它的失真函数定义为 $d(x,y)=|x-y|/|x|$；误码失真，其失真函数为 $d(x_i,y_j)=\begin{cases}0 & x_i=y_j\\ 1 & x_i\neq y_j\end{cases}$。前 3 种失真函数适用于连续信源，后一种失真函数适用于离散信源。均方失真和绝对失真只与 $(x-y)$ 有关，而不分别与 x 及 y 有关，数学处理上比较方便；相对失真与主观特性比较匹配，因为主观感觉往往与客观量的对数成正比，但在数学处理中就要困难得多。实际上，选择一个合适的失真函数，要完全与主观特性匹配是非常困难的，更不用说还要易于数学处理。当然，不同的信源应可有不同的失真函数，所以，失真函数 $d(x, y)$ 的函数形式可以根据需要适当选取。

失真函数的定义可推广到序列失真。假设离散信源为序列信源 $\boldsymbol{X}=(X_1X_2\cdots X_L)$，其中，$L$ 长符号序列 $X_i=(x_{i_1},x_{i_2},\cdots,x_{i_L})$ 经信道传输/编码后，接收端收到矢量序列为 $\boldsymbol{Y}=$

$(Y_1Y_2\cdots Y_L)$，其中 L 长符号序列 $Y_j=(y_{j_1},y_{j_2},\cdots,y_{j_L})$，则序列失真函数定义为

$$d_L(X_i,Y_j)=\frac{1}{L}\sum_{k=1}^{L}d(x_{i_k},y_{j_k}) \tag{4.3.3}$$

其中，$d(x_{i_k},y_{j_k})$是信源输出第 i 个 L 长符号 X_i 中的第 k 个符号 x_{i_k} 时，接收端收到第 j 个 L 长符号 Y_j 中的第 k 个符号 y_{j_k} 的失真函数。

若假定信源为一离散信源 X，经信道传输/编码后，接收端收到 Y，失真矩阵为 $\boldsymbol{d}=[d(x_i,y_j)]=\begin{bmatrix} d(x_1,y_1) & d(x_1,y_2) & \cdots & d(x_1,y_m) \\ \vdots & \vdots & \vdots & \vdots \\ d(x_n,y_1) & d(x_n,y_2) & \cdots & d(x_n,y_m) \end{bmatrix}$。由于 x_i 和 y_j 都是随机变量，因而失真函数 $d(x_i,y_j)$也是随机变量。但在通信时，人们更加关注平均每传送一个符号时的平均失真，为此，进一步定义平均失真。

定义 4.4：平均失真 D 为失真函数的数学期望或统计平均值，定义为

$$D=E[d]=\sum_{i=1}^{n}\sum_{j=1}^{m}p(x_i,y_j)d(x_i,y_i)=\sum_{i=1}^{n}\sum_{j=1}^{m}p(x_i)p(y_j\mid x_i)d(x_i,y_j) \tag{4.3.4}$$

其中，$p(x_i,y_j)$是联合分布概率，$p(x_i)$是信源符号的概率分布，$p(y_j|x_i)$是转移概率分布。在实际问题中，信源符号的概率分布是已知的，而转移概率分布取决于所使用的编码方法。因此，平均失真 D 是对信源分布$\{p(x_i)\}$在给定转移概率分布$\{p(y_j|x_i)\}$的试验信道中传输时的失真的总体量度。

同样，可给出矢量(序列)传输下的平均失真。若信源输出和接收端收到的均是 L 长符号序列，$X_i=(x_{i_1},x_{i_2},\cdots,x_{i_L})$，$Y_j=(y_{j_1},y_{j_2},\cdots,y_{j_L})$，则序列平均失真度为序列失真函数的数学期望

$$D_L=E[d_L]=\frac{1}{L}\sum_{k=1}^{L}E[d(x_{i_k},y_{j_k})]=\frac{1}{L}\sum_{k=1}^{L}D_k \tag{4.3.5}$$

其中，D_k 是第 k 个符号的平均失真。

4.3.2 信息率失真函数 $R(D)$

限失真信源编码的目的是使编码后所需的信息传输率 R 减小，称为信息压缩；通常 R 越小，引起的平均失真就越大。如果预先规定的平均失真度为 D^*，则称信源压缩后的失真度 D 不大于 D^* 的准则为保真度准则，即保真度准则满足：

$$D\leqslant D^* \tag{4.3.6}$$

信息压缩问题就是对于给定的信源，在满足保真度准则的前提下，使信息率尽可能小。将满足保真度准则 $D\leqslant D^*$ 的所有编码方法称为失真度 D^* 允许信道(或称 D^* 试验信道)，记为

$$B_{D^*}=\{p(y\mid x):D\leqslant D^*\} \tag{4.3.7}$$

对于离散无记忆信源，相应地有

$$B_{D^*}=\{p(y_j\mid x_i):D\leqslant D^*\},\quad i=1,2,\cdots,n;\ j=1,2,\cdots,m \tag{4.3.8}$$

定义 4.5：信息率失真函数 $R(D)$：在 D^* 允许的信道 B_{D^*} 中，可以寻找一个试验信道 $p(y|x)$，使给定的信源经过此试验信道后，其信道传输率 $I(X;Y)$达到最小，这个最小值也称为率失真函数，即

$$R(D)=\min_{p(y|x)\in B_{D^*}} I(X;Y) \tag{4.3.9}$$

其中，$I(X;Y)$为试验信道传输率，即互信息。

对于离散无记忆信源，信息率失真函数 $R(D)$可写成

$$R(D)=\min_{p(y|x)\in B_{D^*}}\sum_{i=1}^{n}\sum_{j=1}^{m}p(x_i)p(y_j\mid x_i)\log\frac{p(y_j\mid x_i)}{p(y_j)} \tag{4.3.10}$$

其中，$p(x_i)$是信源符号的概率分布，$p(y_j|x_i)$是编码方法所给定的转移概率分布，也称为试验信道的转移概率；$p(y_j)$是编码后获得符号的概率分布。因为当信源概率分布 $p(x_i)$和失真函数 $d(x_i,y_j)$已知后，决定平均失真 D 的就只有 $p(y_j|x_i)$。由此可见，信息率失真函数 $R(D)$就是失真不大于 D 时的最小互信息；或者说，它是对信源符号进行限失真编码所需的最短编码长度。这与无损编码中的熵一样，可作为失真编码的下限，也是计算编码效率的依据。

信息率失真函数 $R(D)$具有一些性质，表现如下：

(1) $R(D)$的定义域为$[0,D_{\max}]$。

由于平均失真度 D 是失真函数 $d(x,y)$的数学期望，且 $d(x,y)\geqslant 0$，所以平均失真度 D 是非负的，即 $D\geqslant 0$，其下界 $D_{\min}=0$，对应于无失真情况。在限失真传输时，信息传输率应小于或等于信源的熵，即 $R(D)\leqslant H(X)$。

由于 $I(X;Y)\geqslant 0$，而 $R(D)$是在约束条件下的 $I(X;Y)$的最小值，所以 $R(D)\geqslant 0$，是非负的函数，其最小值应为零，取满足 $R(D)=0$ 的所有 D 中的最小值，定义为 $R(D)$定义域的上限 $D_{\max}$，即 $D_{\max}$ 是满足 $R(D)=0$ 的所有平均失真度 D 中的最小值。于是，可以得到 $R(D)$的定义域为 $D\in[0,D_{\max}]$或者 $D\in[D_{\min},D_{\max}]$。

定义 4.6：若 P_D 是使 $I(X;Y)=0$ 的全体转移概率集合，$R(D)$定义域的上限 $D_{\max}$ 定义为 P_D 集合中平均失真的最小值，即 $D_{\max}=\min\limits_{p(y|x)\in P_D}E[d(x,y)]$。

由于 $I(X;Y)=0$ 的充要条件是 X 与 Y 统计独立，即对于所有的 $x\in X$ 和 $y\in Y$ 满足 $p(y|x)=p(y)$，所以有

$$D_{\max}=\min\sum_{y\in Y}p(y)\sum_{x\in X}p(x)d(x,y) \tag{4.3.11}$$

由于信源概率分布 $p(x_i)$和失真函数 $d(x,y)$已确定，因此求 $D_{\max}$ 相当于寻找分布 $p(y_j)$使上式右端最小。如果选取 $\sum\limits_{x_i\in X}p(x_i)d(x_i,y_j)$ 最小时，y_j 的输出分布 $p(y_j)=1$，而对其他的 $\sum\limits_{x_i\in X}p(x_i)d(x_i,y_j)$ 所对应的 y_j 输出分布选取 $p(y_j)=0$，则有

$$D_{\max}=\min_{y\in Y}\sum_{x\in X}p(x)d(x,y) \tag{4.3.12}$$

【**例 4-9**】 编码器的输入/输出符号 $X=Y=\{0,1\}$，$p(x)=\{1/3,2/3\}$，失真矩阵为 $\boldsymbol{d}=\begin{bmatrix}0&1\\1&0\end{bmatrix}$，求 $D_{\min}$，$D_{\max}$。

解：因为失真矩阵每行中都有零元素，因而 $D_{\min}=0$。

$$\begin{aligned}D_{j=1}&=\sum_i p_i d_{i1}=p_1d_{11}+p_1d_{21}\\&=\frac{1}{3}\times 0+\frac{2}{3}\times 1=\frac{2}{3}\end{aligned}$$

$$D_{j=2}=\sum_i p_i d_{i2}=p_1 d_{12}+p_2 d_{22}=\frac{1}{3}\times 1+\frac{2}{3}\times 0=\frac{1}{3}$$

$$D_{\max}=\min_j D_j=\frac{1}{3}$$

此时，$p(y_{j=2})=1, p(y_{j=1})=0$。

(2) $R(D)$是允许失真度 D 的下凸(∪形)函数。

假设 D_1 和 D_2 是两个失真度，$p_1(y|x)$和 $p_2(y|x)$是满足保真度准则 D_1 和 D_2 前提下使 $I(X;Y)$达到极小的编码方法，即试验信道转移函数，则

$$R(D_1)=\min_{p(y|x)\in B_{D_1}} I[p(y\mid x)]=I[p_1(y\mid x)]$$

$$R(D_2)=\min_{p(y|x)\in B_{D_2}} I[p(y\mid x)]=I[p_2(y\mid x)]$$

所以有

$$\sum_{x\in X}\sum_{y\in Y} p(x)p_1(y\mid x)d(x,y)\leqslant D_1$$

$$\sum_{x\in X}\sum_{y\in Y} p(x)p_2(y\mid x)d(x,y)\leqslant D_2$$

令 $0<\alpha<1$，且

$$D_0=\alpha D_1+(1-\alpha)D_2$$

$$p_0(y\mid x)=\alpha p_1(y\mid x)+(1-\alpha)p_2(y\mid x)$$

并记 D 是 $p_0(y|x)$所对应的失真度，则有

$$\begin{aligned}D&=\sum_{x\in X}\sum_{y\in Y} p(x)p_0(y\mid x)d(x,y)\\&=\alpha\sum_{x\in X}\sum_{y\in Y} p(x)p_1(y\mid x)d(x,y)+\\&\quad(1-\alpha)\sum_{x\in X}\sum_{y\in Y} p(x)p_2(y\mid x)d(x,y)\\&\leqslant \alpha D_1+(1-\alpha)D_2=D_0\end{aligned}$$

所以 $p_0(y|x)\in B_{D_0}$，即 $p_0(y|x)$是满足保真度准则 D_0 的试验信道。由信息率失真函数的定义得

$$\begin{aligned}R(D_0)&=\min_{p(y|x)\in B_{D_0}} I[p(y\mid x)]\leqslant I[p_0(y\mid x)]\\&=I[\alpha p_1(y\mid x)+(1-\alpha)p_2(y\mid x)]\\&\leqslant \alpha I[p_1(y\mid x)]+(1-\alpha)I[p_2(y\mid x)]\\&=\alpha R(D_1)+(1-\alpha)R(D_2)\end{aligned}$$

因此，可以证明 $R(D)$是 D 的下凸函数。

(3) $R(D)$在区间$(0,D_{\max})$上是严格单调递减函数。

$R(D)$显然是连续函数，因为 $I[p(y|x)]$是 $p(y|x)$的连续函数，由 $R(D)$的定义可知 $R(D)$是连续函数。$R(D)$显然是非增函数。因为，若 $D_1>D_2$，则满足保真度 D_1 和 D_2 的试验信道集合 B_{D_1} 和 B_{D_2}，有 $B_{D_1}\supset B_{D_2}$，由 $R(D)$的定义得

$$R(D_1)=\min_{p(y|x)\in B_{D_1}} I[p(y\mid x)]$$

$$R(D_2)=\min_{p(y|x)\in B_{D_2}} I[p(y\mid x)]$$

因为 $B_{D_1}\supset B_{D_2}$，而在一个较大范围内求极小值一定不大于在其中一个小范围内求极小值，即

$$\min_{p(y|x)\in B_{D_1}} I[p(y\mid x)]\leqslant \min_{p(y|x)\in B_{D_2}} I[p(y\mid x)]$$

所以有

$$R(D_1)\leqslant R(D_2)$$

要证明 $R(D)$ 是严格单调递减函数，只需证明上式中等号不成立，采用反证法。

在区间 $(0,\ D_{\max})$ 中任取两点 D_1 和 D_2，满足

$$0<D_1<D_2<D_{\max}$$

假定 $R(D_1)\geqslant R(D_2)$ 中等号成立，则在 (D_1,D_2) 中 $R(D)$ 为常数，下面证明在 (D_1,D_2) 中 $R(D)$ 不是常数。

根据 $R(D)$ 的定义及定义域的讨论可知

$$R(D_1)=\min_{p(y|x)\in B_{D_1}} I[p(y\mid x)]=I[p_1(y\mid x)]$$

$$R(D_{\max})=I[p_m(y\mid x)]=0$$

其中，$p_m(y|x)$ 是信息失真函数 $R(D)=0$ 的试验信道。

在区间 $(0,1)$ 内选取 ε，以满足

$$D_1<(1-\varepsilon)D_1+\varepsilon D_{\max}<D_2$$

令 $D_0=(1-\varepsilon)D_1+\varepsilon D_{\max}$，则有 $D_1<D_0<D_2$。

令 $p_0(y|x)=(1-\varepsilon)p_1(y|x)+\varepsilon p_m(y|x)$，则其对应的平均失真度为

$$\begin{aligned}D&=\sum_{x\in X}\sum_{y\in Y}p(x)p_0(y\mid x)d(x,y)\\&=(1-\varepsilon)\sum_{x\in X}\sum_{y\in Y}p(x)p_1(y\mid x)d(x,y)+\varepsilon\sum_{x\in X}\sum_{y\in Y}p(x)p_m(y\mid x)d(x,y)\end{aligned}$$

因为 $p_1(y|x)$、$p_m(y|x)$ 是满足保真度 D_1 和 $D_{\max}$ 的信道，所以

$$\sum_{x\in X}\sum_{y\in Y}p(x)p_1(y\mid x)d(x,y)\leqslant D_1$$

$$\sum_{x\in X}\sum_{y\in Y}p(x)p_m(y\mid x)d(x,y)\leqslant D_{\max}$$

则有

$$D<(1-\varepsilon)D_1+\varepsilon D_{\max}=D_0$$

即 $p_0(y|x)$ 是满足保真度 $D_0=(1-\varepsilon)D_1+\varepsilon D_{\max}$ 的信道。

由信息率失真函数定义可得到

$$\begin{aligned}R(D_0)&=\min_{p(y|x)\in B_{D_0}} I[p(y\mid x)]=I[p_0(y\mid x)]\\&=I[(1-\varepsilon)p_1(y\mid x)+\varepsilon p_m(y\mid x)]\\&\leqslant(1-\varepsilon)I[p_1(y\mid x)]+\varepsilon I[p_m(y\mid x)]\\&=(1-\varepsilon)I[p_1(y\mid x)]\\&=(1-\varepsilon)R(D_1)\end{aligned}$$

因为 $\varepsilon\in(0,1)$，所以 $R(D_0)<R(D_1)$，而 $D_1<D_0<D_2$，所以在 $(D_1,\ D_2)$ 中 $R(D)$ 不

是常数，即命题不成立，$R(D_1)\geqslant R(D_2)$中的等号不成立。至此证明了 $R(D)$是连续的递减函数，且 $R(D)$是严格递减函数。

根据 $R(D)$的 3 个性质，可以得到如下结论：

(1) $R(D)$是非负函数，其定义域为 $0\sim D_{max}$，其值为 $0\sim H(X)$；当 $D>D_{max}$ 时，$R(D)=0$。

(2) $R(D)$是关于失真度 D 的下凸函数。

(3) $R(D)$是关于失真度 D 的严格递减函数。

根据前面的结论可以画出离散信源信息率失真函数 $R(D)$的一般曲线，如图 4-6 所示。其中图 4-6(a)为离散系统，图 4-6(b)为连续系统，在连续系统中，当 $D=0$ 时，即无失真时，$R(D)$趋向无穷。由该图可知，当限定失真度大于 D^* 时，信息率失真函数 $R(D^*)$是信息压缩所允许的最低限度。若 $R(D)<R(D^*)$，则必有 $D>D^*$，即若信息率压缩至 $R(D)<R(D^*)$，则失真度 D 必大于限定失真度 D^*。所以说信息率失真函数给出了限失真条件下信息压缩允许的下界。

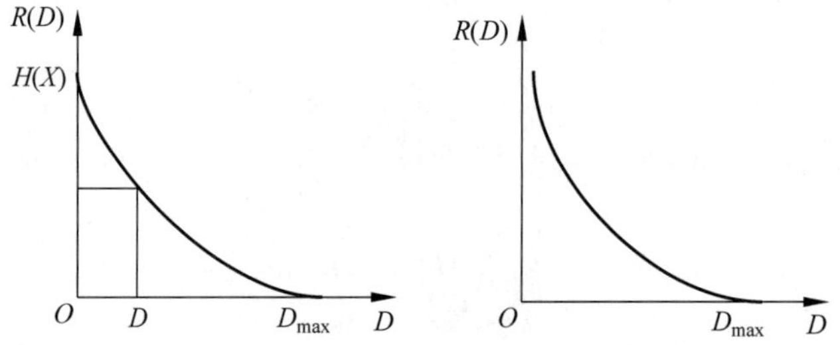

图 4-6 典型 $R(D)$曲线

4.3.3 离散信源和连续信源的 $R(D)$计算

在给定信源概率 $p(x)$和失真函数 $d(x,y)$的条件下，就可以求得该信源的 $R(D)$函数。它是在约束条件即保真度准则下求极小值的问题。但要得到它的显式表达式，一般比较困难，通常用参量表达式。即使如此，除简单的情况外，实际计算上还是很困难的，只能用迭代逐级逼近的方法。在某些特殊情况下，$R(D)$的表示式可以计算出来，例如：

(1) 当信源是高斯信源 $p(x)=\dfrac{1}{\sqrt{2\pi}\sigma}\exp\left[-\dfrac{(x-m)^2}{2\sigma^2}\right]$，失真函数为均方失真即 $d(x,y)=(x-y)^2$ 时，可求得率失真函数 $R(D)=\log\dfrac{\sigma}{\sqrt{D}}$，且 $D_{max}=\sigma^2$ 时，$R(\sigma^2)=0$。这就是在正态变量均方误差准则下的信息率失真函数。

(2) 当信源是指数分布 $p(x)=\dfrac{\lambda}{2}e^{-\lambda|x|}$，失真函数为绝对失真即 $d(x,y)=|x-y|$时，可得率失真函数 $R(D)=\log\dfrac{1}{\lambda D}$，且 $D_{max}=\dfrac{1}{\lambda}$时，$R(D_{max})=0$。

(3) 当信源是二进制离散 $p(x=0)=p$，$p(x=1)=1-p$，失真函数为汉明失真即

$d(x,y)=\delta(x-y)$时，可求得率失真函数 $R(D)=H(p)-H(D)$，且 $D_{\max}=p$ 时，$R(D_{\max})=0$。

综上，这些率失真函数的结构如图 4-7 所示。它们都有一最大失真值 $D_{\max}$，对应 $R(D)=0$ 中 D 的最小值。当允许的平均失真 D 大于该最大值时，$R(D)$当然也是零，也就是不用传送信息就已能达到要求。上述 3 种情况的 $D_{\max}$ 分别为 σ^2、$1/\lambda$ 和 p（若 $p<1/2$，则就是 $1-p$），其实这是很好解释的。例如，在均方失真和正态分布的情况下，不管信源符号是何值都用 $y=0$ 来编码，此时平均失真就是 σ^2，Y 只有一个值，当然不需要传送，也不含有信息。其他两种情况也有类似的结果。当 $D<D_{\max}$ 时，$R(D)$就已不是 0，随着 D 的减小，$R(D)$单调地增加；当 $D=0$ 时，前两种情况下的 $R(D)$趋于无限大，即无限大信息量的连续信源符号无法进行无损编码，除非信息率 R 趋向无限大。对于离散信源就不同，在第 3 种情况下，$D=0$ 时，$R(0)=H(p)$，即无损编码时所需的信息率不能小于信源的符号熵。

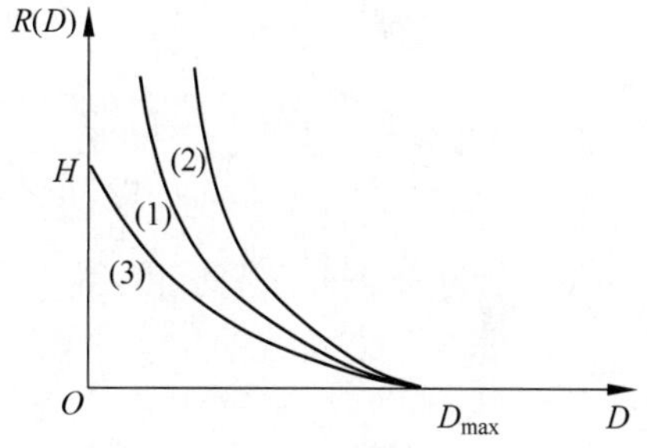

图 4-7 率失真函数 $R(D)$

下面结合实例给出基于参量表达式方法求解率失真函数 $R(D)$的过程。

【例 4-10】 设输入输出符号集为 $X=Y=\{0,1\}$，输入概率分布 $p(x)=\{p,1-p\}$，$p\leqslant 1/2$，失真矩阵为

$$\boldsymbol{d}=\begin{bmatrix} d(x_1,y_1) & d(x_1,y_2) \\ d(x_2,y_1) & d(x_2,y_2) \end{bmatrix}=\begin{bmatrix} 0 & 1 \\ 1 & 0 \end{bmatrix}$$

求信息率失真函数 $R(D)$。

解：由互信息定义式得

$$\begin{aligned} I(X;Y) &= -\sum_j q_j \log q_j + \sum_{i,j} p_i p_{ji} \log p_{ji} \\ &= \sum_{i,j} p_i p_{ji} \log \frac{p_{ji}}{q_j} \end{aligned}$$

其中，$q_j=q(y_i)$是 Y 的分布，$p_{ji}=p(y_j|x_i)$是 X 到 Y 的转移概率，$p_i=p(x_i)$为 X 的分布。信息率失真函数是对互信息在试验信道集合内求极小值。因此，求解信息率失真函数成为在一定约束条件下的极值问题。数学上可通过拉格朗日乘子法求解，其中约束条件共 $n+1$ 个：

$$\begin{cases} D=\sum\limits_{i,j} p_i p_{ji} d_{ij} \\ 1=\sum\limits_{j=1}^{m} p_{ji} \quad (i=1,2,\cdots,n) \end{cases}$$

其中 $d_{ij}=d(x_i,y_j)$且

$$q_j=\sum_i p_i p_{ji}$$

代入如下偏微分方程

$$\frac{\partial}{\partial p_{ji}}\left[I(X;Y)-sD-\mu_i \sum_j p_{ji}\right]=0$$

若令 $\log\lambda_i=\dfrac{\mu_i}{p_i}$，可求得 mn 个关于 p_{ji} 的方程：

$$p_{ji}=q_j\lambda_i\exp(sd_{ij})\quad i=1,2,\cdots,n;\ j=1,2,\cdots,m$$

于是,输出概率为

$$q_j=\sum_i p_i p_{ji}=\sum_i p_i q_j \lambda_i \exp[sd_{ij}]$$

得到

$$\sum_i \lambda_i p_i \exp[sd_{ij}]=1\quad (\text{可求 } \lambda_i\text{,列为公式 ①})$$

进一步对转移概率下标 j 求和,得 $\sum_j p_{ji}=\sum_j q_j\lambda_i\exp[sd_{ij}]=1$,即

$$\lambda_i=\frac{1}{\sum_l q_l\exp[sd_{il}]}$$

利用公式①可求得 q_j,列为公式②。

根据平均失真的定义得

$$D(s)=\sum_i\sum_j d_{ij}p_i\underbrace{q_j\lambda_i\exp[sd_{ij}]}_{p_{ji}}(\text{列为公式 ③})$$

同时,可以计算出此时的互信息,即率失真函数为

$$\begin{aligned}R(s)&=\sum_i\sum_j p_i\underbrace{q_j\lambda_i\exp[sd_{ij}]}_{p_{ji}}\log\frac{\overbrace{q_j\lambda_i\exp[sd_{ij}]}^{p_{ji}}}{q_j}\\&=sD(s)+\sum_i p_i\log\lambda_i(\text{列为公式 ④})\end{aligned}$$

最后,通过公式①、公式②、公式③、公式④可计算出离散信源的 $R(D)$ 函数。

对于本例来说,令 $\lambda_i=\lambda(x_i)$,$p_i=p(x_i)$,$q_j=p(y_j)$,$\alpha=e^s$,$i,j=1,2,\cdots,m$

公式①为下式方程组:

$$\sum_i\lambda(x_i)p(x_i)\exp[sd(x_i,y_j)]=1,\quad j=1,2,\cdots,m$$

写成矩阵形式为

$$[p_1\lambda_1\quad p_2\lambda_2]\begin{bmatrix}1&\alpha\\\alpha&1\end{bmatrix}=[1\quad 1]$$

由此解得

$$p_1\lambda_1=p_2\lambda_2=\frac{1}{1+\alpha},\quad \lambda_1=\frac{1}{p(1+\alpha)},\quad \lambda_2=\frac{1}{(1-p)(1+\alpha)}$$

公式②为下式方程组:

$$\sum_j p(y_i)\exp[sd(x_i,y_j)]=\frac{1}{\lambda(x_i)},\quad i=1,2,\cdots,n$$

写成矩阵形式为

$$\begin{bmatrix}1&\alpha\\\alpha&1\end{bmatrix}\begin{bmatrix}q_1\\q_2\end{bmatrix}=\begin{bmatrix}\dfrac{1}{\lambda_1}\\\dfrac{1}{\lambda_2}\end{bmatrix}$$

解得

$$q_1=\frac{1}{1-\alpha^2}\left(\frac{1}{\lambda_1}-\frac{\alpha}{\lambda_2}\right)=\frac{1}{1-\alpha}[p-\alpha(1-p)]$$

$$q_2=\frac{1}{1-\alpha^2}\left(\frac{1}{\lambda_2}-\frac{\alpha}{\lambda_1}\right)=\frac{1}{1-\alpha}(1-p-\alpha p)$$

按公式③求得转移概率分布 p_{ji} 如下：

$$p_{ji}=\lambda(x_i)p(y_j)\exp[sd(x_i,y_j)],\quad i=1,2,\cdots,n;\ j=1,2,\cdots,m$$

写成矩阵形式为

$$\boldsymbol{P}=\frac{1}{1-\alpha^2}\begin{bmatrix}\dfrac{p-\alpha(1-p)}{p} & \dfrac{1-p-\alpha p}{p}\alpha \\ \dfrac{p-\alpha(1-p)}{1-p}\alpha & \dfrac{1-p-\alpha p}{1-p}\end{bmatrix}$$

按公式④求得 $s(s=\log\alpha)$

$$D=\sum_{ij}p_ip_{ji}d_{ij}=p_1p_{11}d_{11}+p_1p_{12}d_{12}+p_2p_{21}d_{21}+p_2p_{22}d_{22}$$

$$=\frac{1}{1-\alpha^2}[\alpha(1-p-\alpha p)+\alpha(p-\alpha(1-p))]=\frac{\alpha}{1+\alpha}$$

$$D=\frac{\alpha}{1+\alpha},\quad \alpha=\frac{D}{1-D}$$

$$s=\log\alpha=\log D-\log(1-D)$$

最后计算 $R(D)$，将上面各式代入，则有

$$R(D)=sD+\sum_i p_i\log\lambda_i$$

$$=D\log\frac{D}{1-D}+p\log\frac{1}{p(1+\alpha)}+(1-p)\log\frac{1}{(1-p)(1+\alpha)}$$

$$=D\log\frac{D}{1-D}+H(p)-\log(1+\alpha)$$

$$=D\log\frac{D}{1-D}+(1-D)\log(1-D)+H(p)$$

结果得到

$$R(D)=\begin{cases}H(p)-H(D) & 0\leqslant D\leqslant p\leqslant\dfrac{1}{2}\\ 0 & D\geqslant p\end{cases}$$

可用如图 4-8 所示的曲线表示该信息率失真函数，p 值不同时，$R(D)$的曲线有所不同，但都符合对信息率失真函数的性质描述。

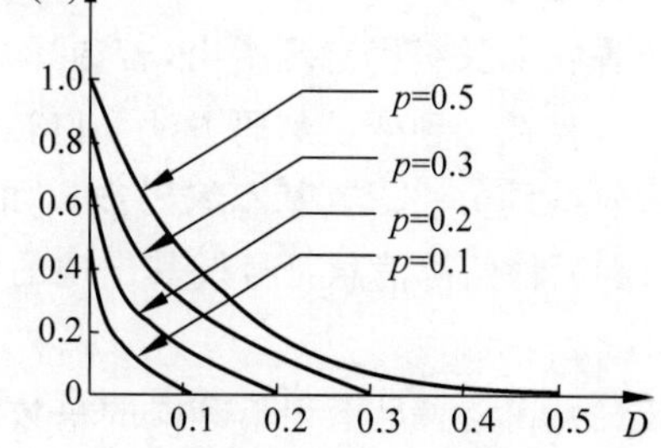

图 4-8 信息率失真函数 $R(D)$(p 为参数)

4.3.4 编码定理

信息率失真函数给出了失真小于 D 时所必须具有的最小信息率 $R(D)$；只要信息率大于 $R(D)$，一定可以找到一种码，使得译码后的失真小于 D。

定理 4.5：设离散无记忆信源 X 的信息率失真函数为 $R(D)$，则当信息率 $R>R(D)$ 时，只要信源序列的长度足够长，一定存在一种编码方法，使得其译码失真小于或等于

$D+\varepsilon$，ε 为任意小的正数；反之，若 $R<R(D)$，则无论采用什么样的编码方法，其译码失真必大于 D。

如果信源是二元离散信源，对于任意小的 $\varepsilon>0$，每一个信源符号的平均码长满足 $R(D)\leqslant\overline{K}\leqslant R(D)+\varepsilon$。

定理4.5指出，在失真限度内使信息率任意接近 $R(D)$ 的编码方法存在。然而，要使信息率小于 $R(D)$，平均失真一定会超过失真限度 D。

对于连续平稳无记忆信源，虽然无法进行无失真编码，在限失真情况下，有与该定理一样的编码定理。该定理只能说明最佳编码是存在的，而具体构造编码的方法却一无所知，因而就不能像无损编码那样从证明过程中引出概率匹配的编码方法。一般只能从优化的思路去求最佳编码。实际上，迄今尚无合适的、可实现的编码方法来接近 $R(D)$ 这个界。

4.4 信源编码方法

无失真信源编码定理(即香农第一定理)指出了信源无损压缩与信源信息熵的关系，即信息熵是无损压缩编码所需平均码长的极限值，也指出了可以通过编码使平均码长达到极限值。限失真信源编码定理(即香农第三定理)指出了允许失真度 D 给定情形下信源可压缩的最大程度，它指出了保真度条件下信源信息率可压缩的最低限度。比较香农第一定理和第三定理可知，当信源给定后，无失真信源压缩的极限值是信源熵 $H(X)$；而失真信源压缩的极限值是信息率失真函数 $R(D)$。同时，香农第一定理和第三定理都只给出一个存在定理，由这些定理为指导，可以获得一些具体的信源编码方法。

4.4.1 无失真信源编码方法

凡是能载荷一定的信息量，且码字的平均长度最短、可分离的变长码的码字集合，称为好码。常见的好码有香农码、赫夫曼编码和算术码等。为了满足平均码字短，有效的方法是概率大的编以短码，概率小的编以长码。以此准则为例，现给出香农码、赫夫曼编码和算术码3种有效的好的编码方法。

1. 香农码

香农变长编码定理指出，若选择每个码字的长度 K_i 满足 $I(x_i)\leqslant K_i<I(x_i)+1$，$\forall i$，则一定存在一种变长编码方法。以该定理为依据，香农给出了一种具体获取编码的方法，称为香农编码方法。其基本编码步骤如下。

(1) 将信源消息符号按其出现的概率大小依次排列：

$$p(x_1)\geqslant p(x_2)\geqslant\cdots\geqslant p(x_n)$$

(2) 确定满足下列不等式的整数码长 K_i：

$$-\log p(x_i)\leqslant K_i<-\log p(x_i)+1$$

(3) 为了编成唯一可译码，计算第 i 个消息的累加概率，即

$$P_i=\sum_{k=1}^{i-1}p(x_k)$$

(4) 将累加概率 P_i 变换成二进制数。

(5) 取 P_i 二进制数的小数点后 K_i 位即为该消息符号的二进制码字。

【例 4-11】 设某一离散信源共有 7 个符号消息，其概率和累加概率如表 4-7 所示，给出相应的香农码。

表 4-7 离散信源概率及累加概率

信源消息符号 X	符号概率 $p(x_i)$	累加概率 P_i
x_1	0.20	0
x_2	0.19	0.2
x_3	0.18	0.39
x_4	0.17	0.57
x_5	0.15	0.74
x_6	0.10	0.89
x_7	0.01	0.99

解：根据香农编码的步骤，给出具体的编码，如表 4-8 所示。

表 4-8 香农码编码过程

符　号	概　率	累加概率	自信息	码　长	码　字
x_i	$p(x_i)$	P_i	$-\log p(x_i)$	K_i	C_i
x_1	0.20	0	2.34	3	000
x_2	0.19	0.2	2.41	3	001
x_3	0.18	0.39	2.48	3	011
x_4	0.17	0.57	2.56	3	100
x_5	0.15	0.74	2.74	3	101
x_6	0.10	0.89	3.34	4	1110
x_7	0.01	0.99	6.66	7	1111110

以 $i=4$ 为例，首先求第 4 位消息的二进制代码组的码长 l_4：

$$-\log 0.17 \leqslant l_4 < -\log 0.17 + 1$$

$$2.56 \leqslant l_4 < 3.56, \quad l_4 = 3$$

计算累加概率 P_4：

$$P_4 = \sum_{i=1}^{3} p(x_i) = p(x_1) + p(x_2) + p(x_3) = 0.2 + 0.19 + 0.18 = 0.57$$

P_4 变换成二进制为 0.1001…，由于 $l_4=3$，所以第 4 个消息的编码码字为 100，其他消息的码字可用同样方法求得。该信源共有 5 个 3 位的码字，各码字之间至少有一位数字不相同，故是唯一可译码。同时可以看出，这 7 个码字都不是延长码，它们都属于即时码。

进一步计算香农码的编码效率。首先计算单个符号的信息熵

$$H(X) = -\sum_i p(x_i)\log p(x_i) = 2.61(\text{比特/符号})$$

由各个码字的长度，可计算出信源符号的平均码长为

$$\overline{K} = \sum_i p(x_i) K_i = 3.14(\text{码元/符号})$$

获得香农码信息传输率为

$$R = \frac{H(X)}{\overline{K}} = \frac{2.61}{3.14} = 0.831(\text{比特/码元})$$

2. 赫夫曼(Huffman)码

赫夫曼编码是一种最佳(Optimal)编码方法,其基本编码步骤如下。

(1) 按消息符号的概率大小排序:

$$p(x_1) \geqslant p(x_2) \geqslant \cdots \geqslant p(x_n)$$

(2) 取两概率最小的符号分别配以 0,1 编码,并将两概率之和作为新元素重新排列。

(3) 重复两概率最小的编码过程,直至最后两符号配以 0 和 1 为止。

(4) 从最后一级开始,向前返回得到各个信源符号所对应的码元序列,即相应的码字。

值得说明的是,两种有效编码都可以用码树加以描述,都是即时码,其中香农码从树根开始编码,因此最终取码顺序是从左向右;而赫夫曼编码是从叶节点开始,最终取码顺序是从右向左。

【例 4-12】 设某一离散信源共 7 个符号消息,其概率和累加概率如表 4-7 所示,给出相应的赫夫曼码。

解:赫夫曼编码过程如表 4-9 所示。

表 4-9 赫夫曼编码过程

X	$p(x_i)$	编码过程							码长
x_1	0.20		0.20	0.26	0.35	0.39	0.61 (0) → 1.0	10	2
x_2	0.19		0.19	0.20	0.26	0.35 (0)	0.39 (1)	11	2
x_3	0.18		0.18	0.19	0.20 (0)	0.26 (1)		000	3
x_4	0.17		0.17	0.18 (0)	0.19 (1)			001	3
x_5	0.15		0.15 (0)	0.17 (1)				010	3
x_6	0.10	(0)	0.11 (1)					0110	4
x_7	0.01	(1)						0111	4

计算平均码长

$$\overline{K} = \sum_i p(x_i) K_i = 2.72(\text{码元/符号})$$

获得信息传输率为

$$R = \frac{H(X)}{\overline{K}} = \frac{2.61}{2.72} = 0.9596(\text{比特/码元})$$

赫夫曼编码方法可以推广至 m 元编码中,不同的只是每次把 m 个符号(概率最小)合并成一个新的信源符号,并分别用 $0,1,\cdots,m-1$ 等码元表示。但是,为了使短码得到充分利用,使平均码长最短,必须使最后一步的缩减信源有 m 个信源符号。在 m 进制码树是全树时,可分离的码字数目必为 $m+k(m-1)$,k 为非负整数,这是因为一节的全树必有 m 个码字才成为全树。因此,若所需的码字数 n 不能构成 m 进制的全树,就必须加 s 个概率为零符号来形成全树,其中 s 可用下式计算得到。

$$s = m + k(m-1) - n \tag{4.4.1}$$

或者说,第 1 次选最小概率符号时就只取 $(m-s)$ 个。

【例 4-13】 设某一离散信源共 8 个符号消息,其概率分别为 0.40、0.18、0.10、0.10、0.07、0.06、0.05 和 0.04,给出相应的三进制赫夫曼码。

解:编码过程如表 4-10 所示。

表 4-10　三进制赫夫曼码编码过程

X	$p(x_i)$	编码过程					码字	码长
x_1	0.40		0.40	0.40 0.22	0.40 (0) 0.38 (1) 0.22 (2)	1.0	0	1
x_2	0.18		0.18	0.18 (0)			10	1
x_3	0.10		0.10	0.10 (1)			11	2
x_4	0.10		0.10 0.09 (0)	0.10 (2)			12	2
x_5	0.07		0.07 (1)				21	2
x_6	0.06		0.06 (2)				22	2
x_7	0.05	(0)					200	3
x_8	0.04	(1)					201	3

可计算出 $H(X)=2.55$ 比特/符号

平均码长为 $\overline{K}=\sum_i p(x_i)K_i=1.69$（三进制码元/符号）

因此，编码效率为

$$\eta=\frac{H(X)}{\dfrac{\overline{K}}{L}\log m}=\frac{2.55}{1.69\times\log 3}\times 100\%=95.2\%$$

赫夫曼编码的码并非唯一，其原因来自于两个方面：①赋予信源最后两个概率最小的符号 0、1 是任意的；②概率相同时，排序位置是任意的。通过下面例子进行说明。

【例 4-14】 有一信源，其概率测度为 $\begin{bmatrix} X \\ p(x) \end{bmatrix}=\begin{bmatrix} x_1 & x_2 & x_3 & x_4 & x_5 \\ 0.4 & 0.2 & 0.2 & 0.1 & 0.1 \end{bmatrix}$，求其二进制赫夫曼编码。

解：对于该信源符号，可以分别编码，如表 4-11 和表 4-12 所示。

表 4-11　编码过程一

X	$p(x_i)$	编码过程					码字	码长
x_1	0.4		0.4	0.4	0.6 (0)	1.0	00	2
x_2	0.2		0.2	0.4 (0)	0.4 (1)		10	2
x_3	0.2		0.2 (0)	0.2 (1)			11	2
x_4	0.1	(0)	0.2 (1)				010	3
x_5	0.1	(1)					011	3

表 4-12　编码过程二

X	$p(x_i)$	编码过程					码字	码长
x_1	0.4		0.4	0.4	0.6 (0)	1.0	1	1
x_2	0.2		0.2	0.4 (0)	0.4 (1)		01	2
x_3	0.2		0.2 (0)	0.2 (1)			000	3
x_4	0.1	(0)	0.2 (1)				0010	4
x_5	0.1	(1)					0011	4

分别计算其平均码长和编码效率为

$$\overline{K}_1=\sum_i p(x_i)K_i=2.2(\text{码元/符号})\quad \eta_1=\frac{H(X)}{\frac{\overline{K}_1}{1}\log 2}=0.965$$

$$\overline{K}_2=\sum_i p(x_i)K_i=2.2(\text{码元/符号})\quad \eta_2=\frac{H(X)}{\frac{\overline{K}_2}{1}\log 2}=0.965$$

由此可见,两种编码方案获得的编码效率相同,但是码字并不一致。再进一步分别计算两种编码方案所获码字的方差,得到

$$\sigma_{1e}^2=E[(K_i-\overline{K})^2]=\sum_{i=1}^{5}p(x_i)(K_i-\overline{K})^2=0.16$$

$$\sigma_{2e}^2=E[(K_i-\overline{K})^2]=\sum_{i=1}^{5}p(x_i)(K_i-\overline{K})^2=1.36$$

可见,两种赫夫曼编码的码方差不同,前一种编码方法的码方差要小于后一种方案。另外,码集的码方差越小,表明码集中各码字的长度越接近相同,利于随后的信息传输。因此,进行赫夫曼编码时,为得到码方差最小的码,应使合并的信源符号位于缩减信源序列尽可能高的位置上,以减少再次合并的次数,充分利用短码。

3. 算术编码

以上所讨论的信源编码方法,都是建立在符号和码字一一对应的基础上,这种编码方式称为块码或分组码,此时信源符号是多元的,且符号相关性不被考虑。当然,对于最常见的二元序列,可先采用游程编码、分帧编码或合并符号等手段,转换成多值符号,然后再利用块码的方式进行编码。但是,这种方式使得信源编码的匹配原则不能充分地被满足,因而编码效率将有所损失。如果要较好地解除相关性,就需在序列中取很长的一段进行编码,此时会遇到采用等长码时的那种困难。

为了克服这种局限性,需要研究非分组码的编码方法。算术码即一种非分组码,其基本思路是从全序列出发,将各信源序列的概率映射到[0,1]区间上,使每个序列对应该区间内的一点,也就是一个二进制的小数。这些点把[0,1]区间分成许多小段,每段的长度等于某一序列的概率;再在段内取一个二进制小数,使其长度可与该序列的概率匹配,达到高效率编码的目的。这种方法与香农编码方法有些类似,只是它们考虑的信源序列对象不同,算术码中的信源序列长度要长得多。

如果信源符号集为 $A=\{a_0,a_1,\cdots,a_{n-1}\}$,信源序列 $X=\{X_1,X_2,\cdots,X_L\}$,$X_L\in A$,共有 n^L 种可能序列。由于考虑的是全序列,因而序列长度 L 很大,如传真编码时需将整页纸上的信息作为一个序列,因此实用中很难得到对应序列的概率,只能从已知的信源符号概率 $P=\{p(a_0),p(a_1),\cdots,p(a_{n-1})\}=\{p_0,p_1,\cdots,p_{n-1}\}$ 中递推得到。定义各符号的累加概率为

$$P_r=\sum_{i=0}^{r-1}p_i \tag{4.4.2}$$

显然,由上式可得 $P_0=0,P_1=p_0,P_2=p_0+p_1,\cdots$,而且两累加概率之差是序列概率,即

$$p_r=P_{r+1}-P_r \tag{4.4.3}$$

由于 P_{r+1} 和 P_r 都是小于 1 的正数，可用[0,1]区间内的两个点来表示，则 p_r 就是这两点间的小区间的长度，图 4-9 描述了累加概率与符号概率间的关系。不同的符号有不同的小区间，它们互不重叠，所以可将这种小区间内的任一点作为该符号的代码。以后将计算这代码所需的长度，使之能与其概率匹配。那么，累加概率点如何得到呢？现通过一例子，给出累加概率的迭代关系。

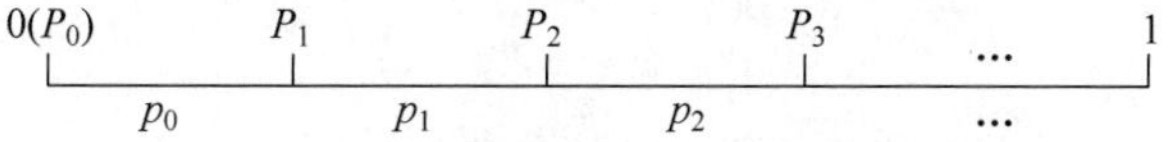

图 4-9　信源的符号概率和累加概率

【例 4-15】 有一序列 $S=011$，这种 3 个二元符号的序列可按自然二进制数排列，即 000,001,010,…，则 S 的累加概率为 $P(S)=p(000)+p(001)+p(010)$。

如果 S 后面接一个 0，累加概率就成为

$$\begin{aligned}P(S0)&=p(0000)+p(0001)+p(0010)+p(0011)+p(0100)+p(0101)\\&=p(000)+p(001)+p(010)=P(S)\end{aligned}$$

因为每两个四元符号的最后一位都是 0 和 1 时，根据归一律，它们的概率和应等于前 3 位的概率，如 $p(0000)+p(0001)=p(000)$。

如果 S 后面接一个 1，则其累加概率是

$$\begin{aligned}P(S1)&=p(0000)+p(0001)+p(0010)+p(0011)+p(0100)+p(0101)+p(0110)\\&=P(S)+p(0110)\\&=P(S)+p(S)p_0\end{aligned}$$

由于单符号序列的累加概率为 $P_0=0, P_1=p_0$，所以上面两式可统一写作

$$P(Sr)=P(S)+p(S)P_r \quad r=0,1 \tag{4.4.4}$$

该式可推广到多元序列($n>2$)，可得一般的递推公式为

$$P(Sa_r)=P(S)+p(S)P_r \tag{4.4.5}$$

其中，P_r 是符号 a_r 的累加概率。同时，序列概率的递推公式为

$$p(Sa_r)=p(S)p(a_r) \tag{4.4.6}$$

其中，$p(a_r)$是符号 a_r 的概率。

对于计算信源符号序列的累加概率，还可以从另一角度考虑。假设两个二元符号序列 $S=(s_1s_2\cdots s_n)$和 $y=(y_1y_2\cdots y_n)$。若两序列中对于某第 1 个 i 有 $s_i=1, y_i=0$，则认为 $S>y$。也就是说，可以把这符号序列看成二进制小数 $0.S$，$0.y$，当某第 i 个满足 $s_i>y_i$，则 $\sum\limits_i s_i2^{-i}>\sum\limits_i y_i2^{-i}$，认为 $S>y$。如果将二元符号序列排成一棵 n 阶二元满树，如图 4-10 所示。所有小于 S 的序列都在同一阶 S 节点的左侧。因此，根据累加概率分布函数定义，信源符号序列 S 的累加概率为

$$P(S)=\sum_{y<S}P(y)=\sum_{s\text{左侧的所有}}P(T) \tag{4.4.7}$$

例如，前面讨论的输入符号 $S=0111$，由式(4.4.7)计算得到

$$P(0111)=P(T_1)+P(T_2)+P(T_3)$$

它与前面的分析结果相一致。

从以上关于累加概率 $P(S)$的计算中可以看出，$P(S)$把区间[0,1]分割成许多小区间，

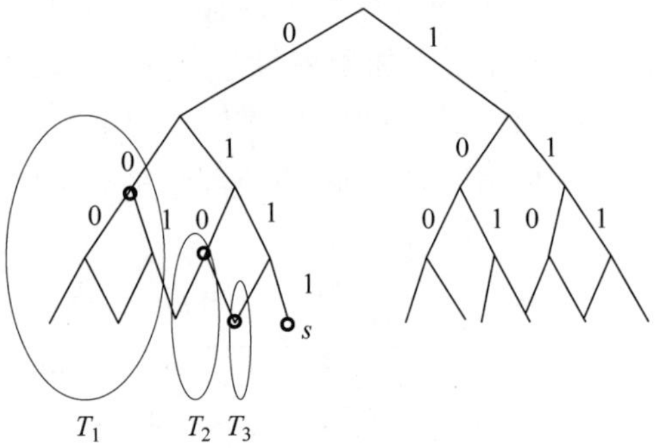

图 4-10　二进制算术编码输入符号序列对应的树

每个小区间的长度等于各序列的概率 $p(S)$，而这小区间内的任一点可用来代表这序列，现在来讨论如何选择这个点。令

$$L=\left\lceil \log \frac{1}{p(S)} \right\rceil \tag{4.4.8}$$

其中，$\lceil \cdot \rceil$代表大于或等于"·"的最小整数。把累加概率 $P(S)$写成二进位的小数，取其前 L 位，其后如果有尾数，就进位到第 L 位，这样得到一个数 C。例如，$P(S)=0.10110001$，$p(S)=1/17$，则 $L=5$，得 $C=0.10111$。这个 C 就可作为 S 的码字。因为 C 不小于 $P(S)$，至少等于 $P(S)$。又由式(4.4.8)可知 $p(S)\geqslant 2^{-L}$。令 $S+1$ 为按顺序正好在 S 后面的一个序列，则

$$P(S+1)=P(S)+p(S)\geqslant P(S)+2^{-L}>C \tag{4.4.9}$$

当 $P(S)$在第 L 位以后没有尾数时，$P(S)$就是 C，上式成立；如果有尾数时，该尾数就是上式的左右两侧之差，所以上式也成立。由此可见 C 必在 $P(S+1)$和 $P(S)$之间，也就是在长度为 $p(S)$的小区间(左闭右开的区间)内，因而是可以唯一译码的。这样构成的码字，编码效率是很高的，因为它可达到概率匹配准则，尤其是当序列很长时。由式(4.4.6)可见，对于长序列，$p(S)$必然很小，L 与概率倒数的对数几乎相等；也就是取整数所造成的差别很小，平均代码长度将接近 S 的熵值。

在实际应用时，采用累加概率 $P(S)$表示码字 $C(S)$，序列概率 $p(S)$表示状态区间 $A(S)$，则码字和状态区间的迭代关系为

$$\left.\begin{aligned} C(Sr)&=C(S)+A(S)P_r \\ A(Sr)&=A(S)p_r \end{aligned}\right\} \tag{4.4.10}$$

其中，P_r 是符号 a_r 是累加概率，p_r 是符号 a_r 的概率。

对于二进制符号组成的序列，$r=0,1$。实际编码过程是这样的：先置两个存储器 C 和 A，起始时可令

$$A(\phi)=1,\quad C(\phi)=0 \tag{4.4.11}$$

其中，ϕ 代表空集。每输入一个信源符号，存储器 C 和 A 就按照式(4.5.10)更新一次，直至信源符号序列结束为止，选取存储器 C 的内容 L 位作为码字输出。由于 $C(S)$是递增的，而该增量随着序列的增长而减小，因为该增量是序列的概率与信源符号序列的累加概率的乘积；所以 C 的前面几位一般已固定，在以后计算中不会被更新，因而可以输出，只需保留后

面几位用作更新。

算术码译码是编码的逆过程，可逐位进行译码，其基本步骤与编码过程相似。

【例 4-16】 有简单的 4 个符号 a,b,c,d 构成序列 $S=abda$，各符号及其对应概率如表 4-13 所示，求其算术编解码过程。

表 4-13 例 4-16 信源符号及概率

符 号	符号概率 p_i	符号累积概率 P_i
a	0.100(1/2)	0.000
b	0.010(1/4)	0.100
c	0.001(1/8)	0.110
d	0.001(1/8)	0.111

解：设起始状态为空序列 ϕ，则

$$A(\phi)=1,\quad C(\phi)=0$$

递推得

$$\begin{cases}C(a)=C(\phi)+A(\phi)P_b=0+0.1\times 0.1=0.01\\ A(a)=A(\phi)p_b=0.1\times 0.01=0.001\end{cases}$$

$$\begin{cases}C(ab)=C(a)+A(a)P_b=0+0.1\times 0.1=0.01\\ A(ab)=A(a)p_b=0.1\times 0.01=0.001\end{cases}$$

$$\begin{cases}C(abd)=C(ab)+A(ab)P_d=0.01+0.001\times 0.111=0.010111\\ A(abd)=A(ab)p_d=0.001\times 0.001=0.000001\end{cases}$$

$$\begin{cases}C(abda)=C(abd)+A(abd)P_a=0.010111+0.000001\times 0=0.010111\\ A(abda)=A(abd)p_a=0.000001\times 0.1=0.0000001\end{cases}$$

上述编码过程可用如图 4-11 所示的单位区间的划分来描述。

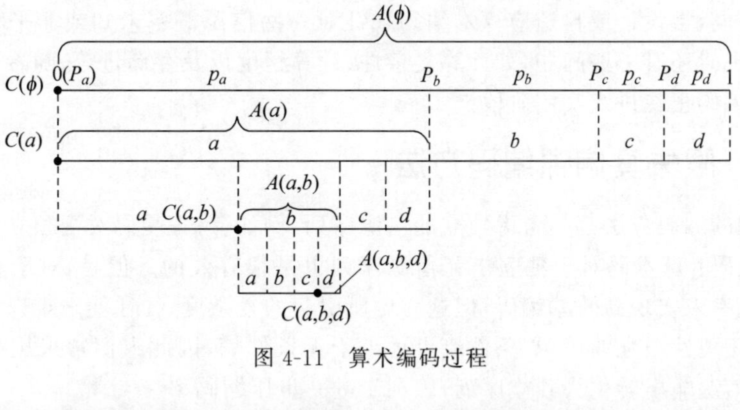

图 4-11 算术编码过程

译码过程是编码的逆过程，可通过码字对区间分隔值的数值大小的比较来完成，也就是首先判断码字 $C(S)$ 落在哪一个区间，对应地译出一个符号。据递推公式的相反过程译出各符号。具体译码顺序是后编的先译，故称为 LIFO 算术码，步骤如下：

(1) 译码：$C(abda)=0.010111<0.1\in[0,0.1]$（第 1 个符号为 a）。

(2) 去掉 P_a,并放大至[0,1]($\times p^{-1}(a)$)得

$$C(abda)\times\left(\frac{1}{2}\right)^{-1}=0.10111\in[0.1,0.110](\text{第 2 个符号为 } b)。$$

(3) 去掉累积概率 P_b,即 0.10111−0.1=0.00111。

(4) 放大至[0,1]($\times p^{-1}(b)$)得

$$0.00111\times\left(\frac{1}{4}\right)^{-1}=0.111\in[0.111,1](\text{第 3 个符号为 } d)。$$

(5) 去掉累积概率 P_d: 0.111−0.111=0。

(6) 放大至[0,1]($\times p^{-1}(a)$)得

$$0\times 2^3=0\in[0,0.1](\text{第 4 个符号为 } a)。$$

【例 4-17】 有二元无记忆信源 $\begin{bmatrix}X\\p(x)\end{bmatrix}=\begin{bmatrix}0 & 1\\1/4 & 3/4\end{bmatrix}$,对二元序列 $\boldsymbol{s}=11111100$ 作算术编码,求其码字和码长。

解: 根据二进制编码规则可得到

$$p(\boldsymbol{s}=11111100)=p_0^2p_1^6=\left(\frac{1}{4}\right)^2\left(\frac{3}{4}\right)^6$$

$$L=\left\lceil\log\frac{1}{p(\boldsymbol{s})}\right\rceil=7$$

$$\begin{aligned}P(\boldsymbol{s})&=P(0)+P(10)+P(110)+P(1110)+P(11110)+P(111110)\\&=1-\sum_{y\geqslant s}P(y)\\&=1-p(11111111)-p(11111110)-p(11111101)-p(11111100)\\&=1-p(111111)=1-\left(\frac{3}{4}\right)^6=0.82202\\&=0.110100100111\end{aligned}$$

得到码字 $C=0.1101010$,序列的码字为 1101010,码长为 7。

算术编码从性能上具有许多优点,特别是由于所需的参数很少,与赫夫曼编码需要一个很大的码表不同,常设计成自适应算术编码来针对一些信源概率未知或非平稳的情况。但是,在实际实现时还有一些问题,如计算复杂性、计算精度以及存储量等,随着这些问题的逐渐解决,算术编码正在进入实用阶段。

4.4.2 限失真信源编码方法

前面介绍的编码方法都是考虑独立的信源序列,例如,赫夫曼码对于独立多值信源符号是一种高效编码;算术码对于独立二元信源序列也是很有效的。但是,对于相关信源虽然可采用条件概率来实现高效率编码,但这样做所引起的复杂度,往往使之难以实现。由信息论可知,对于相关性很强的信源,条件熵可远小于无条件熵,因此人们常采用尽量解除相关性的办法,使信源输出转化为独立序列,以利于进一步压缩码率。

常用的解除相关性的两种措施是预测和变换,这些措施既适用于离散信源,也可用于连续信源。除此以外,由于连续信源输出的消息在时间和取值上是连续的,在编码过程中必然会有信息损失,因此,连续信源编码仅能限失真编码。下面以矢量量化编码和变换编码为例,描述限失真信源编码方法。

1. 矢量量化编码

伴随着信息与通信等领域的迅速发展，大量的语音和图像等多媒体信息要进行存储、处理与传输，需要很大的存储空间和信道带宽。为了提高存储效率并减小存储空间，需要在允许的失真条件下，应尽可能地消除媒体信息中的冗余信息。矢量量化（Vector Quantization，VQ）技术作为一种有效的有损压缩技术，具有压缩比大、解码算法简单的特点，从而成为语音和图像压缩编码的重要技术之一。矢量量化技术不仅用于信息压缩，现也已应用到说话人识别、数字水印、语音识别、图像识别和文献检索等领域。因此，矢量量化技术具有重要的研究价值。

矢量量化的理论基础是香农的速率-失真理论。失真-速率函数 $D(R)$ 是率失真函数 $R(D)$ 的逆函数，其含义为在给定速率不超过 R 的条件下，系统所能够达到的最小失真。$D(R)$ 是在维数 k 趋向无穷大时 $D_k(R)$ 的极限，即

$$D(R)=\lim_{k\to\infty}D_k(R) \tag{4.4.12}$$

根据这一香农理论，可以找到一个最小的信源速率使得系统发送端到接收端的平均失真不超过给定的失真阈值，这正是数据压缩系统所要做的事情，因此，贝格尔于 1971 年称香农的这一理论为"数据压缩的数学基础"。从式(4.4.12)可知，利用矢量量化，通过增加矢量维数 k，编码性能可以任意接近速率-失真函数。在实际应用中，速率-失真函数常用来将理论下界与实际编码速率相比较，分析系统还有多大的改进余地。总之，速率-失真理论指出了矢量量化的优越性。

基本的矢量量化器可以定义为从 k 维欧几里得空间 R^k 到其一个有限子集 C 的映射，即 $Q: R^k\to C$，其中，$C=\{y_1,y_2,\cdots,y_N \mid y_i\in R^k\}$ 称为码书，N 为码书大小。该映射满足 $Q(\boldsymbol{x}\mid \boldsymbol{x}\in R^k)=\boldsymbol{y}_p$，其中 $\boldsymbol{x}=(x_1,x_2,\cdots,x_k)$ 为 R^k 中的 k 维矢量，$\boldsymbol{y}_p=(y_{p1},y_{p2},\cdots,y_{p(k)})$ 为码书 C 中的码字并满足

$$d(\boldsymbol{x},\boldsymbol{y}_p)=\min_{1\leqslant j\leqslant N}d(\boldsymbol{x},\boldsymbol{y}_j) \tag{4.4.13}$$

其中，$d(\boldsymbol{x},\boldsymbol{y}_j)$ 为输入矢量 $\boldsymbol{x}$ 与码字 $\boldsymbol{y}_j$ 之间的失真测度。每一个矢量 $\boldsymbol{x}$ 都能在码书 C 中找到其最近码字 $\boldsymbol{y}_p=Q(\boldsymbol{x}\mid \boldsymbol{x}\in R^k)$。输入矢量空间通过量化器 Q 量化后，可以用划分 $S=\{S_1,S_2,\cdots,S_N\}$ 的方法来描述，其中，S_i 是所有映射成码字 $\boldsymbol{y}_i$ 的输入矢量的集合，即 $S_i=\{\boldsymbol{x}\mid Q(\boldsymbol{x})=\boldsymbol{y}_i\}$。这 N 个子空间 $S_1,S_2,\cdots,S_N$ 满足

$$\bigcup_{i=1}^{N}S_i=S,\quad S_i\cap S_j=\varnothing\quad (i\neq j) \tag{4.4.14}$$

基本的矢量量化编码和解码过程如图 4-12 所示。矢量量化编码器根据一定的失真测度在码书中搜索出与输入矢量之间失真最小的码字。传输时仅传输该码字的索引。矢量量化解码过程很简单，只要根据接收到的码字索引在码书中查找该码字，并将它作为输入矢量的重构矢量。

矢量量化之所以能够压缩数据，是由于它能够去掉冗余度，而且它有效地利用矢量中各分量间的 4 种相互关联的性质：线性依赖性、非线性依赖性、概率密度函数的形状以及矢量维数。相对而言，标量量化只能利用线性依赖性和概率密度函数的形状来消除冗余度，所以，一个 k 维最佳矢量量化器的性能总是优于 k 个最佳标量量化器。

在图 4-12 所示的矢量量化编码和解码系统中，如果信道有噪声，则信道左端的索引 i 经过信道传输可能输出索引 j 而不是索引 i，从而将在解码端引入额外失真。为了减少这

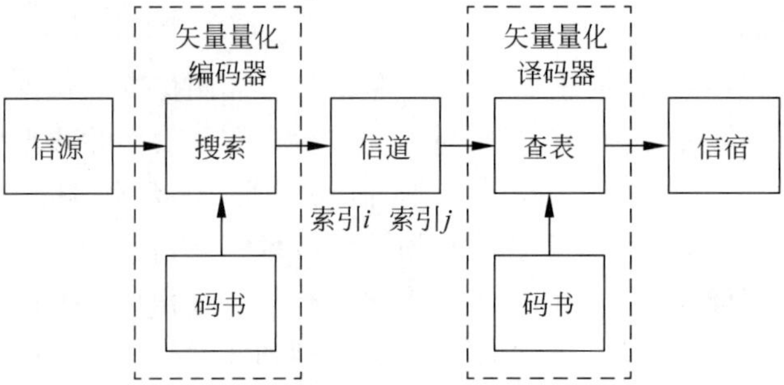

图 4-12 矢量量化编码和解码系统示意图

种失真,可以对码字的索引进行重新分配。如果码书大小为 N,则码字索引分配方案一共有 $N!$ 种。码字索引分配算法就是在 $N!$ 种码字索引分配方案中寻求一种最佳的码字索引分配,使由信道噪声引起的失真最小。然而,当 N 较大时,测试 $N!$ 种码字索引分配方案是不可能的。为了克服这个困难,各种码字索引分配方法都采用局部搜索算法,往往只能得到局部最优解。所以,研究码字索引分配算法的目的就是寻求有效的算法,尽可能找到全局最优或接近全局最优的码字索引分配方案,以减少由信道噪声引起的失真,并尽可能减少计算复杂度和搜索时间。

矢量量化的三大关键技术是码书设计、码字搜索和码字索引分配,其中前两项最关键。矢量量化的首要问题是设计出性能好的码书。假设采用平方误差测度作为失真测度,训练矢量数为 M,目的是生成含 $N(N<M)$ 个码字的码书,则码书设计过程就是寻求把 M 个训练矢量分成 N 类的一种最佳方案(使得均方误差最小),而把各类的质心矢量作为码书的码字。通过测试所有码书的性能可以得到全局最优码书。然而,在 N 和 M 比较大的情况下,搜索全部码书是不可能的。为了克服这个困难,文献中各种码书设计方法都采取搜索部分码书的方法得到局部最优或接近全局最优的码书。所以研究码书设计算法的目的就是寻求有效的算法尽可能找到全局最优或接近全局最优的码,以提高码书的性能并减少计算复杂度。

LBG 算法是由 Linde、Buzo 和 Gray 在 1980 年提出的,是目前比较常用的一种码书建立方法。该算法既可用于已知信源概率分布,也可用于未知信源概率分布但知道一个信号序列的情形。

2. 变换编码

变换编码不是直接对空域信号(图像)进行编码,而是首先将空域信号映射到另一个正交矢量空间(如变换域或频域),产生一批变换系数,然后对这些变换系数进行信息处理。其中关键问题是在时域或空域描述时,数据之间相关性大,数据冗余度大,经过变换后在变换域中的数据描述相关性将被极大减少。Pratt 等人于 1968 年首次提出了变换编码。开始时正交变换采用傅里叶变换,然后相继出现了 Walsh 变换(Walsh-Hadamard)、斜(Shant)变换、K-L 变换(Karhunen-Loeve Transform)和离散余弦变换(Discrete Cosine Transform, DCT)等,其中离散余弦变换是最常用的变换编码方法。

图 4-13 是变换编码和解码的系统示意图。通过正交变换,数据描述的相关性将被极大减少,因而数据冗余量被减少,若再进行量化、编码就能得到较大的压缩比。

在所有的正交变换中,K-L 变换是在均方误差准则下失真最小的一种变换,故称为最佳变换。由于它的"最佳"特性,所以常常作为对其他变换技术性能的评价标准。例如,对语音

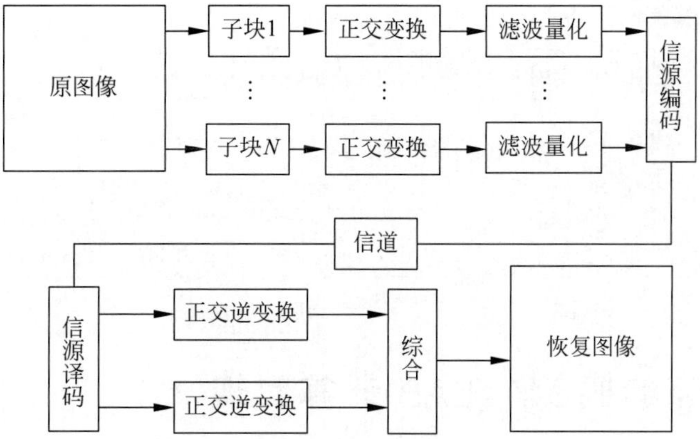

图 4-13 变换编码和解码的系统示意图

而言，用 K-L 变换在 13.5kb/s 下得到的语音质量可与 56kb/s 的 PCM 编码相比拟；对图像而言，2 比特/像素的质量可与 7 比特/像素的 PCM 编码相当。但是，由于在 K-L 变换中，特征矢量与信源统计特性密切相关，即对不同的信源统计特性应有不同的展开系统，只有这样才能达到最优值，这显然是不现实的；其次，K-L 变换运算很复杂，而且目前尚无快速算法，所以实际很少应用。K-L 变换通常仅作为理论上的参考。

离散正弦变换和离散余弦变换（DCT）已被证明是在一阶马氏过程下 K-L 变换的几种特例。离散余弦变换是最佳的、有实用价值的正交变换。它将信号从空间域变换到频率域，是傅里叶变换的一种特殊情况。在频率域中，大部分的能量集中在少数几个低频系数上，而且代表不同空间频率分量的系数间的相关性大为减弱，只利用几个能量较大的低频系数就可以很好地恢复原始图像。对于其余的那些低能量系数，可允许其有较大的失真，甚至可将其置为 0，这是 DCT 能够进行图像数据压缩的根本原因所在。

离散余弦变换的完备正交归一函数定义为

$$\begin{cases}\varphi(0,t)=\dfrac{1}{\sqrt{n}}\\[2ex] \varphi(i,t)=\sqrt{\dfrac{2}{n}}\cos\dfrac{\pi(2i+1)}{2T}, \quad t\in(0,T)\end{cases} \tag{4.4.15}$$

对这些函数在$(0,T)$内取 n 个样值，即得到离散余弦变换矩阵元为

$$\begin{aligned}a_{0k}&=\frac{1}{\sqrt{n}}\\ a_{ik}&=\sqrt{\frac{2}{n}}\cos\frac{i\pi(2k+1)}{n}\end{aligned} \tag{4.4.16}$$

其中，$k=0,\cdots,n-1$。于是，DCT 变换和反变换的矩阵形式为

$$\boldsymbol{A}_{\mathrm{DCT}(n)}=\sqrt{\frac{2}{n}}\begin{bmatrix}\dfrac{1}{\sqrt{2}} & \dfrac{1}{\sqrt{2}} & \cdots & \dfrac{1}{\sqrt{2}}\\ \cos\dfrac{\pi}{2n} & \cos\dfrac{3\pi}{2n} & \cdots & \cos\dfrac{(2n-1)\pi}{2n}\\ \vdots & \vdots & \ddots & \vdots\\ \cos\dfrac{(n-1)\pi}{2n} & \cos\dfrac{3(n-1)\pi}{2n} & \cdots & \cos\dfrac{(2n-1)(n-1)\pi}{2n}\end{bmatrix}$$

$$
\boldsymbol{A}_{\mathrm{IDCT}(n)}=\sqrt{\frac{2}{n}}\begin{bmatrix}
\frac{1}{\sqrt{2}} & \cos\frac{\pi}{2n} & \cdots & \cos\frac{(n-1)\pi}{2n} \\
\frac{1}{\sqrt{2}} & \cos\frac{3\pi}{2n} & \cdots & \cos\frac{3(n-1)\pi}{2n} \\
\vdots & \vdots & \ddots & \vdots \\
\frac{1}{\sqrt{2}} & \cos\frac{(2n-1)\pi}{2n} & \cdots & \cos\frac{(2n-1)(n-1)\pi}{2n}
\end{bmatrix} \tag{4.4.17}
$$

4.5 信源编码 MATLAB 计算实现

信源编码包括无失真信源编码和限失真信源编码。对于给定信源，可简单地根据信息熵的公式计算出信源熵值的大小。但是，由于信息率失真函数是一个给定条件下求极小值的问题，所以计算给定失真限度下的信息率失真函数需要一个迭代算法。下面，我们首先给出了一般离散信源的信息率失真函数的迭代算法，再给出其 MATLAB 语言的实现；同时，给出几种常见编码方法的 MATLAB 计算实现。

4.5.1 率失真函数的 MATLAB 计算实现

率失真函数是约束条件下的极值求解问题，可以采用与求解信道容量类似的方法获得计算 $R(D)$ 的迭代公式，核心是寻求两个可决定互信息的互为因果关系的有效自变量对，再引入拉格朗日乘子法。

根据平均互信息的定义式得

$$
\begin{aligned}
I(X;Y)&=H(Y)-H(Y\mid X)=-\sum_j q_j\log q_j+\sum_{ij}p_ip_{ji}\log p_{ji}\\
&=I(q_j,p_{ji})
\end{aligned}
$$

其中，q_j 是信道输出符号的概率分布，p_{ji} 是信道的转移概率。迭代公式可以通过如下方法求得。

(1) 两个自变量中先固定 p_{ji}，在满足 $\sum_j q_j=1$ 和 $D=\sum_i\sum_j p_ip_{ji}d_{ij}$ 的条件下，求解平均互信息 I 关于 q_j 的条件极值问题，通过拉格朗日乘子法求解，其过程如下：

$$
\frac{\partial}{\partial q_j}\left[I(q_j,p_{ji})-SD+\lambda\sum_j q_j\right]=0,\quad i=1,2,\cdots,n;\ j=1,2,\cdots,m
$$

求解得 $q_j=\frac{1}{\lambda}\sum_i p_ip_{ji}$，再由归一化条件得

$$
\sum_j q_j=\sum_j\frac{1}{\lambda}\sum_i p_ip_{ji}=1\Rightarrow\lambda=1
$$

将$\lambda=1$ 代入原式，得到

$$
q_j^*=\sum_i p_ip_{ji}
$$

上式为迭代关系①式。

(2) 再固定 q_j 值，在满足 $\sum_j p_{ji}=1$(对所有的 i 值) 和 $D=\sum_i\sum_j p_ip_{ji}d_{ij}$ 的约束条件

下求解平均互信息 I 关于 p_{ji} 的条件极值问题，再次通过拉格朗日乘子法求解得

$$\frac{\partial}{\partial p_{ji}}\left[I(q_j,p_{ji})-SD+\sum_i\lambda_i\sum_j p_{ji}\right]=0$$

$$p_i\left[1+\log\frac{p_{ji}}{q_j}\right]-Sp_id_{ij}+\lambda_i=0$$

解为

$$p_{ji}=q_j\exp\left[Sd_{ij}-\left(\frac{\lambda_i}{p_i}+1\right)\right]$$

由归一化条件

$$1=\sum_j p_{ji}=\sum_j q_j\exp\left[Sd_{ij}-\left(\frac{\lambda_i}{p_i}+1\right)\right]$$

求得

$$\exp\left[-\left(\frac{\lambda_i}{p_i}+1\right)\right]=\frac{1}{\sum_j q_j\mathrm{e}^{Sd_{ij}}}$$

将它代入 p_{ji} 表达式，得到

$$p_{ji}^*=\frac{q_j\mathrm{e}^{Sd_{ij}}}{\sum_j q_j\mathrm{e}^{Sd_{ij}}}$$

上式为迭代关系②式。

若假设一个 S 值，$S=S_1$，通过迭代关系①式和②式的逐次迭代，求得 $q_j^*(S_1)$，$p_{ji}^*(S_1)$，代入互信息的公式，可得到 $R(S_1)=I[q_j^*(S_1),p_{ji}^*(S_1)]$，再继续假设 $S=S_2$，$S_3,\cdots,S_N$，求得相应的 $R(S_2),R(S_3),\cdots,R(S_N)$，将这些值连成一个曲线，即为率失真函数 $R(D)$ 的函数曲线。

为了迭代方便，将迭代公式①和②改为更加便于计算的迭代式，如下：

$$\begin{cases}q_j^n=\sum_i p_ip_{ji}^n\\[2mm] p_{ji}^{n+1}=\dfrac{q_j^n\mathrm{e}^{Sd_{ij}}}{\sum_j q_j^n\mathrm{e}^{Sd_{ij}}}\end{cases}\tag{4.5.1}$$

假设 $S=S_1$，信源的输出分布给定，$p_i=p_i^0$，选择初始试验信道转移概率 $p_{ji}=\dfrac{1}{m}$。迭代步骤示意图如图 4-14 所示。

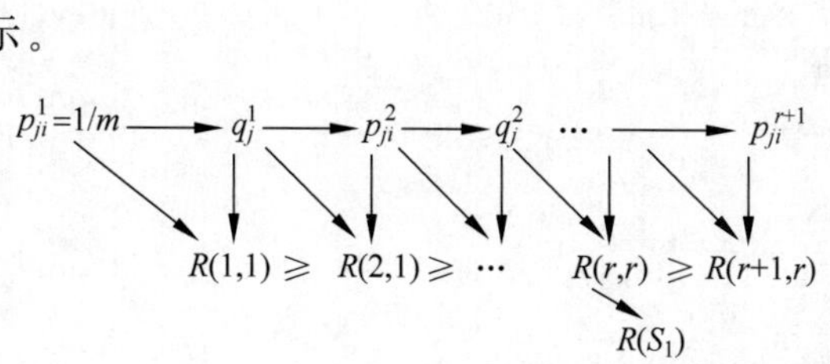

图 4-14　$S=S_1$ 时率失真函数 $R(S_1)$ 的迭代步骤示意图

当前后两值间误差小于给定值 ε 时，上述迭代终止，可求得 $R(S_1)=\lim\limits_{r\to\infty}\min\limits_{p_{ji},q_j}I(q_j^r(S_1),p_{ji}^r(S_1))$。重新假设 $S=S_2,S_3,\cdots,S_N$，求得相应的 $R(S_2),R(S_3),\cdots,R(S_N)$，将这些值连

成一个曲线,即为率失真函数 $R(D)$的函数曲线。

程序代码如下:

```
function [R,delta] = R_delta(Pu,D,eps)
% Pu 为信源概率矢量,D 为失真测度矩阵(rxs 阶),eps 为精度
% 信源 Ur,信宿 Vs
[r,s] = size(D);
delta_min = sum(Pu. * min(D'));                    % delta 的最小值和最大值
delta_max = min(Pu * D);
R = []; delta = [];                                % 给定初始值,P(u,v) = P(V|U)
P = ones(r,s)/s;                                   % 信道模型
SS = 100: - 0.1: - 100; SS =- exp(SS);
for S = SS                                         % 迭代过程
    Pv = Pu * P;   Ed0 = sum(Pu * (P. * D));
    Rs0 = 0;
    for u = 1:r
        for v = 1:s
            if P(u,v)~ = 0 & Pu(u)~ = 0
                Rs0 = Rs0 + Pu(u) * P(u,v) * log2(P(u,v)/Pv(v));
            end
        end
    end
    P = exp(S * D);
    for i = 1:s
        P(:,i) = P(:,i) * Pv(i);
    end
    for i = 1:r
        SumP = sum(P(i,:));   P(i,:) = P(i,:)/SumP;
    end
    Km = 50000;
    for k = 1:Km
        Pv = Pu * P;
        Edn = sum(Pu * (P. * D));
        Rsn = 0;
        for u = 1:r
            for v = 1:s
                if P(u,v)~ = 0 & Pu(u)~ = 0
                    Rsn = Rsn + Pu(u) * P(u,v) * log2(P(u,v)/Pv(v));
                end
            end
        end
        P = exp(S * D);
        for i = 1:s P(:,i) = P(:,i) * Pv(i);
        end
        for i = 1:r
            SumP = sum(P(i,:));
            P(i,:) = P(i,:)/SumP;
        end
        if abs(Edn - Ed0)< eps & abs(Rsn - Rs0)< eps
            break;
```

```
        end
        Ed0 = Edn;
        Rs0 = Rsn;
    end
    if k < Km
        R = [R,Rsn];
        delta = [delta,Edn];
    end
end
function h = Hp(P)
%熵函数计算
h =- P. * log2(P) - (1 - P). * log2(1 - P);
end
```

测试程序如下：

```
clear all
p = 0.4;
D = [0,1; 1,0];                                    %汉明失真矩阵
Pu = [p,1 - p];                                    %信源概率统计
delta = [0:p/1000:p];
R = Hp(p)  -  Hp(delta);                           %汉明失真,率失真函数理论值
eps1 = 0.001;                                      %精度 eps1 = 0.001
[R1,delta1] = R_delta(Pu,D,eps1);
eps2 = 0.000000001;                                %精度 eps2 = 0.000000001
[R2,delta2] = R_delta(Pu,D,eps2);
plot(delta,R,'b',delta1,R1,'r - .',delta2,R2,'m - * ');
legend('理论值','eps1 = 0.001','eps2 = 0.000000001')
title('信息率失真函数');
ylabel('R(D)'); xlabel('D'); axis([0,1,0,1]);
```

运行结果如图 4-15 所示。

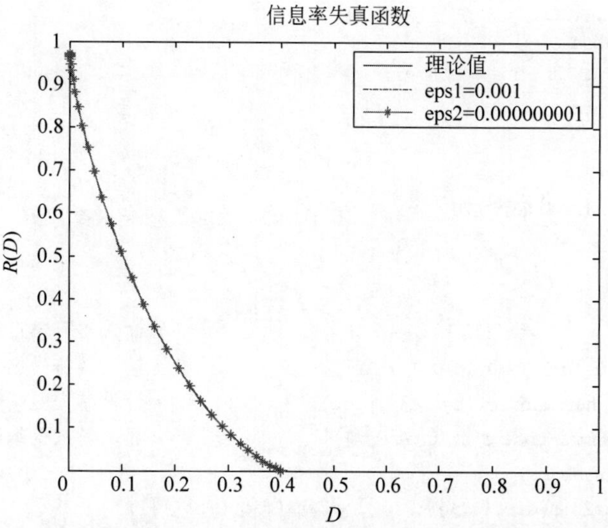

图 4-15 信息率失真函数曲线结果

4.5.2 几种编码方法的 MATLAB 实现

4.4 节给出了几种常见的无失真编码和限失真编码方法，现给出它们的 MATLAB 计算实现。

1. 算术编码

例 4-16 的 MATLAB 代码如下：

```
clear all;
clc;
str = 'abda';                                          % 输入符号序列
disp(['The inputs are: ',num2str(str)]);
alph = 'abcd';                                         % 输入符号字母表
counts = [4 2 1 1];                                    % 输入各符号出现的次数
L_temp = 1; counts_sum = sum(counts);
for i = 1:length(str)
   L_temp = L_temp * counts(find(str(i) == alph))/counts_sum;
end
L = ceil( - log2(L_temp));                             % 计算编码码字长度
% 编码
seq = double(str) - min(double(str)) + 1;
codes = arithenco(seq,counts);                         % 算术编码
codes = codes(1:L);
disp(['The codes are: ',num2str(codes)]);              % 输出的码字
% 译码
LEN = length(str);                                     % 符号序列长度
dseq = arithdeco(codes,counts,LEN);                    % 算术译码
decodes = char(dseq + min(double(str)) - 1);
disp(['The decodes are: ',decodes]);                   % 输出的译码结果
```

运行结果如下：

```
The inputs are: abda
The codes are: 0   1   0   1   1   1   0
The decodes are: abda
```

2. 赫夫曼编码

例 4-12 的 MATLAB 代码如下：

```
clear all;
clc;
symbols = [1:7];                                       % 输入符号字母表
prob = [0.2 0.19 0.18 0.17 0.15 0.1 0.01];             % 输入各符号出现的概率
[dict,avglen] = huffmandict(symbols,prob);             % 计算赫夫曼编码字典
disp(['Binary Huffman code dictionary: ']);            % 显示赫夫曼编码字典
for i = 1:length(symbols)
    disp(['x',num2str(dict{i,1}),': ',num2str(dict{i,2})]);
end
disp(['Average codeword length: ',num2str(avglen)]);   % 显示赫夫曼编码平均码长
```

运行结果如下：

```
Binary Huffman code dictionary:
x1:  1  0
x2:  1  1
x3:  0  0  0
x4:  0  0  1
x5:  0  1  0
x6:  0  1  1  0
x7:  0  1  1  1
Average codeword length: 2.72
```

3. 有损 JPEG 编码

JPEG 是联合图像专家组(Joint Picture Expert Group)的英文缩写，是国际标准化组织(ISO)和 CCITT 联合制定的静态图像的压缩编码标准，这是 1993 年公布的第 1 个灰度及彩色静止图像的国际标准，它支持 8 位和 24 位色彩的压缩位图格式，适合在网络上传输。

JPEG 压缩算法是这个标准的核心之一。在制定该标准时，JPEG 专家组开发了两种基本的压缩算法，一种是采用以离散余弦变换为基础的有损压缩算法；另一种是采用以预测技术为基础的无损压缩算法。JPEG 通常采用有损压缩，它利用了人的视觉系统的特性，使用量化和无损压缩编码相结合来去掉视觉的冗余信息和数据本身的冗余信息。使用有损压缩算法时，在压缩比为 25：1 的情况下，压缩后还原得到的图像与原始图像相比较，非图像专家难于找出它们之间的区别，因此得到了广泛的应用。

JPEG 的编码过程如图 4-16 所示，分成 3 个步骤：①使用正向离散余弦变换把空间域表示的图变换成频率域表示的图；②使用加权函数对 DCT 系数进行量化，该加权函数对于人的视觉系统是最佳的；③使用赫夫曼可变字长编码器对量化系数进行编码。JPEG 解压过程是上述编码过程的逆过程，它的基本原理如图 4-17 所示。

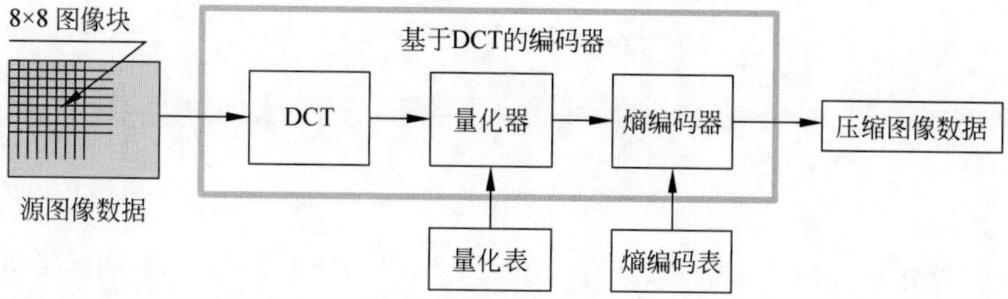

图 4-16 JPEG 编码过程

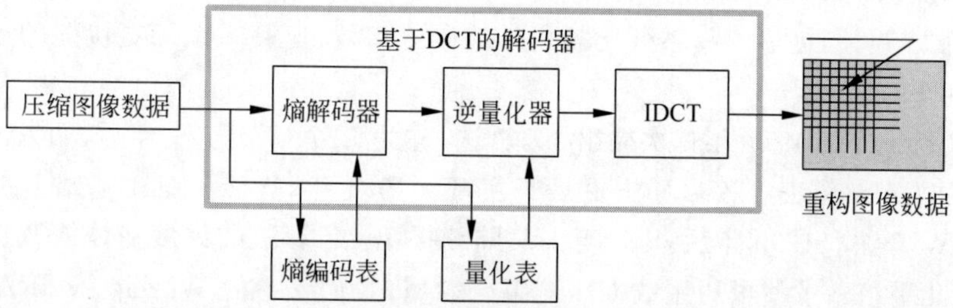

图 4-17 JPEG 解压过程

下面给出基于 MATLAB 库函数的 JPEG 编码。

```
clc
clear all;
close all;
X = imread('lena512.bmp');                                    % 输入原始图片
[row,col] = size(X);
figure,imshow(X),title('原始图片')
para1 = 100;                                                  % 压缩图片质量
para2 = 'lossy';                                              % 有损压缩
imwrite(X,'Compressed.jpg','JPEG','Quality',para1,'Mode',para2);
reX = imread('Compressed.jpg');
figure,imshow(reX),title('JPEG 图片')
PSNR = 10 * log10(row * col * 255^2/sum(sum(abs(reX - X).^2)))    % 计算 PSNR
```

运行结果如图 4-18 所示。

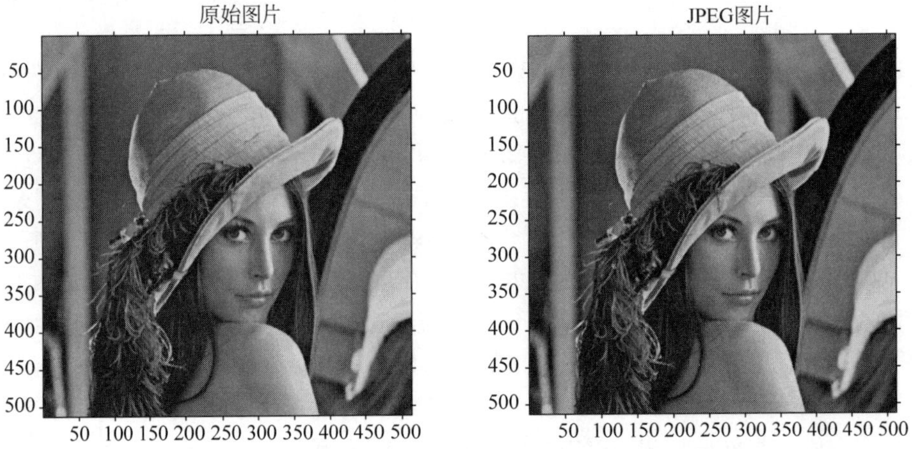

(a) 原始图片　　(b) 压缩后图片

图 4-18　JPEG 压缩图片结果

参数 PSNR＝61.5248；原始图片(lena512.bmp)为 257KB，经过 JPEG 压缩后大小为 168KB。

4. LZ 编码

对于统计特性确知的平稳信源，已有的赫夫曼编码和算术编码，其平均码长可逼近信源的平均符号熵，而且实现困难不算太大，所以已进入实用，如 JPEG 标准中数据压缩中的熵编码。然而，获取确知信源的统计特性在一般情形下相当困难，两位以色列学者 J. Ziv 和 A. Lempel 独辟蹊径，创造出一系列比赫夫曼编码更有效、比算术编码更快捷的通用压缩编码算法，称为 LZ 算法。

Ziv 和 Lempel 于 1977 年首次提出 LZ 算法，称为 LZ77 算法；一年后，两人又改进了该算法，命名为 LZ78 算法，LZ78 算法更易于实现。1984 年，Welch 在此基础上提出一个变种，称为 LZW 算法。1990 年后，Bell 等人又陆续提出 LZ 算法的许多变体或改进。目前该算法及变体几乎垄断了整个通用数据压缩编码领域，我们熟悉的 WinZip、winRAR、Gzip 等软件，以及以 zip、gif、png 为扩展名的文件都与 LZ 算法相关联。下面介绍 LZ78 算法的基本思路。

设信源符号序列为 $u=(u_1,u_2,\cdots,u_L)$，其中 $u_l\in A=\{a_1,a_2,\cdots,a_n\}$。编码时将该序列分成不同的段，其分段规则为：尽可能取最少个相连的信源符号，并保证各段都不相同。若序列分段结果为 $y_1y_2\cdots y_c$，其中 $j>i$，则 $y_j=y_ia_r$。编码码字可用“段号 i＋符号序号 r”两个数字组成。

例如，设 $U=\{a_1,a_2,a_3,a_4\}$，信源序列为 $a_1a_2a_1a_3a_2a_4a_2a_4a_3a_1a_1a_4\cdots$按分段规则，可以分为 $a_1,a_2,a_1a_3,a_2a_4,a_2a_4a_3,a_1a_1,a_4,\cdots$，其符号编码如表 4-14 所示。

表 4-14 符号编码表

a_1	a_2	a_3	a_4
0	1	2	3
00	01	10	11

根据 LZ78 编码方法，获得其各分段编码，如表 4-15 所示。当编码的信源序列较短时，LZ 的性能会变坏，但是当序列增长时，编码效率会提高，平均码长会逼近信源熵。

表 4-15 各分段编码表

段 号	短 语	i	r	编 码
1	a_1	0	0	00000
2	a_2	0	1	00001
3	a_1a_3	1	2	00110
4	a_2a_4	2	3	010011
5	$a_2a_4a_3$	4	2	10010
6	a_1a_1	1	0	00100
7	a_4	0	4	00011

LZ78 编码方法非常简洁，译码也很简单，可以一边译码一边建立字典，无须传输字典本身。

如果对于上述压缩编译码过程感觉不容易理解，下面再给出例子进行说明。

对于字符串 ABBCBCABABCAABCAAB 压缩编码过程如下：

```
1. A is not in the Dictionary; insert it
2. B is not in the Dictionary; insert it
3. B is in the Dictionary.
   BC is not in the Dictionary; insert it.
4. B is in the Dictionary.
   BC is in the Dictionary.
   BCA is not in the Dictionary; insert it.
5. B is in the Dictionary.
   BA is not in the Dictionary; insert it.
6. B is in the Dictionary.
   BC is in the Dictionary.
   BCA is in the Dictionary.
   BCAA is not in the Dictionary; insert it.
7. B is in the Dictionary.
```

```
BC is in the Dictionary.
BCA is in the Dictionary.
BCAA is in the Dictionary.
BCAAB is not in the Dictionary; insert it.
```

该过程可以用图 4-19 表示。

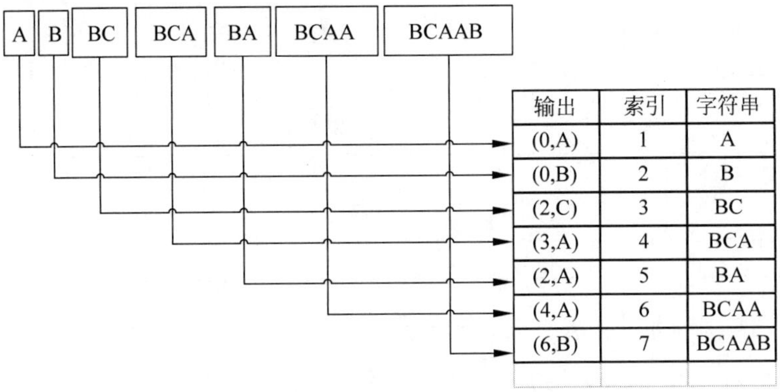

图 4-19 LZ 编码示意图

其译码即解压缩过程,可依据压缩时的动态词典和获得的索引拼接出解码后的字符串。为了便于理解,我们拿上述例子中的压缩编码序列(0,A)(0,B)(2,C)(3,A)(2,A)(4,A)(6,B)来分解解压缩步骤,如图 4-20 所示。

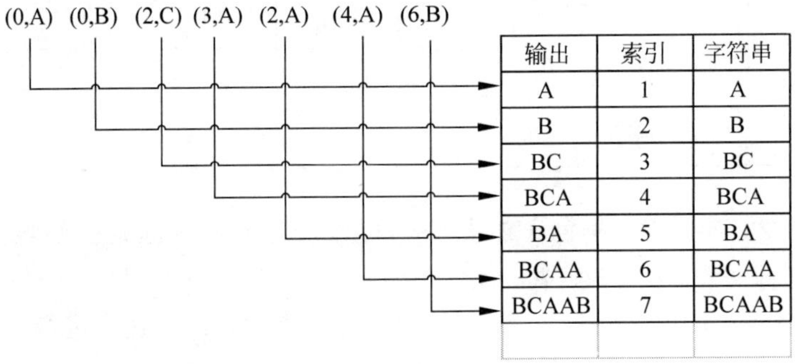

图 4-20 LZ 译码示意图

将字符串前后拼接后,得到解压缩出来的字符串为 ABBCBCABABCAABCAAB。

下面给出 LZ78 编码的 MATLAB 实现。

```
function [cw] = LZ78_encode(mes)              % LZ78 编码程序
global s;
mes = [mes,'#'];
n = length(mes);
d = num2str(0);
cw = [d,mes(1)];                              % 初始化码字
s = cell(1,n+1);                              % 分配字典存储空间(元胞数组)
s{1,1} = char(mes(1));                        % 初始化字典词条
flag = 0;
for m = 2:n
    s{1,m} = char('$');                       % '$'表示一个标记
```

```
end
%%更新字典,编码
i = 1;                                      %循环开始标定词条
while i < n - 1                             %循环开始标定词条,循环次数字符串长度
   i = i + 1;
    step = 0;                               %步长
while step < n - i
  for j = 1:n
        y = char(s(j));
      if strcmp(y,'$') == 0                 %是否检测完成,如果不是$
           if strcmp(y,mes(i:i + step)) == 0 %检测新的词条,如果不同
           else
                pos = j;                    %记录词条的位置
                step = step + 1;
                  break;                    %跳出本次循环
           end
      else
           flag = step;
           s{1,j} = char(mes(i:flag + i));  %添加词条
            if step == 0
                cw = [cw,d,mes(i)];         %新出现字符编码
            else
                 dd = num2str(pos);
                 cw = [cw,dd,mes(i + flag)]; %已出现字符编码
             end
         step = n;
         i = i + flag;
         break
      end
  end
end
end
%LZ78 译码程序
function [ cw ] = LZ78_decode( mes )
globe s;
n = length(mes);
%s = cell(1,n);
cw = mes(2);
j = 2;
s{1,1} = char(mes(2));
%%解码,字典更新
i = 3;
while i <= n
   y = mes(i);
  if strcmp(y,'&') == 0                     %是否检测完成,如果没完成
   if strcmp(y,'0') == 1                    %根据是否为0,更新字典,采用不同的解码方式
       s{1,j} = char(mes(i + 1));
       j = j + 1;
       cw = [cw,mes(i + 1)];
       i = i + 2;
  else
       step = 0;
     while step < n
          c = mes(i + step);
```

```
            num = c - 1;
          if num < 57 & num > 46                      % 0 的 ASSIC 码 48,如果编码序列中出现数字,
                                                      % 则判断是几位数字
              step = step + 1;                        % 判断完毕,然后执行解码操作
          else
          xx = char(mes(i:i + step - 1));             % 取出编码序列中的指示位置的字符串
          pos = str2double(xx);                       % 转化为位置
          z = char(s{1,pos});                         % 查找字典,取出字符(解码)
          z = [z,mes(i + step)];
          s{1,j} = char(z);                           % 更新字典
          cw = [cw,z];                                % 码字输出
          i = i + 1;                                  % 更新循环次数
          i = i + step;
          j = j + 1;
          step = n;
          end
        end
      end
    else
        break                                         % 没有可解码跳出循环
    end
end
end

clear all
clc
m = 'ABBCBCABABCAABCAAB';                             % 输入符号
global s;
pack  =  LZ78_encode(m)                               % LZ78 编码,并生成字典
unpack  =  LZ78_decode(pack)                          % 根据字典进行 LZ78 解码
```

运行结果如下:

```
pack =  0A0B2C3A2A4A6B
unpack =  ABBCBCABABCAABCAAB
```

习题 4

4-1　将某六进制信源进行二进制编码如表 4-16 所示。

表 4-16　习题 4-1 二进制编码表

消　　息	概　　率	C_1	C_2	C_3	C_4	C_5	C_6
u_1	1/2	000	0	0	0	1	01
u_2	1/4	001	01	10	10	000	001
u_3	1/16	010	011	110	1101	001	100
u_4	1/16	011	0111	1110	1100	010	101
u_5	1/16	100	01111	11110	1001	110	110
u_6	1/16	101	011111	111110	1111	110	111

(1) 这些码中哪些是唯一可译码?

(2) 哪些码是非延长码(即时码)?

(3) 对所有唯一可译码,求出其平均码长和编码效率。

4-2　已知信源的各个消息分别为字母 A、B、C、D,现用二进制码元对消息字母做信源编码,A→x_0y_0,B→x_0y_1,C→x_1y_0,D→x_1y_1,每个二进制码元的长度为 5ms。

(1) 若各个字母以等概率出现,计算在无干扰离散信道上的平均信息传输速率;

(2) 若各个字母的出现概率分别为 $p(\mathrm{A})=1/5$,$p(\mathrm{B})=1/4$,$p(\mathrm{C})=1/4$,$p(\mathrm{D})=3/10$,计算在无干扰离散信道上的平均信息传输速率;

(3) 若字母消息改用四进制码元做信源编码,码元幅度分别为 0V、1V、2V、3V,码元长度为 10ms。重新计算(1)和(2)两种情况下的平均信息传输速率。

4-3　若消息符号、对应概率分布和二进制编码如下:

消息符号:	u_0	u_1	u_2	u_3
p_i:	1/2	1/4	1/8	1/8
编码:	0	10	110	111

试求:

(1) 消息符号熵;

(2) 每个消息符号所需的平均二进制码元的个数;

(3) 若各消息符号间相互独立,求编码后对应的二进码序列中出现 0 和 1 的无条件概率 p_0 和 p_1,以及码序列中的一个二进制码的熵,并求相邻码间的条件概率 $p(1|1)$、$p(0|1)$、$p(1|0)$和 $p(0|0)$。

4-4　设无记忆二元信源,概率为 $p_0=0.005$,$p_1=0.995$。信源输出 $N=100$ 的二元序列。在长为 $N=100$ 的信源序列中只对含有 3 个或小于 3 个 0 的各信源序列构成一一对应的一组定长码。

(1) 求码字所需的最小长度;

(2) 考虑没有给予编码的信源序列出现的概率,该定长码引起的错误概率 p 是多少?

4-5　考虑一个三符号的离散信源,其概率分布为 $p(X=a)=1/2$,$p(X=b)=1/4$,$p(X=c)=1/4$,计算其长度为 n 的精确典型序列中 a,b,c 符号的数目。

4-6　$p(x=0)=\dfrac{2}{3}$,$p(x=1)=p(x=2)=\dfrac{1}{6}$,有两个序列长为 N,第 1 个序列有 $2/3N$ 个 0,$1/3N$ 个 1;第 2 个序列有 $2/3N$ 个 0,$1/6N$ 个 1 和 $1/6N$ 个 2。当 $\varepsilon=0.05$ 时,问这两个序列是否为 ε 典型序列。

4-7　信源符号 X 有 6 种字母,概率分别为 0.32、0.22、0.18、0.16、0.08、0.04。

(1) 求符号熵 $H(X)$;

(2) 用香农编码编成二进制变长码,计算其编码效率;

(3) 用赫夫曼编码编成二进制变长码,计算其编码效率;

(4) 用赫夫曼编码编成三进制变长码,计算其编码效率;

(5) 若用逐个信源符号来编定长二进制码,要求不出差错地译码,求所需要的每符号的平均信息率和编码效率;

(6) 当译码差错小于 10^{-3} 的定长二进制码要达到(4)中赫夫曼的效率时,估计要多少个信源符号一起编码才能实现？

4-8 设一马氏源的状态图如图4-21所示，$X=\{a_1,a_2,a_3\}$，$S=\{s_1,s_2,s_3\}$，求：

(1) 条件熵 $H(X|s_1)$、$H(X|s_2)$和 $H(X|s_3)$；

(2) 对于各种信源状态，将信源符号编成变长二元赫夫曼码；

(3) 求编码的平均码长，并与 H_∞ 比较。

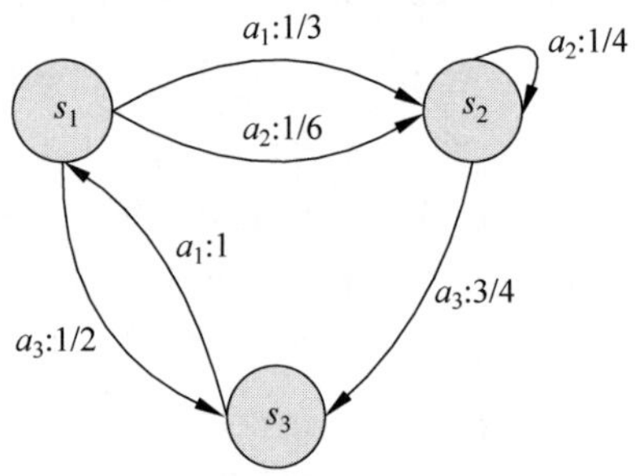

图4-21 习题4-8图

4-9 设 X_1、X_2、X_3 为独立的二进制随机变量，并且有 $p(X_1=1)=\frac{1}{2}$，$p(X_2=1)=\frac{1}{3}$，$p(X_3=1)=\frac{1}{4}$，求联合随机变量(X_1,X_2,X_3)的赫夫曼编码及平均码长。

4-10 设二元无记忆信源 $S=\{0,1\}$，其中 $p(x=0)=\frac{1}{4}$，$p(x=1)=\frac{3}{4}$，求二元序列11111100的算术编码。

4-11 离散无记忆信源发出A、B、C共3种符号，其概率分布分别为5/9、1/3、1/9，应用算术编码方法对序列CABA进行编码，并对结果进行解码。

4-12 一信源可能发出的数字有1、2、3、4、5、6、7，对应的概率分别为 $p(1)=p(2)=1/3$，$p(3)=p(4)=1/9$，$p(5)=p(6)=p(7)=1/27$，在二进制或三进制无噪信道中传输，二进制信道中传输一个码字需要1.8元，三进制信道中传输一个码字需要2.7元。

(1) 编出二进制符号的赫夫曼码，求其编码效率；

(2) 编出三进制符号的赫夫曼码，求其编码效率；

(3) 根据(1)和(2)的结果，确定在哪种信道中传输可付出较小的花费？

4-13 若有一信源 $\begin{bmatrix} X \\ p(x) \end{bmatrix}=\begin{bmatrix} x_1 & x_2 \\ 0.8 & 0.2 \end{bmatrix}$，每秒钟发出2.55个信源符号。将此信源的输出符号送入某一个二元信道中进行传输(假设信道是无噪无损的)，而信道每秒钟只传递两个二元符号。

(1) 试问信源不通过编码能否直接与信道连接；

(2) 若通过适当编码能否在此信道中进行无失真传输；

(3) 试构造一种赫夫曼编码，使该信源可以在此信道中无失真传输。

4-14 对于离散无记忆信源 U，其失真矩阵为 $\boldsymbol{D}$，试证明 $R(0)=H(U)$($H(U)$是信源的熵)的充要条件是失真矩阵 $\boldsymbol{D}$ 中每一行至少有一个元素为0，且每一列最多只有一个元素为0。

4-15 试证明对于 N 维离散无记忆平稳信源有 $R_N(D)=NR(D)$，其中，N 是任意的正整数且 $D\geqslant D_{\min}$。

4-16 设输入符号表与输出符号表为 $X=Y=\{0,1,2,3\}$，且输入信号的分布为 $p(X=i)=1/4$，$i=0,1,2,3$。设失真矩阵为

$$\boldsymbol{d}=\begin{bmatrix} 0 & 1 & 1 & 1 \\ 1 & 0 & 1 & 1 \\ 1 & 1 & 0 & 1 \\ 1 & 1 & 1 & 0 \end{bmatrix}$$

求 $D_{\min}$、$D_{\max}$ 和 $R(D_{\min})$、$R(D_{\max})$以及相应的编码器转移概率矩阵。

4-17　具有符号集 $U=\{u_0,u_1\}$的二元信源，信源发生概率为 $p(u_0)=p$，$p(u_1)=1-p$ $(0<p\leqslant 1/2)$。Z 信道如图 4-22 所示，接收符号集 $V=\{v_0,v_1\}$，转移概率为 $q(v_0|u_0)=1$，$q(v_1|u_1)=1-q$。发出符号与接收符号的失真为 $d(u_0,v_0)=d(u_1,v_1)=0$，$d(u_1,v_0)=d(u_0,v_1)=1$。

(1) 计算平均失真 $\overline{D}$；

(2) 率失真函数 $R(D)$的最大值是什么？当 q 为何值时可达到该最大值？此时平均失真 D 是多大？

(3) 率失真函数 $R(D)$的最小值是什么？当 q 为何值时可达到该最小值？此时平均失真 D 是多大？

(4) 画出 $R(D)$关于 D 的曲线。

4-18　已知信源的符号集合 $X=\{0,1\}$，它们以等概率出现，信宿的符号集合 $Y=\{0,1,2\}$，失真函数如图 4-23 所示，其中连线旁的值为失真函数，无连线表示失真函数为无限大，即 $d(0,1)=d(1,0)=\infty$，(同时有 $p(y_1|x_0)=p(y_0|x_1)=0$)，求 $R(D)$。

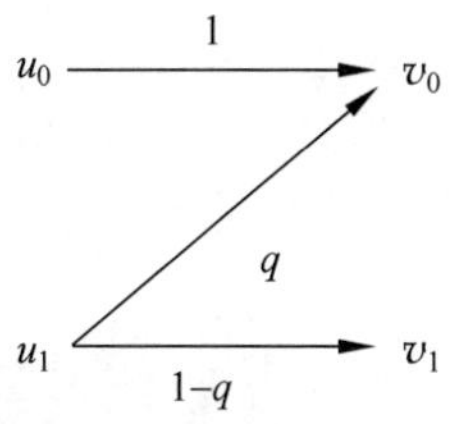

图 4-22　习题 4-17 图

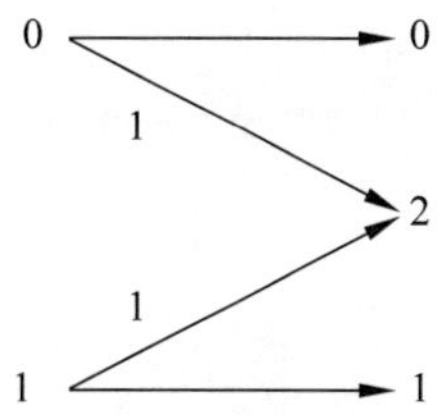

图 4-23　习题 4-18 图

4-19　设信源 $U=\{0,1,2,3\}$，信宿 $V=\{0,1,2,3,4,5,6\}$，且 X 和 Y 信源为无记忆、等概率分布。失真函数定义为

$$d(u_i,v_j)=\begin{cases}0 & i=j\\ 1 & i=0,1,j=4\\ 1 & i=2,3,j=5\\ 3 & i=0,1,2,3,j=6\\ \infty & \text{其他}\end{cases}$$

求率失真函数 $R(D)$。

4-20　若有一信源 $\begin{bmatrix}X\\ p(x)\end{bmatrix}=\begin{bmatrix}x_1 & x_2\\ 0.5 & 0.5\end{bmatrix}$，每秒钟发出 2.66 个信源符号。将此信源的输出符号送入某二元无噪无损信道中进行传输，而信道每秒钟只能传递两个二元符号。

(1) 试问信源能否在此信道中进行无失真地传输；

(2) 若此信源失真度测量定义为汉明失真，问允许信源平均失真为多大时，此信源就可以在此信道中传输。

4-21　(1) 求一个高斯分布信源的率失真函数 $R(D)$，其中高斯分布的功率谱为 $F(f)=\begin{cases}A & |f|\leqslant W_1\\ 0 & |f|>W_1\end{cases}$，失真函数为均方失真。

(2) 求功率为 P_s,噪声谱密度为 $N_0/2$,带宽为 W_2 的高斯信道的容量。

(3) 求可在(2)信道中传输(1)信源的最小均方误差表达形式。

4-22 对某限频高斯信源以 12500 赫兹/秒取样(样本是均值为 0、方差为 1 的高斯随机变量),然后编码,允许的均方误差 $\delta=0.1$,求信源的信息传输率。

4-23 连续信源 $U\in(-\infty,\infty)$,其均值为 0,方差为 σ^2,差熵为 $H(U)$,失真函数为 $(u-v)^2$,试证明率失真函数 $R(D)$满足 $H(U)-\frac{1}{2}\log(2\pi eD)\leqslant R(D)\leqslant\frac{1}{2}\log\frac{\sigma^2}{D}$。

第 5 章 信道编码理论

CHAPTER 5

第 4 章描述了信源编码理论，包括无失真信源编码和限失真信源编码。但是一般信道中总存在噪声和干扰，这些干扰和噪声会造成信息损失。那么，如何保证在有噪信道中可靠地进行信息传输，怎样才能使消息通过传输后发生的错误最少，传输可达的最大信息传输率又是多少？这些问题属于通信的可靠性问题，是本章要研究的主要内容。

信道编码包括线路编码和纠错编码。由于信号在信道传输时受到干扰，信号码元波形将发生变形，传输到接收端时可能发生错误判断，因而需采用线路编码使之更适合于信道特性或满足接收端对恢复信号的要求，减少信息的损失。另外，若少量错误已经发生，则可通过纠错编码恢复信息。本章主要研究纠错编码，其过程是通过有选择地在数据中引入冗余，以最小冗余的代价获得最佳抗干扰性能，纠正数据传输过程中出现的错误。通常，我们将用于检测差错的编码称为检错码，将可以检测和校正错误的编码称为纠错码。

5.1 最佳译码准则

由于信道中存在噪声，因而在有噪信道中传输消息将发生错误。为了减少错误的发生和提高信息传输的可靠性，首先需要分析这些错误与哪些因素有关，有没有办法控制这些错误的发生，以及能控制到什么程度。

很明显，传输信息错误的多少与信道的特性有关，如信噪比较高的信道产生的错误较少。除此之外，错误的产生还与编译码过程有关。图 5-1 给出了通信系统的编译码过程。

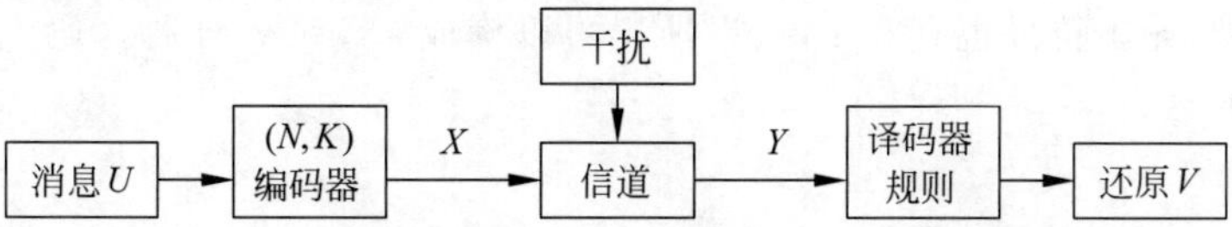

图 5-1 编译码过程

设有噪离散信道的输入符号集为 $X=\{a_1,a_2,\cdots,a_n\}$，输出符号集为 $Y=\{b_1,b_2,\cdots,b_m\}$，信道的传递概率为 $p(Y|X)=\{p(b_j|a_i),i=1,\cdots,n;\ j=1,\cdots,m\}$。由于噪声的干扰，信道输入符号 $a_i(i=1,2,\cdots,n)$时，信道的输出是 $a_i(i=1,2,\cdots,n)$或者是该符号的变形 $b_j(j=1,2,\cdots,m)$。因此，为了达到通信的目的，必须制定译码规则，也就是设计函数 $F(b_j)=a_i(i=1,2,\cdots,n;\ j=1,2,\cdots,m)$，使它的每个输出符号有且仅有唯一的输入符号与之相对应，该函数被称为译码函数。由于每个输出符号都可译成输入符号中的任何一个，

所以共有 n^m 种译码规则。

如果确定了译码规则，那么，当信道输出符号是 $b_j(j=1,2,\cdots,m)$ 时，则一定可以按译码规则译成相应的符号 $F(b_j)=a_i(i=1,2,\cdots,n;\ j=1,2,\cdots m)$。当信道的输入符号是 a_i 时，显然是正确译码；如果不是 a_i，则就出现译码错误。由此，在信道输出端收到符号 $b_j(j=1,2,\cdots,m)$ 后，正确译码的概率 p_j^{r} 就应该是在信道输出端出现 $b_j(j=1,2,\cdots,m)$ 的前提下，推测信道输入符号为 a_i 的后验概率，即

$$p_j^{\mathrm{r}}=p\{\{X=F(b_j)=a_i\}\mid\{Y=b_j\}\} \tag{5.1.1}$$

同时，在信道输出端收到某符号 $b_j(j=1,2,\cdots,m)$ 后，错误译码的概率是 p_j^{e} 就应该是在信道输出端出现 $b_j(j=1,2,\cdots,m)$ 的前提下，推测信道输入符号是除了 a_i 以外的其他任何可能的输入符号的后验概率，即

$$p_j^{\mathrm{e}}=p\{\{X=\varepsilon\}\mid\{Y=b_j\}\} \tag{5.1.2}$$

其中，ε 表示除了 $F(b_j)=a_i$ 以外的其他可能的输入，显然，式(5.1.2)可改写为

$$p_j^{\mathrm{e}}=1-p_j^{\mathrm{r}}=1-p\{\{F(b_j)=a_i\}\mid b_j\} \tag{5.1.3}$$

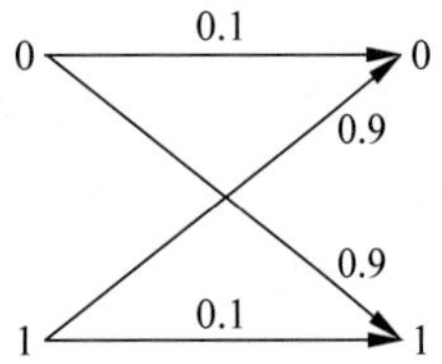

图 5-2 二元对称信道

【例 5-1】 设有一个二元对称信道，如图 5-2 所示，其输入符号为等概率分布，求译码差错概率的大小。

解：针对译码规则一：接收到符号 0，译成发送的符号为 0；接收到符号 1，译成发送的符号为 1。因此当发送符号 0 时，正确译码的概率为 0.1，译错的概率为 0.9；当发送符号 1 时，正确译码的概率为 0.1，译错的概率为 0.9。那么，在输入符号是等概率的情况下，平均错误概率为

$$p_{\mathrm{e}}=\frac{1}{2}(p_0+p_1)=\frac{1}{2}(0.9+0.9)=0.9$$

针对译码规则二：接收到符号 1，译成发送的符号为 0；接收到符号 0，译成发送的符号为 1。因此当发送符号 0 时，正确译码的概率为 0.9，译错的概率为 0.1；当发送符号 1 时，正确译码的概率为 0.9，译错的概率为 0.1。那么，在输入符号是等概率的情况下，平均错误概率为

$$p_{\mathrm{e}}=\frac{1}{2}(p_0+p_1)=\frac{1}{2}(0.1+0.1)=0.1$$

由此可见，错误概率既与信道的统计特性有关，也与译码规则有关。在例 5-1 中，输入符号有 0、1 两种，输出符号也有 0、1 两种，所以可以构成 $n^m=2^2=4$ 种译码规则，分别如下：

(1) $\begin{cases}F(0)=0\\F(1)=1\end{cases}$

(2) $\begin{cases}F(0)=1\\F(1)=0\end{cases}$

(3) $\begin{cases}F(0)=0\\F(1)=0\end{cases}$

(4) $\begin{cases}F(0)=1\\F(1)=1\end{cases}$

译码规则(1)表示信道输出端出现 0，则译为 0；信道输出端出现 1，则译为 1。

译码规则(2)表示信道输出端出现 0,则译为 1；信道输出端出现 1,则译为 0。

译码规则(3)表示不论信道输出端出现 0 还是 1,都译为 0。

译码规则(4)表示不论信道输出端出现 0 还是 1,都译为 1。

很明显,不论采用哪一种译码规则,都有可能将输入端的 0 码在输出端译成 1,或者将 1 译成 0。那么,关键问题是选择哪种译码规则可以使平均错误概率最小。

对于通信系统而言,不仅要描述个别的输出符号的正确或错误译码概率,更需要描述在信道的输出端,每收到一个符号的平均正确译码或平均错误译码的概率,即在信道输出端每收到一个符号时,发生正确译码或错误译码的可能性的大小。

在信道输出端,每收到一个 Y 符号的平均正确译码概率 p_{r},应该是式(5.1.1)所示的后验概率 $p_j^{\mathrm{r}}(j=1,2,\cdots,m)$在信道输出随机变量 Y 概率空间中的统计平均值,即

$$p_{\mathrm{r}}=\sum_{j=1}^{m}p(b_j)p_j^{\mathrm{r}}=\sum_{j=1}^{m}p(b_j)p\{\{F(b_j)=a_i\}\mid b_j\} \tag{5.1.4}$$

同样,在信道输出端,每收到一个 Y 符号的平均错误译码概率 p_{e},应该是式(5.1.3)所示的后验概率 $p_j^{\mathrm{e}}(j=1,2,\cdots,m)$在信道输出随机变量 Y 概率空间中的统计平均值,即

$$\begin{aligned}p_{\mathrm{e}}&=\sum_{j=1}^{m}p(b_j)p_j^{\mathrm{e}}=\sum_{j=1}^{m}p(b_j)\{1-p[(F(b_j)=a_i)\mid b_j]\}\\&=\sum_{j=1}^{m}p(b_j)-\sum_{j=1}^{m}p(b_j)p[F(b_j)=a_i\mid b_j]\\&=1-\sum_{j=1}^{m}p(b_j)p[F(b_j)=a_i\mid b_j]\end{aligned} \tag{5.1.5}$$

平均错误译码概率 p_{e} 表示在信道输出端平均每收到一个符号时,产生错误译码的可能性的大小；p_{e} 越大,表示在信道输出端平均每收到一个符号产生错误译码的可能性越大,也就是通信的可靠性越差。所以,p_{e} 可以作为衡量通信可靠性的指标。

综上,平均错误译码概率 p_{e} 取决于变量 Y 的概率空间、信道的后验概率分布和预先设定的译码规则。因此,对于给定信道,其信道的转移概率是确定的,当信道的输入符号(即信源的输出符号的概率分布)确定后,不同的译码规则就有不同的平均错误译码概率 p_{e},合适的译码规则可以降低平均错误译码概率,因此,制定合适的译码规则成为提高通信可靠性的一种有效手段。

那么,按什么准则来选择译码规则,可使其平均错误译码概率 p_{e} 达到最小呢？若给定信道的传递概率 $p(Y|X)=\{p(b_j|a_i),i=1,2,\cdots,n;\ j=1,2,\cdots,m\}$,且有 $0\leqslant p(b_j|a_i)\leqslant 1$,$(i=1,2,\cdots,n;\ j=1,2,\cdots,m)$；$\sum_{j=1}^{m}p(b_j\mid a_i)=1,i=1,2,\cdots,n$。可将给定的 $n\times m$ 个传输概率 $p(b_j|a_i)(i=1,2,\cdots,n;\ j=1,2,\cdots,m)$排列成信道矩阵如下：

$$\boldsymbol{P}=\begin{matrix} & b_1 & b_2 & \cdots & b_m \\ a_1 & p(b_1\mid a_1) & p(b_2\mid a_1) & \cdots & p(b_m\mid a_1)\\ a_2 & p(b_1\mid a_2) & p(b_2\mid a_2) & \cdots & p(b_m\mid a_2)\\ \vdots & \vdots & \vdots & \cdots & \vdots\\ a_n & p(b_1\mid a_n) & p(b_2\mid a_n) & \cdots & p(b_m\mid a_n)\end{matrix} \tag{5.1.6}$$

可得

$$p(a_i \mid b_j)=\frac{p(a_i)p(b_j \mid a_i)}{p(b_j)}=\frac{p(a_i)p(b_j \mid a_i)}{\sum_{i=1}^{n} p(a_i)p(b_j \mid a_i)} \tag{5.1.7}$$

由给定的信道输入 X 的概率分布 $p(X)=\{p(a_1),p(a_2),\cdots,p(a_n)\}$和信道的传递概率 $p(Y|X)=\{p(b_j|a_i),i=1,2,\cdots,n; j=1,2,\cdots,m\}$,可以求出信道输出随机变量 Y 的 m 个概率分量为

$$p(b_j)=\sum_{i=1}^{n} p(a_i)p(b_j \mid a_i), \quad j=1,2,\cdots,m \tag{5.1.8}$$

式(5.1.8)表明,对于给定信源和给定信道,后验概率和信道输出随机变量 Y 的概率分布也都是确定的。

现在,我们来看平均错误译码概率,问题是如何选择译码规则 $F(b_j)=a_i,j=1,2,\cdots,m; a_i\in\{a_1,a_2,\cdots,a_n\}$,使平均错误译码概率达到最小值。不同的译码规则,不会引起 $p(b_j)(j=1,2,\cdots,m)$和 $p(a_i|b_j)(i=1,2,\cdots,n; j=1,2,\cdots,m)$的变化。显然,要使 p_e 最小,必须使式(5.1.9)达到最大,即

$$\max\sum_{j=1}^{m} p(b_j)p\{F(b_j)=a_i \mid b_j\}, \quad i=1,2,\cdots,n \tag{5.1.9}$$

因此,必须有

$$\max p\{F(b_j)=a_i \mid b_j\}, \quad j=1,2,\cdots,m; i=1,2,\cdots,n \tag{5.1.10}$$

它是每一个 $b_j(j=1,2,\cdots,m)$所对应的 n 个后验概率 $p(a_1|b_j),p(a_2|b_j),\cdots,p(a_n|b_j)$ $(j=1,2,\cdots,m)$中最大的一个值。如果把最大值所对应的信道输入符号记作 a^*,则有

$$p(a^* \mid b_j)\geqslant p(a_i \mid b_j), \quad i=1,2,\cdots,n; j=1,2,\cdots,m \tag{5.1.11}$$

这就是说,要使平均错误译码概率达到最小,则有

$$p\{F(b_j)=a_i \mid b_j\}=p(a^* \mid b_j)\geqslant p(a_i \mid b_j), \quad i=1,2,\cdots,n; j=1,2,\cdots,m \tag{5.1.12}$$

意味着,必须选择译码规则

$$F(b_j)=a^*, \quad j=1,2,\cdots,m \tag{5.1.13}$$

而信源符号满足

$$p(a^* \mid b_j)\geqslant p(a_i \mid b_j), \quad i=1,2,\cdots n; j=1,2,\cdots,m \tag{5.1.14}$$

这就是最大后验概率译码准则。该准则指出:若 $p(a^*|b_j)\geqslant p(a_i|b_j)(i=1,2,\cdots,n; j=1,2,\cdots,m)$是信道输出端收到符号 $b_j(j=1,2,\cdots,m)$后,推测信道输入符号 $a_i(i=1,2,\cdots,n)$的 n 个后验概率 $p(a_i|b_j)(i=1,2,\cdots,n; j=1,2,\cdots,m)$中最大的一个,即 $p(a^*|b_j)\geqslant p(a_i|b_j)(i=1,2,\cdots,n; j=1,2,\cdots,m)$则把接收符号 $b_j(j=1,2,\cdots,m)$译成 a^*,即 $F(b_j)=a^*,j=1,2,\cdots,m$。用最大后验概率译码准则选择译码函数 $F(b_j)=a^*(j=1,2,\cdots,m)$构成的译码规则,一定可以使平均错误译码概率 p_e 达到最小值,这是因为

$$\begin{aligned}p_e&=\sum_{j=1}^{m} p(b_j)\{1-p[\{F(b_j)=a_i\} \mid b_j]\}\\&\geqslant \sum_{j=1}^{m} p(b_j)\{1-p[\{F(b_j)=a^*\} \mid b_j]\}\\&=\sum_{j=1}^{m} p(b_j)\{1-p(a^* \mid b_j)\}\end{aligned}$$

$$= \sum_{j=1}^{m} p(b_j) - \sum_{j=1}^{m} p(b_j) p(a^* \mid b_j)$$

$$= 1 - \sum_{j=1}^{m} p(a^* b_j) = \sum_{i=1}^{n} \sum_{j=1}^{m} p(a_i b_j) - \sum_{j=1}^{m} p(a^* b_j)$$

$$= \sum_{j=1}^{m} \sum_{i=1, a_i \neq a^*}^{n} p(a_i b_j) = p_{\mathrm{emin}} \tag{5.1.15}$$

由此可见，最大后验概率译码规则使平均错误译码概率达到最小值。因此当信源和信道给定，采用最大后验概率译码准则时，可使通信的可靠性最大。

通常，最大后验概率准则中后验概率的计算存在困难，且不方便。但是，由式(5.1.7)可得

$$p(a^* \mid b_j) = \frac{p(a^*) p(b_j \mid a^*)}{p(b_j)}, \quad j = 1,2,\cdots,m \tag{5.1.16}$$

考虑到 $p(a_i|b_j) = \dfrac{p(a_i)p(b_j|a_i)}{p(b_j)}$，则在信道输入符号(信源输出符号)$a_i(i=1,2,\cdots,n)$的先验概率为

$$p(a_1) = p(a_2) = \cdots = p(a^*) = \cdots = p(a_n) = \frac{1}{n} \tag{5.1.17}$$

它们与信道的每个输出符号 $b_j(j=1,2,\cdots,m)$的 n 个后验概率 $p(a_i|b_j)(i=1,2,\cdots,n;j=1,2,\cdots,m)$的大小相比，可以转化为与信道的每个输出符号 $b_j(j=1,2,\cdots,m)$相关的 n 个前向概率(传递概率)$p(b_j|a_i)$之间的大小比较，即由

$$p(a^* \mid b_j) = \frac{p(a^*) p(b_j \mid a^*)}{p(b_j)} \geqslant p(a_i \mid b_j) = \frac{p(a_i) p(b_j \mid a_i)}{p(b_j)} \tag{5.1.18}$$

则有

$$p(b_j \mid a^*) \geqslant p(b_j \mid a_i), \quad i = 1,2,\cdots,n;\ j = 1,2,\cdots,m \tag{5.1.19}$$

所以，在信道输入符号 $a_i(i=1,2,\cdots,n)$的先验概率等概的条件下，最大后验概率准则等价于最大似然译码准则。显然，最大似然译码准则是在信道输入符号先验概率等概的特定条件下的最大后验概率准则，其平均错误译码概率同样可以达到最小值。

由此可见，在信道输入符号先验概率等概的特定条件下，采用最大似然准则所得到的最小平均错误译码概率取决于等概信道输入所含符号数 n 和信道的传递特性 $p(b_j|a_i),i=1,2,\cdots,n;j=1,2,\cdots,m$。当信道的输入符号数 n 固定不变时，最小平均错误译码概率随信道传递特性 $p(b_j|a_i)(i=1,2,\cdots,n;j=1,2,\cdots,m)$的变动而变动，这就为我们提供了一个继续降低最小平均错误译码概率并提高通信可靠性的方法，即在信道的输入符号先验概率等概的条件下，如果信道输入符号数固定不变，则可以通过改变信道的传输特性，使最小平均错误译码概率 p_{emin} 进一步下降。实际上，这就是抗干扰信道编码的基本理论依据。

对于无记忆信道情形，码字的似然概率应等于组成该码字的各码元的似然概率的乘积(即联合条件概率等于各符号概率的乘积)。因此，码字的最大似然概率也就是各码元似然概率乘积的最大化，即

$$\max p(\boldsymbol{r} \mid \boldsymbol{C}_i) = \max \prod_{j=1}^{N} p(r_j \mid C_{ij}), \quad i = 1,2,\cdots,M \tag{5.1.20}$$

其中，$\boldsymbol{r}$ 是信道输出码字矢量，$\boldsymbol{C}_i$ 是信道第 i 个输入码字矢量，码字矢量的长度为 N，M 是码集中码字矢量的总个数。

为了使乘法运算简化为加法，取似然概率的对数，称为对数似然概率。由于对数函数的单调性，似然概率最大时，对数似然概率也最大化。于是，码字对数似然概率最大化可等效于对数似然概率之和的最大化，即

$$\max\log p(\boldsymbol{r} \mid \boldsymbol{C}_i)=\max\sum_{j=1}^{N}\log p(r_j \mid C_{ij}),\quad i=1,2,\cdots,M \tag{5.1.21}$$

式中的对数可以 e 为底（自然对数），也可以 2 或 10 为底，M 是码集中码字矢量的总个数。

下面作为一个特例，证明二进制对称信道（BSC）的最大似然译码准则可以简化为最小汉明距离译码准则。

对于 BSC 信道，当逐位比较发送码和接收码时，仅存在相同或不同两种可能，且两种可能发生的概率与信道的错误转移概率有关，为

$$p(r_j \mid C_{ij})=\begin{cases}p & C_{ij}\neq r_j\\ 1-p & C_{ij}=r_j\end{cases} \tag{5.1.22}$$

如果 $\boldsymbol{r}$ 中有 d 个码元与 $\boldsymbol{C}_i$ 的码元不同，$\boldsymbol{r}$ 与 $\boldsymbol{C}_i$ 的汉明距为 d。显然，d 代表在 BSC 信道传输过程中码元差错的个数，即

$$d=\mathrm{dis}(\boldsymbol{r},\boldsymbol{C}_i)=W(\boldsymbol{r}\oplus\boldsymbol{C}_i)=\sum_{j=1}^{N}r_j\oplus C_{ij},\quad i=1,2,\cdots,M \tag{5.1.23}$$

M 是码集中码字矢量的总个数。此时的似然概率为

$$\begin{aligned}p(\boldsymbol{r} \mid \boldsymbol{C}_i)&=\prod_{j=1}^{N}p(r_j \mid C_{ij})=p^d(1-p)^{N-d}\\&=\left(\frac{p}{1-p}\right)^d(1-p)^N,\quad i=1,2,\cdots,M\end{aligned}$$

其中，M 是码集中码字矢量的总个数，$(1-p)^N$ 是常数。由于 $0\leqslant p\leqslant\frac{1}{2}$，导致 $\frac{p}{1-p}\leqslant 1$，d 越大时，似然概率越小。因此，最大似然函数 $\max p(\boldsymbol{r}|\boldsymbol{C}_i)$ 的问题转化为求最小汉明距离 $d_{\min}$ 的问题。

汉明距离译码是一种硬判决译码。只要在接收端将发送码与接收码的各码元逐一比较，选择汉明距离最小的码字作为译码估值，就可以获得最大似然概率译码。由于 BSC 信道是对称的，因此，当发送的码字独立且等概率时，汉明距离译码是一种最佳译码。

5.2 信道编码的基本概念

图 5-3 是简化的通信系统模型，其中信道可以是包括调制、解调和传输媒质在内的有线（含光纤）和无线的数字信道，也可以是包括网桥、路由器、网关、电缆（或光缆）和低层协议等在内的计算机通信网的数字信道。

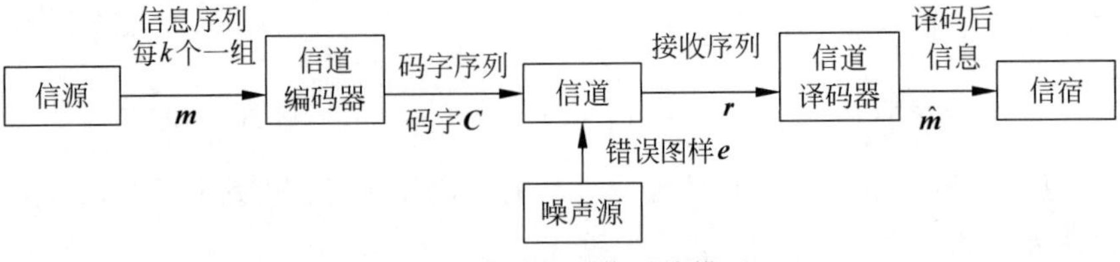

图 5-3 简化的通信系统模型

信道编码器将输入的信息序列，每 k 个信息符号分成一组，记作 $\boldsymbol{m}$，称为信息组，其中的每一位称为信息元 m_i，$i=1,2,\cdots,k$。通过信道编码器，产生一个码字 $\boldsymbol{C}$，长度为 N，通常将 $R=k/N$ 称为码率。码字 $\boldsymbol{C}$ 在有噪声的信道中传输，接收到 $\boldsymbol{r}$ 序列，通过信道译码器，获得译码后的信息 $\hat{\boldsymbol{m}}$。

5.2.1 错误图样

首先了解在有噪信道中产生差错的特点，数据在信道中传输时受到各种干扰，这些干扰是使数据产生差错的主要原因。差错有两种基本形式：一是随机错误，即数据序列中前后码元之间是否发生错误彼此无关，将产生随机错误的信道称为随机信道，以高斯白噪声为主体的信道就属于这类信道，如太空信道、卫星信道和同轴电缆信道等；二是突发性错误，即错误之间有相关性，错误成串出现，将产生突发性错误的信道称为突发差错信道，实际的衰落信道、码间干扰信道均属于这类信道，如短波信道和移动通信信道等。

对于二进制数字通信系统，设信道输入的发送序列为 $\boldsymbol{C}=0000\cdots$，由于干扰，信道输出的接收序列为 $\boldsymbol{r}=0010\cdots$，表明接收序列的第 3 位发生错误 $\boldsymbol{e}$，即 $\boldsymbol{e}=\boldsymbol{r}-\boldsymbol{C}$，称为错误图样。由于二进制数字通信系统中加法运算与减法运算等价，因此，$\boldsymbol{e}=\boldsymbol{r}\oplus\boldsymbol{C}$ 或者 $\boldsymbol{r}=\boldsymbol{C}\oplus\boldsymbol{e}$。若发送序列为 $00100000\cdots$，而接收序列为 $10111000\cdots$，此时错误图样为 $\boldsymbol{e}=0010000\cdots\oplus 10111000\cdots=10011000\cdots$，这种错误称为突发错误。突发错误的长度 l 等于第 1 个错误与最后一个错误之间的长度，该例中突发错误的长度为 5。当然，如果获得错误图样 $\boldsymbol{e}$，由接收序列 $\boldsymbol{r}$ 可计算出发送的信息序列 $\hat{\boldsymbol{C}}=\boldsymbol{e}\oplus\boldsymbol{r}$。

对于二进制对称信道，若信道的错误传递概率为 ε，正确传递概率将为 $1-\varepsilon$。N 长的码字在这样的信道中传输时，发生一位随机错误的差错图样的概率为 $p(e_1)=(1-\varepsilon)^{N-1}\varepsilon$，发生两位随机错误的差错图样的概率为 $p(e_2)=(1-\varepsilon)^{N-2}\varepsilon^2$，以此类推，发生 k 位随机错误的错误图样的概率为 $p(e_k)=(1-\varepsilon)^{N-k}\varepsilon^k$。由于信道错误传递概率一般总是远小于 1，因此有 $p(e_N)<\cdots<p(e_k)<\cdots<p(e_2)<p(e_1)$，即发生一位随机错误、两位随机错误的概率将大于发生多位随机错误的概率。因此，无记忆信道中总是优先纠正发生较少位的随机错误。

5.2.2 矢量空间和码矢量

信道编码的任务就是通过构造出以最小冗余度为代价换取最大抗干扰性能的好码。码字可被看作一个矢量或一个矩阵，于是可以采用矢量空间的概念研究码的本质特性。

定义 5.1：对于 n 重有序元素的集合 $\boldsymbol{V}$，$\boldsymbol{V}=\{\boldsymbol{V}_i\}$，$\boldsymbol{V}_i=(v_{i_1},v_{i_2},\cdots,v_{i_n})$，$v_{i_j}\in F$，$j=1,\cdots,n$，$F$ 表示码元所在的域，对于二进制码，F 代表二元域，常用 GF(2)表示。若集合 $\boldsymbol{V}$ 满足以下条件：

(1) $\boldsymbol{V}$ 中的矢量元素在矢量加运算下构成加群；

(2) $\boldsymbol{V}$ 中的矢量元素与数域 F 元素的标乘封闭在 $\boldsymbol{V}$ 中；

(3) 分配律和结合律成立。

则称集合 $\boldsymbol{V}$ 是数域 F 上的 n 维矢量空间，或称 n 维线性空间。n 维矢量也称为 n 重(n-tuples)矢量。

另外，GF(q)域，又称伽罗华域(Galois Field)，是由符合上述运算规则的 δ 个元素构成

的 q 元有限域，其域元素为 $\{0,1,\cdots,q-1\}$。与 q 元域对应的加、乘运算为模 q 运算。如果 $q=p^m$（p 是素数，m 是任意正整数），则有可能将 GF(q)域扩展成 GF(q^m)，称为 GF(q)的扩域。扩域中元素的乘、加运算也是基于模 q 运算。值得注意的是，域里面的乘法和加法不一定是我们平常使用的乘法和加法。

对于域 F 上的若干矢量 $\boldsymbol{V}_1,\boldsymbol{V}_2,\cdots,\boldsymbol{V}_i$ 及 $\boldsymbol{V}_k\in\boldsymbol{V}$，若满足 $\boldsymbol{V}_k=a_1\boldsymbol{V}_1+a_2\boldsymbol{V}_2+\cdots+a_i\boldsymbol{V}_i$（$a_i\in F$），则称 $\boldsymbol{V}_k$ 是 $\boldsymbol{V}_1,\boldsymbol{V}_2,\cdots,\boldsymbol{V}_i$ 的线性组合。

对于域 F 上的若干矢量 $\boldsymbol{V}_1,\boldsymbol{V}_2,\cdots,\boldsymbol{V}_i\in\boldsymbol{V}$，若满足 $a_1\boldsymbol{V}_1+a_2\boldsymbol{V}_2+\cdots+a_i\boldsymbol{V}_i=0$，其中 $a_i\in F$ 不全为零，则称 $\boldsymbol{V}_1,\boldsymbol{V}_2,\cdots,\boldsymbol{V}_i$ 是线性相关的；如果上述条件不成立，则称这些矢量是线性无关或线性独立的。

定义 5.2：如果存在一组线性无关的矢量 $\boldsymbol{V}_1,\boldsymbol{V}_2,\cdots,\boldsymbol{V}_K$，这些矢量的线性组合的集合可构成一个矢量空间，则称这组矢量为该矢量空间的基底。n 维矢量空间应有 n 个基底，也可以说，n 个基底张成 n 维矢量空间。

以 n 个线性无关的矢量为基底，它们的全部线性组合可构成一个 n 维 n 重矢量空间 $\boldsymbol{S}$，这里 n 重指 n 个 GF(q)域元素的有序排列。如果从 n 个基底中选出 k（$k<n$）个基底，则它们的所有线性组合也构成一个集合，这个集合是 $\boldsymbol{S}$ 的一个 k 维子集，称为 k 维 n 重子空间，记作 $\boldsymbol{S}_{\mathrm{C}}$。

【例 5-2】 二元域 GF(2)上三维矢量空间 $\boldsymbol{V}$ 的 3 个自然基底为(100)，(010)，(001)，求它的一维三重子空间和二维三重子空间。

解：由于三维矢量空间有 3 个基底，任取其中一个基底，可以张成一维三重子空间。例如，取基底(100)，则可张成一个子空间，含有 $2^1=2$ 个元素，即 $\boldsymbol{V}_1=\{(000),(100)\}$。以(010)(001)为基底，可以张成一个二维三重子空间，共有 $2^2=4$ 个元素，即 $\boldsymbol{V}_1=\{(000),(001),(010),(011)\}$。

【例 5-3】 求二元扩域 GF(2^3)上的域元素。

解：扩域 GF(2^3)上的域元素可表示成多项式 $f_2x^2+f_1x+f_0$，$f_2,f_1,f_0\in$ GF(2)，其可对应到三维矢量(f_2,f_1,f_0)，其自然基底是(100)，(010)和(001)。由于每个系数只有 $\{0,1\}$ 两种选择，自然基底只能组合出 8 个矢量，构成 GF(2)上的三维矢量空间。

每个矢量可对应一个码字，所以也可把矢量说成是码矢、码字，或一个 n 重矢量。如果两矢量的内积为零，则称为矢量正交。如果一矢量空间中的任一矢量都与另一矢量空间正交，则两个空间称为对偶空间，其中一个空间是另一个空间的零空间(又称零化空间)。

n 维 n 重空间 $\boldsymbol{S}$ 中含有 2^n(二进制分组码)个长度为 n 的矢量，其中至少存在一组 n 个矢量 $\boldsymbol{B}_1,\boldsymbol{B}_2,\cdots,\boldsymbol{B}_n$ 可用作基底，n 维 n 重空间的所有矢量都是这些基底的线性组合，$\alpha_1\boldsymbol{B}_1+\alpha_2\boldsymbol{B}_2+\cdots+\alpha_n\boldsymbol{B}_n$，$\alpha_i\in\{0,1\}$，$i=1,2,\cdots,n$。若 n 个基底相互正交，将 n 个基底分成 k 个和 $n-k$ 个两组，则可分别张成 k 维 n 重和($n-k$)维 n 重的两个对偶空间，若将 k 维 n 重空间作为码空间 $\boldsymbol{C}$，则($n-k$)维 n 重空间可用作检验空间 $\boldsymbol{H}$。纠错编码过程就是将 k 维 k 重空间通过一定的映射法则，映射到 n 维 n 重空间的一个 k 维 n 重子空间上，其过程如图 5-4 所示，它的核心是：

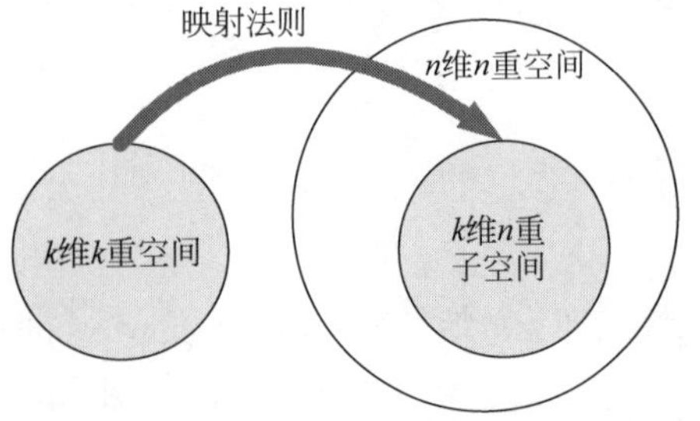

图 5-4 信道编码方法

①确定码空间，选择 k 个正交基底 $\boldsymbol{B}_1,\boldsymbol{B}_2,\cdots,\boldsymbol{B}_k$ 张成码空间；②确定映射法则。

分组码由一组固定长度为 N 的码矢量构成。每个矢量元素就是一个码元，其值选自 GF(q)域中的元素。长度为 N 的二进制分组码有 2^N 种可能的组合，选择其中的 2^k 种($k<N$)构成一个许用码的码集 $\boldsymbol{C}$ 称为分组码。因此，分组码的编码就是将 k 位的信息组一一对应地映射到许用码码集，不同的编码算法对应不同的映射方法，这样的分组码又称为(N,k)分组码，并定义 $k/N=R$ 为码率。

假设 C_i 和 C_j 是某(N,k)分组码的两个码字，a_1 和 a_2 是码元字符集里的任意两个元素，那么，当且仅当 $a_1C_i+a_2C_j$ 也是码字时，该码称为线性码。因为 $\forall a_1=0,a_2=0,a_1C_i+a_2C_j=0$。因此，线性码必须包含全零码字。

5.2.3 码距与纠检错能力

假设一个码字 $\boldsymbol{C}=(C_1,C_2,\cdots,C_N)(i=1,2,\cdots,M,M$ 为码集中码字总个数)可以被看作一个 N 重矢量，每个码字与 N 维矢量空间 2^N 中的一个点对应(二进制码字)，全部码字所对应的点的集合构成矢量空间里的一个子集，即 k 维 N 重子空间。若 C_i 和 C_j 是码集上的任意两个有效码字，则它们间的汉明距离定义为两码字中不相同元素的个数，即 $D(C_i,C_j)=\sum_{k=1}^{N}C_{i_k}\oplus C_{j_k}$ $(i,j=1,2,\cdots,M,M$ 为码集中码字总个数)，所有码集中汉明距离的最小值称为最小码距，记作 $d_{\min}$。当传输没有差错时，接收到的 N 重矢量对应到该子集相应的有效码字(许用码集的有效点)上。但当出现差错时，接收到的 N 重矢量会有两种可能性：一种是不再对应到该子集，而是对应到另外一个空间；另一种仍然是对应到该子集，却对应到该子集另外的有效点上。通过前一种情况能够判断出该码字出现了差错，而后一种情况将无法做出判断。若码集的最小距离为 $d_{\min}$，那么一个能使码字矢量空间点偏移 $d_{\min}$ 的差错组合(称为重量为 $d_{\min}$ 的错误图样)，会将码字矢量的空间点位置从子集的一个有效点偏移到另一个有效点上，从而产生一个“不可检测的差错”。但是，如果差错数小于 $d_{\min}$，就不可能将码字矢量空间点从子集的一个有效点偏移到子集的另一个有效点上，也就可以检测出差错的存在。因此，对于(N,k)分组码来说，最多能够检测出 $d_{\min}-1$ 个错误。

码的纠错能力同样也取决于码的最小距离。为了确定(N,k)分组码的纠错能力，一种简单的办法是将 2^k 个码字看作位于 n 维空间上的点。如果以子集中每个有效码字为球心，以汉明距离 t 为半径做 2^k 个球体，那么它们之中任意一对球体两两不相交(包括不相切)的 t 的最大取值为 $t=\left\lfloor\frac{d_{\min}-1}{2}\right\rfloor$，其中$\lfloor\cdot\rfloor$表示向下取整。那么，在每一个球内(含有与该码字之间的距离小于 t 的所有可能)的接收码字，被译成位于球心的那个有效码字。最小距离为 $d_{\min}$ 的分组码的纠错能力为 $t=\left\lfloor\frac{d_{\min}-1}{2}\right\rfloor$，且纠错能力总是小于检错能力。

如上所述，分组码如果单独考虑检错或单独考虑纠错，则可以检测 $d_{\min}-1$ 个错误或纠正 $t=\left\lfloor\frac{d_{\min}-1}{2}\right\rfloor$个错误。然而，如果将两种能力放在一起考虑，情况就有所变化。能纠正 t 个错误显然能够检测 t 个错误，但如果想检测 $d_{\min}-1$ 个错误就必须对纠错能力有所抑制。例如，假设两个码字 A、B 的码距为 7，即 $d_{\min}$ 为 7，若码字 A 发生 3 个错误时能够纠正过来,若发生 4 个错误,按照前面的方法应译成码字 B。这是因为译码器认为接收点是由码字 $\boldsymbol{B}$ 发生 3 个错误而来的,而不认为是码字 $\boldsymbol{A}$ 发生了 4 个错误所导致。换言之,此时译码器的检错能力仅是 3。如果要有 4 个错误的检测能力,只能把球的半径从 3 减到 2。这样,错误数不大于 2 的接收码可以纠正,错误数为 3 个或 4 个时可以检测,而 4 个以上的错误可能是接收点落在别的球内,将变成不可检测错误。同理,保持 $d_{\min}=7$ 不变,也可以检测 5 个错误、纠正 1 个错误。一般性的结论是:如果最小距离为 $d_{\min}$ 的码字能同时检测 e 个错误,纠正 t 个错误,则 $d_{\min}\geqslant e+t+1, e\geqslant t$。

对于线性码而言,码距特性就是码的重量特性。如果有 2^k 个码字,就存在 $2^k(2^k-1)/2$ 个距离,这些距离是大小不一的,码的总体性能取决于这些距离的分布特性,而纠错能力取决于其中的最小值 $d_{\min}$。正如各符号等概率时熵最大一样,当所有的码距相等时,码的性能将是最好的。

5.3 离散信道编码定理

1948 年,香农在他的论文中给出了有关信息传输的基本定理,称为有噪信道编码定理。尽管他没有给出定理的严格证明过程,但他引入的随机编码方法在后来的信道编码定理的严格证明中一直被采用,因而,下面首先介绍随机编码的概念。

按照分组码的编码方法,编码器要对每一消息 $m(m=1,2,\cdots,M)$ 给以相应长为 N 的码字 $C_m=C_{m1}C_{m2}\cdots C_{mN}$。随机编码的思想就是按照信道输入符号的概率分布完全随机地选取码字母表中的字母作为码字的符号,从码字 C_1 的第 1 个码符号 C_{11} 开始直到码字 C_M 的最后一个码符号 C_{MN} 为止,以这种方式得到全部 $M=2^{NR}$ 的有效码字,组成一个码集 $C=\{C_1,C_2,\cdots,C_M\}$。于是,随机编码产生某一特定码字 C 的概率 $p(C)$ 是

$$p(C)=\prod_{m=1}^{M}\prod_{l=1}^{N}p(C_{ml}) \tag{5.3.1}$$

所有可能产生的码的总数应是 $|A|^{MN}$,其中 $|A|$ 表示码字母表 A 的大小。例如,当 $|A|=2$,$N=16, M=2^8$ 时,码集中码字的总数为 $2^{16\times 2^8}=2^{4096}\approx 10^{1233}$,这是一个很大的数。当然,在这些码集中有一部分是无法使用的,例如,码集中有若干码字相同,但由于码集中码字数为 $M=2^{NR}$ 只占全部可能序列数 2^N 的很小的一部分,因此同一码集中码字相同的概率很小,大部分码集中的码字各不相同。

5.3.1 有噪信道编码定理

定理 5.1:有噪信道编码定理: 设离散无记忆信道的容量为 $C_{容量}$,信道的信息传输率为 R。只要 $R<C_{容量}$,总存在码长为 N、码字数 $M=2^{NR}$ 的分组码和相应的译码规则,使译码的平均错误概率 $\bar{P}_e<\varepsilon$,ε 是大于零的任意小量。

证明:按照随机编码的方法,随机地产生 $M=2^{NR}$ 个码字,记为 $C_m=C_{m1}C_{m2}\cdots C_{mN}$,$m=1,2,\cdots,M$,其概率分布为 $p(C_m)=\prod_{l=1}^{N}p(C_{ml})$。若将这 M 个码字排在一起,构成如下矩阵:

$$C=\begin{bmatrix}C_1\\C_2\\\vdots\\C_M\end{bmatrix}=\begin{bmatrix}C_{11}&\cdots&\cdots&C_{1N}\\\vdots&&&\vdots\\&&\ddots&\\\vdots&&&\vdots\\C_{M1}&\cdots&\cdots&C_{MN}\end{bmatrix} \tag{5.3.2}$$

从而产生一个特定码字 $\boldsymbol{C}$ 的概率是 $p(\boldsymbol{C})=\prod_{m=1}^{M}\prod_{l=1}^{N}p(c_{ml})$。令输入消息等概率分布，即 $p(C_m)=\frac{1}{M}, m=1,2,\cdots,M$，则特定码字 $\boldsymbol{C}$ 的平均错误概率是

$$p_{\mathrm{e}}(\boldsymbol{C})=\sum_{m=1}^{M}p(C_m)p(e\mid C_m)=\frac{1}{M}\sum_{m=1}^{M}p(e\mid C_m) \tag{5.3.3}$$

在全体码集$\{\boldsymbol{C}\}$上对 $p_{\mathrm{e}}(\boldsymbol{C})$取平均，得到全码集$\{\boldsymbol{C}\}$上的平均错误概率为

$$\bar{p}_{\mathrm{e}}=\sum_{|\boldsymbol{C}|}p(\boldsymbol{C})p_{\mathrm{e}}(\boldsymbol{C})=\frac{1}{M}\sum_{m=1}^{M}\sum_{|\boldsymbol{C}|}p(\boldsymbol{C})p(e\mid C_m) \tag{5.3.4}$$

其中，$|\boldsymbol{C}|$表示全码集中码总数。在随机编码中，不同 C_m 产生的方法完全一样，因此 $p(e|C_m)$在对码集$\{\boldsymbol{C}\}$取平均后将得到一个与 m 无关的值，即 $\sum_{|\boldsymbol{C}|}p(\boldsymbol{C})p(e\mid C_m)$ 的值与 m 无关，且设 $m=1$，得到

$$\bar{p}_{\mathrm{e}}=\sum_{|\boldsymbol{C}|}p(\boldsymbol{C})p(e\mid C_1) \tag{5.3.5}$$

设 y 是发送 C_1 码字时经信道输出后接收到的序列，定义 y 与 C_m 构成联合典型序列事件 E_m，即 $E_m=\{(C_m,y)\in T_{XY}(N,\varepsilon)\}, m=1,2,\cdots,M$，$T_{XY}(N,\varepsilon)$为输入输出联合典型序列。$X$ 表示输入，Y 表示输出。按照联合典型译码法则，译码错误将使 y 不与 C_1 成为联合典型，或 y 与 C_1 以外的其他码字产生联合典型序列的概率，故

$$\bar{p}_{\mathrm{e}}=p(E_1^C\cup E_2\cup\cdots\cup E_M)\leqslant p(E_1^C)+\sum_{m=2}^{M}p(E_m) \tag{5.3.6}$$

由于 y 是对应输入 C_1 时的信道输出，所以它与 $C_2,C_3,\cdots,C_M$ 相互独立，故可得

$$\begin{aligned}\bar{p}_{\mathrm{e}}&\leqslant\varepsilon_1+\sum_{m=2}^{M}2^{-N[I(X;Y)-3\varepsilon_1]}\\&=\varepsilon_1+(M-1)2^{-N[I(X;Y)-3\varepsilon_1]}\\&\leqslant\varepsilon_1+2^{NR}2^{-N[I(X;Y)-3\varepsilon_1]}\\&=\varepsilon_1+2^{-N[I(X;Y)-R-3\varepsilon_1]}\end{aligned} \tag{5.3.7}$$

当 $I(X;Y)-R-3\varepsilon_1>0$，即 $I(X;Y)>R$ 时，存在充分大的 N，使 $2^{-N[I(X;Y)-R-3\varepsilon_1]}<\varepsilon_1$，从而

$$\bar{p}_{\mathrm{e}}<\varepsilon_1+\varepsilon_1=2\varepsilon_1 \tag{5.3.8}$$

如果取输入分布 $p(a_k)$是达到信道容量 $C_{容量}$ 的分布，则此时 $I(X;Y)=C_{容量}$，于是当 $R<C_{容量}$时，对任意的 $\varepsilon=\frac{\varepsilon_1}{2}>0$，总存在充分大的 N，使 $\bar{p}_{\mathrm{e}}<\varepsilon$。由于$\{\boldsymbol{C}\}$是随机码集合，因此至少存在一个码 $\boldsymbol{C}\in\{\boldsymbol{C}\}$，使其平均错误概率满足 $\bar{p}_{\mathrm{e}}<\varepsilon$。

香农只是证明了满足这种特性码的存在性，还不能按照他的证明方法得到很好的编码方法。由于随机编码所得到的码集很大，通过搜索得到好码的方法在实际中很难实现；而

且即使找到其中的好码，这种好的码字也是毫无结构的，这意味着译码时只能用查表的方式，在 N 很大的情况下，这一译码表所需要的存储量是难以接受的。因此，真正实用的信道编码还需要通过各种数学工具来构造，使码具有很好的结构以便于更好地译码。

5.3.2 有噪信道编码逆定理

我们知道平均错误概率 $\bar{p}_e$ 与译码规则有关，而译码规则又由信道特性决定。由于信道中存在噪声，导致信道输出端出现错误，所以接收到输出符号后，对发送的是什么符号仍存在不确定性。因此，平均错误概率 $\bar{p}_e$ 与条件熵 $H(X|Y)$ 之间有一定关系，这就是费诺(Fano)不等式，该不等式也是有噪信道编码逆定理证明的基础。

设离散无记忆信道的输入随机变量 X 取值于符号集 $A=\{a_1,a_2,\cdots,a_r\}$，输出随机变量 Y 取值于符号集 $B=\{b_1,b_2,\cdots,b_s\}$，$\bar{p}_e$ 为某一译码规则的平均错误概率，则

$$H(X \mid Y) \leqslant H(\bar{p}_e, 1-\bar{p}_e) + \bar{p}_e \log(r-1) \tag{5.3.9}$$

称为费诺不等式，其中 $H(\cdot)$ 为信息熵。此处 $\bar{p}_e$ 可以同 p_e。

证明：由式(5.1.15)得

$$p_e = \sum_{j=1}^{s} \sum_{k=1, a_k \neq a^*}^{r} p(a_k b_j)$$

$$1 - p_e = \sum_{j=1}^{s} p(a^* b_j)$$

因此，

$$\begin{aligned} H(p_e, 1-p_e) + p_e \log(r-1) &= p_e \log \frac{1}{p_e} + (1-p_e)\log\frac{1}{1-p_e} + p_e \log(r-1) \\ &= \sum_{j=1}^{s} \sum_{k=1, a_k \neq a^*}^{r} p(a_k b_j) \log \frac{r-1}{p_e} + \sum_{j=1}^{s} p(a^* b_j) \log \frac{1}{1-p_e} \end{aligned}$$

而

$$\begin{aligned} H(X \mid Y) &= \sum_{k=1}^{r} \sum_{j=1}^{s} p(a_k b_j) \log \frac{1}{p(a_k \mid b_j)} \\ &= \sum_{j=1}^{s} \sum_{k=1, a_k \neq a^*}^{r} p(a_k b_j) \log \frac{1}{p(a_k \mid b_j)} + \sum_{j=1}^{s} p(a^* b_j) \log \frac{1}{p(a^* \mid b_j)} \end{aligned}$$

则

$$\begin{aligned} & H(X \mid Y) - H(p_e, 1-p_e) - p_e \log(r-1) \\ &= \sum_{j=1}^{s} \sum_{k=1, a_k \neq a^*}^{r} p(a_k b_j) \log \frac{p_e}{(r-1)p(a_k \mid b_j)} + \sum_{j=1}^{s} p(a^* b_j) \log \frac{1-p_e}{p(a^* \mid b_j)} \\ &\leqslant \sum_{j=1}^{s} \sum_{k=1, a_k \neq a^*}^{r} p(a_k b_j) \left[\frac{p_e}{(r-1)p(a_k \mid b_j)} - 1\right] \log e + \sum_{j=1}^{s} p(a^* b_j) \left[\frac{1-p_e}{p(a^* \mid b_j)} - 1\right] \log e \\ &= \left[\frac{p_e}{r-1} \sum_{j=1}^{s} \sum_{k=1, a_k \neq a^*}^{r} p(b_j) - \sum_{j=1}^{s} \sum_{k=1, a_k \neq a^*}^{r} p(a_k, b_j) + (1-p_e) \sum_{j=1}^{s} p(b_j) - \right. \\ &\quad \left. \sum_{j=1}^{s} p(a^* b_j) \right] \log e \end{aligned}$$

$$=\left[\frac{p_e}{r-1}(r-1)-p_e+(1-p_e)-(1-p_e)\right]\log e$$
$$=0$$

其中用到了不等式 $\ln x\leqslant x-1$。由此证得费诺不等式：$H(X|Y)\leqslant H(p_e,1-p_e)+p_e\log(r-1)$。

下面给出有噪信道编码逆定理。

定理 5.2：有噪信道编码逆定理：设离散无记忆信道的容量为 $C_{容量}$，R 是消息传输率，则当 $R>C_{容量}$ 时，无论码长 N 有多长，必存在某一常数 $\delta>0$，使在码字等概率分布下平均错误概率 $\bar{p}_e(N)\geqslant\delta$。

证明：对于任意 $\varepsilon>0$，设 $M=2^{N(R+\varepsilon)}$，$X=X_1X_2\cdots X_N$ 为输入随机序列，因为码字等概率分布，故 $H(X)=\log M$，因此 $I(X;Y)=H(X)-H(X|Y)=\log M-H(X|Y)$。又由于 $I(X;Y)\leqslant NC_{容量}$，故 $\log M-H(X|Y)\leqslant NC_{容量}$。由费诺不等式得

$$\begin{aligned}\log M-NC_{容量}&\leqslant H(X\mid Y)\\&\leqslant H(\bar{p}_e(N),1-\bar{p}_e(N))+\bar{p}_e(N)\log(M-1)\\&\leqslant 1+\bar{p}_e(N)\log(M-1)\\&<1+\bar{p}_e(N)\log M\end{aligned}$$

于是

$$\frac{\log M-NC_{容量}-1}{\log M}<\bar{p}_e(N)$$

即

$$\begin{aligned}\bar{p}_e(N)&>1-\frac{NC_{容量}+1}{\log M}>1-\frac{NC_{容量}+1}{N(R+\varepsilon)}\\&>1-\frac{NC_{容量}+1}{N(C_{容量}+\varepsilon)}=\frac{N\varepsilon-1}{N(C_{容量}+\varepsilon)}\\&=\frac{\varepsilon-\frac{1}{N}}{C_{容量}+\varepsilon}\end{aligned}$$

由于 $\frac{\varepsilon}{C_{容量}+\varepsilon}>0$，故存在 $\delta_1>0$ 和 $N_0>0$，当 $N>N_0$ 时，有 $\bar{p}_e(N)\geqslant\delta_1>0$。又若对某一个固定的 N，有 $\bar{p}_e(N)=0$，则 $\log M-NC_{容量}<0$，即 $M=2^{N(R+\varepsilon)}\leqslant 2^{NC_{容量}}$ 与 $R>C_{容量}$ 矛盾，从而对任给 N，有 $\bar{p}_e(N)>0$。因此，只需取 $\delta=\min\{\delta_1,\bar{p}_e(1),\bar{p}_e(2),\cdots,\bar{p}_e(N_0)\}$，则对所有的 N，都有 $\bar{p}_e(N)>\delta$。当选用码字数(或消息数)$M=2^{N(C_{容量}+\varepsilon)}$ 时，信道的消息输出率为 $R=\frac{\log M}{N}=C_{容量}+\varepsilon$。这表明，信道消息传输率 R 已超过了信道容量，这是不可能的，既要使消息传输率大于信道容量而又无错误地传输消息是不可能的。

5.4　信道编码方法

在通信中，由于码字序列是一种随机序列，接收端无法预知码元的取值，因而也无法识别其中有无错误。因此，可以在发送端的信息序列中增加一些差错控制元，由它们来校验是

否出错,称为监督码元。这些监督码元和信息序列之间有确定的关系。信息序列和监督码元之间的关系不同,形成码的类型也不同,大体上分为两类:分组码和卷积码。其中,分组码是把信息序列以每 k 个码元分组,编码器将每个信息组按照一定规律产生 r 个多余的码元(有时也称为校验元),形成一个长为 $n=k+r$ 的码字。当分组码的信息序列与监督码元之间是线性关系时,即可用信息的线性方程组表示监督码元,这种分组码就称为线性分组码,如汉明码和循环码。卷积码则不仅考虑信息序列与监督码元之间的关联,还需考虑信息序列间的相关信息。码长越长,性能越好,但是译码复杂度越大。卷积码给出了一种利用分组间前后相关信息等效增加码长的方法。

5.4.1 线性分组码

线性分组码建立在代数群论基础上,各个许用码字的集合构成了代数学中的群,它们具有以下的主要性质:

(1) 任意两个许用码字之和(对于二进制码这个和的含义是模二加)仍为一个许用码字,即线性分组码具有封闭性;

(2) 码字间的最小码距等于非零码的最小码重。

对于长度为 n 的二进制线性分组码,它有 2^n 种可能的码组。从 2^n 种码组中,可以选择 $M=2^k$ 个码组($k<n$)组成一种码集。这样,一个 k 比特信息的线性分组码可以映射到一个长度为 n 的码组上。该码组是从 $M=2^k$ 个码组构成的码集中选出来的,这样剩下的码组就可以对这个分组码进行检错或纠错。

1. 线性分组码的编码

线性分组码的码空间 $\boldsymbol{C}$ 是由 k 个线性无关的基底张成的 k 维 n 重子空间,码空间的所有元素都可以写成 k 个基底的线性组合,即

$$\boldsymbol{C}=m_{k-1}\boldsymbol{g}_{k-1}+\cdots+m_1\boldsymbol{g}_1+m_0\boldsymbol{g}_0 \tag{5.4.1}$$

因而,线性分组码的关键是基底、子空间和映射规则。若对于每个信息矢量 $\boldsymbol{m}=[m_{k-1},\cdots,m_1,m_0]$,其对应的码字为 $\boldsymbol{C}=[C_{n-1},\cdots,C_1,C_0]$,那么式(5.4.1)可以写成如下矩阵形式:

$$[C_{n-1}\ \ \cdots\ \ C_1\ \ C_0]=[m_{k-1}\ \ \cdots\ \ m_1\ \ m_0]\begin{bmatrix} g_{(k-1)(n-1)} & \cdots & g_{(k-1)1} & g_{(k-1)0} \\ \vdots & \ddots & \vdots & \vdots \\ g_{1(n-1)} & \cdots & g_{11} & g_{10} \\ g_{0(n-1)} & \cdots & g_{01} & g_{00} \end{bmatrix} \tag{5.4.2}$$

即 $\boldsymbol{C}=\boldsymbol{m}\boldsymbol{G}$,其中 $\boldsymbol{G}$ 为该码的生成矩阵,是由 k 个基底矢量组成,即 $\boldsymbol{G}=\begin{bmatrix} \boldsymbol{g}_{k-1} \\ \vdots \\ \boldsymbol{g}_1 \\ \boldsymbol{g}_0 \end{bmatrix}$。如果要保证$(n,k)$线性分组码能够构成 k 维 n 重子空间,$\boldsymbol{G}$ 的 k 行矢量必须是线性无关的。因此,k 个基底 $\boldsymbol{g}_i$ 也是码字。

原则上,(n,k)线性分组码的任何生成矩阵都可以通过行运算或者列置换简化成“系统矩阵”形式:

$$G=(I_k \ \vdots \ P)=\begin{bmatrix} 1 & 0 & \cdots & 0 & p_{(k-1)(n-k-1)} & \cdots & p_{(k-1)1} & p_{(k-1)0} \\ 0 & 1 & \cdots & 0 & \vdots & \ddots & \vdots & \vdots \\ \vdots & \vdots & \ddots & \vdots & p_{1(n-k-1)} & \cdots & P_{11} & P_{10} \\ 0 & 0 & \cdots & 1 & p_{0(n-k-1)} & \cdots & P_{01} & P_{00} \end{bmatrix} \tag{5.4.3}$$

这样在生成码字时，码字的前 k 位一定与信息码元相同，而其余的 $n-k$ 位冗余比特称为一致校验位，是前 k 个信息位的线性组合，这样的码称为系统码。每个(n,k)线性组合码都可以和一个系统的(n,k)线性码等效。不具备“系统”特性的码也称为非系统码。非系统码与系统码并无本质的区别，系统码不改变码集，只改变映射规则。

另一方面，与任何一个(n,k)线性码的码空间 $\boldsymbol{C}$ 相对应，一定存在一个对偶空间 $\boldsymbol{H}$。将 $\boldsymbol{H}$ 空间的 $n-k$ 个基底排列起来可构成一个$(n-k)\times n$ 矩阵，称为校验矩阵 $\boldsymbol{H}$。

由于校验矩阵是$(n,n-k)$对偶码的生成矩阵，它的每一行是一基底，也是一个码字。因此，(n,k)码的任一个码字均正交于校验矩阵的任一行矢量，即

$$\begin{aligned} &\boldsymbol{CH}^{\mathrm{T}}=0 \quad (1\times(n-k)\text{ 全零行矢量}) \\ &\Rightarrow \boldsymbol{GH}^{\mathrm{T}}=0 \quad (k\times(n-k)\text{ 全零行矢量}) \end{aligned} \tag{5.4.4}$$

如果(n,k)线性码是系统码，$\boldsymbol{G}=[\boldsymbol{I}_k \ \vdots \ \boldsymbol{P}]$，根据式(5.4.4)和 GF(2)域的特性，可得到校验矩阵为 $\boldsymbol{H}=[-\boldsymbol{P}^{\mathrm{T}} \ \vdots \ \boldsymbol{I}_{n-k}]$，负号在二进制情况下可省略，因为模 2 减法和模 2 加法是等同的。

【例 5-4】 考虑一(7,4)线性码，其生成矩阵 $\boldsymbol{G}=\begin{bmatrix} 1 & 0 & 0 & 0 & 1 & 0 & 1 \\ 0 & 1 & 0 & 0 & 1 & 1 & 1 \\ 0 & 0 & 1 & 0 & 1 & 1 & 0 \\ 0 & 0 & 0 & 1 & 0 & 1 & 1 \end{bmatrix}$。

(1) 对于信息序列 $\boldsymbol{m}=[1 \quad 0 \quad 1 \quad 1]$，求其对应码字；

(2) 根据给定的系统码生成矩阵，画出编码器原理图；

(3) 确定 $\boldsymbol{r}=[1 \quad 0 \quad 0 \quad 1 \quad 1 \quad 0 \quad 1]$是否是码字。

解：(1) 由编码公式得

$$[C_6 \quad C_5 \quad C_4 \quad \cdots \quad C_0]=[m_3 \quad m_2 \quad m_1 \quad m_0]\boldsymbol{G}$$

得　　$C_2=0,\quad C_1=0,\quad C_0=0$

所以　　$\boldsymbol{C}=[1 \quad 0 \quad 1 \quad 1 \quad 0 \quad 0 \quad 0]$

(2) 二进制(n,k)的编码器可用 k 级移存器和连接列移存器适当位置的 $n-k$ 个模 2 加法器组成，加法器生成校验位后按顺序暂存在另一个 $n-k$ 的移存器中。原理图如图 5-5 所示。

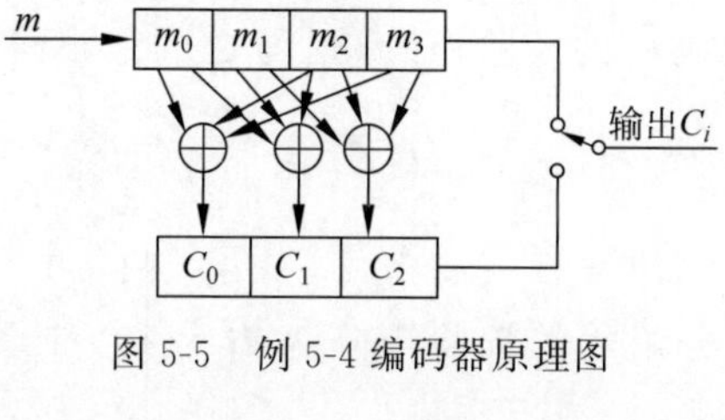

图 5-5　例 5-4 编码器原理图

(3) 判断 $\boldsymbol{rH}^{\mathrm{T}}$ 是否为 0。

由生成矩阵可得到校验矩阵为

$$\boldsymbol{H}=[\boldsymbol{P}^{\mathrm{T}} \quad \vdots \quad \boldsymbol{I}_{n-k}]=\begin{bmatrix}1&1&1&0&1&0&0\\0&1&1&1&0&1&0\\1&1&0&1&0&0&1\end{bmatrix}$$

于是计算 $\boldsymbol{rH}^{\mathrm{T}}$,得

$$[1 \quad 0 \quad 0 \quad 1 \quad 1 \quad 0 \quad 1]\begin{bmatrix}1&0&1\\1&1&1\\1&1&0\\0&1&1\\1&0&0\\0&1&0\\0&0&1\end{bmatrix}=[0 \quad 1 \quad 1]\neq 0$$

所以,$\boldsymbol{r}=[1 \quad 0 \quad 0 \quad 1 \quad 1 \quad 0 \quad 1]$不是码字。

校验矩阵除了校验码字的作用外,还可用来计算最小码距。这是因为,校验矩阵 $\boldsymbol{H}$ 可以写成 n 个列矢量的组合,即

$$\boldsymbol{H}=\begin{bmatrix}h_{(n-k-1)(n-1)}&\cdots&h_{(n-k-1)1}&h_{(n-k-1)0}\\\vdots&\ddots&\vdots&\vdots\\h_{1(n-1)}&\cdots&h_{11}&h_{10}\\h_{0(n-1)}&\cdots&h_{01}&h_{00}\end{bmatrix}=[\boldsymbol{h}_{n-1} \quad \cdots \quad \boldsymbol{h}_1 \quad \boldsymbol{h}_0] \tag{5.4.5}$$

其中,$\boldsymbol{h}_j\,(j=n-1,\cdots,1,0)$是$(n-k)\times 1$ 列矢量。

由

$$\begin{aligned}\boldsymbol{CH}^{\mathrm{T}}&=[C_{n-1} \quad \cdots \quad C_1 \quad C_0][\boldsymbol{h}_{n-1} \quad \cdots \quad \boldsymbol{h}_1 \quad \boldsymbol{h}_0]^{\mathrm{T}}\\&=C_{n-1}\boldsymbol{h}_{n-1}^{\mathrm{T}}+\cdots+C_1\boldsymbol{h}_1^{\mathrm{T}}+C_0\boldsymbol{h}_0^{\mathrm{T}}=0\end{aligned} \tag{5.4.6}$$

其中,$\boldsymbol{CH}^{\mathrm{T}}$ 代表 n 个 $1\times(n-k)$矢量 $\boldsymbol{h}_j^{\mathrm{T}}$ 的线性组合。

由前面分析可知,分组码的最小距离等于 $d_{\min}$,说明码集里重量最小的码字有 $d_{\min}$ 个非零码元。若将该最小重量的码字代入式(5.4.6),那么将有 $d_{\min}$ 个 $\boldsymbol{h}_j^{\mathrm{T}}$ 项。由此可以断言:$\boldsymbol{H}$ 矩阵的列矢量至少要有 $d_{\min}$ 个才能线性相关,$d_{\min}-1$ 个列矢量必定是线性无关的。另外,$\boldsymbol{H}$ 是$(n-k)\times n$ 矩阵,其秩至多是 $n-k$,即最多有 $n-k$ 个列矢量线性无关,综上可以得到,$d_{\min}-1\leqslant n-k$,即

$$d_{\min}\leqslant n-k+1 \tag{5.4.7}$$

那么,如何用校验矩阵计算最小码距呢?现通过定理 5.3 给出。

定理 5.3:设 $\boldsymbol{H}$ 是线性码 $\boldsymbol{C}$ 的校验矩阵,则码 $\boldsymbol{C}$ 的最小码间距离(或最小非零码字重量)等于 $\boldsymbol{H}$ 中和为 0 的最小列数。

证明略。

【例 5-5】 已知某线性分组码的校验矩阵为 $\boldsymbol{H}=\begin{bmatrix}1&0&0&1&0&1&1\\0&1&0&1&1&1&0\\0&0&1&0&1&1&1\end{bmatrix}$,求其最小

码距。

解：根据式(5.4.7)有

$$d_{\min} \leqslant n-k+1=4$$

再根据定理 5.3，$\boldsymbol{H}$ 中的所有列均不为 0，而且没有两列是相同的，码 $\boldsymbol{C}$ 的最小距离至少为 3，例如，0 列、2 列、6 列之和为 0，因此 $d_{\min}=3$。

定义 5.3：极大最小距离码（Maximized Minimum Distance Code，MDC）：如果(n,k)线性码的 $d_{\min}$ 达到了 $n-k+1$，则称该(n,k)线性分组码为极大最小距离码。

显然，当 n、k 确定之后，MDC 码达到了纠错能力的极限，是给定条件下纠错能力最强的码，所以也是纠错码的设计目标。然而在二进制码中，除了将一位信息位重复 n 次的$(n,1)$码外，不存在其他的二进制的 MDC 码。但如果是非二进制码，则是存在极大最小距离码的，如 RS(Reed-Solomon)码就是 MDC 码。

2. 线性分组码译码

码字 $\boldsymbol{C}=[C_{n-1},C_{n-2},\cdots,C_1,C_0]$在传输过程中受到各种干扰，接收端的接收码 $\boldsymbol{R}=[r_{n-1},r_{n-2},\cdots,r_1,r_0]$不一定等于发送码，两者间的差异为差错图样，即错误图样。差错图样 $\boldsymbol{E}=[e_{n-1},e_{n-2},\cdots,e_1,e_0]=\boldsymbol{R}-\boldsymbol{C}=[r_{n-1}-c_{n-1},\cdots,r_0-c_0]$。由于二进制模 2 加与模 2 减是等同的，因而有 $\boldsymbol{E}=\boldsymbol{R}+\boldsymbol{C}$ 或 $\boldsymbol{R}=\boldsymbol{E}+\boldsymbol{C}$。

同时，由于 $\boldsymbol{CH}^{\mathrm{T}}=0$，所以 $\boldsymbol{RH}^{\mathrm{T}}=(\boldsymbol{C}+\boldsymbol{E})\boldsymbol{H}^{\mathrm{T}}=\boldsymbol{CH}^{\mathrm{T}}+\boldsymbol{EH}^{\mathrm{T}}=\boldsymbol{EH}^{\mathrm{T}}$。当无误码时，即 $\boldsymbol{E}=0$，所以 $\boldsymbol{RH}^{\mathrm{T}}=0$；反之，当有误码时，$\boldsymbol{E}\neq 0$，可以得到 $\boldsymbol{RH}^{\mathrm{T}}=\boldsymbol{EH}^{\mathrm{T}}\neq 0$。因此，在 $\boldsymbol{H}^{\mathrm{T}}$ 固定的前提下，$\boldsymbol{RH}^{\mathrm{T}}$ 与 $\boldsymbol{E}$ 有关，而与发送码 $\boldsymbol{C}$ 无关。于是，我们可以获得线性分组码的译码方法，如图 5-6 所示。先利用收到的码字 $\boldsymbol{R}$ 和已知的校验矩阵 $\boldsymbol{H}$ 计算出 $\boldsymbol{RH}^{\mathrm{T}}$；再利用 $\boldsymbol{RH}^{\mathrm{T}}$ 计算出差错图样 $\boldsymbol{E}$；由 $\boldsymbol{E}$ 和收到的码字 $\boldsymbol{R}$ 可以得到发送码的估计 $\hat{\boldsymbol{C}}$。

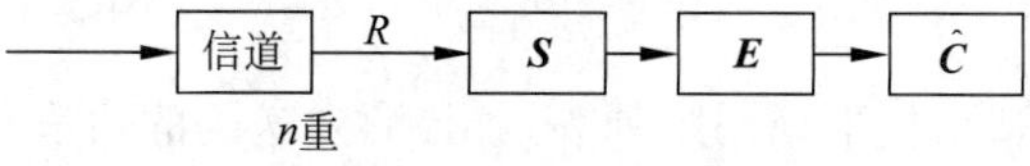

图 5-6 译码过程示意图

定义 5.4：伴随式 $\boldsymbol{S}=[s_{n-k-1}\ \cdots\ s_1\ s_0]$是接收码 $\boldsymbol{R}$ 与校验矩阵 $\boldsymbol{H}$ 的转置 $\boldsymbol{H}^{\mathrm{T}}$ 的乘积，$\boldsymbol{S}=\boldsymbol{RH}^{\mathrm{T}}=(\boldsymbol{E}+\boldsymbol{C})\boldsymbol{H}^{\mathrm{T}}=\boldsymbol{EH}^{\mathrm{T}}+\boldsymbol{CH}^{\mathrm{T}}=\boldsymbol{EH}^{\mathrm{T}}$。

由于

$$\begin{aligned}\boldsymbol{S}&=[s_{n-k-1}\ \cdots\ s_1\ s_0]=\boldsymbol{EH}^{\mathrm{T}}\\&=[e_{n-1}\ \cdots\ e_1\ e_0]\begin{bmatrix}h_{(n-k-1)(n-1)} & \cdots & h_0(n-1)\\ \vdots & \ddots & \vdots\\ h_{(n-k-1)0} & \cdots & h_{00}\end{bmatrix}\end{aligned}$$

为了求解该方程组，可以进一步展开如下：

$$\begin{aligned}s_{n-k-1}&=e_{n-1}h_{(n-k-1)(n-1)}+\cdots+e_0h_{(n-k-1)0}\\&\vdots\\s_1&=e_{n-1}h_{1(n-1)}+\cdots+e_0h_{10}\\s_0&=e_{n-1}h_{0(n-1)}+\cdots+e_0h_{00}\end{aligned}$$

这是一线性欠定方程组，其中变元个数为 n，方程数为 $n-k$。在二元域中，少一个方程将导致两个解，少两个方程将导致 4 个解，以此类推，共少了 $n-(n-k)=k$ 个方程，于是每个未知数有 2^k 个解。因此，对于每一个确定的 $\boldsymbol{S}$，错误图样 $\boldsymbol{E}$ 有 2^k 个解，那么取哪一个作为解呢？这里采用**概率译码**的处理方法，即把所有 2^k 个解的重量(错误图案 $\boldsymbol{E}$ 中 1 的个数)做比较，选择其中错误图样重量最小者作为 $\boldsymbol{E}$ 的估值。它的理论依据如下：对于 BSC 信道，若错误概率为 p，则长度 n 的码中错 1 位的概率为 $p(1-p)^{n-1}$，错两位的概率为 $p^2(1-p)^{n-2}$，以此类推，错 n 位的概率为 p^n。因为 $p<<1$，必有 $p(1-p)^{n-1}>p^2(1-p)^{n-2}>\cdots>p^n$，所以 $\boldsymbol{S}$ 对应最小重量错误图案 $\boldsymbol{E}$ 的可能性最大。

由于 $\boldsymbol{E}=\boldsymbol{R}+\boldsymbol{C}$，$\boldsymbol{E}$ 的重量最小等同于 $\boldsymbol{R}$、$\boldsymbol{C}$ 间的汉明距离最小，所以二进制的概率译码体现最小距离译码法则，也是最大似然译码法则。

上述的概率译码，每接收一个码字需要解一次线性方程，运算量非常大。由于伴随式的数目是有限的，共 2^{n-k} 个。如果 $n-k$ 不太大，可以换一种思路来考虑问题。预先对不同 $\boldsymbol{S}$ 取值的错误图样 $\boldsymbol{E}$ 求解方程组，再按最大概率译码从 2^k 个解中取出一个最可能的错误图样 $\boldsymbol{E}$。将 $\boldsymbol{S}$ 取值与错误图样 $\boldsymbol{E}$ 相对应，再把发码与错误图样的组合作为可能接收到的码字列表出来，译码时就不必去解方程，而是在上述表格中查找发送码的码矢量，这个表称为标准阵列译码表。

在标准阵列译码表中，将没有任何差错时的收码 $\boldsymbol{R}$ 放在第 1 行，差错图案为全零，伴随式也为全零。由于对于(n,k)线性分组码有 2^k 个码字，所有码表有 2^k 列；由于(n,k)线性分组码有 2^{n-k} 个伴随式，所以从第 2 行至 $n+1$ 行为差错重量是 1 的图样，以及由该差错图样导致的接收码，接下来 C_n^2 行为差错重量为 2 的图案，以此类推，直到全部 2^{n-k} 个伴随式有解为止。

【例 5-6】 某(5,2)系统线性码的生成矩阵是 $\boldsymbol{G}=\begin{bmatrix}1&0&1&1&1\\0&1&1&0&1\end{bmatrix}$，设接收的码是 $\boldsymbol{R}=[1\quad 0\quad 1\quad 0\quad 1]$，试构造出标准译码阵列表，并译码发送码的估值 $\hat{\boldsymbol{C}}$。

解：由于该码是(5,2)系统线性码，所有码字的信息序列应该是 $\boldsymbol{m}=[00],[01],[10],[11]$，这样通过生成矩阵获得的有效码字是

$$\boldsymbol{C}_1=[00000],\quad \boldsymbol{C}_2=[10111],\quad \boldsymbol{C}_3=[01101],\quad \boldsymbol{C}_4=[11010]$$

由生成矩阵，可得校验矩阵为

$$\boldsymbol{H}=[\boldsymbol{P}^{\mathrm{T}}\quad\vdots\quad \boldsymbol{I}_3]=\begin{bmatrix}1&1&1&0&0\\1&0&0&1&0\\1&1&0&0&1\end{bmatrix}$$

因此伴随式有 $2^{n-k}=2^{5-2}=8$ 种。差错图样中除了代表无差错的全零图样外，有 1 个差错的图样有 5 种，2 个差错的图样有 $C_5^2=10$ 种，以此类推。根据概率译码准则，8 种伴随式将对应于差错重量最轻的图样，所以应选一种 0 个差错的图样，5 种 1 个差错图样和 2 种 2 个差错的图样。由此，对于 5 种 1 个差错的图样，可通过 $\boldsymbol{S}=\boldsymbol{E}\boldsymbol{H}^{\mathrm{T}}$ 求出其对应的伴随式；再通过求解剩余伴随式方程组，获得 2 种 2 个差错的图样。值得注意的是，对于伴随式(011)，将有 2^2 个解[00011]、[10100]、[01110]和[11001]，重量为 2 的差错图样有两种，可以任意选择其中一种为伴随式[011]的解。因为对于该码来说，它的纠错能力 t 仅为 1，两个差错是纠正不了的。对应的标准阵列译码表如表 5-1 所示。

表 5-1 (5,2)线性码的标准阵列译码

$S_1=000$	$E_1+C_1=00000$	$C_2=10111$	$C_3=01101$	$C_4=11010$
$S_2=111$	$E_2=10000$	00111	11101	01010
$S_3=101$	$E_3=01000$	11111	00101	10010
$S_4=100$	$E_4=00100$	10011	01001	11110
$S_5=010$	$E_5=00010$	**10101**	01111	11000
$S_6=001$	$E_6=00001$	10110	01100	11011
$S_7=011$	$E_7=00011$	10100	01110	11001
$S_8=110$	$E_8=10001$	10001	01011	11100

对于接收码[10101],直接查表可得它的子集头是[10111],因此译码输出为[10111]。

实际上,获得发码估值 $\hat{C}$ 的方案有 3 种:(1)直接搜索码表;(2)先求伴随式找到行数;(3)先求伴随式,在表中查出对应的差错图案,由 $\boldsymbol{C}=\boldsymbol{R}+\boldsymbol{E}_5$ 得到结果。

任意一个二元(n,k)线性分组码都有 2^{n-k} 个伴随式,假如该码的纠错能力为 t,则对于任何一个重量小于 t 的差错图案,都应有一个伴随式与之对应,所以伴随式的数目应满足条件

$$2^{n-k} \geqslant \binom{n}{0}+\binom{n}{1}+\cdots+\binom{n}{t}=\sum_{i=0}^{t}\binom{n}{i} \tag{5.4.8}$$

上式称为汉明限(Hamming Bound),任何一种纠错能力为 t 的线性码都应满足以上条件。

定义 5.5:若某二元(n,k)线性分组码使式(5.4.8)成立,即 $2^{n-k}=\sum_{i=0}^{t}\binom{n}{i}$,则将$(n,k)$线性分组码称为完备码。

迄今为止,完备码并不多见。$t=1$ 的汉明码,$t=3$ 的高莱码,长度 n 为奇数、由两个码字组成、满足 $d_{\min}=n$ 的任何二进制码,以及三进制的 $t=3$ 的(11,6)码都属于完备码。

汉明码不是指一个码,而是指一类码,它是纠错能力 $t=1$(既有二进制,又有非二进制)的完备的线性分组码的一类码的统称。二进制码长为 n 和信息位为 k 的汉明码服从如下规律:$(n,k)=(2^m-1,2^m-1-m)$,其中,$m=n-k$。当 $m=3,4,5,6,7,8$ 时,对应的汉明码分别为(7,4)、(15,11)、(31,26)、(63,57)、(127,120)和(255,247)。值得注意的是汉明码是一种完备码。

除此之外,汉明码的校验矩阵 $\boldsymbol{H}$ 具有特殊的性质。一个(n,k)的线性码校验矩阵有 $n-k$ 行 n 列。而二进制 $n-k$ 个码元能组合的列矢量的总数(全零矢量除外)是 $2^{n-k}-1$,恰好与二进制汉明码校验矩阵的列数 $n=2^m-1$ 相等。因此,对于汉明码,只要排列所有 $n-k$ 个码元组成的所有列矢量(全零矢量除外),可构成一个汉明码校验矩阵,再通过初等操作可以获得系统形式校验矩阵 $\boldsymbol{H}$,从而得到生成矩阵。

高莱码是二进制(23,12)线性码,其最小距离 $d_{\min}=7$,纠错能力 $t=3$。由于满足 $2^{23-12}=2048=1+\binom{23}{1}+\binom{23}{2}+\binom{23}{3}$,因此它也是完备码。

定义 5.6:如果给每个码字添加奇偶校验位 $C_{i(n+1)}$ 来对码字的所有比特进行校验,使满足 $C_{i1}+C_{i2}+\cdots+C_{i(n+1)}$ 等于 0 或 1,就构成了一个二进制$(n+1,k)$线性码,称为扩展码。

在偶校验的情况下，若原来码字中 1 的个数为偶数，则添加的校验位为 0；若原码 1 的个数为奇数，则添加的检验位为 1。于是，扩展码校验矩阵 $\boldsymbol{H}_e$ 可表示为

$$\boldsymbol{H}_e=\left[\begin{array}{cccc:c} & & & & 0\\ & & & & 0\\ & & \boldsymbol{H} & & \vdots\\ & & & & 0\\ \hdashline 1 & 1 & \cdots & 1 & 1\end{array}\right] \tag{5.4.9}$$

其中，$\boldsymbol{r}_e\boldsymbol{H}_e^{\mathrm{T}}=0$。这时，偶校验后最小距离将增加 1，检错能力也增加 1。例如，在(23,12)高莱码上添加一位奇偶位即可获得(24,12)扩展高莱码，其最小码距 $d_{\min}=8$。

若把一定数量的信息设为零，(n,k)系统码可以缩短。把码的前 e 位设为 0，从而将码(n,k)缩短成码$(n-e,k-e)$。

定义 5.7：在生成矩阵一定的条件下，由于信息组中的 0 和 1 结构对称、奇偶对称，因此码字的第 1 位 $m_1=0$ 的概率将为 0.5。把第 1 位为 1 的所有码字去掉，剩下另一半第 1 位为 0 的码字舍去第 1 位后组成的新的$(n-1,k-1)$系统码，称为缩短码。

缩短码与原码具有相同的最小码距 $d_{\min}$。若(n,k)线性码的编码运算为 $\boldsymbol{C}=\boldsymbol{mG}$，由于缩短码信息组的前一位是 0，因此缩短码的编码运算为

$$\boldsymbol{C}_s=\boldsymbol{m}_s\boldsymbol{G}_s \tag{5.4.10}$$

其中，$\boldsymbol{G}_s$ 是 $\boldsymbol{G}(k\times n)$去掉最左边 l 列及最上面 l 行后剩下的$(n-l)\times(k-l)$矩阵。

另一方面，原码的校验矩阵 $\boldsymbol{H}_{(n-k)\times n}$ 缩短后为$(n-k)\times(n-l)$的 $\boldsymbol{H}_s$，可见校验矩阵 $\boldsymbol{H}$ 与缩短后的校验矩阵 $\boldsymbol{H}_s$ 的行数是一致的，将 $\boldsymbol{H}$ 最左边的 l 列去掉得 $\boldsymbol{H}_s$。由于$(k-i)/(n-i)<k/n$，因此，缩短码的码率总是小于原码。

【例 5-7】 构造一个 $m=3$ 的二元(7,4)汉明码。

解：

$$\boldsymbol{H}=\begin{bmatrix}0&0&0&1&1&1&1\\0&1&1&0&0&1&1\\1&0&1&0&1&0&1\end{bmatrix}\Rightarrow\begin{bmatrix}1&1&1&0&1&0&0\\0&1&1&1&0&1&0\\1&1&0&1&0&0&1\end{bmatrix}$$

$$\boldsymbol{G}=[\boldsymbol{I}_4\ \vdots\ \boldsymbol{P}]=\begin{bmatrix}1&0&0&0&1&0&1\\0&1&0&0&1&1&1\\0&0&1&0&1&1&0\\0&0&0&1&0&1&1\end{bmatrix}$$

扩展汉明码：给(n,k)汉明码添加一位奇偶校验位，可得到一个 $d_{\min}=4$ 的$(n+1,k)$扩展汉明码；反之，在生成矩阵 $\boldsymbol{G}$ 中删除 l 行 l 列，或等效在 $\boldsymbol{H}$ 中删除 l 列，可以得到缩短汉明码$(n-l,k-l)$。

5.4.2 循环码

循环码是线性分组码的一个子集，它满足如下循环移位特性：码集 $\boldsymbol{C}$ 中任何一个码字的循环移位仍是码字。

由于循环码的 k 个基底可以由同一个基底循环 k 次得到，因此用一个基底就足以表示一个码的特性。于是，可以把码字 $\boldsymbol{C}=[c_{n-1}c_{n-2}\cdots c_1c_0]$与一个不大于 $n-1$ 次的多项式联

系起来，称为码多项式 $C(x)$，其定义为

$$C(x)=c_{n-1}x^{n-1}+c_{n-2}x^{n-2}+\cdots+c_1x+c_0 \tag{5.4.11}$$

其中，$c_i\in\{0,1\}$，$i=0,1,\cdots,n-1$。

根据循环码的定义，码循环移一位后可表示为$[c_{n-1},c_{n-2},\cdots,c_1,c_0]\to[c_{n-2},\cdots,c_1,c_0,c_{n-1}]$，其对应的码多项式应为 $C_1(x)=c_{n-2}x^{n-1}+c_{n-3}x^{n-2}+\cdots+c_0x+c_{n-1}$。比较循环移位的前后，可用如下的多项式运算来表示循环移1位：$C_1(x)=xC_0(x) \bmod (x^n+1)$。

于是，以此类推，可以得到移2位至移 $n-1$ 位的码多项式分别为

移2位：$C_2(x)=xC_1(x)=x^2C_0(x) \bmod (x^n+1)$

⋮

移 $n-1$ 位：$C_{n-1}(x)=xC_{n-2}(x)=x^{n-1}C_0(x) \bmod (x^n+1)$

码字 $C_0(x)$ 移 n 位后又回到码字 $C_0(x)$，一个码字的移位最多能得到 n 个码字，再根据码空间的封闭性，得到码字的线性组合仍是码字，即

$$\begin{aligned}C(x)&=a_0C_0(x)+a_1xC_0(x)+\cdots+a_{n-1}x^{n-1}C_0(x)\\&=(a_0+a_1x+\cdots+a_{n-1}x^{n-1})C_0(x)\\&=A(x)C_0(x) \bmod (x^n+1)\end{aligned} \tag{5.4.12}$$

式中，$C_0(x)$是一个码多项式，$A(x)$是次数不大于 $n-1$ 的任意多项式，$a_i\in\{0,1\}$，$i=0,1,\cdots,n-1$(对于二进制编码)。作为特殊情形，若选择 $C_0(x)$是 $n-k$ 次多项式，$A(x)$是 $k-1$ 次任意多项式。那么，在 $C_0(x)$不变情况下，$A(x)$系数有 2^k 种组合，它恰好对应于 2^k 个码字。此时 $C_0(x)$起到了生成多项式的作用，且 $C_0(x)$是 $C(x)$的一个因式。

从近世代数的观点来看，GF(2)域次数小于 n 的多项式在模2加、模(x^n+1)乘法运算下构成了一个交换环。多项式交换环的一个主理想子环一定可以产生一个循环码，且所有码多项式都可以由其中一个元素的倍式组成，这个元素称为该主理想子环的生成元。从交换环的性质中，可以找到构造(n,k)循环码的步骤：

(1) 对 x^n+1 做因式分解，找出其$(n-k)$次因式；

(2) 以该$(n-k)$次因式作为生成多项式 $g(x)$，与不高于$(k-1)$次的信息多项式 $m(x)$ 相乘，即得到码多项式 $C(x)=m(x)g(x)$，其中，$C(x)$的次数不高于$(k-1)+(n-k)=n-1$。

可以验证所得码的循环性。令 $C_1(x)=xC(x)=xm(x)g(x) \bmod (x^n+1)$，由于 $g(x)$本身也是码多项式，而 $xm(x)$是不高于 k 次的多项式，由式(5.4.12)得到 $C_1(x)$一定是码字，即码字的循环移位也是码字，所以是循环码。

【例 5-8】 构造 $n=7$ 的循环码。

解：$x^7+1=(x+1)(x^3+x^2+1)(x^3+x+1)$

一次因式1种：$x+1$

三次因式2种：(x^3+x^2+1)，(x^3+x+1)

四次因式2种：$(x^3+x^2+1)(x+1)=x^4+x^2+x+1$

$(x^3+x+1)(x+1)=x^4+x^3+x^2+1$

六次因式1种：$(x^3+x^2+1)(x^3+x+1)=x^6+x^5+x^4+x^3+x^2+x+1$

以 $g(x)=x^3+x+1$ 为生成多项式可以生成(7,4)循环码。当信息位为[0110]时，得到信息多项式为 $m(x)=x^2+x$，所以对应的码多项式为 $C(x)=m(x)g(x)=(x^2+x)$

$(x^3+x+1)=x^5+x^4+x^3+x \to [0111010]$。

多项式 x^n+1 因式分解为 $g(x)h(x)$，去除生成多项式 $g(x)$ 外，剩下的因式组成 $h(x)$，称为校验多项式。因为任何码多项式 $C(x)$ 与 $h(x)$ 的模 (x^n+1) 的乘积一定等于 0，而非码字与 $h(x)$ 的模 (x^n+1) 的乘积必不为 0。

$$C(x)h(x)=m(x)g(x)h(x)=m(x)(x^n+1) \bmod (x^n+1)=0 \tag{5.4.13}$$

在 $x^n+1=g(x)h(x)$ 分解中，$g(x)$ 和 $h(x)$ 处于同等地位。由 $g(x)$ 生成的 (n,k) 循环码和由 $h(x)$ 生成的 $(n,n-k)$ 循环码互为对偶码。$(n,n-k)$ 对偶码构成 (n,k) 循环码的零空间。

以上方法获得的循环码并非是系统码。如果希望所获得的循环码同时是系统码，可通过系统码的定义形式直接获得系统循环码的构造方法。

对于系统码而言，其码字的前 k 位应是信息位，后面 $n-k$ 位为校验位。因此其码字多项式应为

$$C(x)=x^{n-k}m(x)+r(x) \tag{5.4.14}$$

其中，$r(x)$ 是校验多项式，它的最高次应为 $n-k-1$ 次码多项式。对上式两边同取模 $g(x)$，左边 $C(x) \bmod g(x)=m(x)g(x) \bmod g(x)=0$；右边也必是 0，即 $x^{n-k}m(x)+r(x) \bmod g(x)=x^{n-k}m(x) \bmod g(x)+r(x) \bmod g(x)=0$，因此可得 $x^{n-k}m(x) \bmod g(x)=r(x) \bmod g(x)$。

所以，校验多项式应为

$$r(x)=x^{n-k}m(x) \bmod g(x) \tag{5.4.15}$$

于是获得了直接产生系统循环码的方法，其步骤如下：

(1) 将消息多项式 $m(x)$ 乘以 x^{n-k}；

(2) 将 $x^{n-k}m(x)$ 除余 $g(x)$ 得校验多项式 $r(x)$；

(3) 将 $r(x)$ 加在 $x^{n-k}m(x)$ 后面得到系统循环码多项式。

【例 5-9】 (7,4)循环码的生成多项式为 $g(x)=x^3+x+1$，求：

(1) 该循环码系统形式的生成矩阵；

(2) [1001]的系统循环码字。

解：

(1) $$\boldsymbol{G}=\begin{bmatrix} x^3g(x) \\ x^2g(x) \\ xg(x) \\ g(x) \end{bmatrix}=\begin{bmatrix} 1&0&1&1&0&0&0 \\ 0&1&0&1&1&0&0 \\ 0&0&1&0&1&1&0 \\ 0&0&0&1&0&1&1 \end{bmatrix} \xrightarrow{\text{系统化}} \begin{bmatrix} 1&0&0&0&1&0&1 \\ 0&1&0&0&1&1&1 \\ 0&0&1&0&1&1&0 \\ 0&0&0&1&0&1&1 \end{bmatrix}$$

(2) $m(x)=m_3x^3+m_2x^2+m_1x+m_0=x^3+1$

$x^{n-k}m(x)=x^6+x^3$

$r(x)=x^2+x$

$C(x)=x^{n-k}m(x)+r(x)=x^6+x^3+x^2+x \Rightarrow [1001110]$

循环码是线性分组码的子集。从 (n,k) 循环码生成多项式也可获得生成矩阵的方法：取 $g(x)$ 本身加上移位 $k-1$ 次所得的 $k-1$ 个码字作为 k 个基底。

若循环码生成多项式为 $g(x)=x^{n-k}+g_{n-k-1}x^{n-k-1}+\cdots+g_2x^2+g_1x+1$，则生成矩阵是

$$
\boldsymbol{G}=\begin{bmatrix} x^{k-1}g(x) \\ x^{k-2}g(x) \\ \vdots \\ xg(x) \\ g(x) \end{bmatrix}=\begin{bmatrix} 1 & g_{n-k-1} & \cdots & g_2 & g_1 & 1 & 0 & 0 & \cdots \\ \vdots & 1 & g_{n-k-1} & \cdots & g_2 & g_1 & 1 & 0 & \cdots \\ \vdots & \cdots & \ddots & \ddots & \ddots & \ddots & \ddots & \ddots & 0 \\ 0 & 0 & \cdots & 1 & g_{n-k-1} & \cdots & g_2 & g_1 & 1 \end{bmatrix} \tag{5.4.16}
$$

除此之外，也可以直接获得系统生成矩阵，其思路与求系统循环码类似。对于系统生成矩阵 $\boldsymbol{G}=[\boldsymbol{I}_k \ \vdots \ \boldsymbol{P}]$，它的第 l 行可写成码多项式为 $x^{n-l}+r_l(x)$，每行多项式 $x^{n-l}+r_l(x)$ 也一定是循环码的一个码字，即 $x^{n-l}+r_l(x)=\theta_l(x)g(x)$，且各行的码字不相关。因此，如果能计算获取 $r_l(x)$，则可直接获得系统生成矩阵。

当对 $x^{n-l}+r_l(x)=\theta_l(x)g(x)$ 两边同除余生成多项式 $g(x)$ 时，可以得到

$$
r_l(x)=x^{n-l} \bmod g(x) \tag{5.4.17}
$$

其中，$l=1,2,\cdots,k-1$。

【例 5-10】 计算(7,4)系统循环汉明码最小重量的可纠错误图样和对应的伴随式。

解：对于(7,4)系统循环汉明码，其最小重量的可纠错误图样码多项式为 $0,1,x,x^2,x^3,x^4,x^5,x^6$。由 $s(x)=E(x) \bmod g(x)$，可得 8 个对应的伴随式：$0,1,x,x^2,x+1,x^2+x,x^2+x+1,x^2+1$。

5.4.3 卷积码

前面研究过的分组码是将输入序列分割成一定长度的信息组后各自孤立地进行编译码，分组与分组之间没有考虑任何联系。从信息论的角度，它忽略了各分组间的相关性，必将损失一部分信息。

当码长 n 有限时，能否将有限个分组间的相关信息添加到码字中从而等效地增加码长？译码时能否利用前后码字的相关性将前面的译码信息反馈到后面译码中，作为译码参考？这些想法导致了卷积码的产生。

卷积码于 1955 年由麻省理工学院 Elias 首次提出，随后 Wozencraft 和 Renffen 提出了序贯译码方法(对具有较大约束长度的卷积码非常有效)。1963 年，Massey 提出了一种效率不高、但易于实现的译码方法，称为门限译码，这使得卷积码被大量应用于卫星和无线信道的数字传输中。到了 1967 年，Viterbi 又提出了最大似然概率译码方法，它可应用于较小约束长度的卷积码。再配合序贯译码的软判决，卷积码在深空和卫星通信系统中也得到广泛应用；1974 年，Bahl、Cocke、Jelinek 和 Raviv 提出最大后验概率译码方法，称为 BCJR 算法，它可对不等先验概率的信息比特进行卷积码译码。卷积码是一种常见的信道编码方法，下面对卷积码的编译码方法进行简要阐述。

1) 卷积码编码

卷积码可看作一个有限记忆系统，它将信息序列分割成长度为 k 的一个个分组，与分组码不同的是，在某一个分组编码时，卷积码的码字不仅与本时刻的分组信息相关，而且与本时刻以前的 L 个分组的信息也相关，其中，$L+1$ 称为卷积码的约束长度。于是，卷积码常用 3 个参量描述，如(n,k,L)，其中，n 代表卷积码输出码字的长度，k 为每次输入卷积编码器的信息组长度，$L+1$ 为约束长度。因此，卷积码中相互关联的码字母长度为 $n\times(L+1)$，它的纠错性能随 L 的增加而增大，译码的差错率将随着 n 的增加而指数下降。在相同编码效率

情况下，卷积码的性能明显优于分组码，至少不低于分组码。如图 5-7 所示是卷积编码器示意图，信息序列被分割成一个个分组，通过卷积编码器进行线性组合，最后获得输出码字。

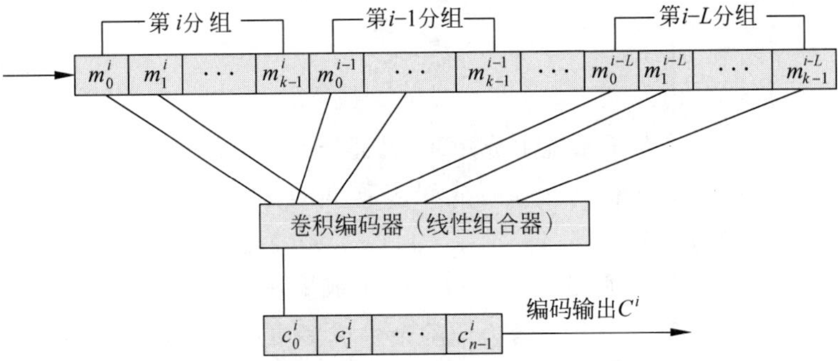

图 5-7 卷积码编码器示意图

卷积码编码的一般过程可用图 5-8 表示。卷积码编码器将信息序列通过串并转换后，存入 k 个长度为 $L+1$ 的移存器中，构成输入信息阵列；编码器按照一定的规则对信息阵列中数据进行组成，获得输出码字信息，并通过串并转换后得到编码输出。由于卷积码码字中每个元素都是 $k\times(L+1)$个数据的线性组合，编出当前 i 时刻的码元(码字母)C_j^i，$j=0,1,\cdots,n-1$，需要有 $k\times(L+1)$个系数来描述组合规则，且每一个码字需用 $n\times k\times(L+1)$个系数才能描述。

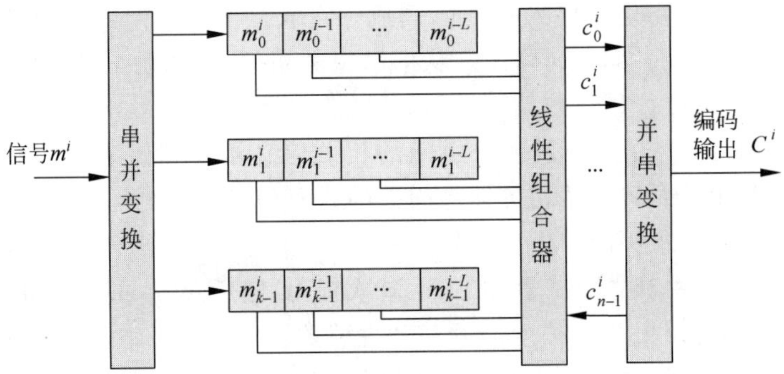

图 5-8 卷积码编码过程一般示意图

与分组码不同，卷积码在任意给定单元时刻其输出的 n 个码元中，每一个码元不仅与此时刻输入的 k 个信息元有关，而且还与前连续 L 个时刻输入的信息元有关。但是，卷积码也可以用生成矩阵形式描述。下面以(3,2,1)卷积码为例，说明卷积码的编码过程。

【例 5-11】 二进制(3,2,1)卷积码编码器的结构如图 5-9 所示，若本时刻 $i=0$ 的输入信息是 $\boldsymbol{m}^0=[m_0^0,m_1^0]=[01]$，上一时刻 $\boldsymbol{m}^1=[m_0^1,m_1^1]=[10]$(用上标正整数 1 表示 1 个时延)，试用生成矩阵表示该编码器，并计算输出码字。

解：假设用 g_{kj}^l 表示记忆序列第 k 行($k=0,1$)、第 l 列($l=0,1$)对第 j 个($j=0,1,2$)码元的影响。令参与组合者(有连线接到模 2 加法器)相应的系数 $g_{kj}^l=1$，否则 $g_{kj}^l=0$。

由图中接线可知，共需 $n\times k\times(L+1)=3\times2\times(1+1)=12$ 个系数，分别是

$$g_{00}^0=1,\quad g_{01}^0=0,\quad g_{02}^0=1,\quad g_{00}^1=1,\quad g_{01}^1=1,\quad g_{02}^1=1,$$

$$g_{10}^0=0,\quad g_{11}^0=1,\quad g_{12}^0=1,\quad g_{10}^1=1,\quad g_{11}^1=0,\quad g_{12}^1=0$$

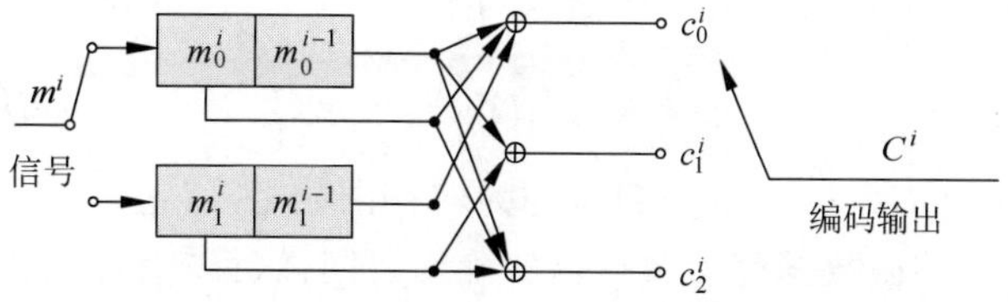

图 5-9 二进制(3,2,1)卷积码编码器

本时刻输入信息 $\boldsymbol{m}^0=[m_0^0,m_1^0]=[01]$ 与上时刻输入信息 $\boldsymbol{m}^1=[m_0^1,m_1^1]=[10]$，用矩阵 $\boldsymbol{G}^0=\begin{bmatrix} g_{00}^0 & g_{01}^0 & g_{02}^0 \\ g_{10}^0 & g_{11}^0 & g_{12}^0 \end{bmatrix}=\begin{bmatrix} 1 & 0 & 1 \\ 0 & 1 & 1 \end{bmatrix}$，$\boldsymbol{G}^1=\begin{bmatrix} g_{00}^1 & g_{01}^1 & g_{02}^1 \\ g_{10}^1 & g_{11}^1 & g_{12}^1 \end{bmatrix}=\begin{bmatrix} 1 & 1 & 1 \\ 1 & 0 & 0 \end{bmatrix}$ 分别描述本时刻和上一时刻输入对码字的影响，从而得出本时刻编码的输出为

$$\begin{aligned}\boldsymbol{C}^0&=[C_0^0,C_1^0,C_2^0]=\boldsymbol{m}^0\boldsymbol{G}^0+\boldsymbol{m}^1\boldsymbol{G}^1\\&=[01]\begin{bmatrix} 1 & 0 & 1 \\ 0 & 1 & 1 \end{bmatrix}+[10]\begin{bmatrix} 1 & 1 & 1 \\ 1 & 0 & 0 \end{bmatrix}=[011]+[111]=[100]\end{aligned}$$

上例中，系数矩阵 $\boldsymbol{G}^0$ 和 $\boldsymbol{G}^1$ 的设定具有一般性。对于 (n,k,L) 卷积码，把 i 以前的第 l 个信息比特组 $m^l=(m_0^{i-l},m_1^{i-l},\cdots,m_{k-1}^{i-l})$ 对线性组合的影响用一个 $k\times n$ 的生成子矩阵 $\boldsymbol{G}^l$ 来表示，则

$$\boldsymbol{G}^l=\begin{bmatrix} g_{00}^l & g_{01}^l & \cdots & g_{0(n-1)}^l \\ \vdots & \vdots & \vdots & \vdots \\ g_{(k-1)0}^l & g_{(k-1)0}^l & \cdots & g_{(k-1)(n-1)}^l \end{bmatrix} \tag{5.4.18}$$

其中，用 g_{kj}^l 表示记忆序列第 k 行 $(k=0,1,\cdots,k-1)$、第 l 列 $(l=0,1,\cdots,L)$ 对第 j 个 $(j=0,1,2,\cdots,n-1)$ 输出码元的影响，且 $g_{kj}^l\in\{0,1\}$。设编码器初始状态为 0(记忆阵列全体清 0)，则随着一个个 k 比特信息组 $(m^0,m^1,\cdots,m^L,m^{L+1},\cdots)$ 的输入，编码器源源不断地输出码字 $(C^0,C^1,\cdots,C^L,C^{L+1},\cdots)$，即

在时刻 $i=0$ 时，$\boldsymbol{C}^0=\boldsymbol{m}^0\boldsymbol{G}^0$

在时刻 $i=1$ 时，$\boldsymbol{C}^1=\boldsymbol{m}^1\boldsymbol{G}^0+\boldsymbol{m}^0\boldsymbol{G}^1$

在时刻 $i=2$ 时，$\boldsymbol{C}^2=\boldsymbol{m}^2\boldsymbol{G}^0+\boldsymbol{m}^1\boldsymbol{G}^1+\boldsymbol{m}^0\boldsymbol{G}^2$

以此类推，在时刻 $i=L$ 时，$\boldsymbol{C}^L=\boldsymbol{m}^L\boldsymbol{G}^0+\boldsymbol{m}^{L-1}\boldsymbol{G}^1+\cdots+\boldsymbol{m}^0\boldsymbol{G}^L$，其等效矩阵形式为

$$\begin{aligned}\boldsymbol{C}&=[\boldsymbol{C}^0,\boldsymbol{C}^1,\cdots,\boldsymbol{C}^{L+1}]=\boldsymbol{m}\boldsymbol{G}\\&=[\boldsymbol{m}^0,\boldsymbol{m}^1,\boldsymbol{m}^2\cdots]\begin{bmatrix} \boldsymbol{G}^0 & \boldsymbol{G}^1 & \cdots & \boldsymbol{G}^L & \cdots & \cdots \\ 0 & \boldsymbol{G}^0 & \boldsymbol{G}^1 & \cdots & \boldsymbol{G}^L & \cdots \\ \vdots & \ddots & \ddots & \ddots & \ddots & \vdots \end{bmatrix}\end{aligned} \tag{5.4.19}$$

其中，$\boldsymbol{G}$ 定义为卷积码的生成矩阵，它是个半无限矩阵。时刻 i 的输出码字为

$$\boldsymbol{C}^i=\sum_{l=0}^{L}\boldsymbol{m}^{i-l}\boldsymbol{G}^l \tag{5.4.20}$$

即码字为无限长输入序列与有限长矩阵元素的卷积运算获得，这也就是**卷积码**名称的由来。

其中，$L+1$ 个子矩阵 $\boldsymbol{G}^l$，$(l=0,1,\cdots,L)$ 实质上是 $\boldsymbol{G}$ 在时间轴上的展开。考虑子矩阵 $\boldsymbol{G}^l$ 和 $\boldsymbol{G}^{l+1}$ 同一位置上的两系数 g_{kj}^l 和 g_{kj}^{l+1} 都表示记忆阵列第 k 行对第 j 输出码元的影响，两者之间仅差一列(即一个时延 D)，因此，也可以用多项式形式来表示卷积码的编码过

程,其中,D 为一个时间的延迟。第 k 行输入到第 j 个输出之间的转移函数 $g_{kj}(D)$表示为

$$g_{kj}(D)=g_{kj}^{0}+g_{kj}^{1}D+g_{kj}^{2}D^{2}+\cdots+g_{kj}^{L}D^{L}=\sum_{l=0}^{L}g_{kj}^{l}D^{l} \qquad (5.4.21)$$

由转移函数构成的矩阵 $\boldsymbol{G}(D)=\{g_{kj}(D)\}$称为转移函数矩阵,它是 k 行 n 列矩阵。一旦卷积码器结构图给定,转移函数矩阵 $\boldsymbol{G}(D)$也就确定。同样,当转移函数矩阵 $\boldsymbol{G}(D)$给定,卷积码器的结构图也是确定的。转移函数矩阵同样可以描述卷积码的编码。

【例 5-12】 某二元(3,1,2)卷积码的转移函数矩阵为 $\boldsymbol{G}(D)=[1 \quad 1+D \quad 1+D+D^{2}]$,试画出编码器结构图。

解:根据转移函数矩阵定义,得到

$g_{00}(D)=g_{00}^{0}+g_{00}^{1}D+g_{00}^{2}D^{2}=1$,所以 $g_{00}^{0}=1 \quad g_{00}^{1}=0 \quad g_{00}^{2}=0$

$g_{01}(D)=g_{01}^{0}+g_{01}^{1}D+g_{01}^{2}D^{2}=1+D$,所以 $g_{01}^{0}=1 \quad g_{01}^{1}=1 \quad g_{01}^{2}=0$

$g_{02}(D)=g_{02}^{0}+g_{02}^{1}D+g_{02}^{2}D^{2}=1+D+D^{2}$,所以 $g_{02}^{0}=1 \quad g_{02}^{1}=1 \quad g_{02}^{2}=1$

根据 g_{kj}^{l} 值,得到卷积码的编码器结构图如图 5-10 所示。

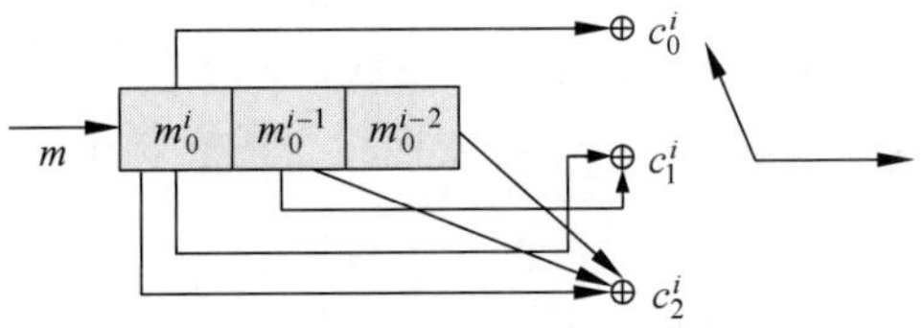

图 5-10 二进制(3,1,2)卷积码编码器

由于编码器是一个线性系统,$\boldsymbol{m}^{i}(D)$表示第 i 个输入序列,$\boldsymbol{C}^{j}(D)$表示第 j 个输出序列,转移函数 $g_{kj}(D)$可以表示从输入 i 到输出 j 的转移。对于有 k 个输入、n 个输出的线性系统,共有 kn 个转移函数,可用 $k\times n$ 矩阵表示,转移函数生成矩阵表示为

$$\boldsymbol{G}(D)=\begin{bmatrix} g_{00}(D) & g_{01}(D) & \cdots & g_{0(n-1)}(D) \\ \vdots & \vdots & \vdots & \vdots \\ g_{(k-1)0}(D) & g_{(k-1)0}(D) & \cdots & g_{(k-1)(n-1)}(D) \end{bmatrix} \qquad (5.4.22)$$

其中,$g_{ij}(D)$由(5.4.21)式所得。

基于转移函数生成矩阵,(n,k,L)编码器的编码过程也可用多项式形式表示。因此,要首先获取信息多项式,对于信息序列 $\boldsymbol{m}=[m_{0},m_{1},\cdots,m_{k},m_{k+1},\cdots,m_{2k},m_{2k+1},\cdots]$,其信息多项式为

$$m(D)=m_{0}+m_{1}D+\cdots+m_{k}D^{k}+m_{k+1}D^{k+1}+\cdots+m_{2k}D^{2k}+m_{2k+1}D^{2k+1}+\cdots$$

串/并变换后得到

$$m^{0}(D)=m_{0}+m_{k}D^{k}+m_{2k}D^{2k}+\cdots$$
$$m^{1}(D)=m_{1}+m_{k+1}D^{k+1}+m_{2k+1}D^{2k+1}+\cdots$$
$$m^{2}(D)=m_{2}+m_{k+2}D^{k+2}+m_{2k+2}D^{2k+2}+\cdots$$
$$\vdots$$

卷积编码器可视作一个 k 端口入、n 端口出的线性多端口网络,基于转移函数矩阵的编码过程如图 5-11 所示,其中,$\boldsymbol{G}(D)$是 $k\times n$ 矩阵,每矩阵元素是 L 次多项式,$m(D)$、$\boldsymbol{C}(D)$则是无限高次。

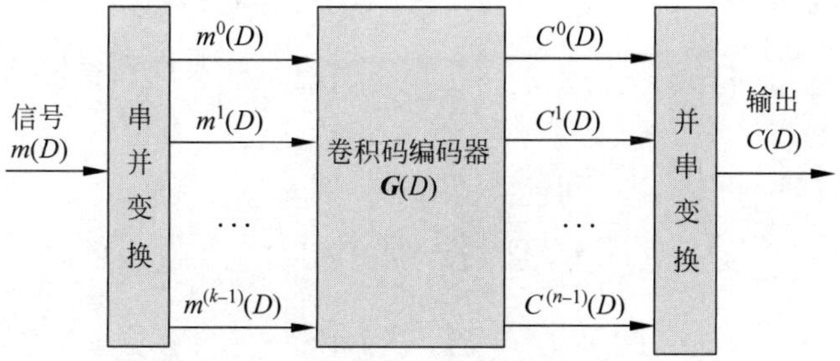

图 5-11 卷积码的转移函数矩阵

定义输入、输出多项式矩阵 $\boldsymbol{m}_P(D)$、$\boldsymbol{C}_P(D)$ 为

$$m(D) \xrightarrow{\text{串/并}} \boldsymbol{m}_P(D)=[m^0(D),\ m^1(D),\cdots m^{k-1}(D)]$$

$$C(D) \xleftarrow{\text{串/并}} \boldsymbol{C}_P(D)=[C^0(D),\ C^1(D),\cdots C^{n-1}(D)]$$

这里，$\boldsymbol{m}_P(D)$、$\boldsymbol{C}_P(D)$ 的下标 P 表示“并行”。虽然 $m(D)$ 和 $\boldsymbol{m}_P(D)$ 数量上有对应关系，然而在数学上有不同含义，$m(D)$、$C(D)$ 是多项式，而 $\boldsymbol{m}_P(D)$、$\boldsymbol{C}_P(D)$ 分别是 $(1\times k)$、$(1\times n)$ 的矩阵，且输入、输出多项式矩阵间的关系为

$$\boldsymbol{C}_P(D)=\boldsymbol{m}_P(D)\cdot \boldsymbol{G}(D) \tag{5.4.23}$$

同时，第 j 个支路的输出是所有输入支路对它影响的总和，即

$$C^j(D)=\sum_{i=0}^{k-1} m^i(D) g_{ij}(D) \tag{5.4.24}$$

最后，利用并/串变换公式将 n 个输出多项式合并成一个多项式

$$C(D)=\sum_{j=0}^{n-1} D^j C^j(D^n) \tag{5.4.25}$$

【例 5-13】 某二元(2,1,3)卷积码编码器，其转移函数矩阵为 $\boldsymbol{G}(D)=[1+D+D^3\quad 1+D+D^2+D^3]$，若输入的比特信息为 10111，即输入序列的 $m(D)=1+D^2+D^3+D^4$，求输出码字序列。

解：二元(2,1,3)卷积码的转移函数矩阵为 $\boldsymbol{G}(D)=[1+D+D^3\quad 1+D+D^2+D^3]$，则输出码字为

$$\begin{aligned}\boldsymbol{C}_p(D)&=\boldsymbol{m}_p(D)\cdot \boldsymbol{G}(D)=(1+D^2+D^3+D^4)[1+D+D^3\quad 1+D+D^2+D^3]\\&=[1+D^7\quad 1+D+D^3+D^4+D^5+D^7]\end{aligned}$$

那么，经过并/串变换后的输出为

$$\begin{aligned}C(D)&=\sum_{j=0}^{n-1} D^j C^j(D^n)=1+(D^2)^7+D[1+(D^2)+(D^2)^3+(D^2)^4+(D^2)^5+(D^2)^7]\\&=1+D+D^3+D^7+D^9+D^{11}+D^{14}+D^{15}\end{aligned}$$

即输出码字为 1101000101010011。

【例 5-14】 某二元(3,2,1)卷积码如图 5-9 所示，当输入序列 $\boldsymbol{m}=[110110]$ 时，试计算输出码字。

解：针对图 5-9 所示卷积码编码器，其转移函数矩阵可表示为

$$\boldsymbol{G}(D)=\begin{bmatrix}1+D & D & 1+D\\ D & 1 & 1\end{bmatrix}$$

对于输入序列 $\boldsymbol{m}=[110110]$，则 $m^0(D)=1+D^2, m^1(D)=1+D$，于是

$$\boldsymbol{C}_p(D)=\boldsymbol{m}_p(D)\cdot\boldsymbol{G}(D)=[1+D^2 \quad 1+D]\begin{bmatrix}1+D & D & 1+D\\ D & 1 & 1\end{bmatrix}$$

$$=[1+D^3 \quad 1+D^3 \quad D^2+D^3]$$

$$C(D)=\sum_{j=0}^{n-1}D^jC^j(D^n)=C^0(D^3)+DC^1(D^3)+D^2C^2(D^3)$$

$$=1+D+D^8+D^9+D^{10}+D^{11}$$

即输入码字序列为 $\boldsymbol{c}=[110000001111]$。

另一方面，状态图和网格图给出了卷积码内存结构的描述，又称为卷积码的图形表示。由图 5-8 卷积码结构一般结构示意图可知，卷积编码器在 i 时刻编出的码字不仅取决于本时刻的输入信息组 $\boldsymbol{m}^i$，而且取决于 i 之前存储在记忆阵列的 L 个信息组，即取决于记忆阵列的内容。我们把卷积码编码器的记忆阵列中任一时刻所存储的信息称为卷积码编码器的一个状态。对于(n,k,L)卷积码，共有 $2^{(k*L)}$ 个状态，每次输入 k 比特只有 2^k 种状态变化，所以，每个状态只能转移到全部状态的某个子集(2^k 个状态)中去。当然，每个状态也只能由全部状态的某个子集(2^k 个状态)转移而来。下面，以图 5-12 所示的(2,1,2)卷积码编码器为例，讨论卷积码的图形表示法。

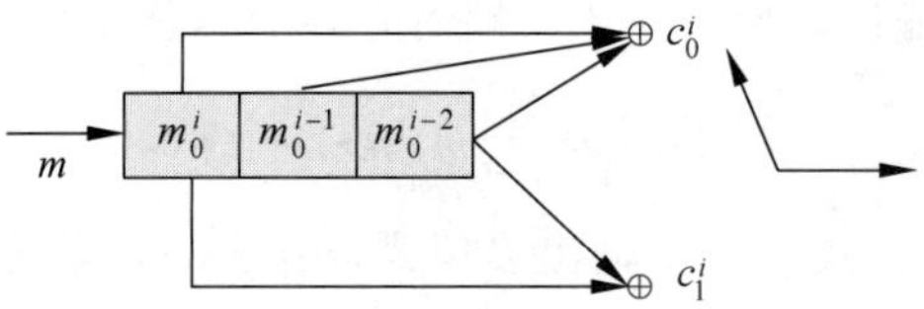

图 5-12 (2,1,2)卷积码编码器

图 5-12 所示的(2,1,2)卷积码包含 2 个记忆单元(移位寄存器)和 2 个模 2 加法器。2 级移位寄存器共有 2^2 种不同状态，定义为 $S_0(00)$、$S_1(01)$、$S_2(10)$和 $S_3(11)$共 4 种状态。在每个时刻，输入的 1 个比特信息，当前状态将转为 4 种状态中的任何一种。例如，若当前移存器状态为 00，当输入为 1 时，移位寄存器的状态变为 10，输出为 $c_0=1\oplus0\oplus0=1$，$c_1=1\oplus0=1$，即输出 11。表 5-2 描述了该编码器所有状态间转移情况。

表 5-2 卷积码的状态间转移情况

输入	当前状态	下个状态	输出 1	输出 2
0	00	00	0	0
0	01	00	1	1
0	10	01	1	0
0	11	01	0	1
1	00	10	1	1
1	01	10	0	0
1	10	11	0	1
1	11	11	1	0

状态表类似查找表，即根据当前的输入和当前的状态，可以从表中查得输出信息。比表更为简单和直观的方法是状态流图。下面，进一步研究编码器(2,1,2)的状态流图，又称状态图，如图 5-13 所示图中状态转移信息用"输入输出 1 输出 2"表示。

设输入信息序列 $\boldsymbol{m}=[10111000\cdots]$，按照输入数据可以得到以下不同情况：

(1) 首先对所有移位寄存器进行归 0 处理，此时寄存器的初始化状态为 00。

(2) 输入信息 1，移位寄存器的状态改为 10；输出两个支路分别为 $c_0^1=1\oplus0\oplus0=1$，$c_0^2=1\oplus0=1$，最后输出码组 $\boldsymbol{c}_0=[c_0^1c_0^2]=[11]$。

(3) 输入的第 2 个信息比特为 0，则寄存器状态转为 01，输出码组 $c_1^1=1$，$c_1^2=0$，输出码组 $\boldsymbol{c}_1=[c_1^1c_1^2]=[10]$。

(4) 输入的第 3 个信息比特为 1，则寄存器状态转为 10，输出码组 $c_2^1=0$，$c_2^2=0$，故 $\boldsymbol{c}_2=[00]$。

(5) 输入的第 4 个信息比特为 1，则寄存器状态转为 11，输出码组 $c_3^1=0$，$c_3^2=1$，故 $\boldsymbol{c}_3=[01]$。

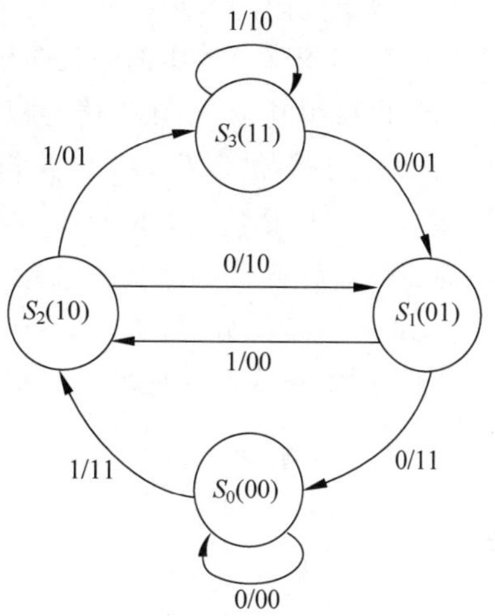

图 5-13 编码器(2,1,2)的状态流图

(6) 输入的第 5 个信息比特为 1，则寄存器状态转为 11，输出码组 $c_4^1=1$，$c_4^2=0$，故 $\boldsymbol{c}_4=[10]$。

(7) 输入的第 6 个信息比特为 0，则寄存器状态转为 01，输出码组 $c_5^1=0$，$c_5^2=1$，故 $\boldsymbol{c}_5=[01]$。

(8) 输入的第 7 个信息比特为 0，则寄存器状态转为 00，输出码组 $c_6^1=1$，$c_6^2=1$，故 $\boldsymbol{c}_6=[11]$。

(9) 输入的第 8 个信息比特为 0，则寄存器状态转为 00，输出码组 $c_7^1=0$，$c_7^2=0$，故 $\boldsymbol{c}_3=[00]$。

以此类推，就可以得到所有情况编码情况，一个完整的(2,1,2)卷积码编码器状态转移图如图 5-13 所示，图中圆圈代表状态，共有 $S_0(00)$、$S_1(01)$、$S_2(10)$和 $S_3(11)$共 4 种状态，箭头代表转移，与箭头对应的标注，如 0/10 表示输入信息 0 时输出码字 10。每个状态都有两个箭头发出，对应于输入是 0 或 1 的两种情况下的转移路径。假如输入信息序列是 $\boldsymbol{m}=[10111000\cdots]$，从状态流图可以容易地找到输入/输出和状态的转移。可从状态 S_0 出发，根据输入找到相应箭头，随箭头在状态流图上移动，得到编码输出 $\boldsymbol{C}=[11\quad 10\quad 00\quad 01\quad 10\quad 01\quad 11\quad 00\quad \cdots]$，具体过程如图 5-14 所示。

$$\overrightarrow{S_0}\ 1/11\ \overrightarrow{S_2}\ 0/10\ \overrightarrow{S_1}\ 1/00\ \overrightarrow{S_2}\ 1/01\ \overrightarrow{S_3}\ 1/10\ \overrightarrow{S_3}\ 0/01\ \overrightarrow{S_1}\ 0/11\ \overrightarrow{S_0}\ 0/00\cdots\cdots$$

图 5-14 卷积码状态及输入输出关系图

由此可见，状态图可为利用信号流图的数学工具奠定基础，但是状态图缺少时间轴，不能记录下状态转移的轨迹。网格图(也称为格栅图、格子图、篱笆图)弥补了这一个缺点，它以状态为纵轴，以时间(单位为码字周期 T)为横轴，将状态转移沿时间轴展开，从而使编码过程一目了然。网格图有助于发现卷积码的性能特征，在卷积码的概率译码中，特别是维特比(Viterbi)译码算法中特别有用,是借助计算机分析研究卷积码的最得力工具之一。

网格图分成两部分:一部分是对编码器的描述,告诉人们从本时刻的各状态可以转移到下一时刻的哪些状态,伴随转移的输入信息/输出码字是什么;另一部分是对编码过程的记录,一根半无限的水平线(纵轴上的常数)标志某一个状态,一个箭头代表一次转移,每隔时间 T(相当于移存器中的一位时延 D)转移一次,转移的轨迹称为路径。两部分可以合画在一起,也可单独画,如在描述卷积编码器本身而并不涉及具体编码时,只需第一部分网格图就够了。下面仍以(2,1,2)卷积码为例,当节点级数为 $j=L+1=2+1=3$ 时,状态 $S_0(00)$、$S_1(01)$、$S_2(10)$和 $S_3(11)$将呈现重复,利用这一重复,就可得到纵深宽带(或称高度)为 $2^{km}=2^{1\times 2}=4$ 的格状图,如图 5-15 所示,图中实线表示输入 1 时所走的支路,虚线表示输入 0 时所走的分支,从第 3 级节点开始,从同一状态出发所延伸的结构是完全一样的,所以网格图能更为简洁地表示卷积码。

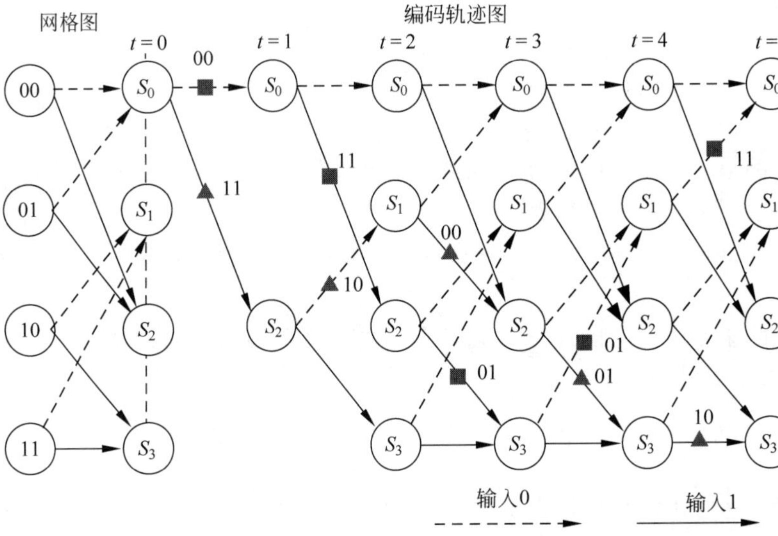

图 5-15 编码器(2,1,2)的网格图

任意给定的一个输入信息序列,在网格图中都存在一条特定的路径,如 $\boldsymbol{m}=[10111]$,则其输出码字序列为 $\boldsymbol{C}=[11\quad 10\quad 00\quad 01\quad 10]$,图 5-15 中带三角和方块的线显示每位信息输入时的状态转移和码字输出过程。又如,当输入信息序列为 $\boldsymbol{m}=[01100]$,输出码字则为 $\boldsymbol{C}=[00\quad 11\quad 01\quad 01\quad 11]$,由图 5-15 中带正方块线显示每位信息输入时的状态转移和码字输出过程。因此,不同信息序列将由网格图中不相重合的路径区分。

卷积码的 4 种描述方法,生成矩阵、转移函数矩阵、状态流图和网格图从不同侧面描述卷积码,其中,生成矩阵和转移函数矩阵属同一大类,它们沿用了分组码的描述方法,建立了代数与编码器的关联,特点是物理意义清楚,代数量(多项式系数,矩阵元素)与编码电路连接线之间的对应关系十分明确,非常利于用 VHDL 等硬件描述语言来表达以及用 FPGA、DSP 等来物理实现。状态流图和网格图属于图形表示法,状态流图可借助信号流图等图论工具或理论来分析卷积码的特性,网格图则特别适合用于计算机的穷举搜索,它使状态能在时域展开,所得的状态轨迹是研究差错事件、卷积码距离特性以及维特比最大似然序列译码最得力的工具。

2）卷积码的译码

卷积码的性能取决于卷积码的距离特性和译码算法，其中，距离特性是卷积码自身本质的属性，它决定了该卷积码潜在的纠错能力，而译码方法只是研究如何将这种潜在的纠错能力转化为现实的纠错能力。

表述距离特性的最好方法是利用网格图。对于二元码，序列距离 $d(\boldsymbol{C}',\boldsymbol{C}'')$ 指的是汉明距离，即 $d(\boldsymbol{C}',\boldsymbol{C}'')=w(\boldsymbol{C}'\oplus\boldsymbol{C}'')$，其中，$w(\cdot)$ 为码的重量。当然，序列距离与序列的长度相关，同一序列对在不同长度时它们间的距离也不相同。为此，我们将长度 l 的任意两序列对间的最小距离定义为 l 阶列距离，又称为列距离函数，用 $d_c(l)$ 来表示，其定义为

$$d_c(l)=\min\{d([\boldsymbol{C}']_l,[\boldsymbol{C}'']_l):[\boldsymbol{m}']_0\neq[\boldsymbol{m}'']_0\} \tag{5.4.26}$$

其中，$[m']_0\neq[m'']_0$ 表示两个不同信息序列，且在网格图上从零时刻其轨迹开始分叉。由于早期卷积码译码方法与约束长度 $(L+1)$ 有关，于是把 $(L+1)$ 阶列距离称为最小距离

$$d_{\min}=\min\{w([\boldsymbol{C}]_{L+1}):[\boldsymbol{m}]_0\neq 0\} \tag{5.4.27}$$

而把由零状态零时刻分叉的无限长的两个序列之间的最小距离定义为自由距离：

$$d_f=\min\{w([\boldsymbol{C}]_\infty):[\boldsymbol{m}]_0\neq 0\} \tag{5.4.28}$$

自由距离 d_f 在网格图上就是零时刻从零状态与全零路径分叉（$\boldsymbol{C}\neq\boldsymbol{0}$），经若干分支后又回到全零路径（与全零序列距离不再继续增大）的所有路径中，重量最轻（与全零序列距离最近）的那条路径的重量。列距离、最小距离和自由距离三者之间的关系如下

$$d_{\min}=d_c(l)\big|_{l=L+1}$$

$$d_f=\lim_{l\to\infty}d_c(l) \tag{5.4.29}$$

【例 5-15】 二进制(3,1,2)卷积码网格图如图 5-16 所示，试求该码 1～6 阶列距离、最小距离和自由距离。

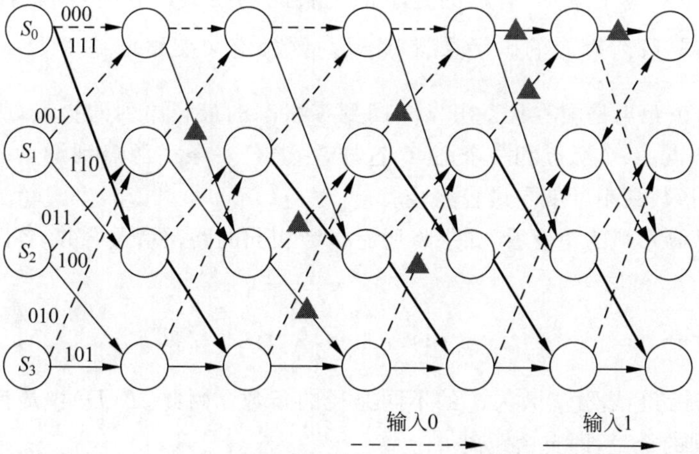

图 5-16　二进制(3,1,2)卷积码网格图

解：	最轻码字序列	列距离函数 $d_c(l)$
$l=1$	$S_0\to S_2$	$d_c(1)=3$
$l=2$	$S_0\to S_2\to S_3$	$d_c(2)=4$

$l=3$　　$S_0 \to S_2 \to S_3 \to S_1$　　$d_c(3)=5$（最小距离 $d_{\min}$）

$l=4$　　$S_0 \to S_2 \to S_3 \to S_1 \to S_0$　　$d_c(4)=6$

或　$S_0 \to S_2 \to S_1 \to S_0 \to S_0$

$l=5$　　$S_0 \to S_2 \to S_1 \to S_0 \to S_0 \to S_0$　　$d_c(5)=6$

$l=6$　　$S_0 \to S_2 \to S_1 \to S_0 \to S_0 \to S_0 \to S_0$　　$d_c(6)=6$

由此可见

$$d_{\min}=d_c(l)\mid_{l=L+1}=d_c(3)=5$$

$$d_f=6$$

对于如上简单的卷积码，我们可以直接从网格图中找出 d_f。但是，随着限制长度的增加，状态数将以指数级增长，网格图将变得非常复杂和庞大，直接找出 d_f 往往变得不可能了。因此，各种计算方法应运而生。最常见的是采用解析法，借助信号流图来求自由距离。当状态数较大时，只能依靠计算机的搜索法来寻找 d_f，而当状态数非常大时，如超过 2^{20}，那么用现有计算机搜索也难以胜任。下面对如何用信号流图来计算自由距离进行说明。

信号流图由美国麻省理工学院的 Mason 于 20 世纪 50 年代首先提出。信号流图中的网络是由一些定向线段将一些节点连接起来组成的，包括节点和支路：节点即变量或信号，其值等于所有进入该节点的信号之和，有输入节点(也称源点)、输出节点(也称汇点)和混和节点；支路即连续两个节点的定向线段。信号在分支上只能沿着其上的箭头单向传递。原则上，可以利用信号流图计算任一以支路为基础的线性增益量。若干支路的串联构成一条路径，路径增益则是组成此路径的各支路增益的乘积(其指数是各支路增益指数之和)。两个节点之间可能有不止一条的路径，所以路径增益称为两节点之间的生成函数，用 $T(D)$ 表示。

卷积码的信号流图与卷积码的状态流图之间具有拓扑等效性。将信号流图法用于自由距离计算时，状态对应于节点，有趣的是不同转移间的距离(当与全零转移相比时就是重量)。因此，以各转移所对应的码字重量 W_j 为指数，定义支路增益为 D^{W_j} 和路径增益为 $D^{\sum_j W_j}$。由于自由距离是由零状态出发又回到零状态的最轻序列的重量，所以可以将零状态拆开成两个节点，一个源点和一个汇点，这样，沿着任一条由源点到汇点的路径都有一个路径增益，其中指数最小者就是最轻路径。

从生成函数 $T(D)$ 的角度看，如果将所有指数相同的路径增益合并，各路径增益的可表示为

$$T(D)=\sum_{d=0}^{\infty} A_d D^d \tag{5.4.30}$$

式中，系数 A_d 是路径增益指数为 d 的不同路径的条数。因此，$T(D)$ 中最低次非零项的指数就是最轻序列的重量，即自由距离 d_f。

【例 5-16】 二进制(3,1,2)卷积码结构如图 5-10 所示。试给出其状态流图，并用信号流图法求该码自由距离 d_f。

解：根据(3,1,2)卷积码结构，可以画出其状态流图如下：

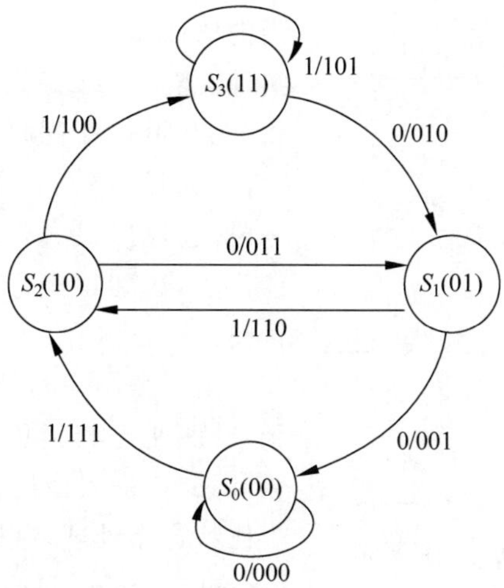

将卷积码状态图的零状态 S_0 拆成一个源点和一个汇点，状态的自环是全零码，在信号流图中不画出，得到零状态拆分后的状态流图如下：

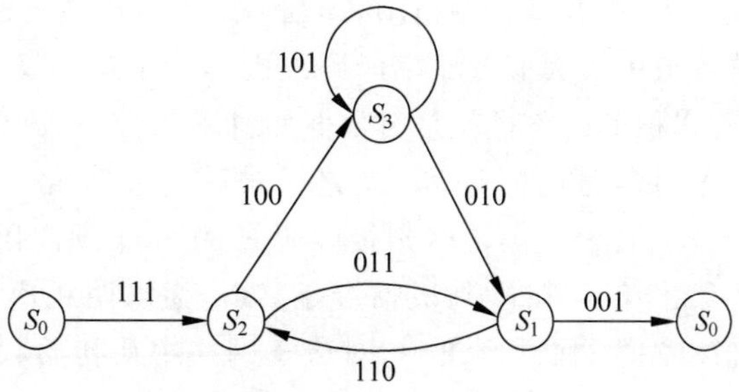

令各支路的增益为 D^j（这里 j 是与相应转移对应的码字重量，如码字 011 的重量为 2，对应的支路增益是 D^2），可得信号流图如下：

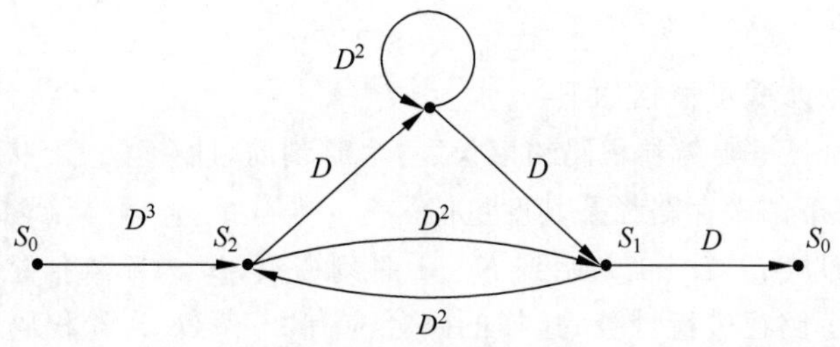

再根据信号流图的一些初等变换规则，如图 5-17 所示，将上图简化，最后得到生成函数，$T(D)=\dfrac{2D^6-D^8}{1-D^2-2D^4+D^6}$。运用多项式除法（长除法），可进一步得到 $T(D)=2D^6+D^8+5D^{10}+\cdots$，自由距离等于其中最轻者即次数最低的第 1 项，即 $d_f=6$。

译码算法是将潜在的纠错能力转化为实际纠错能力的手段，其中较有名的卷积码译码算法称为维特比(Veterbi)译码算法。它采用概率译码的思想，将已接收序列与所有可能的发送序列做比较，计算出各自码距，并选择码间距离最小的序列作为发送码序列的估计。如果接收到 m 组、每个信息组包含 k 个比特，接收到码字序列将与 2^{mk} 条路径结果进行比较，其中码距最小的那一条路径被选择为最有可能的路径，对应的输出码字序列即为发送码序

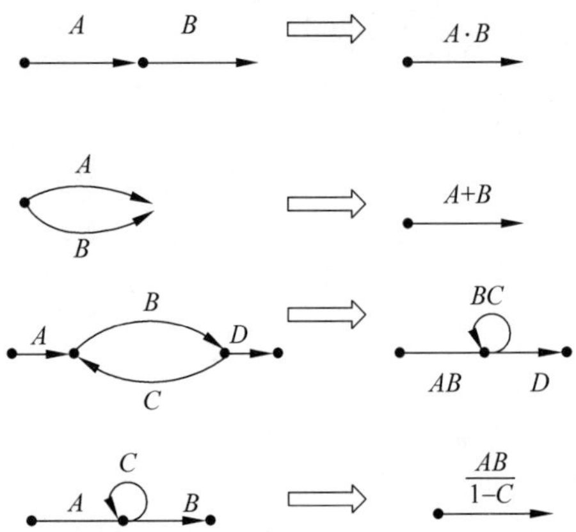

图 5-17 信号流图的一些初等变换规则

列的估计。然而,当 m 较大时,概率译码将难以实现。随后,维特比对概率译码算法进行了简化,它并不是在网格图上一次比较所有可能的 2^{mk} 条路径(序列),而是接收一段,计算和比较一段,选择出最大似然可能的一段序列作为估计,进而达到整个估计序列为最大似然序列的目的。

由于编码序列经过有噪信道传输之后会受到干扰,使得其值可能不再是 0 或 1 这样的整数,因此在进入译码器前,需要对接收序列中每个比特进行处理,卷积码译码可分为硬译码算法(Hard Decision Decoding,HDD)和软译码(Soft Decision Decoding,SDD)算法两种,前者先将所采样的信号做判别再进行译码,搜寻与接收序列的汉明距离最小的序列作为对编码序列的估计值;后者则直接用被采样信号进行译码运算。下面以硬译码算法为例,并结合图格图,详细描述维特比译码过程。

由于在二进制对称信道中最大似然概率译码准则等效于最小汉明距离的译码准则,因此具有最小码距 $d(\boldsymbol{r},\boldsymbol{c})$ 累积值的路径就是对数似然概率 $\log p(\boldsymbol{r}|\boldsymbol{c})$ 的最大路径,其中,$\boldsymbol{r}$ 为信道接收序列,$\boldsymbol{c}$ 为发送到信道的码序列,该路径被称为幸存路径。定义分支量度 BM(Branch Metric),$\mathrm{BM}=d(r_j,c_j)$ 是第 j 时刻接收码 $\boldsymbol{r}_j$ 相对于预测码的相似度。在软判决情况下,BM 一般指欧氏距离,而在硬判决情况下,BM 为汉明距离。路径度量 PM(path metric)与网格中的状态相关联,在硬判决中,对应于网格中从初始状态到当前状态的最可能路径与接收码序列间的汉明距离。维特比算法的核心是接收机可以使用分支度量和先前计算的状态路径度量递推地计算当前状态的路径度量。由于译码过程也建立在网格图中,并且从全零状态开始到全零状态结束。所以,在每个符合输入的分支中,都可以计算出分支度量值。

维特比译码算法步骤可概括如下:

(1) 在 $j=L+1$($L+1$ 为卷积码约束长度)个时刻前,计算每一个状态单个路径分支度量,并存储每一状态下的幸存路径及其度量值。

(2) j 增加 1,即从 $j=L+1$ 开始到 $N-1$ 时刻结束(N 为输入信息序列的长度),对进入每一个状态的部分路径进行计算,这样的路径应有 2^k 条(k 为卷积码信息位长度),从中挑选具有最大值的部分路径为幸存路径,删除进入该状态的其他路径,然后幸存路径向前延长一个时间段。若进入某个状态的部分路径中,有两条部分路径值相等,则可以任选其一作为幸存路径。

(3) 重复步骤(2)的计算、比较和判决过程。若接收序列长为$(N+L+1)k$,其中,后 $L+1$ 是人为加入的全 0 值,则译码将至$(N+L+1)$时刻为止。

下面以(2,1,2)卷积码为例说明维特比译码过程,输入数据:$\boldsymbol{m}=[1\ 1\ 0\ 1\ 1]$,输入信道的编码序列为 $\boldsymbol{c}=[11\ 01\ 01\ 00\ 01]$,信道接收端获取的接收码字为 $\boldsymbol{r}=[11\ 01\ 01\ 10\ 01]$。译码参数值分别是:$N=5,L=2,k=1$。由于系统是有记忆的,$j$ 将从 0 开始,到 $j=N+L+1=5+2+1=8$ 为止。

若假设编码器总是起始于状态 $S_0(00)$，则前 $j=L=2$ 个时刻对应于编码器从状态 S_0 出发，而最后的两个时间段则相当于编码器返回到 S_0 状态。因此，在前两个与后两个时间段内不可能达到所有可能的状态，但在网格图中，其中心部分所有状态都是可以达到的。每一个状态都有 $2^k=2^1=2$ 个分支的离去和进入。在时间段 j，离开每一个状态的虚线分支表示输入是 0，而实线分支表示输入是 1。维特比算法的基本思想是依次在不同时刻 $j=L+1$，$L+2,\cdots,L+N+1$，对图中相应列的每个点（对应于编码器中该时刻的一个状态），按最大似然准则（或最小汉明距准则）比较所有以它为终点的路径，保留一条具有最大似然值（或最小汉明距值）的路径为幸存路径，而将其他路径弃之不用。因此，下一时刻只需对幸存路径延伸出来的路径继续比较，即接收一段，比较一段，保留幸存路径，按此过程一直到最后，即 $N+L+1$ 时刻，所保留下的路径就是所要求的最大似然译码结果。下面以二进制(2,1,2)卷积码为例，讲述上述过程。

(1) 在 $j=0,1,2$ 这 3 个时刻，执行步骤(1)，计算出每个路径的分支度量值，即汉明距离，如图 5-18 所示，并在图中以数字标记该分支路径的最小汉明距离，如接收序列 $\boldsymbol{r}$ 中的第 1 个序列是 11，与第一时刻网络图中的两条路径 00、11 的汉明距分别为 2 和 0，因而这些数字被标注在对应路径的下方或附近。

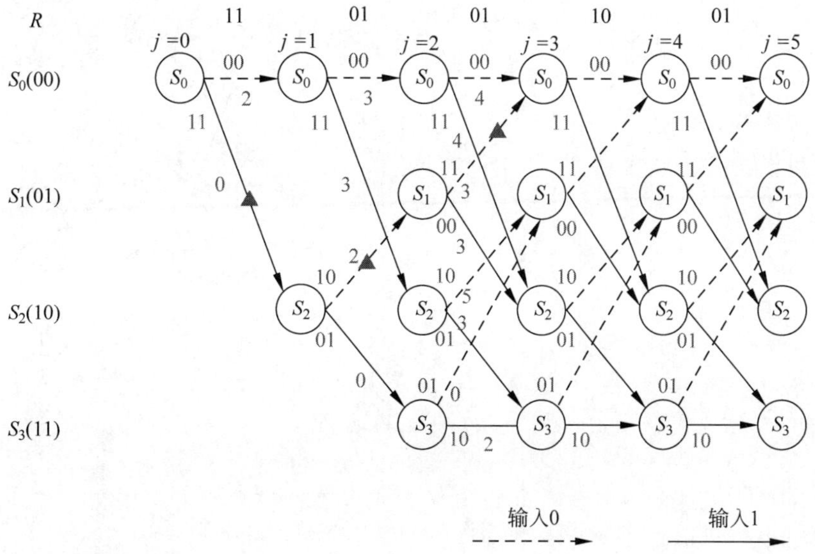

图 5-18　解码步骤(1)

(2) 接下来选择下一时刻的幸存路径。由于在 $j=3$ 时刻进入状态 S_0 的两条路径的 PM 值分别为 3 和 4，所以选择 PM 为 3 的路径为幸存路径，在图中用带三角线段表示，并去除到达 S_0 状态的其他路径。

同理，分别获取进入 S_1、S_2、S_3 状态的幸存路径，如图 5-19 所示。至此，$j=2+1=3$ 时刻的幸存路径选择完成，并将接下来的路径的分支度量值都标注在图中，如图 5-20 所示。

在图 5-20 中，每个节点（状态）进行分支度量值比较，分支度量值较小的被标注在状态节点的上方。按此过程不断进行，获得最后一个接收符号所对应一条分支度量值最小的路径，如图 5-21 所示，即为接收序列的最佳路径。

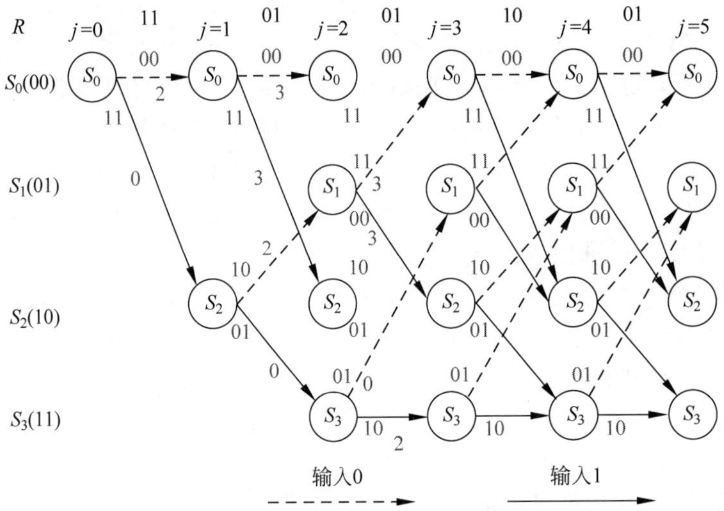

图 5-19　进入 S_0 $S_1S_2S_3$ 的幸存路径选择

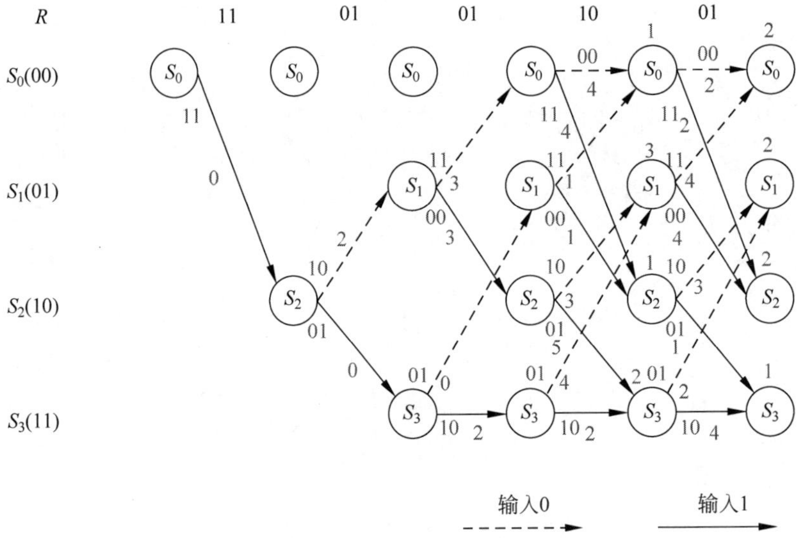

图 5-20　剩余译码路径的分支度量值计算

根据最佳路径，获得对应的输入序列为[1 1 0 1 1]，且在译码过程中纠正一个比特错误。

维特比译码是按最大似然准则进行的译码，是卷积码的一种最佳译码方法，它的性能由信道质量决定，然而这种译码方法存在着两个主要缺点：一是要等全部接收的数据进入译码器以后才能最后译出结果，所以译码时延长；二是需要存储 2^{kL} 条幸存路径的全部历史数据，所以存储量大。

【例 5-17】 对于图 5-10 所示(3,1,2)卷积码。设发送的码字序列是 $\boldsymbol{c}$=[000,111,011,001,000,000,…]，传输时发生两位差错，接收的码字序列为 $\boldsymbol{r}$=[110,111,011,001,000,000,…]，试用维特比算法进行其译码。

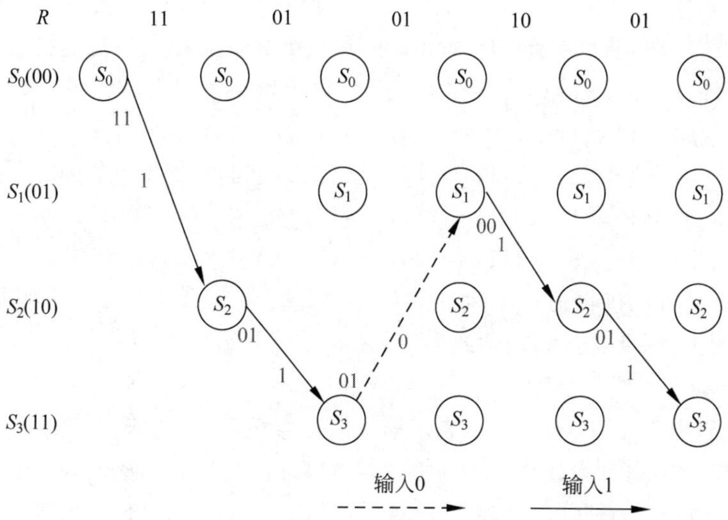

图 5-21 (2,1,2)卷积码对应于接收序列的译码最佳路径

解：利用维特比译码，可以获得其译码过程如下，其中带三角路径是接收序列的最佳路径，具体步骤介绍如下：

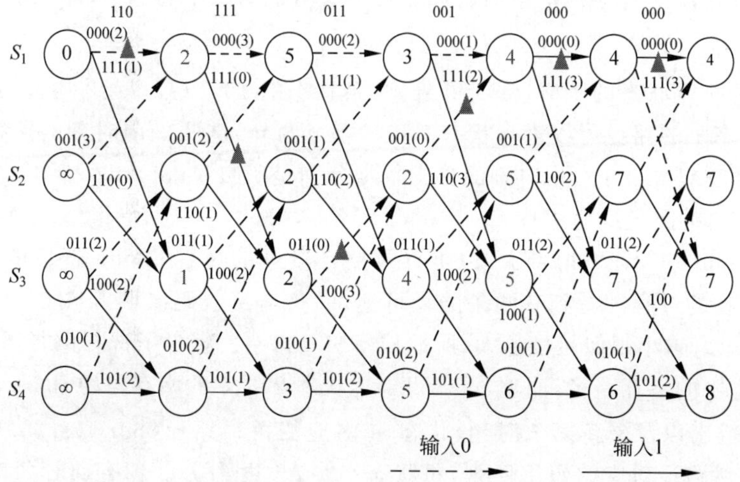

(1) 为了便于编程实现，现给出计算过程。首先是网格图，其基本结构如下

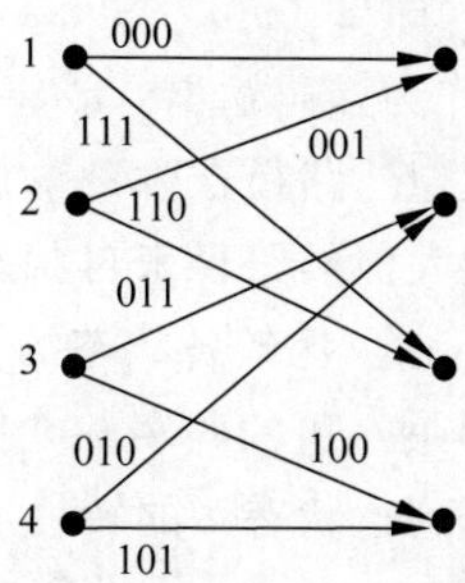

其中，假设 4 个状态用 1、2、3、4 表示。定义 $p(m,n)$ 表示到达 m 状态的第 n 个前状态

(predecessors)是什么，而 $c(m,n)$ 表示第 n 个前状态转移到达 m 状态时对应的码字。例如，$p(4,1)=3$，$p(4,2)=4$ 表示到达 4 状态的第 1、第 2 个前状态分别是状态 3 和 4，对应的码字分别是 $c(4,1)=100$ 和 $c(4,2)=101$，于是，以上网格图可用数组描述如下：

$$p(1,1)=1, c(1,1)=000,\quad p(1,2)=2, c(1,2)=001,$$
$$p(2,1)=3, c(2,1)=011,\quad p(2,2)=4, c(2,2)=010,$$
$$p(3,1)=1, c(3,1)=111,\quad p(3,2)=2, c(3,2)=110,$$
$$p(4,1)=3, c(4,1)=100,\quad p(4,2)=4, c(4,2)=101。$$

(2) 计算第 j 时刻接收码 r_j 相对于各码字的分支量度 BM。在二进制硬判决情况下，BM 即为汉明距离，因此其计算表达式为

$$BM^j(m,n)=W(c(m,n)\oplus r_j) \tag{5.4.31}$$

其中，$W(\cdot)$是码字重量，$BM^j(m,n)$表示第 j 时刻接收码 r_j 与到达第 m 状态的第 n 个转移所对应的码字的距离。本题中 $r_1=110$，$r_2=111$，$r_3=011$，$r_4=001$，$r_5=000\cdots$，因此，时刻 3 的 BM 值分别是 $BM^3(1,1)=W(c(1,1)\oplus r_3)=W(000\oplus 011)=2$，同理，可以计算出：$BM^3(1,2)=1$，$BM^3(2,1)=0$，$BM^3(2,2)=1$，$BM^3(3,1)=1$，$BM^3(3,2)=2$，$BM^3(4,1)=3$，$BM^3(4,2)=2$。

(3) 计算第 j 时刻到达状态 m 的路径量度 $PM^j(m)$，它是将上一时刻的路径量度 PM^{j-1} 与本时刻分支量度 BM 累加后选择其中汉明距离最小的一个，即

$$PM^j=\min_m\{PM^{j-1}[p(m,n)]+BM^j(m,n)\} \tag{5.4.32}$$

初始时，除全零状态的 $PM^0(1)=0$ 外，其余状态的 $PM^0(i)$，$i\neq 0$ 均置为∞。因此，时刻 3 中到达状态 1 的路径可以来自状态 1 和状态 2 两处，这两处前时刻的路径量度分别是 $PM^2(1)=5$ 和 $PM^2(2)=2$，本时刻的分支量度分别是 $BM^3(1,1)=2$ 和 $BM^3(1,2)=1$，因此，时刻 3 状态 1 的路径量度 $PM^3(1)=\min\{PM^2[p(1,1)]+BM^3(1,1), PM^2[p(1,2)]+BM^3(1,2)\}=\min\{5+2,2+1\}=3$。以上计算路径量度的过程实际上就是挑选到达状态 1 的最大似然路径的过程。看到有两条路径可达，一条与接收码汉明距离 5+2，另一条的汉明距离 2+1，距离越小则似然度越大，所以取 $PM^3(1)=3$ 隐含了选择路径 $S_1\rightarrow S_3\rightarrow S_2\rightarrow S_1$ 为到达状态 1 的幸存路径，同理，可获得到达状态 2、3、4 的幸存路径。

(4) 译码输出以及更新第 j 时刻、状态 m 对应的留存路径(Survivor)$S^j(m)$。留存路径是与最大似然路径对应的码字序列，每状态一个，长度为 D。留存路径每时刻按以下步骤更新一次：①设到达状态 m 的最大似然路径的前状态是 n，则令 n 状态前时刻的留存路径作为本时刻本状态 m 的留存路径，即 $S^j(m)=S^{j-1}(n)$。②选择具有最小(最似然)PM 那个状态的留存路径最左边的码字作为译码输出。③将各状态留存路径最左边的码字从各移存器移出，再将到达各状态的最大似然路径在时刻 j 所对应的码字从右面移入留存路径 $S^j(m)$。时刻 $j=3$ 到达状态 2 的最大似然路径来自状态 3，而前时刻状态 3 的留存路径是 $S^2(3)=000,000,000,111$(长度 $D=4$)。比较各状态的 $PM^3(i)$，发现状态 2 是最大似然路径，其前时刻在状态 3，于是取 $S^2(3)$最左边的码字 000 作为译码输出。接着，将 $S^2(2)$最左边(最旧)的码字 000 移出，将时刻 3 到达状态 2 的转移所对应的码字 011 从右边移入，得更新后状态 2 的留存路径 $S^3(2)=000,000,111,011$。同理可得 $S^3(1)$、$S^3(3)$、$S^3(4)$。重复步骤②～④，将维特比算法持续下去，获得译码结果如下图中带三角线段所示。

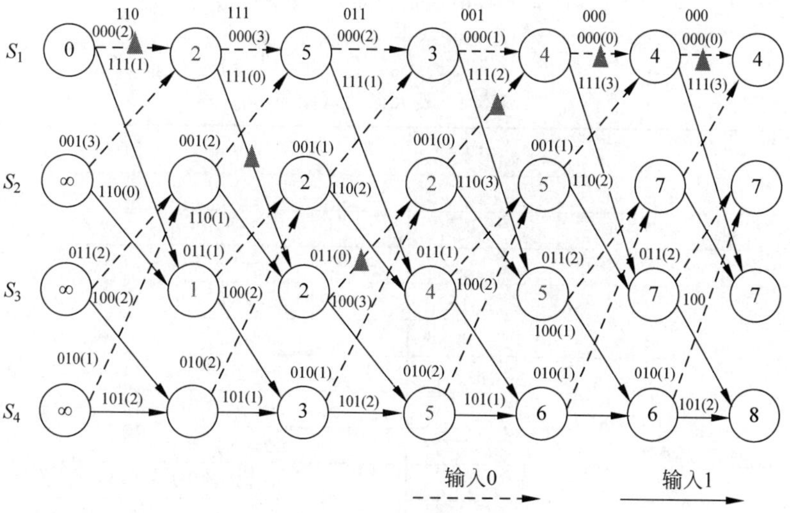

5.5 信道编码 MATLAB 计算实现

与信源编码理论一样,信道编码理论仅指出了在传输率小于信道容量的条件下,可以实现可靠性通信的信道编码是存在的,并没有给出具体构造好码的方法。5.4 节从最基本的线性分组码开始,介绍了信道编码的编译码过程。现进一步给出几种常用信道编码方法,以及它们的 MATLAB 实现。

5.5.1 RS 码

RS 码是由 Reed 和 Solomon 提出的一类具有很强纠错能力的多进制循环纠错码,它是循环 BCH 码的一个重要子类。RS 码的译码是按符号进行的,因此 RS 码特别适用于纠正突发错误。例如,在硬盘驱动器、CD 和 DVD 等数据存储系统及消费电子设备中常采用卷积码作为内码、RS 码作为外码的串行级联码;除此之外,RS 码也在众多的数字通信系统(如卫星通信、深空探测、美国数字电视国家标准、数字音频广播和数字视频广播等)中得到应用。

对于定义在 $GF(q^m)$ 域上的 RS 码,其分组长度为 $n=q^m-1$,获得码距为 δ 的 RS 码的基本步骤如下:

(1) 选取一个次数为 m 的既约生成多项式并构造 $GF(q^m)$ 域;

(2) 依据 $\alpha^i, i=1,2,\cdots,\delta-1$ 构造生成多项式 $g(x)=\prod_{i=1}^{\delta-1}(x-\alpha^i)$;

(3) 依照循环码的编码方法和编码电路进行编码(所有加法运算和乘法运算都在 $GF(q^m)$ 上进行)。

现以定义在本原多项式为 $p(x)=x^3+x+1$ 的 $GF(2^3)$ 上的 RS 码为例说明构造过程,其中,RS 码的码长 $n=2^3-1=7$,码距 $\delta=5$。

首先,假设 α 为 $GF(2^3)$ 的本原元,由于要求设计距离为 $\delta=5$,所以该 RS 码以 $\alpha,\alpha^2,\alpha^3,\alpha^4$ 为根,因此生成多项式为 $g(x)=(x-\alpha)(x-\alpha^2)(x-\alpha^3)(x-\alpha^4)=x^4+\alpha^3x^3+x^2+\alpha x+\alpha^3$。

由于 α 为 $p(x)=x^3+x+1=0$ 的根，即 $\alpha^3+\alpha+1=0$ 或 $\alpha^3=\alpha+1$，那么 $GF(2^3)$ 中的元素可按表 5-3 计算。

表 5-3 各元素计算结果

0	$\mathrm{mod}(\alpha^3+\alpha+1)=0$
α^0	$\mathrm{mod}(\alpha^3+\alpha+1)=\alpha^0=1$
α^1	$\mathrm{mod}(\alpha^3+\alpha+1)=\alpha$
α^2	$\mathrm{mod}(\alpha^3+\alpha+1)=\alpha^2$
α^3	$\mathrm{mod}(\alpha^3+\alpha+1)=\alpha+1$
α^4	$\mathrm{mod}(\alpha^3+\alpha+1)=\alpha^2+\alpha$
α^5	$\mathrm{mod}(\alpha^3+\alpha+1)=\alpha^2+\alpha+1$
α^6	$\mathrm{mod}(\alpha^3+\alpha+1)=\alpha^2+1$
α^7	$\mathrm{mod}(\alpha^3+\alpha+1)=\alpha^2$
α^8	$\mathrm{mod}(\alpha^3+\alpha+1)=\alpha$
…	…

值得注意的是，对于 $GF(2^3)$ 域运算，"＋"运算与"－"运算等价。由此生成 $GF(2^3)$ 上的(7,3)RS 码，其系统码生成多项式矩阵 $\boldsymbol{G}$ 为

$$\boldsymbol{G}=\begin{bmatrix}1 & 0 & 0 & \alpha^4 & 1 & \alpha^4 & \alpha^5\\ 0 & 1 & 0 & \alpha^2 & 1 & \alpha^6 & \alpha^6\\ 0 & 0 & 1 & \alpha^3 & 1 & \alpha & \alpha^3\end{bmatrix}$$

由于该 RS 码是定义在 $GF(2^3)$ 上的，因此每个编码信息符号由 3 个信息比特组成，假设输入信息符号组为 $\boldsymbol{m}=[2,4,6]$，转换为 $GF(2^3)$ 上的元素 $\boldsymbol{m}=[\alpha,\alpha^2,\alpha^4]$，编码码字为

$$\boldsymbol{C}=\boldsymbol{mG}=\begin{bmatrix}\alpha & \alpha^2 & \alpha^4\end{bmatrix}\begin{bmatrix}1 & 0 & 0 & \alpha^4 & 1 & \alpha^4 & \alpha^5\\ 0 & 1 & 0 & \alpha^2 & 1 & \alpha^6 & \alpha^6\\ 0 & 0 & 1 & \alpha^3 & 1 & \alpha & \alpha^3\end{bmatrix}$$

$$=\begin{bmatrix}\alpha & \alpha^2 & \alpha^4 & 0 & 0 & \alpha & \alpha^4\end{bmatrix}$$

即编码输出为 $\boldsymbol{C}=[2\quad 4\quad 6\quad 0\quad 0\quad 2\quad 6]$，转换为二进制为 $\boldsymbol{C}=[010\quad 100\quad 110\quad 000\quad 000\quad 010\quad 110]$。

MATLAB 代码如下：

```
clear all
close all
M = 8;                                          % 调制阶数
bps = log2(M);                                  % 每个符号所含比特数
N = 7;                                          % RS 码长
K = 3;                                          % RS 信息位长度
mod = comm.PSKModulator('ModulationOrder',M,'BitInput',false);
 % 创建调制器(8PSK 调制方式)
demod = comm.PSKDemodulator('ModulationOrder',M,'BitOutput',false);
 % 创建解调器
chan = comm.AWGNChannel('BitsPerSymbol',bps);   % 创建 AWGN 信道
err = comm.ErrorRate;
enc = comm.RSEncoder('BitInput',false,'CodewordLength',N,'MessageLength',K);
```

```
% 创建编码器
dec = comm.RSDecoder('BitInput',false,'CodewordLength',N,'MessageLength',K);
% 创建译码器
ebnoVec = (3:0.5:8)';                                     %信噪比
errorStats = zeros(length(ebnoVec),3);
for n = 1:length(ebnoVec)
    chan.EbNo = ebnoVec(n);
    reset(err)
    while errorStats(n,2) < 100 && errorStats(n,3) < 1e7
        data = randi([0 2],1500,1);                       %生成随机数据
        encData = step(enc,data);                         %RS 编码
        modData = step(mod,encData);                      %调制
        rxSig = step(chan,modData);                       %通过 AWGN 信道
        rxData = step(demod,rxSig);                       %解调
        decData = step(dec,rxData);                       %RS 译码
        errorStats(n,:) = step(err,data,decData);  %错误统计
    end
end
berCurveFit = berfit(ebnoVec,errorStats(:,1));            %曲线拟合
berNoCoding = berawgn(ebnoVec,'psk',8,'nondiff');  % 未编码
semilogy(ebnoVec,errorStats(:,1),'b*',ebnoVec,berCurveFit,'c-',ebnoVec,berNoCoding,'r')
ylabel('错误率')
xlabel('Eb/N0 (dB)')
legend('RS 编码的仿真数据','拟合曲线','未编码')
grid
```

运行结果如图 5-22 所示。

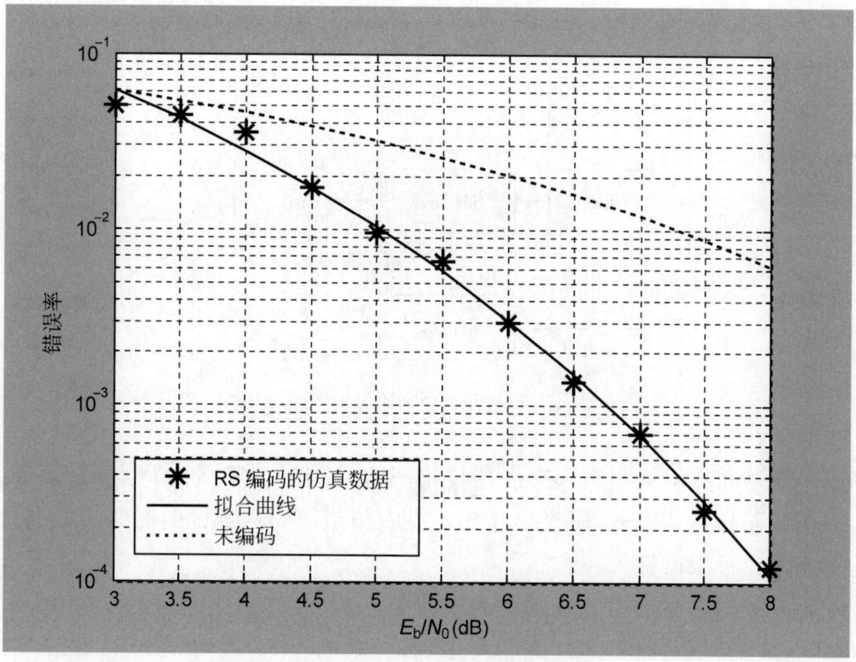

图 5-22 RS 编码结果

5.5.2 Turbo码

1993年,法国科学家C. Berrou和A. Glavieux等人于瑞士日内瓦召开的ICC会议上提出了Turbo码的概念。由于Turbo码很好地应用了香农信道编码定理中的随机性编译码条件,从而获得了几乎接近香农理论极限的译码性能。仿真结果显示:在高斯白噪声信道下,码率为1/2的Turbo码在达到误比特率(BER)小于或等于10^{-5}时,E_b/N_0只有约0.7dB(这种情况下达到信道容量的理想E_b/N_0值为0dB),远远超过了其他的编码方式。Turbo码不仅在信道信噪比很低的环境下性能优越,而且还具有很强的抗衰落能力,因此它在信道条件差的移动通信系统中得到了广泛应用,如在第三代移动通信系统(IMT-2000)中已经将Turbo码作为其传输高速数据的信道编码标准。

Turbo码是一种并行级联卷积码(Parallel Concatenated Convolutional Codes)。编码器通过交织器把两个分量编码器进行并行级联,两个分量编码器分别输出相应的校验位比特;译码器在两个分量译码器之间进行迭代译码,分量译码器之间传递可去掉正反馈的外信息,这样整个译码过程类似涡轮(Turbo)式工作。因此,这个编码方法又被形象地称为Turbo码。

图5-23所示为Turbo码编码器的结构示意图。信息序列$U=\{u_1,u_2,\cdots,u_N\}$经过交织器形成一个新序列$U'=\{u'_1,u'_2,\cdots,u'_N\}$(长度与内容没有改变,但比特位经过重新排列),$U$和$U'$分别传送到两个编码器(编码器1与编码器2),一般情况下,这两个编码器结构相同,生成序列X^{p1}和X^{p2}。为了提高码率,序列X^{p1}和X^{p2}需要经过删除器,采用删除(Puncturing)技术从这两个校验序列中周期地删除一些校验位,形成校验序列X^p,X^p与未编码序列X'经过复用调制后,生成了Turbo码序列X。

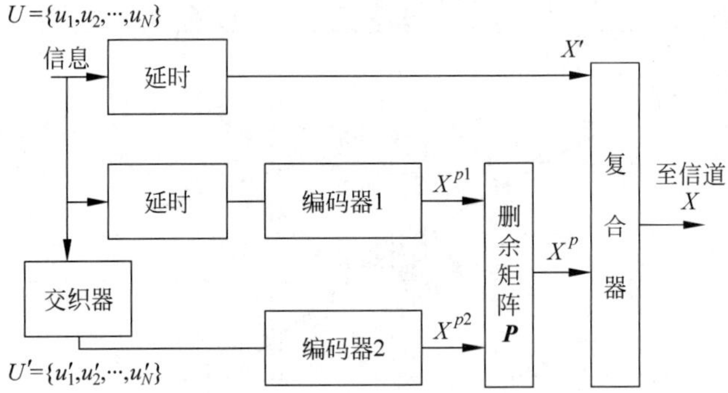

图5-23 Turbo码编码器的结构示意图

Turbo码通过在编码器中引入交织器使得码字具有近似随机的特点,通过分量码的并行级联实现了长码构造,Turbo码充分考虑了香农信道编码定理证明时假设的条件,从而获得了接近香农理论极限的性能。

Turbo码的译码算法采用了最大后验概率算法(MAP)。在译码的结构上又进行了改进,再次引入反馈的概念,取得了性能和复杂度之间的折中。同时,Turbo码采用的是迭代译码,这与经典的代数译码是完全不同的。Turbo码的译码算法是在BCJR算法的基础上改进的,称为MAP算法,后来又形成Log-MAP算法、Max-Log-MAP以及软输出维特比译码(SOVA)算法。

Turbo 码的译码器结构如图 5-24 所示,由两个成员码对应的译码单元和交织器与解交织器组成,一个译码单元的软输出信息将作为另一个译码单元的输入,且将此过程不断迭代以提高译码性能。其中,X_k 是接收到的信息比特序列,Y_{1k} 是编码器 1 的校验比特,Y_{2k} 是编码器 2 的校验比特。

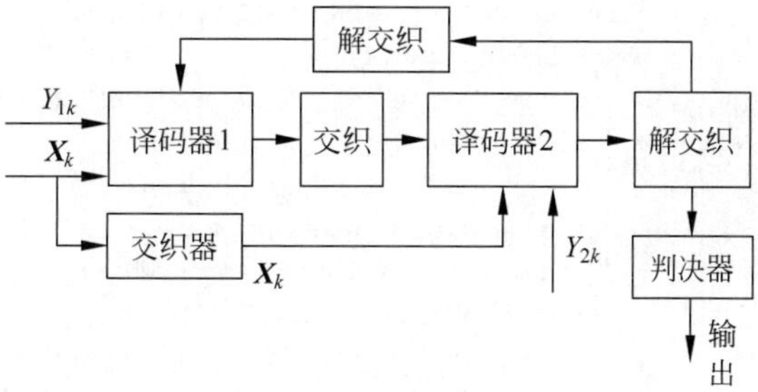

图 5-24 Turbo 码译码器的结构示意图

Turbo 码译码器为串行结构,两个编码器所产生的校验信息通过串并转换被分开,分别送到对应的译码器输入端,即 Y_{1k} 和 Y_{2k}。首先,第 1 级译码器根据接收到的码序列 X_k 和第 1 级编码器的校验位信息 Y_{1k} 得到输出信息(此时译码器 2 的外信息为 0),其输出信息包含两部分:一部分是由译码器根据码字相关性提取出来的外信息;另一部分是来自于接收码序列对应的输出,该输出在传递给下一级译码器之前被减去。外信息在交织之后被送到译码器 2 作为先验信息,译码器 2 根据校验位信息 Y_{2k}、接收码元序列 X_k 和外信息这三者共同做出估计,得到输出信息,同时得到译码器 2 的外信息,该信息在解交织之后,反馈给第 1 级译码器作为先验信息;结合该外信息,译码器 1 重新做出译码估计,得到改善的外信息。而此时的外信息又可以传递到译码器 2,如此往复,形成迭代过程。最终,当达到预先设定的迭代次数或满足迭代结束条件时,译码结束,取输出的符号作为最终硬判决结果。

译码时首先对接收信息进行处理,两个译码器之间外部信息的传递就形成了一个循环迭代的结构。由于外信息的使用,一定信噪比下的误比特率将随着循环次数的增加而降低。同时,外信息与接收码元序列间的相关性也随着译码次数的增加而逐渐增加,外信息所提供的纠错能力也随之减弱,在一定的循环次数之后,译码性能将不再提高。以下是 Turbo 码的 MATLAB 程序实现。

MATLAB 代码如下:

```
clear all
close all
M = 16;                                                          % 调制阶数
EbNO =- 5: - 1;                                                  % 信噪比范围
frmLen = 500;                                                    % 帧长
ber = zeros(size(EbNO));
enc = comm.TurboEncoder('InterleaverIndicesSource','Input port');   % 创建编码器
dec = comm.TurboDecoder('InterleaverIndicesSource','Input port', ...
    'NumIterations',4);                                          % 创建译码器
mod = comm.RectangularQAMModulator('ModulationOrder',M, ...
    'BitInput',true,'NormalizationMethod','Average power');      % 创建 QAM 调码器
demod = comm.RectangularQAMDemodulator('ModulationOrder',M, ...
    'BitOutput',true,'NormalizationMethod','Average power', ...
    'DecisionMethod','Log - likelihood ratio', ...
    'VarianceSource','Input port');                              % 创建 QAM 译码器
chan = comm.AWGNChannel('EbNo',EbNo,'BitsPerSymbol',log2(M));
 % 创建 AWGN 信道
```

```
errorRate = comm.ErrorRate;
for k = 1:length(EbNo)
    errorStats = zeros(1,3);
    noiseVar = 10^( - EbNo(k)/10) * (1/log2(M));
    chan.EbNO = EbNO(k);
    while errorStats(2) < 100 && errorStats(3) < 1e7
        data = randi([0 1],frmLen,1);                              % 创建二进制随机数据
        intrlvrInd = randperm(frmLen);                             % 交织
        encodedData = step(enc,data,intrlvrInd);                   % Turbo 编码
        modSignal = step(mod,encodedData);                         % 调制
        receivedSignal = step(chan,modSignal);                     % AWGN 信道
        demodSignal = step(demod,receivedSignal,noiseVar);         % 解调
        receivedBits = step(dec, - demodSignal,intrlvrInd);        % 译码
        errorStats = step(errorRate,data,receivedBits);            % 统计差错
    end
    ber(k) = errorStats(1);
    reset(errorRate)
end
semilogy(EbNO,ber,'r - o')
grid
xlabel('Eb/N0 (dB)')
ylabel('误比特率')
uncodedBER = berawgn(EbNo,'qam',M);                                % 未编码的 BER
hold on
semilogy(EbNO,uncodedBER,'b - ')
legend('Turbo 编码','未编码')
```

运行结果如图 5-25 所示。

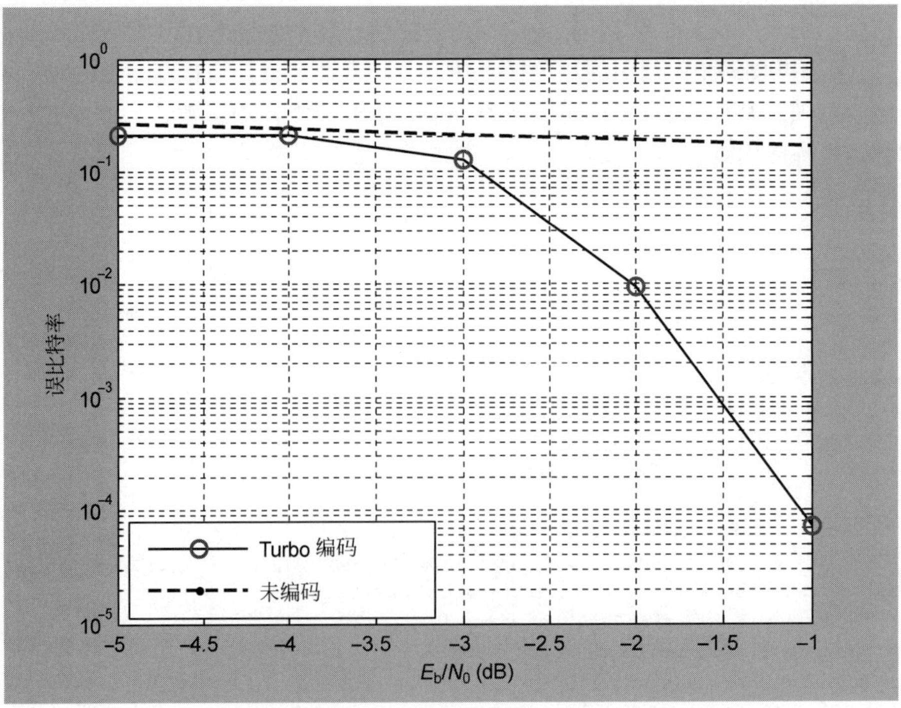

图 5-25 Turbo 编码结果

5.5.3 LDPC 码

低密度奇偶校验(Low-density Party-check Code,LDPC)码是一种性能接近香农极限的好码,也叫 Gallager 码,现被 3GPP RAN1 会议确定为 5G 中移动宽带业务的长码块编码方案。LDPC 码由 Gallager 于 1962 年首先提出,在很长一段时间里并没受到人们的重视,直到 1996 年,Mackay 和 Neal 等人再次提出,LDPC 码的研究才进入一个崭新阶段。随着编码矩阵构造、解码算法优化等关键技术的突破,LDPC 码被各种通信所采纳,如卫星数字广播系统、地面数字视频广播系统和无线接入网络中 IEEE 802.11n 等。

LDPC 码性能优于 Turbo 码,具有较大的灵活性和较低的差错平底特性(Error Floors)。它描述简单,对严格的理论分析具有可验证性,译码复杂度低于 Turbo 码,可实现完全的并行操作且硬件复杂度低,具有高速译码潜力。目前,LDPC 码已在深空通信、光纤通信、卫星数字视频和声频广播、磁/光等存储、移动和固定无线通信、电缆调制/解调器和数字用户线(DSL)中得到广泛应用。

LDPC 码是一类特殊的线性分组码,它的校验矩阵是稀疏矩阵,即校验矩阵中只有很少一部分的 1 元素,绝大多数都是 0 元素。LDPC 码分为规则 LDPC 码和非规则 LDPC 码。对于规则 LDPC 码,Gallager 给出如下的定义:(n,j,k)LDPC 码是长为 n 的码字,在它的奇偶校验矩阵中,每一行和每一列中 1 的个数是固定的,其中每一列有 $j(j\geqslant 3)$ 个 1,每一行有 $k(k>j)$ 个 1;列之间 1 的重叠数目小于或等于 1。如式(5.5.1)是按定义构造的(12,3,4) LDPC 码的校验矩阵 $\boldsymbol{H}$。在校验矩阵中,每行和每列的 1 元素的个数都是固定的。

$$\boldsymbol{H}=\begin{bmatrix}0&0&1&0&0&1&1&1&0&0&0&0\\1&1&0&0&1&0&0&0&0&0&0&1\\0&0&0&1&0&0&0&0&1&1&1&0\\0&1&0&0&0&1&1&0&0&1&0&0\\1&0&1&0&0&0&0&1&0&0&1&0\\0&0&0&1&1&0&0&0&1&0&0&1\\1&0&0&1&1&0&1&0&0&0&0&0\\0&0&0&0&0&1&0&1&0&0&1&1\\0&1&1&0&0&0&0&0&1&1&0&0\end{bmatrix} \tag{5.5.1}$$

除此之外,LDPC 码还可以用 Tanner 图表示。上式(12,3,4)对应的 Tanner 图如图 5-26 所示。

在 Tanner 图中,左边的节点称为变量节点,右边的节点称为校验节点。每个变量节点对应 LDPC 码的一个码元,其个数等于码长 n,即等于校验矩阵的列数。校验节点与校验方程对应,其个数等于校验方程的个数,即校验矩阵的行数。所以,Tanner 图中的线与校验矩阵中的元素 1 是对应的。在 Tanner 图中与某节点相连的边的个数称为该节点的度。规则 LDPC 码中相同类型的节点度数应该是相同的,即所有变量节点的度也相同,所有校验节点的度也相同;而非规则 LDPC 码的变量节点/校验节点的度是不同的。

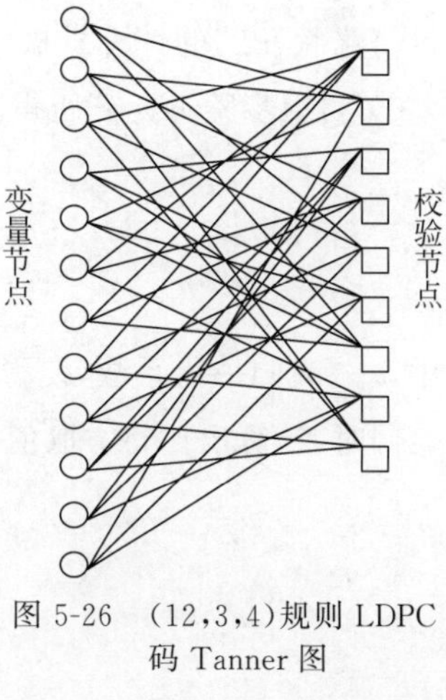

图 5-26 (12,3,4)规则 LDPC 码 Tanner 图

LDPC码的译码算法主要是基于Tanner图结构的消息传递(Message Passing,MP)算法,该算法的性能随着量化阶数的增加而提高,同时复杂度也随之增加。其中性能最好的是置信传播算法(Belief Propagation,BP),当编码Tanner图中没有环时,它的性能可等效于最大似然算法。

BP算法可以由初始化过程和迭代过程两个步骤完成,具体如下。

(1) 初始化:在进行迭代过程之前首先要给参数赋初值。令 $p_l^0=p(x_l=0)$(比特 x_l 取0的先验概率),$p_l^1=p(x_l=1)=1-p_l^0$。对于每个满足 $H_{ml}=1$ 的 (l,m),变量 q_{ml}^0 和 q_{ml}^1 分别被初始化为 p_l^0 和 p_l^1。

(2) 迭代:

① 对每一个校验约束 m 和对应的每一个 $l\in L(m)$ 计算两个概率,其中一个是 r_{ml}^0,当 $x_l=0$,且其他比特 $\{x_l: l'\neq l\}$ 对应于相互独立的概率分布时,$\{q_{ml'}^0,q_{ml'}^1\}$ 校验约束 m 得到满足的概率,即

$$r_{ml}^0=\sum_{\{x_{l'}: l'\in L(m)|l\}}\left(p\left(\sum_{l'\in L(m)|l}x'_l=0\mid x_l=0\right)\times\prod_{l'\in L(m)|l}q_{ml'}^{x_{l'}}\right)\tag{5.5.2}$$

另一个概率是 r_{ml}^1,当 $x_l=1$ 时,校验约束得到的概率定义为

$$r_{ml}^1=\sum_{\{x_{l'}: l'\in L(m)|l\}}\left(p\left(\sum_{l'\in L(m)|l}x'_l=1\mid x_l=1\right)\times\prod_{l'\in L(m)|l}q_{ml'}^{x_{l'}}\right)\tag{5.5.3}$$

式中,概率内的求和为模2求和,条件概率的取值为0或1,取决于假设的 x'_l 的值是否满足模2求和式,$L(m)|l$ 是 $L(m)$ 集合中去掉 l 后的其他元素。

上面这个复杂的计算可以根据前后向递归算法适当简化。定义

$$\delta_{q_{ml}}=q_{ml}^0-q_{ml}^1\tag{5.5.4}$$

可以得到

$$\delta_{r_{ml}}=r_{ml}^0-r_{ml}^1=\prod_{l'\in L(m)|l}\delta_{q_{ml'}}\tag{5.5.5}$$

利用数学归纳法可以得到 r_{ml}^x($x=0$ 或 1)的计算式如下:

$$r_{ml}^x=\frac{1+(-1)^x\delta_{r_{ml}}}{2}\tag{5.5.6}$$

经过简化后,r_{ml}^x 的计算量极大减少。

② 利用步骤①计算所得到 r_{ml}^0 的 r_{ml}^1 和更新概率值 q_{ml}^0 和 q_{ml}^1。对于每个 l 计算下式:

$$q_{ml}^0=\alpha_{ml}p_l^0\prod_{m'\in M(l)|m}r_{m'l}^0\tag{5.5.7}$$

$$q_{ml}^1=\alpha_{ml}p_l^1\prod_{m'\in M(l)|m}r_{m'l}^1\tag{5.5.8}$$

其中,α_{ml} 为归一化系数,使得 $q_{ml}^0+q_{ml}^1=1$。

同时,计算出比特 l 取值为0和1的伪后验概率 q_l^0 和 q_l^1,如下:

$$q_l^0=\alpha_l p_l^0\prod_{m\in M(l)}r_{ml}^0\tag{5.5.9}$$

$$q_l^1=\alpha_l p_l^1\prod_{m\in M(l)}r_{ml}^1\tag{5.5.10}$$

③ 当 $q_l^1>0.5$ 时，令 $\hat{x}=1$，反之令 $\hat{x}=0$。如果校验方程 $\boldsymbol{H}\hat{x}=0 \bmod 2$ 成立，则译码成功并结束，$x=\hat{x}$；否则，若迭代次数少于预先设定的最大迭代次数 T，则重复该迭代过程；如果迭代次数已经超过所设定的最大迭代次数还是没有得到正确的译码，则译码失败。此时，部分译码的 $\hat{x}$ 可以作为其他译码算法的有效译码起点。

BP 算法的复杂度为码长的线性函数，并行实现可极大提高译码速度。BP 算法的译码误码率随信噪比的增加而减少，没有误码率下降急速的差错平底特性的现象。无论是在理论上还是在实际应用中，BP 译码都能够在高斯白噪声环境下达到接近信道限的性能。

MATLAB 代码如下：

```
clear all
close all
enc = comm.LDPCEncoder;                                        % 创建 LDPC 编码器
dec = comm.LDPCDecoder;                                        % 创建 LDPC 译码器
mod = comm.QPSKModulator('BitInput',true);                     % 创建调制器
chan = comm.AWGNChannel('NoiseMethod','Signal to noise ratio (SNR)');
% AWGN 信道
demod = comm.QPSKDemodulator('BitOutput',true,...
  'DecisionMethod','Approximate log - likelihood ratio', ...
  'VarianceSource','Input port');                              % 创建解调器
err = comm.ErrorRate;
snrVec = [0 0.2 0.4 0.6 0.65 0.7 0.75 0.8];                    % 信噪比范围
ber = zeros(length(snrVec),1);
for k = 1:length(snrVec)
  chan.SNR = snrVec(k);
  noiseVar = 1/10^(snrVec(k)/10);
  errorStats = zeros(1,3);
  while errorStats(2) <= 200 && errorStats(3) < 5e6
      data = logical(randi([0 1],32400,1));                    % 产生二进制数据
      encData = step(enc,data);                                % LDPC 编码
      modSig = step(mod,encData);                              % 调制
      rxSig = step(chan,modSig);                               % AWGN 信道
      demodSig = step(demod,rxSig,noiseVar);                   % 解调
      rxData = step(dec,demodSig);                             % LDPC 译码
      errorStats = step(err,data,rxData);                      % 统计错误
  end
  ber(k) = errorStats(1);
  reset(err)
end
semilogy(snrVec,ber,'-o')
grid
xlabel('SNR (dB)')
ylabel('误比特率')
```

运行结果如图 5-27 所示。

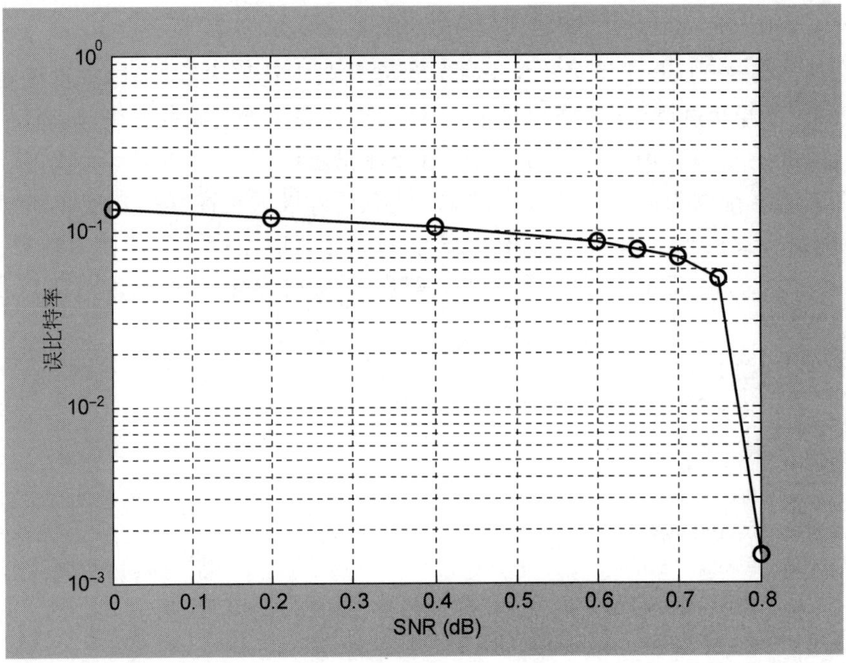

图 5-27 LDPC 编码结果

5.5.4 Polar 码

Polar 码是一种唯一被严格证明能够达到香农限的信道编码方法，现已成为 5G 中的中短码长纠错编码标准。2007 年，E. Arikan 基于信道极化理论首次提出 Polar 码。经过信道极化后，比特信道(bit-channel)被分为好与坏两种，而好比特信道通过 Polar 码的编码被选用于信息传输，极大地提升了信息传输的可靠性。

信道极化分为信道组合和信道分裂两个过程。其中，信道组合就是对二进制离散无记忆信道(B-DMC)W 进行独立复制，通过一定的递归规则得到矢量信道。例如，在 $n=0$ 时，对于 $N=2^n=1$ 信道，则是一个 B-DMC 信道，也就是 $W_1 \triangleq W$；当 $n=1,N=2^n=2$ 时，两个 W_1 的独立信道可组合成一个 W_2 信道，即 $W_2:X^2\to Y^2$，其组合过程如图 5-28 所示，信道 W_2 的转移概率可表达为：$W_2(y_1,y_2|u_1,u_2)=W(y_1|u_1\oplus u_2)W(y_2|u_2)$，其中，$\oplus$为模 2 加。

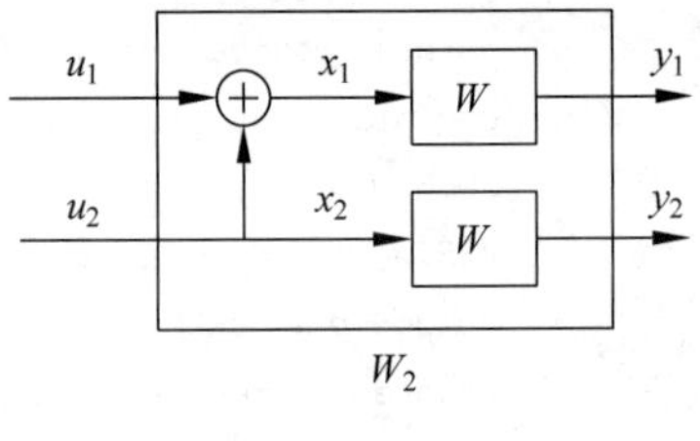

图 5-28 信道 W 到 W_2 的组合图

当 $n=2,N=4$ 时，由两个 W_2 的独立信道可组合成一个 W_4 信道 $X^4\to Y^4$，如图 5-29 所示，其转移概率为 $W_4(y_1^4|u_1^4)=W_2(y_1^2|u_1\oplus u_2,u_3\oplus u_4)W_2(y_3^4|u_2,u_4)$，其中 $y_1^4=(y_1y_2y_3y_4)$，$u_1^4=(u_1u_2u_3u_4)$，$\boldsymbol{R}_4$ 是一置换矩阵，将$(v_1v_2v_3v_4)$置换为$(v_1v_3v_2v_4)$。于是，W_4 的输入$(u_1u_2u_3u_4)$与输入$(x_1x_2x_3x_4)$间关系可表示为 $x_1^4=u_1^4\boldsymbol{G}_4$，其中 $\boldsymbol{G}_4=\begin{bmatrix}1&0&0&0\\1&1&0&0\\1&0&1&0\\1&1&1&1\end{bmatrix}$。因此 W_4 信道的转移概率可改写成

$$W_4(y_1^4 \mid u_1^4)=W^4(y_1^4 \mid u_1^4\boldsymbol{G}_4) \tag{5.5.11}$$

该组合过程可以类推，即信道 W_N 可以由两个 $W_{N/2}$ 的独立信道组合得到，并且 W_N 的转移概率为

$$W_N(y_1^N \mid u_1^N)=W^N(y_1^N \mid u_1^N\boldsymbol{G}_N),\quad y_1^N\in Y^N, u_1^N\in X^N \tag{5.5.12}$$

其中，$\boldsymbol{G}_N=\boldsymbol{B}_N\boldsymbol{F}^{\otimes n}$，$\boldsymbol{B}_N$ 为置换矩阵，$\boldsymbol{F}=\begin{bmatrix}1&0\\1&1\end{bmatrix}$。

信道分裂则是将组合后的信道 W_N 映射成为 N 个比特信道，第 i 个比特信道的转移概率为

$$W_N^{(i)}(y_1^N, u_1^{i-1} \mid u_i)\triangleq\sum_{u_{i+1}^N\in X^{N-i}}\frac{1}{2^{N-1}}W_N(y_1^N \mid u_1^N) \tag{5.5.13}$$

其中，(y_1^N, u_1^{i-1}) 是 $W_N^{(i)}$ 的输出，u_i 是 $W_N^{(i)}$ 的输入，$i=1,2,\cdots,N$。图 5-30 展示了 $N=4$ 时从信道 W 的 4 个拷贝到 $W_4^{(i)}$ 的过程。最右端是 4 个独立信道 W，通过蝶形运算得到两个矢量信道($W_2^{(1)}$, $W_2^{(2)}$)，对两个矢量信道($W_2^{(1)}$, $W_2^{(2)}$)再一次蝶形运算得到 $W_4^{(i)}$ 的每个比特信道。其中，蝶形结构右边两个结点代表相同且独立的信道，左边即是信道组合后分裂的结果，此过程可以不断进行。

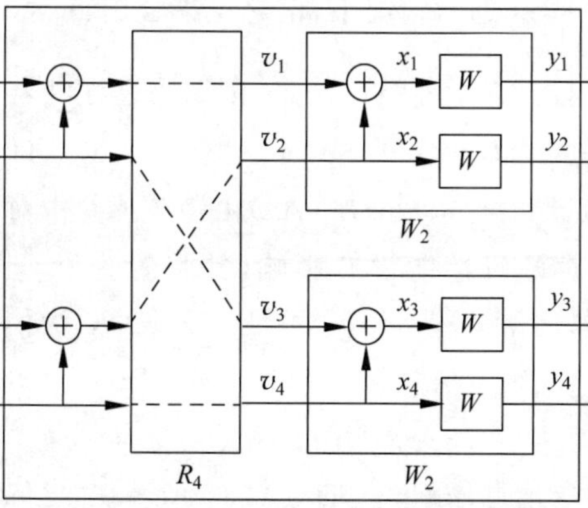

图 5-29 信道 W_2 到 W_4 的组合图

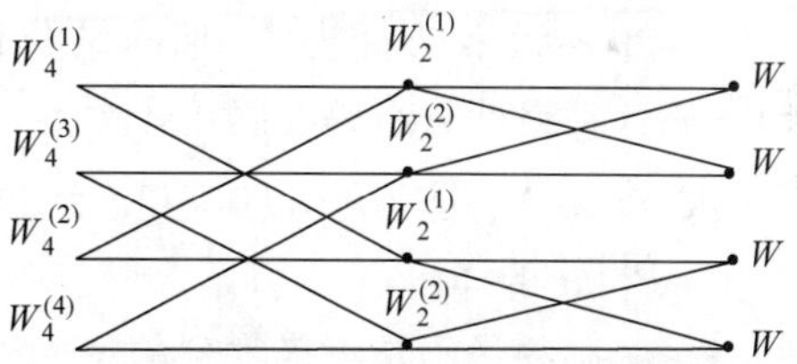

图 5-30 从 W 到 W_4 的变换过程示意图

根据信道极化理论，随着 N 逐渐增大，信道分裂得到的每一个比特信道的信道容量呈现出两极分化的趋势，即有一些比特信道的容量逐渐接近于 1，而另一些比特信道的容量逐渐接近于 0。因此，在实际的通信过程中，选择那些容量接近 1 的比特信道来传输信息，称为信息比特，而将容量接近 0 的比特信道赋予固定值(通常为全 0)，称为冻结比特，冻结比特这部分信息是已知的。信息比特和冻结比特所在位的集合分别被称为信息位和冻结位。

在 Polar 码中，比特信道的好与坏一般可用巴氏(Bhattacharyya)参数来衡量。巴氏参数 $Z(W)$代表的是信道输入为 0 或 1 时，信息被错误判决的概率上界，其定义为

$$Z(W_N^{(i)})=\sum_{y_1^N\in Y^N}\sum_{u_1^{i-1}\in X^{i-1}}\sqrt{W_N^{(i)}(y_1^N, u_1^{i-1} \mid 0)W_N^{(i)}(y_1^N, u_1^{i-1} \mid 1)} \tag{5.5.14}$$

1) Polar 码的构造

Polar 码的构造就是比特信道选择的过程，即选择那些好的比特信道来传输信息，这里好指的是巴氏参数趋近于 0，或信道容量趋近于 1。

对于B-DMC信道，Polar码可表现为三元组参数(W,N,K)，其中，W表示B-DMC信道，N为Polar码的码长，K是Polar码信息位的长度，信息位集合为$A\subset\{1,2,\cdots,N\}$。Polar码构造的目标是使$\sum_{i\in A}Z(W_N^{(i)})$最小，即计算各比特信道巴氏参数$\{Z(W_N^{(i)}):1\leqslant i\leqslant N\}$，并使信息位集合中的巴氏参数之和为最小，其中，$Z(W_N^{(i)})$为第$i$比特信道的巴氏参数。从实现角度来讲，Polar码的构造问题转化为判决问题，即在给定了信道下标的索引号i，$i\in\{1,2,\cdots N\}$和门限值γ的情况下($\gamma\in[0,1]$)，依据$A_\gamma\triangleq\{i\in\{1,2,\cdots,N\}:Z(W_N^{(i)})<\gamma\}$来判决下标$i$对应的比特信道是否用来传输信息。

总的来说，Polar码的构造就是K个信息位索引号的选取。因此，通常，首先计算出各个比特信道巴氏参数的值，然后对计算出的巴氏参数值从小到大排序，最后挑选出前K个较小的巴氏参数值的比特信道索引组合成信息位，剩余的比特信道则为冻结位。常见的构造方法有基于Polar码的蒙特卡罗构造方法、基于BEC的构造方法、密度进化构造方法、Tal-Vardy方法和高斯近似法等。

作为一种线性分组码，Polar码也可用生成矩阵来描述。给定长度为N的Polar码，其中$N=2^n$，其编码$x_1^N=u_1^N\boldsymbol{G}_N$，其中，$x_1^N$是编码码字，$u_1^N$为信息序列，$\boldsymbol{G}_N$为$N\times N$的生成矩阵，且$\boldsymbol{G}_N=\boldsymbol{B}_N\boldsymbol{F}^{\otimes n}$，$\boldsymbol{B}_N$为置换矩阵，$\boldsymbol{F}=\begin{bmatrix}1&0\\1&1\end{bmatrix}$。通常情况下，信息位集合用$A$表示，冻结位集合则用$A^c$表示。若$u_A$表示信息位信息，$u_A^c$表示冻结位信息，则编码过程可表示为

$$x_1^N=u_A\boldsymbol{G}_N(A)\oplus u_{A^C}\boldsymbol{G}_N(A^c)\tag{5.5.15}$$

其中，$\boldsymbol{G}_N(A)$由矩阵$\boldsymbol{G}_N$中对应于集合A中各元素的行构成，$\boldsymbol{G}_N(A^c)$由矩阵$\boldsymbol{G}_N$中对应于集合A^c中各元素的行构成，且冻结位的取值对译码性能没有影响，常将置为0。于是，Polar码这种线性分组码编码用4个参数(N,K,A,u_{A^C})表示，其中N为码长，K为信息位的个数，A和A^C分别是信息位和冻结位，u_{A^C}是冻结位信息。

2) Polar的译码

Polar码的译码是将接收到的y_1^N恢复成发送信息序列u_1^N的过程，一般来说，译码方法会与其编码方法相适应。针对Polar码的结构，Arikan提出了连续删除(Successive Cancellation，SC)译码和置信传播(Belief Propagation，BP)译码算法，下面简单介绍SC译码。

SC译码是Polar码的核心译码算法，该算法是基于比特信道的概率似然比通过硬判决值进行译码，一个比特一个比特地译码，直到最后一个比特译码结束后才得到译码输出。

对于参数为(N,K,A,u_{A^c})的Polar码，当要传输的信息序列与生成矩阵相乘后得到编码，再通过信道传输，在接收端获得接收序列y_1^N，其中，信息序列包括信息位u_A和冻结位u_{A^c}。由于冻结位在编译码过程中保持不变，是已知的，所以在译码时如果是冻结位则直接译码，其估计值即为冻结位信息，$\hat{u}_{A^c}=u_{A^c}$；如果是信息位，则通过下式判别当前比特的估计值

$$h_i(y_1^N,\hat{u}_1^{i-1})=\begin{cases}0 & \dfrac{W_N^{(i)}(y_1^N,\hat{u}_1^{i-1}\mid 0)}{W_N^{(i)}(y_1^N,\hat{u}_1^{i-1}\mid 1)}\geqslant 1\\ 1 & 其他\end{cases}\tag{5.5.16}$$

在译码过程中，通常把转移概率的比值定义为似然比（Likelihood Ratio，LR）

$$L_N^{(i)}(y_1^N \mid \hat{u}_1^{i-1})=\frac{W_N^{(i)}(y_1^N,\hat{u}_1^{i-1}\mid 0)}{W_N^{(i)}(y_1^N,\hat{u}_1^{i-1}\mid 1)} \tag{5.5.17}$$

将式(5.5.16)代入式(5.5.17)中，得到当前信息位的估值为

$$\hat{u}_i=\begin{cases}0 & L_N^{(i)}(y_1^N,\hat{u}_1^{i-1})\geqslant 1\\ 1 & \text{其他}\end{cases} \tag{5.5.18}$$

SC 译码算法的计算复杂度主要取决于译码过程中似然比的计算，而对于似然比的计算，Arikan 给出了一种递归迭代计算方法

$$L_N^{(2i-1)}(y_1^N,\hat{u}_1^{2i-2})=\frac{L_{N/2}^{(i)}(y_1^{N/2},\hat{u}_{1,o}^{2i-2}\oplus\hat{u}_{1,e}^{2i-2})L_{N/2}^{(i)}(y_{N/2+1}^N,\hat{u}_{1,e}^{2i-2})+1}{L_{N/2}^{(i)}(y_1^{N/2},\hat{u}_{1,o}^{2i-2}\oplus\hat{u}_{1,e}^{2i-2})+L_{N/2}^{(i)}(y_{N/2+1}^N,\hat{u}_{1,e}^{2i-2})} \tag{5.5.19}$$

$$L_N^{(2i)}(y_1^N,\hat{u}_1^{2i-1})=[L_{N/2}^{(i)}(y_1^{N/2},\hat{u}_{1,o}^{2i-2}\oplus\hat{u}_{1,e}^{2i-2})]^{1-2\hat{u}_{2i-1}}\cdot L_{N/2}^{(i)}(y_{N/2+1}^N,\hat{u}_{1,e}^{2i-2}) \tag{5.5.20}$$

其中，$L_N^{(2i-1)}$ 表示 N 长序列中第$(2i-1)$比特标号（奇数）的似然比，$L_N^{(2i)}$ 是 N 长序列中第$(2i)$比特标号（偶数）的似然比，$\hat{u}_{1,o}^{2i-2}$ 是 $\hat{u}_1^{2i-2}$ 序列中奇数位构成的序列，$\hat{u}_{1,e}^{2i-2}$ 是 $\hat{u}_1^{2i-2}$ 序列中偶数位构成的序列。从上式可以看出，计算长度为 N 的似然比可以转化为计算两个长度为 $N/2$ 的 LR，即似然对$(L_N^{(2i-1)}(y_1^N,\hat{u}_1^{2i-2}),L_N^{2i}(y_1^N,\hat{u}_1^{2i-1}))$可以转换为计算似然对$(L_{N/2}^{(i)}(y_1^{N/2},\hat{u}_{1,o}^{2i-2}\oplus\hat{u}_{1,e}^{2i-2}),L_{N/2}^{(i)}(y_{N/2+1}^N,\hat{u}_{1,e}^{2i-2}))$，当然 $N/2$ 的 LR 继续利用式(5.5.19)和式(5.5.20)，由 $N/4$ 的 LR 似然对$(L_{N/4}^{(i)}(y_1^{N/4},\hat{u}_{1,o}^{2i-2}\oplus\hat{u}_{1,e}^{2i-2}),L_{N/4}^{(i)}(y_{N/4+1}^{N/2},\hat{u}_{1,e}^{2i-2}))$得到，以此类推，直到码长为 1 时终止。当码长为 1 时，LR 的值由公式 $L^{(i)}(y_i)=W(y_i|0)/W(y_i|1)$ 直接计算得到。

图 5-31 显示了码长为 8 的 Polar 码的 SC 译码的因子图结构，其中，编码器参数为$(8,5,\{4,5,6,7,8\},(0,0,0))$。在该过程中，每个负责计算的节点会向下发起一个 LR 的请求，从最左边到最右边依次进行。在最左边的第 1 列节点对应码长为 8 的 LR 请求，相应的第 2 列对应码长为 4 的 LR 请求，第 3 列对应码长为 2 的 LR 请求，第 4 列对应码长为 1 的 LR 请求。在图中每一个节点都对应两个标签，例如，第 2 列第 2 个节点带有 22 和$(y_1^4,\hat{u}_{1,e}^4\oplus\hat{u}_{1,o}^4)$两个标签，其中，第 1 个标签指的是译码过程中该节点第 22 个被激活，第 2 个标签指的是要计算且保存的 LR 值，其中，数字 1～32 表明一共需要计算 32 个 LR 值。

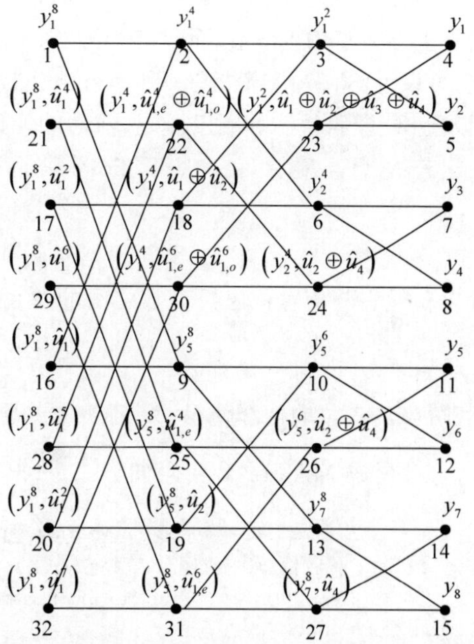

图 5-31 Polar 码的 SC 译码过程

译码时先从第 1 个节点开始激活，首先计算 $L_8^{(1)}(y_1^8)$，但是 $L_8^{(1)}(y_1^8)$的值并不能直接得到，而是触发节点 2 和节点 9，在触发这两个节点之后，节点 1 开始等待节点 2 和节点 9 返回的 LR 的值；先激活节点 2 进行 $L_4^{(1)}(y_1^4)$的计

算,同样节点 2 继续传递,触发节点 3,节点 3 再触发节点 4,到节点 4 时已经到了最右边一列,通过给定的信道信息可直接计算出 $L_1^{(1)}(y_1)$,于是可将计算结果返回给触发节点 3 和节点 23。对于节点 3,除了获得节点 4 返回值外,还需要继续向右侧传递,触发节点 5 获得 $L_1^{(1)}(y_2)$的值。对节点 4 和节点 5 的返回信息计算可得到节点 3 的 LR 值 $L_2^{(1)}(y_1^2)$,并将其 LR 值返回给节点 2。同前面的过程一样,节点 2 还需向右依次触发节点 6、节点 7 和节点 8,获得节点 2 的 LR 值 $L_4^{(1)}(y_1^4)$,并将结果返回给节点 1。同理,节点 1 还需要节点 9 的返回值,节点 9 的 LR 值计算过程如上类似。当节点 9 的 LR 值 $L_8^{(1)}(y_5^8)$返回给节点 1 后,节点 1 整合计算出 $L_8^{(1)}(y_1^8)$,得到了第 1 个比特的似然值,由于 u_1 是冻结位,因此直接置为 0,并将其似然值传递给下一个信息比特,即触发节点 16。

同第 1 个比特激活的过程一样,节点 16 触发后向右侧传递,需要节点 2 和节点 9 的值,而这两个节点的 LR 值已经保存,因此直接将已经获得的 $L_4^{(1)}(y_1^4)$和 $L_8^{(1)}(y_5^8)$两个 LR 值计算得到 $L_8^{(2)}(y_1^8,\hat{u}_1)$,由于 u_2 是冻结位,因此也直接置 $u_2=0$,并传递给下一个信息比特。

计算下一个比特时,需激活节点 17,计算节点 17 的值需要节点 18 和节点 19 的 LR 值,而节点 18 和节点 19 的 LR 值在前面的过程中已经被保存下来,因此可以直接计算得到 $L_8^{(3)}(y_1^8,\hat{u}_1^2)$。由于 u_3 是信息比特,因此需要根据得到的 LR 值来估计 u_3,当 $L_8^{(3)}(y_1^8,\hat{u}_1^2)\geqslant 1$ 时,估值为 0,否则估值为 1。得到估计值后继续传递到下一比特的计算,直到依次得到 u_1^8 的所有估值。

通过上面 SC 译码过程可以看到,译码器由蝶形组成,例如,节点 2、3、18、6 构成一个蝶形,以节点 2 和节点 18 为根的计算子树又可以继续分裂后得到以节点 3 和节点 6 为根的译码子树。显然,在一个以 4 个节点构成的蝶形进行译码时,最先被激活的是最左上方的节点,最后被激活的是左下方的节点。

因此,蝶形图在 LR 的计算上有时间约束,任何一个蝶形图,计算左下方的节点需要提供左上方节点的 LR 值,而只有得到右侧节点的 LR 值才能计算出左上方节点的 LR 值。因此,可以说 SC 译码算法是一种串行迭代过程,计算 LR 值的等待时间将造成译码的较大时延,且 SC 译码是一种顺序译码,前面的译码结果会对后续的译码产生影响。

若 $P_e(N,K,A,u_{A^c})$表示 Polar 码译码差错率,则其表达式为

$$P_e(N,K,A,u_{A^c})=\sum_{u_A\in X^K}\frac{1}{2^K}\sum_{y_1^N\in Y^N:\hat{u}_1^N(y_1^N)\neq u_1^N}W_N(y_1^N\mid u_1^N) \tag{5.5.21}$$

可以获得它与信息位巴氏参数之间的关系为

$$P_e(N,K,A,u_{A^c})\leqslant\sum_{i\in A}Z(W_N^{(i)}) \tag{5.5.22}$$

因此,当信息位的选择使得 $\sum_{i\in A}Z(W_N^{(i)})$ 足够小时,如趋于 0,则译码的差错概率也趋于 0。

SC 译码 MATLAB 代码如下:

```
function u_finish = decode(n,y,frozen_positions,frozen_bits)
%(阶数 接收值 冻结位序号 冻结位数字)
global sigma r_value r_flag max_number min_number
N = 2^n;                                         %N为码长,n为阶数
r_value(:,n+1) = exp(-2*y'./(sigma^2));          %根据信道接收值和信噪比计算LR
r_flag(:,n+1) = ones(N,1);                       %定义因子图的矩阵
```

```
u_finish = [];
t = 1;
for i = 1:1:N
  likelihood_ratio = ww(n,(1:N),i,u_finish);
%(当前阶数 初始接收值序号 信道序号 译完比特位)
  if ismember(i,frozen_positions)                 %判断是否为冻结位
      u_finish(i) = frozen_bits(t);               %冻结位信息发送双方已知,直接赋值
      t = t + 1;
  else if likelihood_ratio > 1          %如果不是冻结位,根据最左端的节点信息来判决译码结果
          u_finish(i) = 0;              %如果 if  L_N^(i)(y_1^N,û_1^(i-1))≥1,译码结果为 0
      else u_finish(i) = 1;             %否则译码结果为 1
      end
  end
end
end

function likelihood_ratio = ww(n,y,i,u)
% 计算似然比(阶数 接收值序号 信道序号 译完比特位)
global r_value r_flag nn max_number min_number
row = y(1) + bit_reverse(i,n) - 1;                %对应在大矩阵中的行号
   col = nn + 1 - n;                              %row 是实际在大矩阵中的列号
   if r_flag(row,col) == 1
     likelihood_ratio = r_value(row,col);
   else
      k = 2^n;
    y1 = y(1:k/2);
    y2 = y(k/2 + 1:k);
    kk = round(i/2);                              %向上取整
    uue = u(2:2:2 * kk - 2);
    uuo = u(1:2:2 * kk - 2);
    uu = mod(uue + uuo,2);
    if mod(i,2) == 0
  likelihood_ratio = feven(ww(n - 1,y1,kk,uu),ww(n - 1,y2,kk,uue),u(2 * kk - 1));     %递归
    if likelihood_ratio > max_number
      likelihood_ratio = max_number;
     end
    else likelihood_ratio = fodd(ww(n - 1,y1,kk,uu),ww(n - 1,y2,kk,uue));
      if likelihood_ratio > max_number
          likelihood_ratio = max_number;
      end
    end
    r_value(row,col) = likelihood_ratio;
    r_flag(row,col) = 1;
      end
  end

function likelihood_ratio = fodd(a,b)             %奇数节点似然信息计算
  likelihood_ratio = (a * b + 1)/(a + b);
  end
function likelihood_ratio = feven(a,b,c)          %偶数节点似然信息计算
```

```
    likelihood_ratio = a^(1 - 2 * c) * b;
  end
function num = bit_reverse(i,n)
    num = 1;
    for k = n: - 1:1
      num = num + mod(i - 1,2) * 2^(k - 1);
      i = round(i/2);
    end
end
```

码长 1024、码率 0.5 的 Polar 码在高斯白噪声信道下的运行结果如图 5-32 所示。

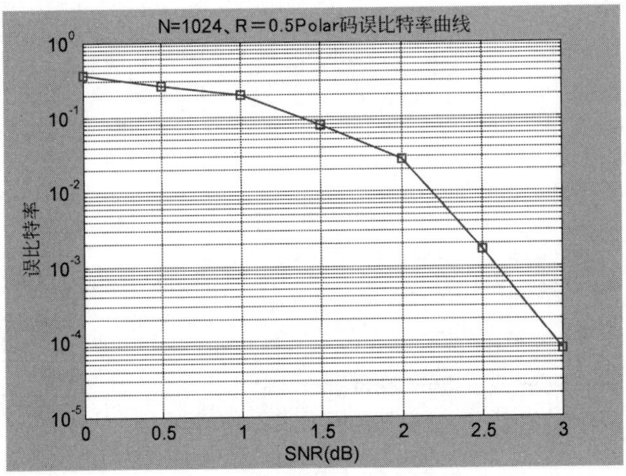

图 5-32　Polar 码编码结果

习题 5

5-1　设一个离散无记忆信道，其信道矩阵为

$$\begin{bmatrix} \frac{1}{2} & \frac{1}{2} & 0 & 0 & 0 \\ 0 & \frac{1}{2} & \frac{1}{2} & 0 & 0 \\ 0 & 0 & \frac{1}{2} & \frac{1}{2} & 0 \\ 0 & 0 & 0 & \frac{1}{2} & \frac{1}{2} \\ \frac{1}{2} & 0 & 0 & 0 & \frac{1}{2} \end{bmatrix}$$

(1) 计算信道容量 C。

(2) 找出一个长度为 2 的码，其信息传输率为(log5)/2(5 个码字)，如果按最大似然译码准则设计译码器，计算其译码器输出端平均错误译码概率 P_e(设输入码字等概)。

(3) 有没有可能存在一个长度为 2 的码，使得每个码字的平均错误译码概率 $P_e^{(i)}=0(i=$

1,2,3,4,5),即对所有码字有 $p_e=0$? 如果存在,请找出来。

5-2 设离散无记忆信道的输入符号集 $X\in\{0,1\}$,输出符号集 $Y\in\{0,1,2\}$,信道矩阵为 $[p_{ji}]=\begin{bmatrix}\frac{1}{2} & \frac{1}{4} & \frac{1}{4}\\ \frac{1}{4} & \frac{1}{2} & \frac{1}{4}\end{bmatrix}$。若某信源输出两个等概消息 s_1 和 s_2,现用信道输入符号集中的符号对 s_1 和 s_2 进行信道编码,以 $\omega_1=00$ 代表 s_1,用 $\omega_2=11$ 代表 s_2,试写出能使平均错误译码概率 $p_e=p_{e\min}$ 的译码规则,并计算平均错误译码概率。

5-3 设有一离散无记忆信道,其信道矩阵为

$$\boldsymbol{P}=\begin{bmatrix}1/2 & 1/3 & 1/6\\ 1/6 & 1/2 & 1/3\\ 1/3 & 1/6 & 1/2\end{bmatrix}$$

若 $p(x_1)=1/2,p(x_2)=p(x_3)=1/4$,试求最佳译码时的平均错误概率。

5-4 写出构成二元域上 4 维 4 重矢量空间的全部矢量元素,并找出其中一个三维子空间及其相应的对偶子空间。

5-5 一个线性分组码的监督矩阵为

$$\boldsymbol{H}=\begin{bmatrix}100100110\\ 101010010\\ 011100001\\ 101011101\end{bmatrix}$$

求其生成矩阵以及码的最小距离 $d_{\min}$,并画出该编码器硬件逻辑连接图。

5-6 将本章例 5-9 的(7,4)系统码缩短为(5,2)码,写出缩短码的生成矩阵、校验矩阵,及所有码字。

5-7 列出本章例 5-9 的(7,4)汉明码的标准阵列译码表。若收码 $R=$(0010100,0111000,1110010),由标准阵列译码表判断发码是什么。

5-8 某线性二进码的生成矩阵为

$$\boldsymbol{G}=\begin{bmatrix}0 & 0 & 1 & 1 & 1 & 0 & 1\\ 0 & 1 & 0 & 0 & 1 & 1 & 1\\ 1 & 0 & 0 & 1 & 1 & 1 & 0\end{bmatrix}$$

(1) 用系统码 $[\boldsymbol{I} \vdots \boldsymbol{P}]$ 的形式表示 $\boldsymbol{G}$。

(2) 计算该码的校验矩阵 $\boldsymbol{H}$。

(3) 列出该码的伴随式表。

(4) 计算该码的最小距离。

(5) 证明:与信息序列 101 相对应的码字正交于 $\boldsymbol{H}$。

5-9 设一个(15,4)循环码的生成多项式为 $g(x)=1+x+x^5+x^6+x^{10}+x^{11}$。试求。

(1) 此码的监督多项式 $h(x)$。

(2) 此码的生成矩阵(非系统码和系统码形式)。

(3) 此码的监督矩阵。

5-10 设计一个(15,11)系统汉明码的生成矩阵 $\boldsymbol{G}$,以及由 $g(x)=1+x+x^4$ 生成的系

统(15,11)循环汉明码的编码器。

5-11 计算(7,4)系统循环汉明码最小重量的可纠差错图案和对应的伴随式。

5-12 某帧所含信息是(0000110101100010101100),循环冗余校验码的生成多项式是 CRC-ITU-T 规定的 $g(x)=x^{16}+x^{12}+x^5+1$。问附加在信息位后的 CRC 校验码是什么?

5-13 某卷积码(2,1,3)的转移函数矩阵是 $\boldsymbol{G}(D)=[1+D^2,1+D+D^2+D^3]$,试

(1) 画出编码器结构图。

(2) 画出编码器的状态图。

(3) 求该码的自由距离 d_f。

5-14 某(2,1,4)卷积码,其两脉冲冲激响应(当输入信息为 100… 时所观察到的输出序列值)为 $g^1=(11101),g^2=(10011)$,试

(1) 画出该编码器结构图。

(2) 写出该码的生成矩阵。

(3) 若输入信息序列 $\boldsymbol{m}=[11010001]$,求相应的码序列。

5-15 某码率为 1/2、约束长度 $K=3$ 的二进制卷积码,其编码器如图 5-33 所示。

(1) 画出状态图和网格图。

(2) 求转移函数 $T(D)$,据此指出自由距离。

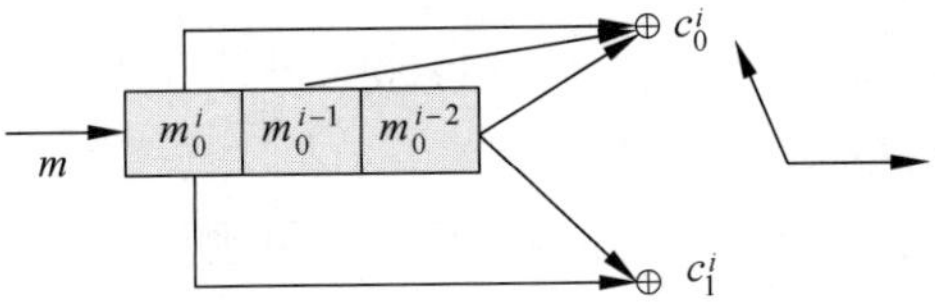

图 5-33 习题 5-15 图

5-16 某卷积码 $\boldsymbol{G}^0=\begin{bmatrix}1&0&0\end{bmatrix},\boldsymbol{G}^1=\begin{bmatrix}1&0&1\end{bmatrix},\boldsymbol{G}^2=\begin{bmatrix}1&1&1\end{bmatrix},$

(1) 画出该码的编码器。

(2) 画出该码的状态图和网格图。

(3) 求出该码的转移函数和自由距离。

5-17 某卷积码如图 5-34 所示。

(1) 画出该码的状态图。

(2) 求转移函数 $T(D)$。

(3) 求该码的自由距离 d_f,在格栅图上画出相应路径(与全 0 码字相距 d_f 的路径)。

(4) 当利用 BSC 信道进行数据传输时,接收序列为 10 01 00 11 10 00 00,试用维特比算法对接收序列进行译码的最可能原始信息序列。

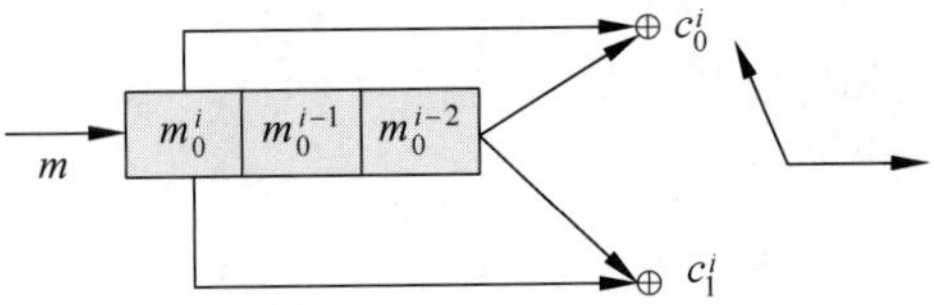

图 5-34 习题 5-17 图

第6章 网络信息理论

CHAPTER 6

在前面的论述中，所涉及的都是单用户通信问题，它们均用于描述点到点的通信。在点到点的通信系统中只有一个信源和一个信宿。但实际通信系统，如卫星通信系统、电话交换网和广播系统中，信道的输入端涉及两个或两个以上的信源，或信道的输出端涉及两个或两个以上的信宿（终端或用户），这种允许有多个信源或多个信宿的通信系统，称为多用户通信系统，所对应的信道称为多用户信道。

多用户通信是现代网络通信的一个主要特征。在这些信息网络中，信息是如何有效、可靠和安全地进行传输的呢？该问题将是网络信息论所关注的核心问题。本章将分别就信源相互统计独立、相互统计依赖这两种情况，对网络通信中多用户信道的信息传输进行初步介绍和讨论。

与点到点通信系统的研究相类似，网络信道研究的主要内容包括：①网络信道的信道容量，与点到点通信信道容量仅为一实数不同，网络信道可传信息的传输率不能用正实轴上的一个点表示，而需用多维空间中的一个区域表示；②网络信道的编码理论，证明在网络的信道容量范围内，一定存在一种编码方法，能够有效和可靠地传输信息；③实现编码定理的码结构问题，包括信源编码和信道编码。

6.1 相关信源及可达速率区域

在实际通信中，某个信宿常会收到来自不同信源的编码消息。各信源所产生的消息可能是独立的，也可能是相关的。如果各信源是彼此独立的，就可对每个信源分别进行处理，多个信源编码的问题就会简化为几个单信源通信情形下的信源编码问题；若多个信源相互之间存在统计依赖关系，这时不能简单地将问题简化为单信源通信，该问题称为相关信源编码问题。由于各个信源的作用不同，出现了各种不同的相关信源编码模型。图6-1所示为两种相关信源的多用户通信模型，其中信源编码后分别用不同的信道传输信息，而且这些信道之间相互统计独立。这是一种特殊的多用户通信模型，其中，图6-1(a)采用两个相互统计独立的信道，图6-1(b)采用3个统计独立的信道，图中U_1和U_2是两个相关信源，$\hat{U}_1$和$\hat{U}_2$分别是U_1和U_2的估计值。C_1、C_2和C_0分别表示相互统计独立的信道的信道容量。下面将着重讨论：在信源U_1和信源U_2的信息熵$H(U_1)$和信息熵$H(U_2)$以及U_1和U_2的联合信息熵$H(U_1U_2)$已知的情况下，编码器1、编码器2以及编码器0所需传输速率的问题。

对于单个信源编码时，编码后的信息率必须大于信源的熵（无失真编码定理），才能实现

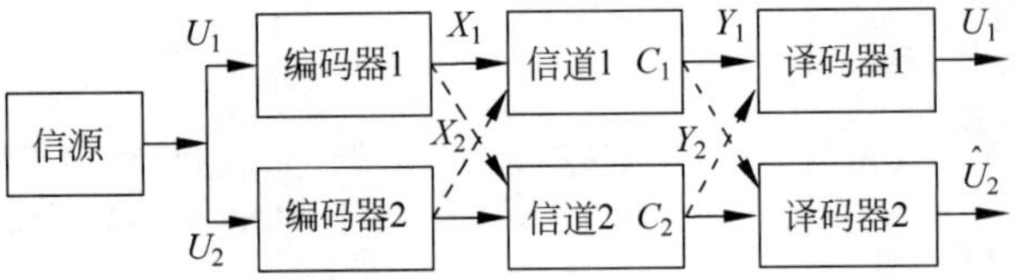

(a) 两个统计独立的信道

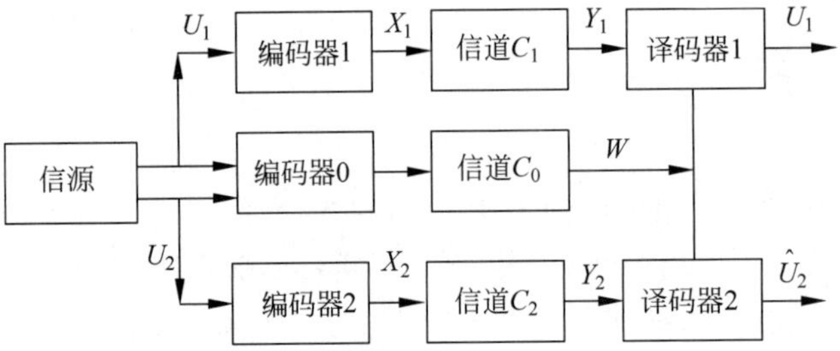

(b) 三个统计独立的信道

图 6-1 两个相关信源的多用户信道

无失真信源编码。作为简单地推理，对于两个信源进行统一编码，则编码后的信源信息率需要大于两信源的联合熵，才能使译码器以任意小的差错概率恢复信源信息。由于信源的相关性，有

$$H(U_1)+H(U_2)\geqslant H(U_1U_2) \tag{6.1.1}$$

同时，由无条件熵总是大于条件熵的性质，可以得到

$$\begin{aligned}H(U_1)&\geqslant H(U_1\mid U_2)\\H(U_2)&\geqslant H(U_2\mid U_1)\end{aligned} \tag{6.1.2}$$

于是，在图 6-1(a)的情况下，有 4 条交叉连线(可以用或不用这 4 条交叉连线)，共有 16 种组合形式。为了无差错地恢复 U_1 和 U_2，必须有

$$\begin{aligned}R_1&\geqslant (H(U_1)\geqslant)H(U_1\mid U_2)\\R_2&\geqslant (H(U_2)\geqslant)H(U_2\mid U_1)\\R_1+R_2&\geqslant (H(U_1)+H(U_2))\geqslant H(U_1U_2)\end{aligned} \tag{6.1.3}$$

由此可见，上述相关信源的两个编码器可以相互调剂，当 R_1 大些时，R_2 可相对小些，反之亦然。通常，可将图 6-1(a)的上半部分认为是 U_1 的主信道，下半部分 U_2 是 U_1 的边信道；也可将下半部分认为是 U_2 的主信道，上半部分 U_1 是 U_2 的边信道。图 6-2 是式(6.1.3)的图示形式，阴影部分表示可存在的信源编码速率，又称为两相关信源 Slepain-Wolf 可达速率区域。这就是说，若某一个编码速率大一些，则另一个的编码速率可小一些。

这里我们感兴趣的是编码器 1 并不知道 U_2 的情况，却在 R_1 小于 $H(U_1)$时还能编出代码，做到无差错地把 U_1 传送出去。同样，编码器 2 并不知道 U_1 的情况，却在 R_2 小于 $H(U_2)$时还能编出代码，做到无差错地把 U_2 传送出去。这都是因为 U_1 和 U_2 是相关的。在 U_1 和 U_2 相关时，只要求 R_1 和 R_2 分别大于 $H(U_1|U_2)$和 $H(U_2|U_1)$，而 $H(U_1|U_2)$和 $H(U_2|U_1)$是分别小于 $H(U_1)$和 $H(U_2)$的。

要说明这一点，需引入边信息(Side Information)的概念，如图 6-3 所示，U_1 是要传送的

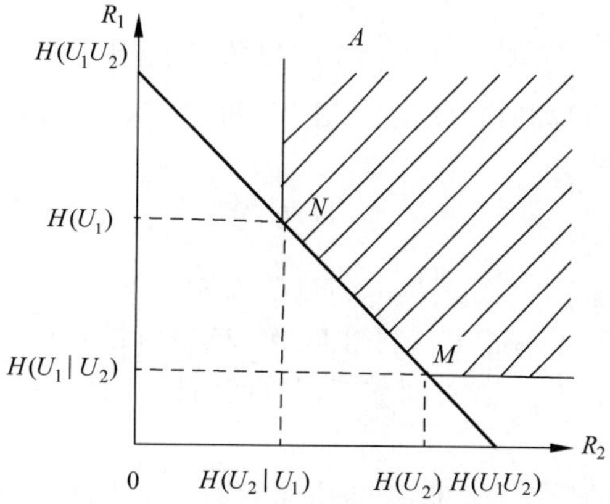

图 6-2 相关信源编码器可达速率区域

信源符号，经过信源编码器编码，再通过信道传输到达接收端，在接收端由译码器译出得 $\hat{U}_1$。由于 U_2 与信源 U_1 有统计联系(即两信源相关)，在上述传输中，U_2 也同时被送到译码器。由信源编码定理可知，要无差错地传送 U_1，信源编码器的速率 R 必须大于信源 U_1 的信息熵 $H(U_1)$。但若另一信源 U_2，在译码时已有关于 U_1 的信息，则对编码器的要求可降低一些，只要求 $R_1>H(U_1|U_2)$即可。因此，将 U_2 所提供的关于 U_1 的信息称为“边信息”。

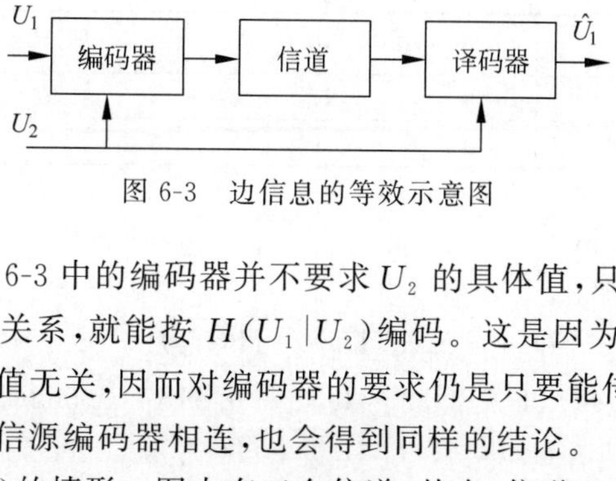

图 6-3 边信息的等效示意图

进一步研究表明，图 6-3 中的编码器并不要求 U_2 的具体值，只要知道 U_2 的概率分布，以及它与 U_1 的统计依赖关系，就能按 $H(U_1|U_2)$编码。这是因为 $H(U_1|U_2)$是对随机变量取平均后的值，与具体值无关，因而对编码器的要求仍是只要能传送 $H(U_1|U_2)$即可。所以即使图 6-3 中 U_2 不与信源编码器相连，也会得到同样的结论。

下面再讨论图 6-1(b)的情形。图中有三个信道，其中，信道 0 是指公共信道，信道 1 和信道 2 则是专用信道。可以证明这时各编码器所需的速率应满足

$$\begin{cases} R_1 \geqslant H(U_1 \mid W) \\ R_2 \geqslant H(U_2 \mid W) \\ R_0 = I(U_1U_2;\ W) \end{cases} \tag{6.1.4}$$

其中，W 是任一待定的随机变量，作为公共信道 0 的输出随机变量，由它所提供的边信息对 R_1 和 R_2 的要求可降低一些。显然，当式(6.1.4)满足时，公共信道 0 可无差错地输出随机变量 W，因而译码器 1 和译码器 2 就能正确地译出 $\hat{U}_1$ 和 $\hat{U}_2$。

若假设信源 U_1 和信源 U_2 对于待定随机变量 W 而言条件独立，即假设当 W 已知时，U_1 和 U_2 的条件联合概率等于各自条件概率的乘积。那么，就能使在公共信道输出随机变量 W 确知时，译码器 1 仅依靠 $H(U_1|W)$，译码器 2 仅依靠 $H(U_2|W)$。

通常，将通过变动公共信道输出随机变量 W，使公共信道通过的平均互信息 $I(U_1U_2;W)$

达到最小值,称为信源 U_1 和信源 U_2 的"公信息",即

$$I_0(U_1;U_2)=\min_W\{I(U_1U_2;W)\} \tag{6.1.5}$$

在定义了公信息后,可以利用公信息传送 W,而 U_1 和 U_2 分别通过专用信道传送。因此,此时的编码器速率要求是

$$\begin{cases}R_1 \geqslant H(U_1 \mid W)\\ R_2 \geqslant H(U_2 \mid W)\end{cases} \tag{6.1.6}$$

在接收端,利用 R_1 和 W 译出 U_1,利用 R_2 和 W 译出 U_2;但是不能利用 R_1 和 W 译出 U_2 以及利用 R_2 和 W 译出 U_1。这样可实现用户间的保密通信,而图 6-1(a)则实现不了这一功能。

公信息是 U_1 和 U_2 的最小公有信息,它与互信息一样取决于 U_1 和 U_2 的联合分布。倘若 U_1 和 U_2 是相互统计独立的,则可选 W 对 U_1 和 U_2 均独立,此时公信息 $I_0(U_1;U_2)=0$,互信息 $I(U_1;U_2)$ 也等于零。但当 U_1 和 U_2 不相互独立时,公信息 $I_0(U_1;U_2)$ 将小于互信息 $I(U_1;U_2)$。

【例 6-1】 设信源 $S_1=\begin{bmatrix}0 & 1\\ 2/3 & 1/3\end{bmatrix}$,$S_2=\begin{bmatrix}0 & 1\\ 1/3 & 2/3\end{bmatrix}$,它们的联合概率分布如表 6-1 所示。

表 6-1 联合概率分布

$p(s_1s_2)$	0	1
0	1/3	1/3
1	0	1/3

求两相关信源的可达速率区域。

解:由式(6.1.3)可知,

$$\begin{aligned}R_1 &\geqslant H(U_1 \mid U_2)=H(U_1U_2)-H(U_2)\\ &=\log 3-H(1/3,2/3)=1.58-0.918=0.662(\text{比特/符号})\\ R_2 &\geqslant H(U_2 \mid U_1)=H(U_1U_2)-H(U_1)\\ &=\log 3-H(2/3,1/3)=1.58-0.918=0.662(\text{比特/符号})\\ R_1+R_2 &\geqslant H(U_1U_2)=\log 3=1.58(\text{比特/符号})\end{aligned}$$

两相关信源的可达速率区域如图 6-4 所示。

若不考虑信源间关联,独立地对两信源分别编码传输,要求无失真传输,编码信息率 $R_1>H(U_1)=0.918$(比特/符号),$R_2>H(U_2)=0.918$(比特/符号);两者编码信息率之和将是 $R_1+R_2>H(U_1)+H(U_2)\approx 1.84$(比特/符号)。但是,由于两信源相关,在信源 1 保证 $R_1>H(U_1)$的前提下,R_2 仅需 $H(U_2|U_1)$即可确定信源 2,因为信源 1 中含有信源 2 的信息,而且两相关信源所需的信息传输率为 $H(U_1U_2)=\log 3=1.58$(比特/符号)。

【例 6-2】 设 X_1 是离散无记忆二元信源,$p(x_1=0)=p_1$,Z 也是离散无记忆二元信源,$p(z=0)=p_2$,X_1 和 Z 相互统计独立。令 $X_2=X_1\oplus Z$。又设 X_1 的传输速率为 R_1,X_2 的传输速率为 R_2。试求由 R_1 和 R_2 构成的可达速率区域(令 $p_1 * p_2=p_1(1-p_2)+p_2(1-p_1)$)。

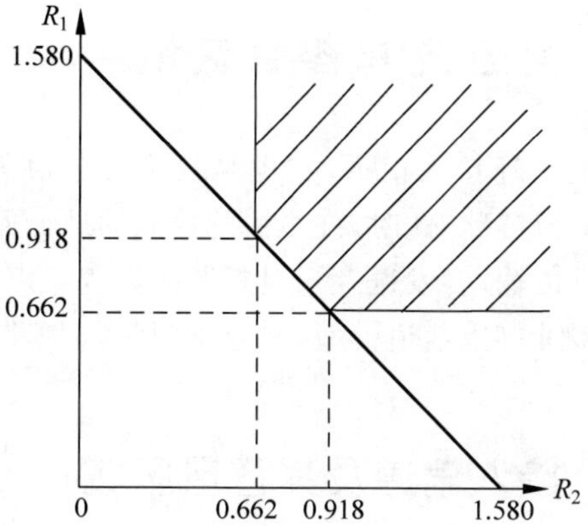

图 6-4 两相关信源的 Slepain-Wolf 可达速率区域示意图

解：

$$X_2 = X_1 \oplus Z$$

$$X_1 \in \{0,1\},\quad Z \in \{0,1\}$$

$$X_2 \in \{0,1\}$$

$$\begin{aligned} p(x_2=0) &= p(x_1=0,z=0)+p(x_1=1,z=1) \\ &= p(x_1=0)p(z=0)+p(x_1=1)p(z=1) \\ &= p_1p_2+(1-p_1)(1-p_2)=1-p_1*p_2 \end{aligned}$$

$$p(x_2=1)=p_1(1-p_2)+p_2(1-p_1)=p_1*p_2$$

$$H(X_2 \mid X_1)=H(X_1 \oplus Z \mid X_1)=H(Z \mid X_1)=H(Z)=H(p_2)$$

$$H(X_1X_2)=H(X_1)+H(X_2 \mid X_1)=H(X_1)+H(Z)=H(p_1)+H(p_2)$$

$$H(X_1 \mid X_2)=H(X_1X_2)-H(X_2)=H(p_1)+H(p_2)-H(p_1*p_2)$$

由相关信源可达速率区域可知，其可达速率区域为

$$\left\{\begin{array}{c}(R_1,R_2):\ R_1 \geqslant H(p_1)+H(p_2)-H(p_1*p_2),R_2 \geqslant H(p_2) \\ R_1+R_2 \geqslant H(p_1)+H(p_2)\end{array}\right\}$$

其可达速率区域如图 6-5 所示。

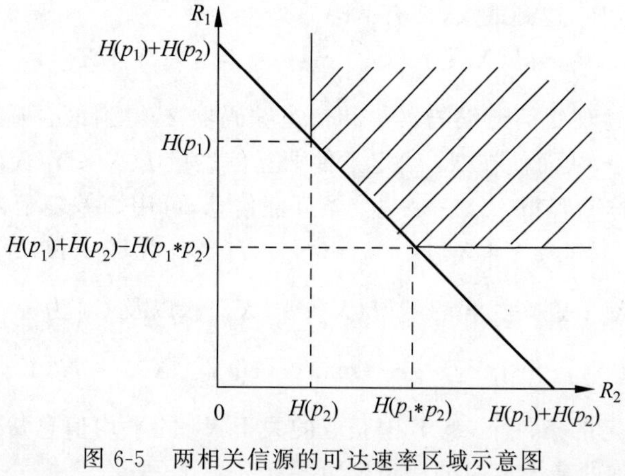

图 6-5 两相关信源的可达速率区域示意图

6.2 多址接入信道及其容量区域

最早研究的网络信道是多址接入信道，它也是理论上解决较为完善的一类网络信道。典型例子就是卫星通信的上行链路，此时，许多彼此独立的地面站同时将各自的消息发送到一个卫星接收器。为了可靠传输，各发送者不但要考虑信道噪声，而且要考虑各发送端彼此间的干扰。本节讨论此类多址接入信道模型，并分别讨论离散多址接入信道和高斯加性多址接入信道的容量区域。

6.2.1 离散二址接入信道及其容量区域

最简单的多址接入信道是两个输入端和一个输出端的二址接入信道，如图 6-6 所示。

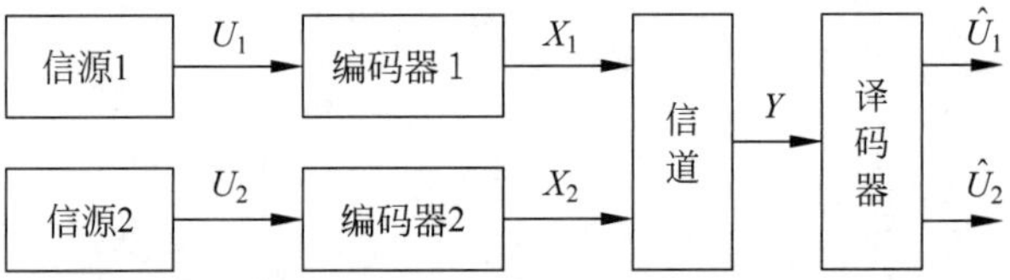

图 6-6 双输入、单输出信道示意图

图中，信道的两个输入分别用随机变量 X_1、X_2 表示，它们的符号集分别为 X_1：$\{a_{11}, a_{12}, \cdots, a_{1n}\}$、$X_2$：$\{a_{21}, a_{22}, \cdots, a_{2n}\}$。信道的输出由随机变量 Y 表示，其符号集为 Y：$\{b_1, b_2, \cdots, b_m\}$。二址接入信道的传递特性用条件概率表示为

$$p(y \mid x_1x_2) = \{p(b_j \mid a_{1i}a_{2i})\}, \quad j=1,2,\cdots,m; \ i=1,2,\cdots,n \tag{6.2.1}$$

于是，任意两个发送端一个接收端的多址接入信道的数学模型为$[X_1 \times X_2, p(y|x_1x_2), Y]$。

两个信道编码器分别将两个原始输入信息(U_1 和 U_2)编成适合于信道传输的编码 X_1 和编码 X_2；信道译码器把信道输出 Y 译成相应的符号 $\hat{U}_1$ 和符号 $\hat{U}_2$。对于信道而言，输入的符号为 X_1 和 X_2，输出符号为 Y。若将 U_1 传至 $\hat{U}_1$ 的信息率以 R_1 表示，它就是从 Y 中获取的关于 X_1 的平均信息量，即 $R_1 = I(X_1; Y)$；若 X_2 已确知，则可排除 X_2 引起的对于 X_1 的传输的干扰，使 R_1 达到最大，即有

$$R_1 = I(X_1; Y) \leqslant \max_{p(X_1), p(X_2)} \{I(X_1; Y \mid X_2)\} \tag{6.2.2}$$

其中，取最大值是通过改变信道编码器 1 和信道编码器 2，得到最合适的 X_1 和 X_2 的概率分布 $p(X_1)$和 $p(X_2)$，从而使在 X_2 给定条件下互信息量 $I(X_1; Y|X_2)$达到最大值。通常式(6.2.2)的最大值称为容量 C_1，它是一个条件互信息，可用熵差表示为

$$C_1 = \max_{p(X_1), p(X_2)} \{I(X_1; Y \mid X_2)\} = \max_{p(X_1), p(X_2)} \{H(Y \mid X_2) - H(Y \mid X_1X_2)\} \tag{6.2.3}$$

同理得 $R_2 = I(X_2; Y) \leqslant \max\limits_{p(X_1), p(X_2)} \{I(X_2; Y|X_1)\}$，以及 C_2 为

$$C_2 = \max_{p(X_1), p(X_2)} \{I(X_2; Y \mid X_1)\} = \max_{p(X_1), p(X_2)} \{H(Y \mid X_1) - H(Y \mid X_1X_2)\} \tag{6.2.4}$$

其中，R_2 是在 X_1 给定的条件下，从 Y 中获取的关于 X_2 的平均信息量。C_2 是选择 $p(X_1)$ 和 $p(X_2)$，使 R_2 达到的最大值时的信道容量。

由互信息量的性质知道，从 Y 中获取关于 (X_1,X_2) 的联合平均互信息可表示为 $I(X_1X_2;Y)=I(X_1;Y)+I(X_2;Y|X_1)$，由于 $R_2=I(X_2;Y)\leqslant \max\limits_{p(X_1),p(X_2)}\{I(X_2;Y|X_1\}$，所以 $\max\limits_{p(X_1),p(X_2)}\{I(X_1X_2;Y_1)\}\geqslant I(X_1;Y)+I(X_2;Y)=R_1+R_2$。

由信道容量的定义可知，二址信道的联合容量 C_{12} 为

$$C_{12}=\max_{p(X_1),p(X_2)}\{I(X_1X_2;Y)\}=\max_{p(X_1),p(X_2)}\{H(Y)-H(Y\mid X_1X_2)\} \tag{6.2.5}$$

由前面的推导过程可知 $R_1+R_2\leqslant C_{12}$。这样，信息率 R_1 和信息率 R_2 必须满足

$$\begin{cases}R_1\leqslant C_1\\R_2\leqslant C_2\\R_1+R_2\leqslant C_{12}\end{cases} \tag{6.2.6}$$

假定 X_1 和 X_2 统计独立，则 C_1、C_2 和 C_{12} 之间存在如下不等式：

$$\max[C_1,C_2]\leqslant C_{12}\leqslant(C_1+C_2) \tag{6.2.7}$$

由此可知，在二址接入信道传输时，R_1 和 R_2 将受到式(6.2.6)条件的限制，且 C_1、C_2 和 C_{12} 之间必须满足式(6.2.7)，所以二址接入信道的信息率 $R_1=I(X_1;Y)$ 和 $R_2=I(X_2;Y)$ 只能在以 R_1 和 R_2 为坐标的空间中的某一个区域中变动。由联合 ε 典型序列性质可证明：当 R_1 和 R_2 满足以上关系时，存在一种编码方法，当输入符号序列长度趋向无穷时，译码的差错概率趋近于零。通常，将每对 R_1 和 R_2 记为 (R_1,R_2)，称为可达速率对。由可达速率对构成的区域称为信道容量区域，如图 6-7 所示。该区域的界限就是这个多用户信道（二址接入信道）的容量，它是一个截角的多边形。

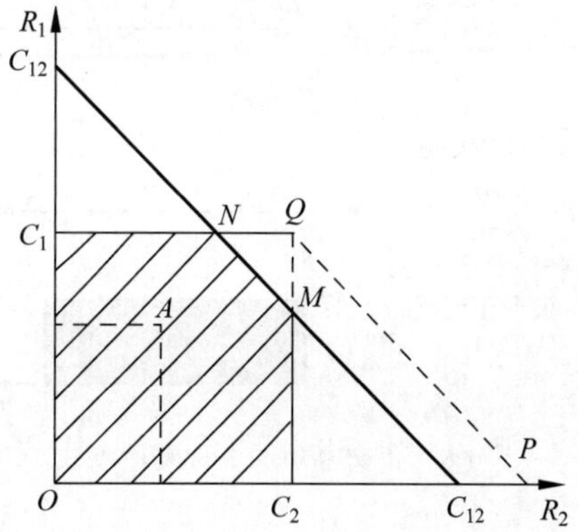

图 6-7 二址接入信道的可达速率区域示意图

图 6-7 中的阴影区域是由直线 $\overline{C_2M}$、$\overline{MN}$、$\overline{NC_1}$ 与横坐标轴、纵坐标轴围成的截角四边形。直线 $\overline{C_2M}$ 表示 $R_2=C_2$；直线 $\overline{NC_1}$ 表示 $R_1=C_1$；这两条线的交点为 Q；直线 $\overline{MN}$ 是 $R_1+R_2=C_{12}$；直线 QP 是经过 Q 点与直线 $\overline{MN}$ 平行的线，与横坐标轴的交点为 P。这样，在阴影区内任何一点 A，其横坐标 R_{A1}、纵坐标 R_{A2}，都满足式(6.2.6)的约束条件，所以这个阴影区域的界限就是这个多用户信道（二址接入信道）的容量。图中直线 $\overline{MN}$ 与坐标轴 R_1 和 R_2 的夹角都是 45°，而且只能在直线 $\overline{QP}$ 的左边，最多与之重叠，这样就能满足式(6.2.7)的约束条件。

上面已经给出了二址接入信道的可达速率区域，它是满足式(6.2.6)的凸闭包。进一步

了解区域中的几个点。C_1 是当信源 2 不发送任何信息时，编码器 1 可传送的最大信息率。由联合互信息的定义式 $I(X_1X_2;Y)=H(Y)-H(Y|X_1X_2)=I(X_1;Y|X_2)+I(X_2;Y)=I(X_2;Y|X_1)+I(X_1;Y)$ 得到 $I(X_1;Y|X_2)-I(X_1;Y)=I(X_2;Y|X_1)-I(X_2;Y)\geqslant 0$。因此，有 $I(X_1;Y|X_2)\geqslant I(X_1;Y)$，表明此时编码器 1 可传送的信息率大于单用户的情况。现在 $C_1=\max R_1=\max\limits_{p_1(x_1),p_2(x_2)} I(X_1;Y|X_2)$，对于 $p_1(X_1)$、$p_2(X_2)$ 的任意分布，由平均值小于最大值的性质得到 $I(X_1;Y\mid X_2)=\sum\limits_{p_2(X_2)} p_2(X_2)I(X_1;Y|X_2=x_2)\leqslant \max\limits_{p_2(X_2)} I(X_1;Y|X_2=x_2)$。

式(6.2.3)的最大值是在 $X_2=x_2$ 时达到的，此时 X_1 和 Y 之间的条件平均互信息达到极大值，然后 X_1 的概率分布选择使其平均互信息达到极大值。因此，在 $X_2=x_2$ 时，X_2 必将提高 X_1 的信息传输能力。

N 点对应于信源 1 以最大的信息传输率发送时，信源 2 能够发送的最大信息传输率。这个值是以 X_1 为噪声，在信道中将 X_2 传送到 Y 时计算得到的，相对于 X_2 以信息率 $I(X_2;Y)$ 在单用户信道中传输的结果。除此之外，区域中 C_2 点的含义与 C_1 点相似，M 点的含义与 N 点相类似。

目前，信号的复用都属于线性正交复用，可分为 3 类：时分复用、频分复用和码分复用，这 3 种复用方式如图 6-8 所示。

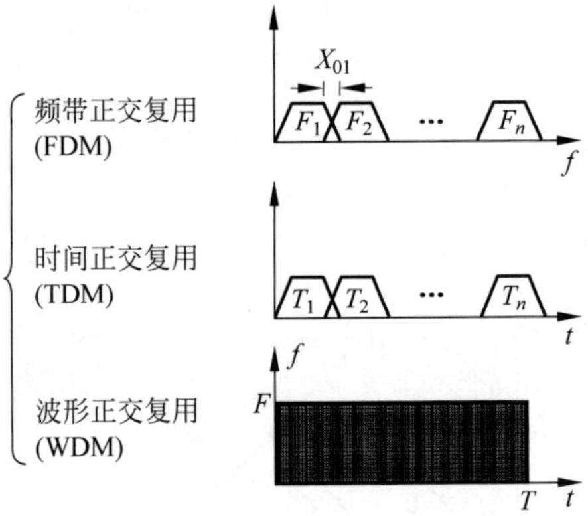

图 6-8　正交复用的 3 种复用方式

对于二址接入信道，理论上可以证明时分和频分不是最佳的复用方式，现就时分复用方式进行证明。

若对 L 个信道符号，采取时分复用的方式，即分配 θL 个信道符号传送 U_1 到 $\hat{U}_1$；分配 $(1-\theta)L$ 个信道符号传送 U_2 到 $\hat{U}_2$。这样，信道在传送 L 个串联符号中，对 $I(X_1;Y)$ 有贡献的是 θL 个符号，对 $I(X_1;Y|X_2)$ 有贡献的只有 θL 个。由式(6.2.2)有 $LR_1\leqslant \theta LC_1$，即

$$R_1\leqslant \theta C_1 \tag{6.2.8}$$

同样，有 $LR_2\leqslant(1-\theta)LC_2$，即

$$R_2\leqslant(1-\theta)C_2 \tag{6.2.9}$$

由式(6.2.8)和式(6.2.9)得

$$R_1+R_2\leqslant \theta C_1+(1+\theta)C_2 \tag{6.2.10}$$

当式(6.2.10)中的等号成立时,即表现为图 6-9 中的直线 $\overline{C_1C_2}$。其中,当 $\theta=0$ 时,$R_1=0$,$R_2=C_2$;当 $\theta=1$ 时,$R_1=C_1$,$R_2=0$,分别代表 C_2 和 C_1 两点。当 θ 取(0,1)中任一值时,对应直线 $\overline{C_1C_2}$ 上的某一点。显然,直线以下所包含的阴影区域是时分复用方式达到的 R_1 和 R_2 的范围,这个范围小于原来代表容量的截角四边形区域,这说明时分复用并非最佳方式。同样可以证明,频分复用也不是最佳复用方式。

因此,可以得到这样一个有意义的结论:二址接入信道的信道容量,不能与单用户信道一样由一个数字表示,而要由二维空间(或多维空间)中的某一个区域的界限表示。这就是多用户信道与单用户信道容量不同的一个重要特征。

由式(6.2.6)可知,当给定某个输入分布 $p(X_1X_2)=p_1(X_1)p_2(X_2)$时,可得到某个速率区域;不同的输入分布,对应于不同的速率区域。二址接入的容量区域就是所有可能区域的凸闭包,它是一个多角形的凸包。

【例 6-3】 计算如图 6-10 所示的离散二址接入信道的信道容量区域,设 X_1 和 X_2 是两个相互统计独立的二元离散信源,其信源空间分别为

$$\begin{bmatrix} X_1 \\ p \end{bmatrix} = \begin{bmatrix} 0 & 1 \\ p & 1-p \end{bmatrix}$$

$$\begin{bmatrix} X_2 \\ p \end{bmatrix} = \begin{bmatrix} 0 & 1 \\ p' & 1-p' \end{bmatrix}$$

输出随机变量 Y 的符号集 $Y=\{0,1,2\}$。二址接入信道的传递特性如图 6-10 所示。

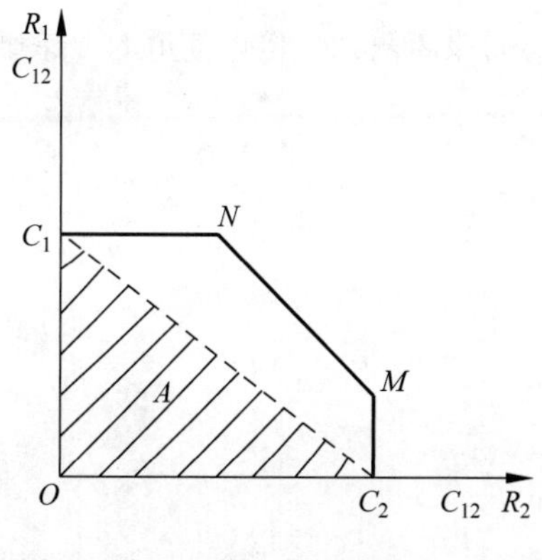

图 6-9 时分二址接入信道的信息率示意图

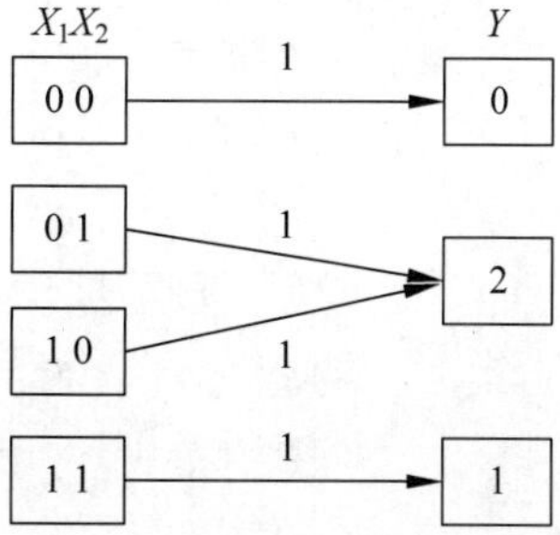

图 6-10 二址接入信道的传递特性

(1) 计算容量 C_1。

设信源 X_1、X_2 的具体取值为 x_1、x_2。

当 x_2 固定,

$$x_2=0: p(y=0 \mid x_1=0)=p(y=2 \mid x_1=1)=1$$

$$x_2=1: p(y=2 \mid x_1=0)=p(y=1 \mid x_1=1)=1$$

因此,当 x_2 固定,x_1 与 y 之间是一一对应的传递关系,所以 $H(X_1|X_2Y)=0$。

由互信息的定义式可知

$$I(X_1;Y \mid X_2)=H(X_1 \mid X_2)-H(X_1 \mid X_2Y)=H(X_1 \mid X_2)=H(X_1)$$

$$C_1=\max_{p(X_1)p(X_2)} I(X_1;Y \mid X_2)=\max_{p(X_1)} H(X_1)=1(\text{比特/符号})$$

这表明，在信源 X_2 确知(确知是 0 或 1)的情况下，当信源 X_1 是二元等概离散信源时，从 Y 中获取关于 X_1 的平均条件互信息 $I(X_1;Y|X_2)$ 达到最大值 $C_1=\max\limits_{p(X_1)p(X_2)}\{I(X_1;Y|X_2)\}=1$(比特/符号)。

(2) 计算容量 C_2。

当 x_1 固定，

$$x_1=0:\ p(y=0\mid x_2=0)=p(y=2\mid x_2=1)=1$$

$$x_1=1:\ p(y=2\mid x_2=0)=p(y=1\mid x_2=1)=1$$

因此，当 x_1 固定，x_2 与 y 之间是一一对应的传递关系，$H(X_2|X_1Y)=0$。

由互信息的定义式可知

$$I(X_2;Y\mid X_1)=H(X_2\mid X_1)-H(X_2\mid X_1Y)=H(X_2\mid X_1)=H(X_2)$$

$$C_2=\max_{p(X_1),p(X_2)} I(X_2;Y\mid X_1)=\max_{p(X_2)}H(X_2)=1(\text{比特/符号})$$

同样表明，在信源 X_1 确知(确知是 0 或 1)的情况下，当信源 X_2 是二元等概离散信源时，从 Y 中获取关于 X_2 的平均条件互信息 $I(X_2;Y|X_1)$ 达到最大值 $C_2=\max\{I(X_2;Y|X_1)\}=1$(比特/符号)。

(3) 计算容量 C_{12}。

由定义式可知，从 Y 中获取联合信源(X_1X_2)的平均互信息 $I(X_1X_2;Y)$ 的最大值，即信道容量

$$C_{12}=\max_{p(X_1),p(X_2)}\{I(X_1X_2;Y)\}=\max_{p(X_1),p(X_2)}\{H(Y)-H(Y\mid X_1X_2)\}$$

当信源 X_2 发符号 0 时，即 $x_2=0$ 时，由图 6-10 可知，该离散二址接入信道的传递概率为

$$\begin{cases}p(y=0\mid x_1=0x_2=0)=1\\p(y=2\mid x_1=1x_2=0)=1\\p(y=1\mid x_1=0x_2=0)=p(y=2\mid x_1=0x_2=0)=0\\p(y=0\mid x_1=1x_2=0)=p(y=1\mid x_1=1x_2=0)=0\end{cases}$$

同样，当 x_2 为 1 时，二址接入信道的传递概率为

$$\begin{cases}p(y=2\mid x_1=0x_2=1)=1\\p(y=1\mid x_1=1x_2=1)=1\\p(y=0\mid x_1=0x_2=1)=p(y=1\mid x_1=0x_2=1)=0\\p(y=0\mid x_1=1x_2=1)=p(y=2\mid x_1=1x_2=1)=0\end{cases}$$

由条件熵定义可知，$H(Y|X_1X_2)=0$。

因此，信道容量 C_{12} 为

$$C_{12}=\max_{p(X_1),p(X_2)}\{H(Y)\}$$

由于输出随机变量 $Y\in\{0,1,2\}$ 概率分布为(假设 $p(x_1=0)=p$，$p(x_2=0)=p'$)

$$\begin{aligned}p\{Y=0\}&=p\{X_1X_2=00\}p\{Y=0\mid X_1X_2=00\}\\&=p\{X_1=0\}p\{X_2=0\}p\{Y=0\mid X_1X_2=00\}\\&=pp'\times1=pp'\end{aligned}$$

$$\begin{aligned}p\{Y=1\}&=p\{X_1X_2=11\}p\{Y=1\mid X_1X_2=11\}\\&=P\{X_1=1\}P\{X_2=1\}P\{Y=1\mid X_1X_2=11\}\\&=(1-p)(1-p')\times1=(1-p)(1-p')\end{aligned}$$

$$
\begin{aligned}
p\{Y=2\} &= p\{X_1X_2=01\}p\{Y=2 \mid X_1X_2=01\}+ \\
&\quad p\{X_1X_2=10\}p\{Y=2 \mid X_1X_2=10\} \\
&= p\{X_1=0\}p\{X_2=1\}p\{Y=1 \mid X_1X_2=01\}+ \\
&\quad p\{X_1=1\}p\{X_2=0\}p\{Y=1 \mid X_1X_2=10\} \\
&= p(1-p')\times 1+(1-p)p'\times 1 \\
&= p(1-p')+(1-p)p'
\end{aligned}
$$

由 Y 的概率分布可得 Y 的熵为

$$
\begin{aligned}
H(Y) &= -\sum_j p(b_j)\log p(b_j) \\
&= -\{pp'\log pp'+(1-p)(1-p')\log(1-p)(1-p')+ \\
&\quad [p(1-p')+p'(1-p)]\log[p(1-p')+p'(1-p)]\}
\end{aligned}
$$

将上式对 p 和 p'分别取偏导，并置之为0，即

$$\frac{\partial H(Y)}{\partial p}=0$$

$$\frac{\partial H(Y)}{\partial p'}=0$$

解得

$$p=p'=\frac{1}{2}$$

由 p 和 p'的值可得 $H(Y)$的最大值，即

$$
\begin{aligned}
C_{12} &= \max_{p(X_1),p(X_2)}\{H(Y)\} \\
&= -\left\{\left(\frac{1}{2}\times\frac{1}{2}\right)\log\left(\frac{1}{2}\times\frac{1}{2}\right)+\left[\left(1-\frac{1}{2}\right)\times\left(1-\frac{1}{2}\right)\right]\log\left[\left(1-\frac{1}{2}\right)\times\left(1-\frac{1}{2}\right)\right]+\right. \\
&\quad \left.\left[\frac{1}{2}\left(1-\frac{1}{2}\right)+\frac{1}{2}\left(1-\frac{1}{2}\right)\right]\log\left[\frac{1}{2}\left(1-\frac{1}{2}\right)+\frac{1}{2}\left(1-\frac{1}{2}\right)\right]\right\} \\
&= -\left[\frac{1}{4}\log\frac{1}{4}+\left(\frac{1}{2}\times\frac{1}{2}\right)\log\left(\frac{1}{2}\times\frac{1}{2}\right)+\left(\frac{1}{2}\times\frac{1}{2}+\frac{1}{2}\times\frac{1}{2}\right)\log\left(\frac{1}{2}\times\frac{1}{2}+\frac{1}{2}\times\frac{1}{2}\right)\right] \\
&= -\left(\frac{1}{4}\log\frac{1}{4}+\frac{1}{4}\log\frac{1}{4}+\frac{1}{2}\log\frac{1}{2}\right) \\
&= \frac{1}{2}+\frac{1}{2}+\frac{1}{2}=1.5(\text{比特/符号})
\end{aligned}
$$

这表明，当 X_1 和 X_2 是两个相互统计独立的等概二元信源时，从二址接入信道输出随机变量中，获取关于联合信源 (X_1X_2) 的平均互信息 $I(X_1X_2;Y)$ 达到最大值，即 $C_{12}=\max\{I(X_1X_2;Y_1)\}=1.5$(比特/符号)。

计算得到的 C_1、C_2 和 C_{12} 满足式(6.2.7)的要求，即有

$$\max\{C_1=1,C_2=1\}\leqslant C_{12}=1.5\leqslant C_1+C_2$$

根据式(6.2.6)的限制条件

$$R_1\leqslant C_1=1(\text{比特/符号})$$

$$R_2\leqslant C_2=1(\text{比特/符号})$$

$$R_1+R_2\leqslant C_{12}=1.5(\text{比特/符号})$$

由此，可得二址接入信道的容量区域如图6-11所示。从二址接入信道的输出随机变量

Y 中，获取关于信源 X_1 平均互信息，即信息率 $R_1=I(X_1;Y)$；以及从二址接入信道的输出随机变量 Y 中，获取关于信源 X_2 的平均互信息，即信息率 $R_2=I(X_2;Y)$，它们只能落在图 6-11 的阴影区域内。

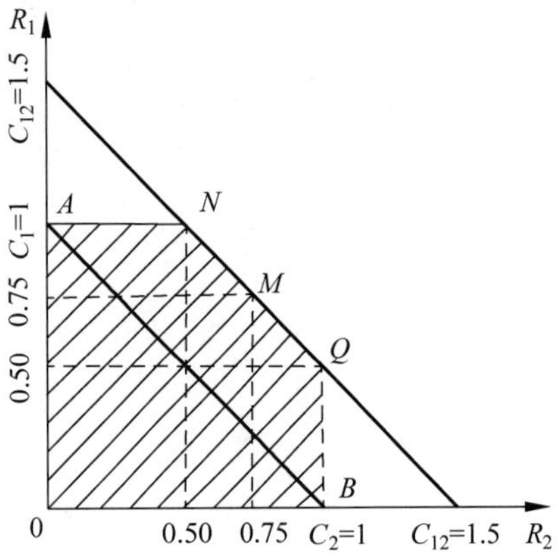

图 6-11　二址接入信道的容量区域

当信息率 R_1 逼近 1(比特/符号)时，还可传送接近 0.5(比特/符号)的信息率 R_2(图 6-11 中的 N 点)。当信息率 $R_1=0.75$(比特/符号)时，还可传送 0.75(比特/符号)的信息率 R_2(图 6-11 中的 M 点)。当信息率 $R_1=0.5$(比特/符号)时，还可传送 1(比特/符号)的信息率 R_2(图 6-11 中的 Q 点)。图 6-11 中线段 $\overline{AB}$ 是时分复用的界限。采用时分复用方式的传输效率不是最理想。

通过对离散二址接入信道的信道容量计算方法的讨论，我们可以理解到有两个输入的二址接入信道，其输出随机变量 Y 中，既有关于信源 X_1 的平均互信息，又有关于信源 X_2 的平均互信息。所以，二址接入信源既要考虑信息率 R_1 的最大值 C_1，又要考虑信息率 R_2 的最大值 C_2。二址接入信道的容量必须由二维空间中的一个区域的界限来表示。

为了进一步理解二址接入信道容量区域的计算过程，下面再次举例说明。

【例 6-4】 试计算模 2 相加多址接入信道的信道容量，其中，$X_1\in\{0,1\}$，$X_2\in\{0,1\}$，$Y=X_1\oplus X_2$。

解：由定义知模 2 相加的多址信道的输出 $Y\in\{0,1\}$，设 X_1 和 X_2 的具体取值表示为 x_1 和 x_2，可计算出

$$p(y=0\mid x_1=0x_2=0)=p(y=0\mid x_1=1x_2=1)=1$$

$$p(y=1\mid x_1=1x_2=0)=p(y=1\mid x_1=0x_2=1)=1$$

可计算出其余的条件转移概率均为 0 值。

因此，得到 $H(Y|X_1X_2)=0$。所以，

$$I(X_1X_2;Y)=H(Y)-H(Y\mid X_1X_2)=H(Y)$$

当 x_2 固定，

$$x_2=0:\ p(y=0\mid x_1=0)=p(y=1\mid x_1=1)=1$$

$$x_2=1:\ p(y=1\mid x_1=0)=p(y=0\mid x_1=1)=1$$

因此，当 x_2 固定时，x_1 与 y 之间是一一对应的传递关系，$H(X_1|X_2Y)=0$；同理，

$H(X_2|X_1Y)=0$。

所以，

$$I(X_1;Y \mid X_2)=H(X_1 \mid X_2)-H(X_1 \mid X_2Y)=H(X_1 \mid X_2)=H(X_1)$$
$$I(X_2;Y \mid X_1)=H(X_2 \mid X_1)-H(X_2 \mid X_1Y)=H(X_2 \mid X_1)=H(X_2)$$
$$C_1=\max_{p(X_1),p(X_2)} I(X_1;Y \mid X_2)=\max_{p(X_1),p(X_2)} H(X_1)=1(\text{比特/符号})$$

当 $p(x_1=0)=p(x_1=1)=1/2$ 时，达到最大值。

同理，

$$C_2=\max_{p(X_1),p(X_2)} I(X_2;Y \mid X_1)=\max_{p(X_1),p(X_2)} H(X_2)=1(\text{比特/符号})$$

当 $p(x_2=0)=p(x_2=1)=1/2$ 时，达到最大值。

$$C_{12}=\max_{p(X_1),p(X_2)} I(X_1X_2;Y)=\max_{p(X_1),p(X_2)} H(Y)=1(\text{比特/符号})$$

当 $p(x_1=0)=p(x_1=1)=p(x_2=0)=p(x_2=1)=1/2$ 时，达到最大值。

容量区域满足

$$(R_1,R_2):\begin{cases}0 \leqslant R_1 \leqslant C_1=1\\0 \leqslant R_2 \leqslant C_2=1\\0 \leqslant R_1+R_2 \leqslant C_{12}=1\end{cases}$$

因此，模 2 加二址接入信道的信道容量区域如图 6-12 所示。

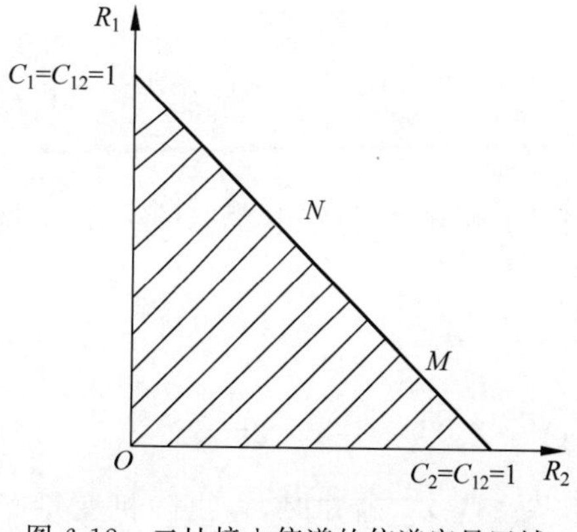

图 6-12　二址接入信道的信道容量区域

6.2.2　高斯加性二址接入信道及其容量区域

若二址接入信道的两个输入信源 X_1 和 X_2 相互统计独立，并且是取值于整个实数轴 $(-\infty,+\infty)$ 的连续随机变量，信道噪声 N 是一均值为 0、方差为 σ^2 的高斯白噪声，且信道是加性信道，即信道输出随机变量 Y 是连续信源 X_1、X_2 和噪声 N 的线性叠加，$Y=X_1+X_2+N$，如图 6-13 所示，这样的二址接入信道称为高斯加性二址接入信道。对于高斯加性二址接入信道，也可以根据信道容量的定义给出其容量区域。

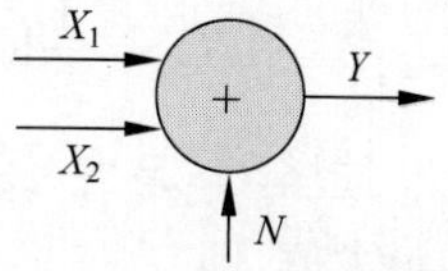

图 6-13　高斯加性二址接入信道

下面运用二址接入信道的信道容量的一般理论，讨论高斯加性二址接入信道的容量计算方法。

如图 6-13 所示的二址接入信道是高斯白噪声加性信道,信道的传递概率密度函数是高斯白噪声 N 的概率密度函数,即有 $p(y \mid x_1x_2)=p(n)=\frac{1}{\sqrt{2\pi\sigma^2}}\exp\left\{-\frac{n^2}{2\sigma^2}\right\}=\frac{1}{\sqrt{2\pi\sigma^2}}\exp\left\{-\frac{[y-(x_1+x_2)]^2}{2\sigma^2}\right\}$,因此,对于这种高斯加性二址接入信道,在信源 X_1 取某具体值 $x_1(X_1=x_1)$,信源 X_2 取某具体值 $x_2(X_2=x_2)$的条件下,输出随机变量 Y 仍然是一个高斯随机变量,且其均值为 $E\{Y|X_1=x_1,X_2=x_2\}=m_{x_1x_2}$,其方差为 $E\{[(Y|X_1=x_1,X_2=x_2)-m_{x_1x_2}]^2\}=\sigma^2$。

由于高斯随机变量的相对熵只取决于噪声方差,与均值无关,所以在信源 X_1 和信源 X_2 确知的条件下,Y 的条件相对熵为

$$H_c(Y \mid X_1X_2)=\frac{1}{2}\log(2\pi e\sigma^2) \tag{6.2.11}$$

又因为该二址接入信道是加性信道,且在一般假设中 X_1、X_2 和 N 3 个随机变量之间是相互统计独立的,因此,信道输出 Y 是 3 个独立高斯变量的和 $Y=X_1+X_2+N$。

若两个相互统计独立的连续信源 X_1 和连续信源 X_2 均为高斯随机变量,其均值为 0,方差分别是 σ_1^2 和 σ_2^2,由概率论可知,输出随机变量 Y 的方差 σ_Y^2 为

$$\begin{aligned}\sigma_Y^2&=\iiint_{-\infty}^{+\infty}(x_1+x_2+n)^2p(x_1x_2n)\mathrm{d}x_1\mathrm{d}x_2\mathrm{d}n\\&=\int_{-\infty}^{+\infty}x_1^2p(x_1)\mathrm{d}x_1+\int_{-\infty}^{+\infty}x_2^2p(x_2)\mathrm{d}x_2+\int_{-\infty}^{+\infty}n^2p(n)\mathrm{d}n\\&=\sigma_1^2+\sigma_2^2+\sigma^2\end{aligned}$$

根据容量定义,C_1 是当 X_2 确知时从 Y 中获取的关于信源 X_1 的条件平均互信息量 $I(X_1;Y|X_2)$的最大值,即

$$\begin{aligned}C_1&=\max_{p(X_1),p(X_2)}I(X_1;Y \mid X_2)=\max_{p(X_1),p(X_2)}\{H_c(Y \mid X_2)-H_c(Y \mid X_1X_2)\}\\&=\max_{p(X_1),p(X_2)}\{H_c(Y \mid X_2)\}-\frac{1}{2}\log(2\pi e\sigma^2)\end{aligned} \tag{6.2.12}$$

由 $Y=X_1+X_2+N$ 可知,当 X_2 确知时,输出随机变量 Y 是一高斯变量,其方差为 $\sigma_{Y_2}^2=\sigma_1^2+\sigma^2$。由连续信源最大熵定理得知,在限平均功率的条件下,只有当信源 X_1 是高斯分布时,输出随机变量 Y 才可能是高斯分布,使其熵达到最大值,且其最大熵为 $\max\limits_{p(X_1)}\{H_c(Y|X_2)\}=\frac{1}{2}\log(2\pi e\sigma_{Y_2}^2)$,因此,

$$C_1=\frac{1}{2}\log(2\pi e\sigma_{Y_2}^2)-\frac{1}{2}\log(2\pi e\sigma^2)=\frac{1}{2}\log\left(\frac{\sigma_{Y_2}^2}{\sigma^2}\right)=\frac{1}{2}\log\left(1+\frac{\sigma_1^2}{\sigma^2}\right) \tag{6.2.13}$$

同样,C_2 是当 X_1 确知时,从 Y 中获取的关于信源 X_2 的条件平均互信息量 $I(X_2;Y|X_1)$ 的最大值,即

$$\begin{aligned}C_2&=\max_{p(X_1),p(X_2)}I(X_2;Y \mid X_1)=\max_{p(X_1),p(X_2)}\{H_c(Y \mid X_1)-H_c(Y \mid X_1,X_2)\}\\&=\max_{p(X_1),p(X_2)}\{H_c(Y \mid X_1)\}-\frac{1}{2}\log(2\pi e\sigma^2)\end{aligned}$$

由前面的分析可知，当 X_1 已知时，输出随机变量 Y 的方差为 $\sigma_{Y_1}^2=\sigma_2^2+\sigma^2$，且只有当信源 X_2 是高斯分布时，输出随机变量 Y 才可能是高斯分布，使其熵能达到最大值，且最大熵为 $\max\limits_{p(X_2)}\{H_c(Y|X_1)\}=\frac{1}{2}\log(2\pi e\sigma_{Y_1}^2)$，因此，

$$C_2=\frac{1}{2}\log(2\pi e\sigma_{Y_1}^2)-\frac{1}{2}\log(2\pi e\sigma^2)=\frac{1}{2}\log\left(\frac{\sigma_{Y_1}^2}{\sigma^2}\right)=\frac{1}{2}\log\left(1+\frac{\sigma_2^2}{\sigma^2}\right) \quad (6.2.14)$$

最后，C_{12} 是从输出随机变量 Y 中获取的关于联合信源 (X_1X_2) 的平均互信息 $I(X_1,X_2;Y)$ 的最大值，即

$$\begin{aligned}C_{12}&=\max_{p(X_1),p(X_2)} I(X_1X_2;Y)=\max_{p(X_1),p(X_2)}\{H_c(Y)-H_c(Y\mid X_1X_2)\}\\&=\max_{p(X_1),p(X_2)}\{H_c(Y)\}-\frac{1}{2}\log(2\pi e\sigma^2)\end{aligned}$$

考虑到二址接入信道的加性噪声 N 是高斯白噪声，且信源 X_1 和信源 X_2 都统计独立，所以当连续信源 X_1 和连续信源 X_2 都是高斯随机变量时，输出 $Y=X_1+X_2+N$ 也为高斯随机变量，且其方差 $\sigma_Y^2=\sigma_1^2+\sigma_2^2+\sigma^2$，其熵必定达到最大值，且最大熵为 $\max\limits_{p(X_1),p(X_2)}\{H_c(Y)\}=\frac{1}{2}\log(2\pi e\sigma_Y^2)=\frac{1}{2}\log[2\pi e(\sigma_1^2+\sigma_2^2+\sigma^2)]$。所以，

$$C_{12}=\frac{1}{2}\log(2\pi e\sigma_Y^2)-\frac{1}{2}\log(2\pi e\sigma^2)=\frac{1}{2}\log\left(\frac{\sigma_Y^2}{\sigma^2}\right)=\frac{1}{2}\log\left(1+\frac{\sigma_1^2+\sigma_2^2}{\sigma^2}\right) \quad (6.2.15)$$

由式(6.2.13)、式(6.2.14)和式(6.2.15)得到的 C_1、C_2 和 C_{12} 是否满足式(6.2.7)的要求呢？下面对此作进一步的分析。

因为 $\frac{\sigma_1^2+\sigma_2^2+\sigma^2}{\sigma^2}>\max\left\{\frac{\sigma_1^2+\sigma^2}{\sigma^2},\frac{\sigma_2^2+\sigma^2}{\sigma^2}\right\}$，考虑对数的递增性，所以得到 $C_{12}\geqslant\max\{C_1,C_2\}$。

通过简单运算可以得到

$$\begin{aligned}\frac{\sigma_1^2+\sigma^2}{\sigma^2}\cdot\frac{\sigma_2^2+\sigma^2}{\sigma^2}&=\frac{\sigma_1^2\sigma_2^2+\sigma_1^2\sigma^2+\sigma_2^2\sigma^2+\sigma^4}{\sigma^4}\\&=1+\frac{\sigma_1^2+\sigma_2^2}{\sigma^2}+\frac{\sigma_1^2\sigma_2^2}{\sigma^4}>1+\frac{\sigma_1^2+\sigma_2^2}{\sigma^2}\\&=\frac{\sigma_1^2+\sigma_2^2+\sigma^2}{\sigma^2}\end{aligned}$$

同样，考虑到对数的递增性，有

$$\begin{aligned}C_1+C_2&=\frac{1}{2}\log\frac{\sigma_1^2+\sigma^2}{\sigma^2}+\frac{1}{2}\log\frac{\sigma_2^2+\sigma^2}{\sigma^2}\\&=\frac{1}{2}\log\left(\frac{\sigma_1^2+\sigma^2}{\sigma^2}\cdot\frac{\sigma_2^2+\sigma^2}{\sigma^2}\right)>\frac{1}{2}\log\frac{\sigma_1^2+\sigma_2^2+\sigma^2}{\sigma^2}=C_{12}\end{aligned}$$

即有 $C_1+C_2>C_{12}$。

综合以上结果，得到 $\max\{C_1,C_2\}\leqslant C_{12}\leqslant(C_1+C_2)$，即高斯加性二址接入信道的信道容量满足式(6.2.7)约束条件的要求。

根据式(6.2.6)的限制条件，可得图 6-14 所示的高斯加性二址接入信道的容量界限。

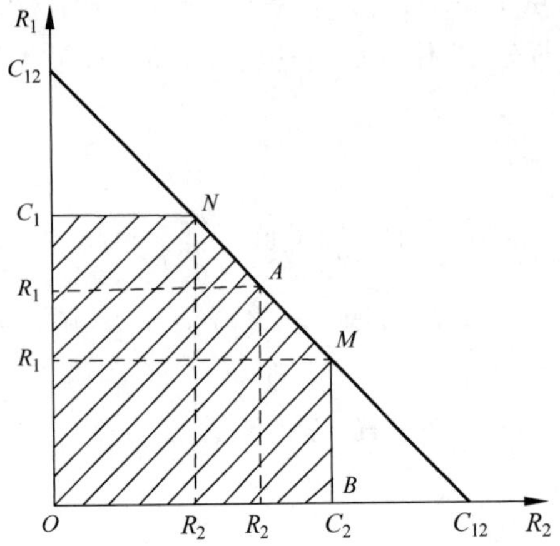

图 6-14 高斯加性二址接入信道的容量区域

从图 6-14 中可知，对于这种高斯加性二址接入信道而言，当从输出随机变量 Y 中获取的关于信源 X_1 的平均互信息量，即信息率 $R_1=I(X_1;Y)$ 接近容量 C_1 时，从 Y 中获取的关于另一信源 X_2 的平均互信息，即信息率 $R_2=I(X_2;Y)$ 必定小于容量 C_2。这种情况对应图 6-14 中的 N 点。当从 Y 中获取的关于信源 X_2 的平均互信息，即信息率 $R_2=I(X_2;Y)$ 接近容量 C_2 时，从 Y 中获取的关于另一信源 X_1 的平均互信息，即信息率 $R_1=I(X_1;Y)$ 必定小于容量 C_1。这种情况对应图 6-14 中的 M 点。图 6-14 中的 A 点对应于 $R_1=I(X_1;Y)$ 与 $R_2=I(X_2;Y)$ 之和等于 C_{12} 的极端情况，高斯加性二址接入信道的两个信息率 $R_1=I(X_1;Y)$ 与 $R_2=I(X_2;Y)$ 只能落在图 6-14 的阴影区域内。

与离散二址接入信道一样，理论上时分或频分方式传递信源 X_1 和信源 X_2 的信息并不是高斯加性二址接入信道最好的复用方式，证明过程如下：

设在总时间 T 内，θT 用来传送 R_1，$(1-\theta)\ T$ 用来传送 R_2，$0\leqslant\theta\leqslant 1$。

在传送 R_1 时，令 $X_2\equiv 0$，即信源 X_2 停发。而且在 θT 内把本来在 T 内要发出的功率都发出去。若平均功率不变，则 X_1 的功率提高为 ${\sigma_1}^2/\theta$。同样，在发送 R_2 时，令 $X_1\equiv 0$，即信源 X_1 停发，而且在 $(1-\theta)T$ 内把本来在 T 内要发的功率都发出去。若平均功率不变，则 X_2 的功率提高 ${\sigma_2}^2/(1-\theta)$。信道噪声的平均功率仍然为 σ^2，则

$$R_1\leqslant\theta C_1=\theta\max_{p(X_1),p(X_2)}I(X_1;Y\mid X_2)=\frac{\theta}{2}\log\left(1+\frac{\sigma_1^2/\theta}{\sigma^2}\right)$$

$$=\frac{\theta}{2}\log\left(1+\frac{\sigma_1^2}{\theta\sigma^2}\right)$$

由式(6.2.9)有

$$R_2\leqslant(1-\theta)C_2=(1-\theta)\max_{p(X_1),p(X_2)}I(X_2;Y\mid X_1)=\frac{(1-\theta)}{2}\log\left(1+\frac{\sigma_2^2/(1-\theta)}{\sigma^2}\right)$$

$$=\frac{1-\theta}{2}\log\left[1+\frac{\sigma_2^2}{(1-\theta)\sigma^2}\right]$$

由以上结果以及式(6.2.10)得

$$R_1+R_2\leqslant\theta C_1+(1-\theta)C_2=\frac{\theta}{2}\log\left(1+\frac{\sigma_1^2}{\theta\sigma^2}\right)+\frac{1-\theta}{2}\log\left[1+\frac{\sigma_2^2}{(1-\theta)\sigma^2}\right]$$

于是，根据限制条件式(6.2.6)可得，采取这种时分方式的信道容量区域如图 6-15 阴影区域所示。

从 Y 中获取关于信源 X_1 的平均互信息量，即信息率 $R_1=I(X_1;Y)$ 和从 Y 中获取关于信源 X_2 的平均互信息，即信息率 $R_2=I(X_2;Y)$，只能落在图 6-15 的阴影区域中。下面对图 6-15 中的 C_1、C_2、A 3 点做进一步剖析。

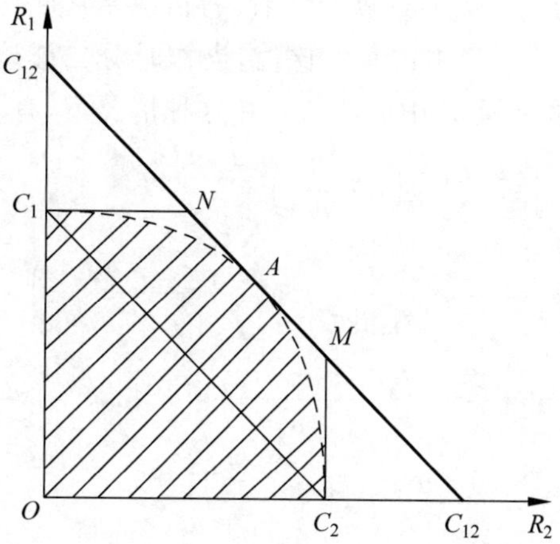

图 6-15 采取时分方式的高斯加性二址接入信道容量区域示意图

因为 $R_2 \leqslant \frac{1-\theta}{2}\log\left[1+\frac{\sigma_2^2}{(1-\theta)\sigma^2}\right]=\frac{\log\left[1+\frac{\sigma_2^2}{(1-\theta)\sigma^2}\right]}{\frac{2}{1-\theta}}$，所以当 $\theta \to 1$ 时，R_2 呈现出 ∞/∞ 的形式。为了求得 $\theta \to 1$ 时信息率 R_2 的极限值，根据洛必达法则，先将 R_2 不等式的分子和分母分别对变量 θ 取导，然后再求当 $\theta \to 1$ 时 R_2 的极限值，即

$$\begin{aligned}
\lim_{\theta \to 1} R_2 &\leqslant \lim_{\theta \to 1} \frac{\log\left[1+\frac{\sigma_2^2}{(1-\theta)\sigma^2}\right]}{\frac{2}{1-\theta}} \\
&= \lim_{\theta \to 1}\left\{\frac{\frac{\mathrm{d}}{\mathrm{d}\theta}\left\{\log\left[1+\frac{\sigma_2^2}{(1-\theta)\sigma^2}\right]\right\}}{\frac{\mathrm{d}}{\mathrm{d}\theta}\left(\frac{2}{1-\theta}\right)}\right\} \\
&= \lim_{\theta \to 1}\left[\frac{\sigma_2^2}{2\sigma^2} \frac{1}{1+\frac{\sigma_2^2}{(1-\theta)\sigma^2}}\right]
\end{aligned}$$

考虑到信息率的非负性，所以可得 $\lim\limits_{\theta \to 1} R_2 = 0$。而当 $\theta \to 1$ 时，有

$$\lim_{\theta \to 1} R_1 \leqslant \lim_{\theta \to 1}\left[\frac{\theta}{2}\log\left(1+\frac{\sigma_1^2}{\theta\sigma^2}\right)\right]=\frac{1}{2}\log\left(1+\frac{\sigma_1^2}{\sigma^2}\right)=C_1$$

以上结果表明，图 6-15 中的 C_1 点对应于 $\theta \to 1$ 的情况。因为 $\theta \to 1$ 就相当于用总时间 T 来发送信源 X_1 的信息，信源 X_2 在总时间 T 内都停发。也就是说，在总时间 T 内都传送信息率 R_1，不传送信息率 R_2。显然在这种情况下，应该有 $R_1=C_1$，$R_2=0$。

同理可知，图 6-15 中的 C_2 点对应于 $\theta \to 0$ 的情况。因为 $\theta \to 0$ 就相当于用总时间 T 来发送信源 X_2 的信息，信源 X_1 在总时间 T 内都停发。也就是说，在总时间 T 内都传送信息率 R_2，不传送信息率 R_1。显然，在这种情况下，应该有 $R_2=C_2$，$R_1=0$。

若取时分系数 $\theta=\sigma_1^2/(\sigma_1^2+\sigma_2^2)$，这就意味着，将信源 X_1 的平均功率 σ_1^2 和信源 X_2 的平均功率 σ_2^2 在总平均功率 $(\sigma_1^2+\sigma_2^2)$ 中占有的比值，当作时分二址接入信道传送信息率 R_1 和信息率 R_2 占用的时间在总时间 T 中的比值。在这种情况下，有

$$\begin{aligned} R_1 &\leqslant \frac{\theta}{2}\log\left(1+\frac{\sigma_1^2}{\theta\sigma^2}\right) \\ &= \frac{1}{2}\times\frac{\sigma_1^2}{\sigma_1^2+\sigma_2^2}\log\left(1+\frac{\sigma_1^2+\sigma_2^2}{\sigma_1^2}\frac{\sigma_1^2}{\sigma^2}\right) \\ &= \frac{\theta}{2}\log\left(1+\frac{\sigma_1^2+\sigma_2^2}{\sigma^2}\right)=\theta C_{12} \\ R_2 &\leqslant \frac{1-\theta}{2}\log\left[1+\frac{\sigma_2^2}{(1-\theta)\sigma^2}\right] \\ &= \frac{1}{2}\times\frac{\sigma_2^2}{\sigma_1^2+\sigma_2^2}\log\left(1+\frac{\sigma_1^2+\sigma_2^2}{\sigma_2^2}\frac{\sigma_2^2}{\sigma^2}\right) \\ &= \frac{1-\theta}{2}\log\left(1+\frac{\sigma_1^2+\sigma_2^2}{\sigma^2}\right)=(1-\theta)C_{12} \end{aligned}$$

得到 $R_1+R_2\leqslant\theta C_{12}+(1-\theta)C_{12}=C_{12}$。

结果表明，图 6-15 中的 A 点对应于 $\theta=\sigma_1^2/(\sigma_1^2+\sigma_2^2)$ 的情况，且在非时分情况下的容量区域界限上。这时，信息率 $R_1=\theta C_{12}$，$R_2=(1-\theta)C_{12}$，$R_1+R_2=C_{12}$，使平均互信息 $I(X_1,X_2;Y)$ 达到最大值。从图 6-15 中可知，取 $\theta=\sigma_1^2/(\sigma_1^2+\sigma_2^2)$ 以外的其他 θ 值，时分容量区将小于非时分容量区。

以上结果表明，C_1、C_2、A 3 点都在原来非时分截角四边形容量区的界限上。除了这 3 点的所有其他 $(R_1、R_2)$ 点都落在图 6-15 的阴影区域内，这说明对于高斯加性二址接入信道，采用时分方式不是最佳方式。

6.2.3 离散多址接入信道及其容量区域

下面在离散二址接入信道模型的基础上，推广到离散多址接入信道的情形，其模型如图 6-16 所示，多个用户的信息用多个编码器分别编码以后，送入同一信道传输，在接收端用一个译码器译码，然后分别送给不同的用户。将有多个输入端但只有一个输出端的多用户信道称为多址接入信道。

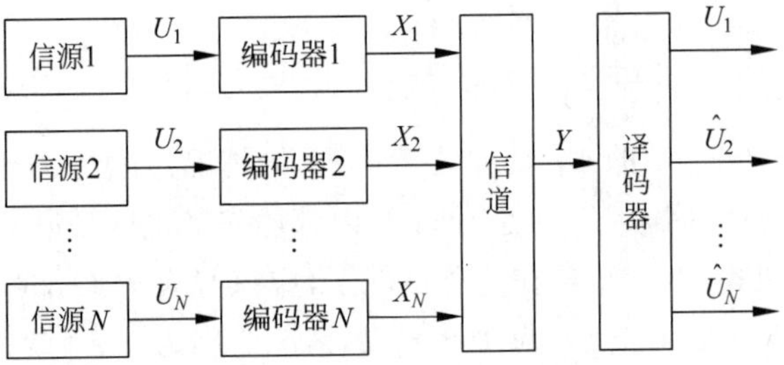

图 6-16　多址接入信道模型

多址接入信道的容量区域可以由二址接入信道推广获得，设 N 个输入的多址接入信道的条件转移概率为

$$p(y \mid x_1x_2\cdots x_N)=\{p(b_j \mid a_{1i}a_{2i}\cdots a_{Ni})\},\quad j=1,2,\cdots,m;\ i=1,2,\cdots,n$$

二址接入信道的结论很容易推广到 N 个独立发送端的一般情形。

已知条件概率 $p(y|x_1x_2\cdots x_N)$，各发送端的可达速率为 $R_n\leqslant C_n=\max\limits_{p(X_1)p(X_2)\cdots p(X_N)}$。$I(X_n;Y|X_1\cdots X_{n-1}X_{n+1}\cdots X_N)$，$n=1,2,\cdots,N$。这是每个信源的各自速率限制。

对于任意子集 $S\subseteq\{1,2,\cdots,N\}$，有 $\sum\limits_{i\in S}R_i\leqslant C_S=\max\limits_{p(X_1)p(X_2)\cdots p(X_N)}I(X_r;Y \mid X_s)$，其中，$r\in S$ 且 $s\notin S$，这是各种联合限制。类似可证明，当各信源相互独立时，$\sum\limits_{i\in S}C_i\geqslant C_S\geqslant \max\limits_i[C_i]$。

例如，当 $N=3$ 时，三维情况的 R_1、R_2 和 R_3 满足 $R_1\leqslant C_1$，$R_2\leqslant C_2$，$R_3\leqslant C_3$，这是各自的速率限制条件。同时，各自的联合限制条件为 $R_1+R_2\leqslant C_{12}$，$R_1+R_3\leqslant C_{13}$，$R_2+R_3\leqslant C_{23}$，$R_1+R_2+R_3\leqslant C_{123}$。三址接入信道的容量区域的示意图如图 6-17 所示，是一个三维空间截角的多边体，在 R_1-R_2 平面上，它的形状由 C_1、C_2 和 C_{12} 决定；在 R_1-R_3 平面上，它的形状由 C_1、C_3 和 C_{13} 决定；在 R_2-R_3 平面上，它的形状由 C_2、C_3 和 C_{23} 决定；在三维空间中由 C_{123} 决定。

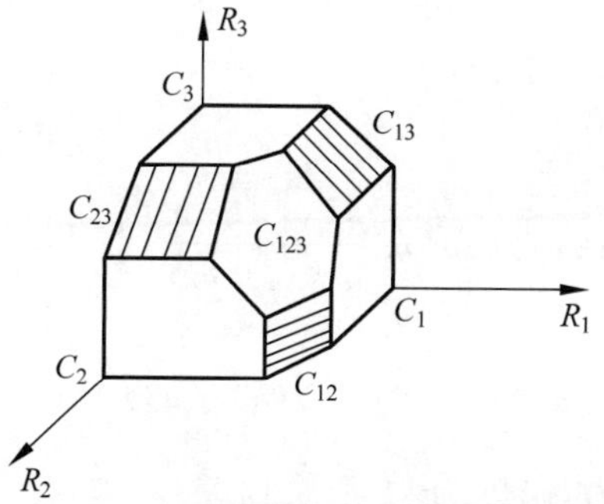

图 6-17　三址接入信道容量区域示意图

6.3　广播信道及其容量区域

另一类多用户信道是单输入、多输出的信道。通常，电视广播和声音广播就属于这类多用户信道，卫星向各地球站通信的下行链路也属于这类用户信道，所以这类单输入、多输出信道又被称为广播信道。

与多址通信一样，最简单的广播信道模型是如图 6-18 所示的单输入 X、双输出 Y_1 和 Y_2 广播信道。在图 6-18 中，U_1 和 U_2 是两个相互统计独立的信源输出，经编码器 1 编码成 X，且输入信道。信道输出为 Y_1 和 Y_2 两个随机变量，其中，Y_1 经译码器 1 译码后得 $\hat{U}_1$，Y_2 经译码器 2 译码后得 $\hat{U}_2$。

令从 U_1 到 $\hat{U}_1$ 的信息率为 R_1，从 U_2 到 $\hat{U}_2$ 的信息率为 R_2。信道的传递特性由条件概率 $p(Y_1|X)$ 和 $p(Y_2|X)$ 表示。编码器以确定的函数形式 $X=X(U_1;U_2)$ 将 U_1 和 U_2 编码

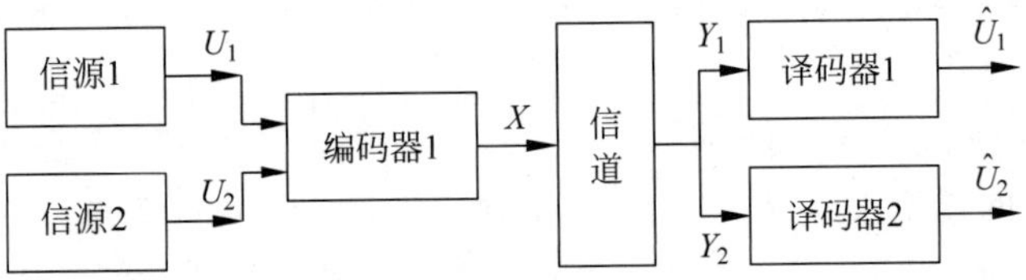

图 6-18 单输入、双输出多用户信道的信道容量

成 X。当 U_1 已知时,X 中的信息就是 U_2 的信息;当 U_2 已知时,X 中的信息就是 U_1 的信息。U_1 和 U_2 的联合信息就是 X 的信息。

针对这样的信道,下面主要讨论信道中的信息率 $R_1=I(U_1;\hat{U}_1)$ 和 $R_2=I(U_2;\hat{U}_2)$ 受到的限制条件。

在图 6-18 中,一般可以认为随机变量 U_1、X、Y_1、$\hat{U}_1$ 之间遵循这样的统计依赖关系:下一时刻的随机变量是通过当前时刻的随机变量与前一时刻的随机变量发生统计联系的;一旦当前时刻的随机变量已知后,下一时刻的随机变量与前一时刻的随机变量无关,只取决于当前时刻的随机变量,即 U_1、X、Y_1、$\hat{U}_1$ 构成一阶马尔可夫链。于是根据数据处理定理,有 $R_1=I(U_1;\hat{U}_1)\leqslant I(U_1;Y_1)$,又因为当 U_2 已知时,X 中的信息就是 U_1 的信息,所以 $I(U_1;Y_1)=I(X;Y_1|U_2)$。因此有

$$R_1\leqslant I(U_1;Y_1)=I(X;Y_1\mid U_2) \tag{6.3.1}$$

对于连续信道而言,有

$$I(X;Y_1\mid U_2)=\iiint_{-\infty}^{+\infty}p(xy_1u_2)\log\frac{p(y_1\mid u_2x)}{p(y_1\mid u_2)}\mathrm{d}x\,\mathrm{d}y_1\,\mathrm{d}u_2$$

$$=\iiint_{-\infty}^{+\infty}p(u_2)p(x\mid u_2)p(y_1\mid u_2x)\log\frac{p(y_1\mid u_2x)}{p(y_1\mid u_2)}\mathrm{d}x\,\mathrm{d}y_1\,\mathrm{d}u_2$$

考虑到编码器采用的是确定函数,所以 $p(y_1|u_2x)=p(y_1|x)$。这样,$I(X;Y_1|U_2)$ 可改写为 $I(X;Y_1\mid U_2)=\iiint_R p(u_2)p(x\mid u_2)p(y_1\mid x)\log\frac{p(y_1\mid x)}{p(y_1\mid u_2)}\mathrm{d}x\mathrm{d}y_1\mathrm{d}u_2$。再考虑到 $p(y_1\mid u_2)=\int_X p(x\mid u_2)p(y_1\mid u_2x)\mathrm{d}x=\int_X p(x\mid u_2)p(y_1\mid x)\mathrm{d}x$,则 $I(X;Y_1|U_2)$ 可改写为

$$I(X;Y_1\mid U_2)=\iiint_{-\infty}^{+\infty}p(u_2)p(x\mid u_2)p(y_1\mid x)\log\frac{p(y_1\mid x)}{\int_X p(x\mid u_2)p(y_1\mid x)\mathrm{d}x}\mathrm{d}x\,\mathrm{d}y_1\,\mathrm{d}u_2$$

由式(6.3.1),得

$$R_1\leqslant\iiint_{-\infty}^{+\infty}p(u_2)p(x\mid u_2)p(y_1\mid x)\log\frac{p(y_1\mid x)}{\int_X p(x\mid u_2)p(y_1\mid x)\mathrm{d}x}\mathrm{d}x\,\mathrm{d}y_1\,\mathrm{d}u_2$$

同理,得

$$R_2\leqslant\iiint_{-\infty}^{+\infty}p(u_1)p(x\mid u_1)p(y_2\mid x)\log\frac{p(y_2\mid x)}{\int_X p(x\mid u_1)p(y_2\mid x)\mathrm{d}x}\mathrm{d}x\,\mathrm{d}y_2\,\mathrm{d}u_1$$

两速率和为

$$R_1+R_2=I(U_1;\hat{U}_1)+I(U_2;\hat{U}_2)\leqslant I(X;Y_1\mid U_2)+I(X;Y_2\mid U_1)=I(X;Y_1Y_2)$$

而从 Y_1Y_2 中获取的关于 X 的平均互信息为

$$\begin{aligned}I(X;Y_1Y_2)&=\iiint_{-\infty}^{+\infty}p(x)p(y_1y_2\mid x)\log\frac{p(y_1y_2\mid x)}{p(y_1y_2)}\mathrm{d}x\mathrm{d}y_1\mathrm{d}y_2\\&=\iiint_{-\infty}^{+\infty}p(x)p(y_1y_2\mid x)\log\frac{p(y_1y_2\mid x)}{\int_X p(x)p(y_1y_2\mid x)\mathrm{d}x}\mathrm{d}x\mathrm{d}y_1\mathrm{d}y_2\end{aligned}$$

其中，$\int_{-\infty}^{\infty}p(y_1y_2\mid x)\mathrm{d}y_1=p(y_2\mid x)$，$\int_{-\infty}^{\infty}p(y_1y_2\mid x)\mathrm{d}y_2=p(y_1\mid x)$。于是，由 R_1、R_2 和 (R_1+R_2) 所有可达速率组成的闭包就是给定广播信道的容量区域 $J(p_1,p_2,X,p)$，表示为

$$C=\bigcup_{p_1(U_1),p_2(U_2),X,p}J(p_1,p_2,X,p)\tag{6.3.2}$$

若信源 U_1 的概率分布 $p_1(U_1)$、信源 U_2 的概率分布 $p_2(U_2)$、编码器的确定编码函数 $X(U_1U_2)$ 以及广播信道 $p(Y_1Y_2|X)$：$\{p(y_1y_2|x)(x,y_1,y_2)\in(-\infty,+\infty)\}$ 不同，则会得到不同的容量区域 C。

6.3.1 退化离散广播信道的容量界限

广播信道研究的基本问题就是找出容量区域。Cover(1972)、Martonk(1979)和 Gamal(1979)分别讨论了广播容量区域的若干内外界。但对于一般无记忆广播信道，容量区域问题尚未得到解决，只有退化的广播信道的容量区域得到了解。下面将简单描述退化广播信道的容量区域。图 6-19 所示为退化广播信道的示意图。

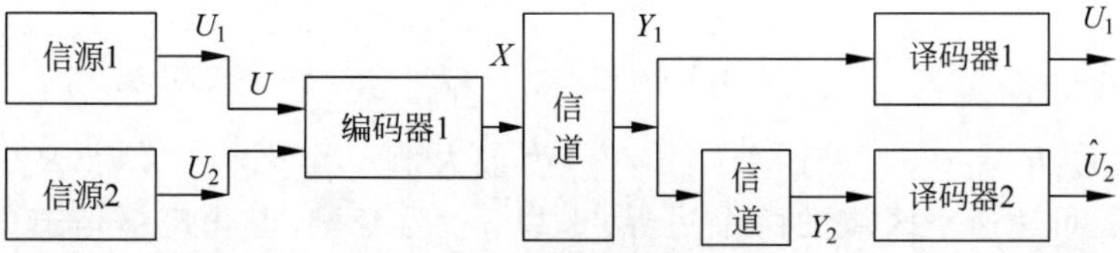

图 6-19 退化广播信道示意图

在图 6-19 中，对于所有编码器 1 输出 X 和译码器 2 输入 Y_2，存在如下转移概率：

$$p(y_2\mid x)=\sum_{y_1}p(y_1y_2\mid x)=\sum_{y_1}p(y_1\mid x)p(y_2\mid y_1)\tag{6.3.3}$$

此时，X、Y_1 和 Y_2 为一阶马尔可夫链。由此，可推导出 $I(X;Y_1Y_2)=I(X;Y_1)$。

离散无记忆退化广播信道的容量区域为由 R_1、R_2 可达速率对所构成的区域 C，其中

$$\begin{aligned}C=\{&(R_1,R_2):R_1\geqslant 0,R_2\geqslant 0;\quad R_1\leqslant I(X;Y_1\mid U);\quad R_2\leqslant I(U;Y_2)\\&\|U\|\leqslant\min\{\|X\|,\|Y_1\|,\|Y_2\|\}\}\end{aligned}\tag{6.3.4}$$

其中，U 是辅助随机变量，其基数应小于或等于 X、Y_1 和 Y_2 的基数。在此基础上，可以得到以下结论。

(1) 若速率对 (R_1,R_2) 对于具有独立信息的广播信道是可达的，且公用信息速率 $R_0\leqslant\min(R_1,R_2)$，则速率三元组 (R_0,R_1-R_0,R_2-R_0) 也是可达的。

(2) 若速率对(R_1,R_2)对于退化的广播信道是可达的,同时$R_0<R_2$,则对于具有公用信息的信道,速率三元值(R_0,R_1,R_2-R_0)也是可达的。

【例 6-5】 求退化的二元对称广播信道的容量区域。

解:假设K_1、K_2是两个二元对称信道,K_1的传递概率为p,K_2的传递概率为q,则由K_1和K_2组成的退化二元对称信道K_3的传递概率为(令$p*q=(1-p)q+(1-q)p$)

$$
\begin{aligned}
[p(y_2\mid x)] &= \begin{bmatrix}1-p & p\\ p & 1-p\end{bmatrix}\begin{bmatrix}1-q & q\\ q & 1-q\end{bmatrix}\\
&= \begin{bmatrix}(1-p)(1-q)+p*q & (1-p)q+(1-q)p\\ (1-p)q+(1-q)p & (1-p)(1-q)+p*q\end{bmatrix}\\
&= \begin{bmatrix}1-p*q & p*q\\ p*q & 1-p*q\end{bmatrix}=\begin{bmatrix}1-p_2 & p_2\\ p_2 & 1-p_2\end{bmatrix}
\end{aligned}
$$

其中,$p_2=p*q$,辅助随机变量U也是一个二元信源。由于对称性,可设U为均匀分布,并设$p(x|u)$为对称分布。因此,辅助信源U与X间的辅助信道为二元对称信道,设该信道的传递概率为p_0。从辅助信源U到输出Y_2也可看成一个二元辅助信道,根据上面的计算过程,可计算出该信道的传递概率为

$$
[p(y_2\mid u)]=\begin{bmatrix}1-p_0*p_2 & p_0*p_2\\ p_0*p_2 & 1-p_0*p_2\end{bmatrix}
$$

$$
I(U;Y_2)=H(Y_2)-H(Y_2\mid U)=1-H(p_0*p_2)
$$

$$
\begin{aligned}
I(X;Y_1\mid U) &= H(Y_1\mid U)-H(Y_1\mid XU)=H(Y_1\mid U)-H(Y_1\mid X)\\
&= H(p_0*p)-H(p)
\end{aligned}
$$

根据退化广播的信道容量区域定义,得

$$
C=\left\{\begin{array}{l}(R_1,R_2):0\leqslant R_1\leqslant I(X;Y_1\mid U)=H(p_0*p)-H(p)\\ \\ 0\leqslant R_2\leqslant I(U;Y_2)=1-H(p_0*p_2),0\leqslant p_0\leqslant \dfrac{1}{2}\end{array}\right\}
$$

当$p_0=0$时,$R_1=0$,$R_2=1-H(p*q)$为最大值;当$p_0=1/2$时,$R_1=1-H(p)$,$R_2=0$。这就是可达速率区域的两个边界点,以p_0为变量,退化广播信道的容量区域如图 6-20 所示。

【例 6-6】 求图 6-21 所示的退化广播信道的容量区域。其中,$X\to Y_1$是二元对称信道,$Y_1\to Y_2$是二元删除信道。

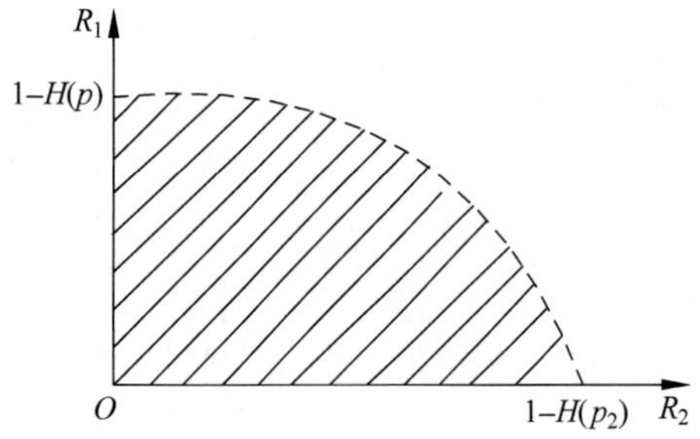

图 6-20 退化广播信道容量区域示意图

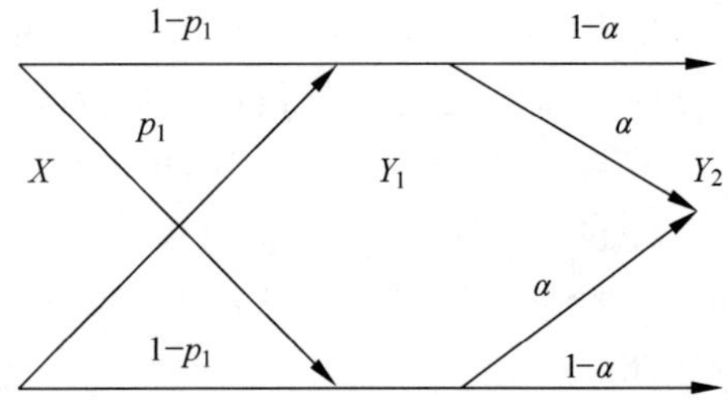

图 6-21 BSC 和删除信道构造的退化广播信道

解：设信道 $K_1(X\to Y_1)$是二元对称信道，错误传递概率为 p_1；信道 $K_2(Y_1\to Y_2)$是二元对称删除信道，其传递矩阵为 $\begin{bmatrix}1-\alpha & \alpha & 0\\ 0 & \alpha & 1-\alpha\end{bmatrix}$。

辅助信源 U 也是一个二元信道，设它到 X 的确定对应关系相当于一个辅助信道，信道是错误概率为 p_0 的二元对称信道。因为 U、X 和 Y_1 构成一阶马尔可夫链，因此有

$$H(Y_1\mid U,X)=H(Y_1\mid X)$$

$$I(X;Y_1\mid U)=H(Y_1\mid U)-H(Y_1\mid UX)=H(Y_1\mid U)-H(Y_1\mid X)$$

$U\to X\to Y_1$ 的传递矩阵为

$$\begin{bmatrix}1-p_0 & p_0\\ p_0 & 1-p_0\end{bmatrix}\begin{bmatrix}1-p_1 & p_1\\ p_1 & 1-p_1\end{bmatrix}=\begin{bmatrix}1-p_0*p_1 & p_0*p_1\\ p_0*p_1 & 1-p_0*p_1\end{bmatrix}$$

其中，$p_0*p_1=(1-p_0)p_1+(1-p_1)p_0$，所以 $I(X;Y_1|U)=H(p_0*p_1)-H(p_1)$。

另辅助信道 $U\to X\to Y_1\to Y_2$ 也是一个退化的广播信道，也构成一马尔可夫链，其中，$U\to Y_2$ 的信道传递矩阵为

$$\begin{aligned}&\begin{bmatrix}1-p_0 & p_0\\ p_0 & 1-p_0\end{bmatrix}\begin{bmatrix}1-p_1 & p_1\\ p_1 & 1-p_1\end{bmatrix}\begin{bmatrix}1-\alpha & \alpha & 0\\ 0 & \alpha & 1-\alpha\end{bmatrix}\\ &=\begin{bmatrix}1-p_0*p_1 & p_0*p_1\\ p_0*p_1 & 1-p_0*p_1\end{bmatrix}\begin{bmatrix}1-\alpha & \alpha & 0\\ 0 & \alpha & 1-\alpha\end{bmatrix}\\ &=\begin{bmatrix}(1-p_0*p_1)(1-\alpha) & \alpha & (p_0*p_1)(1-\alpha)\\ (p_0*p_1)(1-\alpha) & \alpha & (1-p_0*p_1)(1-\alpha)\end{bmatrix}\end{aligned}$$

所以，$I(U;Y_2)=H(Y_2)-H(Y_2|U)$。

由于 $U\to Y_2$ 是一准对称信道，所以输入 U 为等概分布时，$H(Y_2)$取最大值。可得此时输出 Y_2 的分布为

$$p(y_2=0)=1/2(1-\alpha),\quad p(y_2=2)=\alpha,\quad p(y_2=1)=1/2(1-\alpha)$$

于是，

$$I(U;Y_2)=H\left[\frac{1}{2}(1-\alpha),\alpha,\frac{1}{2}(1-\alpha)\right]-H[(1-p_0*p_1)(1-\alpha),\alpha,(p_0*p_1)(1-\alpha)]$$

根据退化广播信道的容量区域定义，得

$$C=\left\{\begin{aligned}&(R_1,R_2):0\leqslant R_1\leqslant I(X;Y_1\mid U)=H(p_0*p_1)-H(p_1)\\ &0\leqslant R_2\leqslant I(U;Y_2)=H\left[\frac{1}{2}(1-\alpha),\alpha,\frac{1}{2}(1-\alpha)\right]\\ &\qquad -H[(1-p_0*p_1)(1-\alpha),\alpha,(p_0*p_1)(1-\alpha)]\\ &0\leqslant p_0\leqslant\frac{1}{2}\end{aligned}\right\}$$

当 $p_0=0$ 时，$R_1=0$，$R_2=(1-\alpha)[1-H(p_1)]$为最大值；当 $p_0=1/2$ 时，$R_1=1-H(p_1)$，$R_2=0$。这就是可达速率区域的两个边界点，以 p_0 为变量，退化广播信道的容量区域如图 6-22 所示。

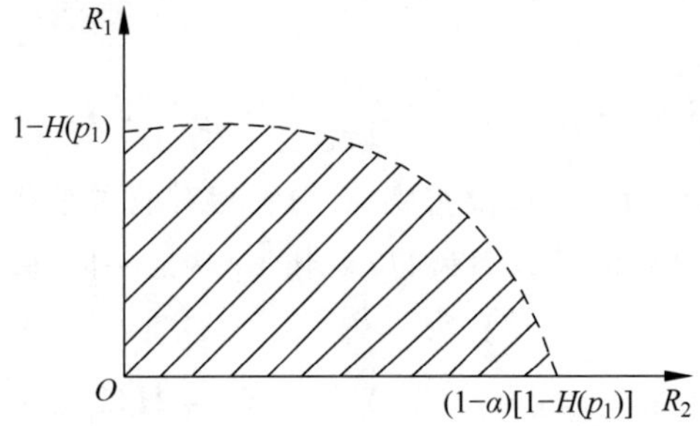

图 6-22 BSC 和删除信道组成的退化广播信道容量区域示意图

6.3.2 退化连续高斯广播信道的容量界限

连续单输入、双输出多用户信道的传递特性可由条件概率密度函数 $p(y_1|x)$和 $p(y_2|x)$决定，且 $p(y_2|x)$和 $p(y_1|x)$间存在如下关系：$p(y_2 \mid x)=\int_{Y_1} p(y_1 \mid x)p(y_2 \mid y_1 x)\mathrm{d}y_1$，这种信道称为连续广播信道。若标志单输入、双输出多用户信道传递特性的概率密度函数 $p(y_1|x)$和 $p(y_2|x)$进一步满足

$$p(y_2 \mid x)=\int_{Y_1} p(y_1 \mid x)p(y_2 \mid y_1)\mathrm{d}y_1 \tag{6.3.5}$$

即输出随机变量 Y_2 通过输出随机变量 Y_1 与输入随机变量 X 发生联系。一旦输出随机变量 Y_1 已知，则 Y_2 与 X 无关，Y_2 出现的可能性大小只取决于 Y_1。这就是说，在这种特殊的信道中，随机变量序列($X\ Y_1\ Y_2$)构成一阶马尔可夫链，这样的信道称为退化连续广播信道。

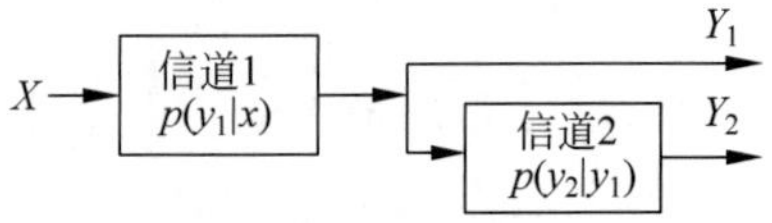

图 6-23 退化连续广播信道示意图

如图 6-23 所示为一退化连续广播信道，信道 1 和信道 2 产生链式结构，信道 1 的输入随机变量是 X，输出随机变量是 Y_1，信道的传递概率密度函数是 $p(y_1|x)$。信道 2 的输入随机变量是 Y_1，输出随机变量是 Y_2，信道的传递概率密度函数是 $p(y_2|y_1)$。

在这种情况下，因为随机变量序列($X\ Y_1\ Y_2$)是一阶马尔可夫链，那么随机变量序列($Y_2\ Y_1\ X$)亦是一阶马尔可夫链。根据串接信道的理论，得到 $I(X;Y_2Y_1)=I(Y_2Y_1;X)=I(Y_1;X)=I(X;Y_1)$。

这样，就可改变信源 X 的概率密度函数 $p(x)$使平均互信息 $I(X;Y_1)$达到最大，即改变 $p(x)$使平均互信息 $I(X;Y_1Y_2)$达到最大，从而求得(R_1+R_2)的最大值。可见，这种特殊信道的一个重要特点是把平均互信息 $I(X;Y_1Y_2)$转化为传递概率密度函数为 $p(y_1|x)$的信道 1 的平均互信息 $I(X;Y_1)$，其最大值就是平均互信息 $I(X;Y_1Y_2)$的最大值。这样，就把 $I(X;Y_1Y_2)$的最大值问题简化为一个简单而可求解的问题。由此可知，改变 $p(u_1)$和 $p(u_2)$就可得到不同的 R_1 和 R_2，从而可得到 R_1 和 R_2 的容量界限。但在变动 $p(u_1)$和 $p(u_2)$时，要使 $I(X;Y_1)$达到最大值的 $p(x)$保持不变。

现设单输入、双输出连续高斯多用户信道的两个传递概率密度函数分别为 $p(y_1|x)=\frac{1}{\sqrt{2\pi\sigma_1^2}}\exp\left\{-\frac{(y_1-x)^2}{2\sigma_1^2}\right\}$和 $p(y_2|x)=\frac{1}{\sqrt{2\pi\sigma_2^2}}\exp\left\{-\frac{(y_2-x)^2}{2\sigma_2^2}\right\}$。其中，令 $\sigma_2^2>\sigma_1^2$。对于这两个

传递概率密度函数间存在另一个条件概率密度函数：$p(y_2|y_1)=\frac{1}{\sqrt{2\pi(\sigma_2^2-\sigma_1^2)}}\exp\left\{-\frac{(y_2-y_1)^2}{2(\sigma_2^2-\sigma_1^2)}\right\}$，使得它们之间满足式(6.3.5)的条件，具体证明在此省略。

因此，输入为 X、输出为 Y_1、Y_2 的单输入、双输出多用户信道，可看作是如图 6-23 所示的退化广播信道，信道的噪声为高斯加性噪声。图 6-23 可进一步表示为图 6-24。随机变量 Y_1 是当输入随机变量 X 为高斯随机变量时，高斯加性信道 1 的输出随机变量。随机变量 Y_2 是当输入随机变量 X 为高斯随机变量时，高斯加性信道 2 的输出随机变量。

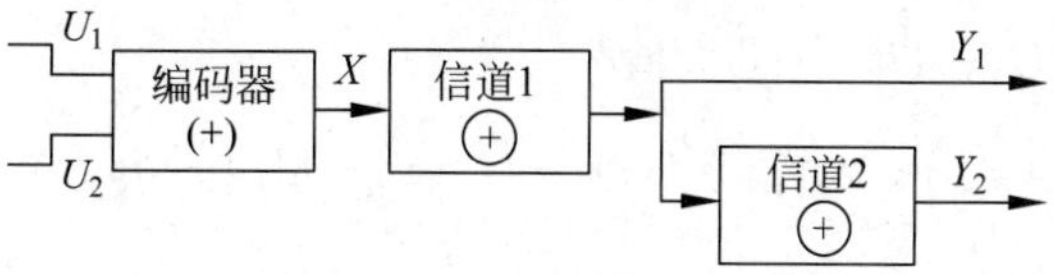

图 6-24　退化高斯广播信道

在图 6-24 中，设编码器是一个相加器，则有 $X=U_1+U_2$。考虑到信道 1 和信道 2 都是加性信道，由加性信道的特点可得 $Y_1=X+N_1=U_1+U_2+N_1$，$Y_2=Y_1+(N_2-N_1)=U_1+U_2+N_2$。再令信源 U_1 和 U_2 的均值都为 0、方差(平均功率)分别为 P_1 和 P_2，噪声 N_1 和 N_2 的均值都为零、方差(平均功率)分别为 σ_1^2 和 σ_2^2，因为此处讨论时假设信源 U_1 和 U_2 统计独立，随机变量 X 的平均功率为

$$\begin{aligned}E[X^2]&=E[(U_1+U_2)^2]=E[U_1^2+2U_1U_2+U_2^2]\\&=E[U_1^2]+E[2U_1U_2]+E[U_2^2]=P_1+P_2=P\end{aligned}$$

其中，信源 U_1 和 U_2 的平均功率 P_1 和 P_2 可随其输入幅度的变化而变化，但其总平均功率 P 是一个限定量。

在退化高斯信道中，随机变量序列$(Y_2\ Y_1\ X)$是一阶马尔可夫链，有 $I(X;Y_1Y_2)=I(X;Y_1)$。由高斯加性信道的理论可知，要使得平均互信息量 $I(X;Y_1)$达到最大，必须要求输入随机变量 X 是高斯随机变量。信源 U_1 和 U_2 已假定为相互统计独立，且 $X=U_1+U_2$，所以若要 X 是高斯随机变量，则必须要求 U_1 和 U_2 也是高斯随机变量。因为噪声 N_1 和 N_2 都是高斯随机变量，显然，$Y_1=X+N_1$ 和 $Y_2=X+N_2$ 也都是高斯随机变量。

当 U_2 确知时，Y_1 是高斯随机变量，且其均值为 $E[Y_1|U_2]=E[U_1+N_1]+U_2=U_2$，方差为 $E\{[Y_1-E(Y_1|U_2)]^2\}=E\{[(U_1+U_2+N_1)-U_2]^2\}=E\{[U_1+N_1]^2\}=E[U_1^2]+E[2U_1N_1]+E[N_1^2]=P_1+\sigma_1^2$。

当 U_1 确知时，Y_2 是高斯随机变量，且其均值为 $E[Y_2|U_1]=E[U_2+N_2]+U_1=U_1$，方差为 $E\{[Y_2-E(Y_2|U_1)]^2\}=E\{[(U_1+U_2+N_2)-U_1]^2\}=E\{[U_2+N_2]^2\}=E[U_2^2]+E[2U_2N_2]+E[N_2^2]=P_2+\sigma_2^2$。

当 U_1 和 U_2 都确知时，Y_1 是高斯随机变量，且其均值为 $E[Y_1|U_1U_2]=E[N_1]+U_1+U_2=U_1+U_2$，方差为 $E\{[Y_1-E(Y_1|U_1U_2)]^2\}=E\{[(U_1+U_2+N_1)-(U_1+U_2)]^2\}=E[N_1]^2=\sigma_1^2$。

当 U_1 和 U_2 都确知时，Y_2 是高斯随机变量，且其均值为 $E[Y_2|U_1U_2]=E[N_2]+U_1+U_2=U_1+U_2$，方差为 $E\{[Y_2-E(Y_2|U_1U_2)]^2\}=E\{[(U_1+U_2+N_2)-(U_1+U_2)]^2\}=$

$E[N_2]^2=\sigma_2^2$。

因此,可从 $\hat{U}_1$ 中获取 U_1 的平均互信息,即信息率 $R_1=I(U_1;\hat{U}_1)$的最大值为

$$
\begin{aligned}
R_{1\max}&=I(U_1;\hat{U}_1)\leqslant I(X;Y_1\mid U_2)=H_c(Y_1\mid U_2)-H_c(Y_1\mid XU_2)\\
&=H_c(Y_1\mid U_2)-H_c(Y_1\mid U_1U_2)=\frac{1}{2}\log[2\pi e(P_1+\sigma_1^2)]-\frac{1}{2}\log(2\pi e\sigma_1^2)\\
&=\frac{1}{2}\log\frac{P_1+\sigma_1^2}{\sigma_1^2}=\frac{1}{2}\log\left(1+\frac{P_1}{\sigma_1^2}\right)
\end{aligned}
\tag{6.3.6}
$$

同理,可得 $R_2=I(U_2;\hat{U}_2)$的最大值为

$$
\begin{aligned}
R_{2\max}&=I(U_2;\hat{U}_2)\leqslant I(X;Y_2\mid U_1)=H_c(Y_2\mid U_1)-H_c(Y_2\mid XU_1)\\
&=H_c(Y_2\mid U_1)-H_c(Y_2\mid U_1U_2)=\frac{1}{2}\log[2\pi e(P_2+\sigma_2^2)]-\frac{1}{2}\log(2\pi e\sigma_2^2)\\
&=\frac{1}{2}\log\frac{P_2+\sigma_2^2}{\sigma_2^2}=\frac{1}{2}\log\left(1+\frac{P_2}{\sigma_2^2}\right)
\end{aligned}
\tag{6.3.7}
$$

考虑到信源 U_1 和信源 U_2 以及噪声 N_1 是统计独立的高斯随机变量,所以随机变量 $Y_1=U_1+U_2+N_1$,其均值为 $E[Y_1]=E[U_1+U_2+N_1]=E[U_1]+E[U_2]+E[N_1]$,方差(平均功率)为

$$
\begin{aligned}
&E\{[Y_1-E(Y_1)]^2\}\\
&=E\{[U_1+U_2+N_1]^2\}\\
&=E\{[U_1^2+U_2^2+N_1^2+2U_1U_2+2U_1N_1+2U_2N_2]\}\\
&=E[U_1]^2+E[U_2]^2+E[N_1]^2=P_1+P_2+\sigma_1^2
\end{aligned}
$$

可得 R_1 和 R_2 之和的最大值为

$$
\begin{aligned}
R_1+R_2&=I(U_1;\hat{U})+I(U_2;\hat{U}_2)\leqslant I(X;Y_1\mid U_2)+I(X;Y_2\mid U_1)\\
&=I(X;Y_1Y_2)=I(X;Y_1)=H_c(Y_1)-H_c(Y_1\mid X)\\
&=H_c(U_1+U_2+N_1)-H_c(Y_1\mid U_1U_2)\\
&=\frac{1}{2}\log[2\pi e(P_1+P_2+\sigma_1^2)]-\frac{1}{2}\log(2\pi e\sigma_1^2)\\
&=\frac{1}{2}\log\left(\frac{P_1+P_2+\sigma_1^2}{\sigma_1^2}\right)=\frac{1}{2}\log\left(1+\frac{P_1+P_2}{\sigma_1^2}\right)=\frac{1}{2}\log\left(1+\frac{P}{\sigma_1^2}\right)
\end{aligned}
\tag{6.3.8}
$$

式(6.3.6)～式(6.3.8)规定的退化高斯广播信道的容量区域如图 6-25 所示,该信道容量区域是由 $P_1+P_2=P$ 的限制下 R_1 和 R_2 的曲线与 $R_1+R_2=1/2\log(1+P/\sigma_1^2)$的直线所围成的。当 $\sigma_2^2>\sigma_1^2$ 时,此区域仍大于时分界限直线 AB;但当 $\sigma_2^2=\sigma_1^2$ 时,两者就没有区别了。

在当今网络通信迅猛发展的时代,多用户信道问题必将引起广泛的关注,网络信息理论必将得到进一步的完善和成熟。以上内容只是初步讨论和简单介绍,仅作为今后进一步学习、研究网络信息理论的起点和基础。

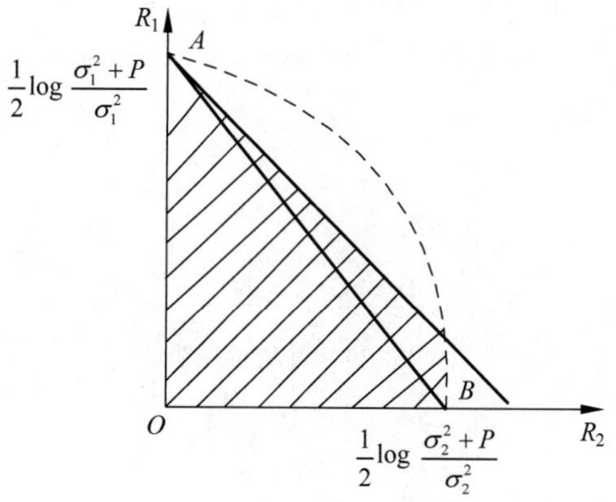

图 6-25　退化高斯广播信道容量示意图

习题 6

6-1　设 X_1 是离散无记忆二元信源，$p(x_1=0)=p_1$，Z 也是离散无记忆二元信源，$p(z=0)=p_2$，X_1 和 Z 相互统计独立。令 $X_2=X_1\oplus Z$。又设 X_1 的传输速率为 R_1，X_2 的传输速率为 R_2。试求由 R_1 和 R_2 构成的可达速率区域(令 $p_1 * p_2=p_1(1-p_2)+p_2(1-p_1)$)。

6-2　Z_1 和 Z_2 是两个相互统计独立的离散无记忆二元信源，$p(Z_1=0)=p(Z_2=0)=0.5$。令 $X_1=Z_1$，$X_2=Z_1 \vee Z_2$(其中，V 代表一般或运算，即当 Z_1 和 Z_2 全为 0 时，得 0；否则得 1)，又设 X_1 的传输速率为 R_1，相关信源 X_2 的传输速率为 R_2。试求由 R_1 和 R_2 构成的可达速率区域并用图表示。

6-3　计算下列多址接入信道的信道容量：

(1) 模 2 相加的多址接入信道，$X_1\in\{0,1\}$，$X_2\in\{0,1\}$，$Y=X_1\oplus X_2$。

(2) 乘法多址接入信道，$X_1\in\{-1,1\}$，$X_2\in\{-1,1\}$，$Y=X_1\times X_2$。

6-4　对于某二址接入信道，输入 X_1、X_2 和输出 Y 的条件概率 $p(y|x_1x_2)$ 如表 6-2 所示。

表 6-2　X_1、X_2 和 Y 的条件概率 $p(y|x_1x_2)$

	0	1
00	$1-\varepsilon$	ε
01	1/2	1/2
10	1/2	1/2
11	ε	$1-\varepsilon$

求容量界限。

6-5　对于某三址接入的连续信道，其条件概率密度函数为

$$p(y \mid x_1x_2x_3)=\frac{1}{\sqrt{2\pi\sigma^2}}\exp\left[-\frac{(y-x_1-x_2-x_3)^2}{2\sigma^2}\right]$$

试计算其容量界限。(已知 $E[X_i^2]=\sigma_i^2$，$i=1,2,3$)

6-6 求如图 6-26 所示的退化广播信道的信道容量，其中，$X_1 \to Y_1$ 是二元对称信道，$Y_1 \to Y_2$ 是二元删除信道。

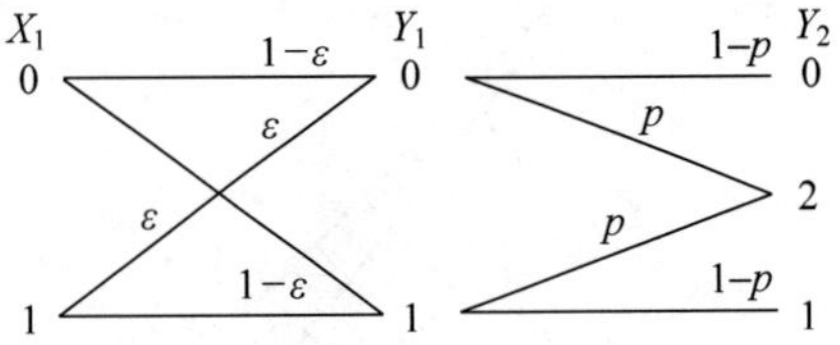

图 6-26 习题 6-6 图

第 7 章 量子信息理论

CHAPTER 7

信息论主要采用数学的方法研究通信系统的有效性、安全性和可靠性的问题，它的运作过程完全遵循经典力学的规律。随着量子力学与信息论的结合，如果建立了一个依赖于量子力学的通信信道，是否能够有效地传送信息呢？与此同时，信息传输的安全性和可靠性如何得以保证也是值得研究的问题。

量子力学是经典力学的延拓和完善，基于量子力学的信息理论必将成为经典香农信息论的扩展和完善，这个过程就像复数是实数的延伸和完善一样。因此，量子信息论应当包括香农信息论中某些概念的推广，如信源、信道和编码；同时还将产生一些新的概念，如经典信息和量子纠缠等。本章的目的是介绍量子信息理论的基本概念，描述量子信源编码和量子信道编码等理论。

7.1 量子信息基本概念

7.1.1 量子比特

“比特”是经典信息与通信中最基本的概念，量子信息理论以及量子通信也建立在一个相似的概念基础之上，称为量子比特(quantum bit)，或为鬼比特(qubit)。与经典比特一样，量子比特也描述一种状态。经典比特常用 0 和 1 表示，量子比特经常写成$|0\rangle$和$|1\rangle$形式，称为计算基矢(computational basis)，一般用$|0\rangle$表示 0，用$|1\rangle$表示 1。但是量子比特不仅是$|0\rangle$和$|1\rangle$两种状态，而且可以是这两种状态的任意线性组合，所以量子态又称为叠加态(superposition)，表示为

$$|\psi\rangle=\alpha|0\rangle+\beta|1\rangle \tag{7.1.1}$$

其中，α 和 β 是复系数，满足$|\alpha|^2+|\beta|^2=1$，$|0\rangle$和$|1\rangle$称为正交基态。当 $\alpha=0$ 或 $\beta=0$ 时，量子比特退化为$|0\rangle$或$|1\rangle$，和经典比特(取值 0 和 1)具有一样的特性，即量子比特退化为经典比特。因此，经典比特可看作是量子比特的一个特例。

可以检查一个经典比特，以便判决它是处于 0 状态还是 1 状态。然而，却不能用类似的方法处理一个量子比特。量子力学告诉我们，如果对量子比特测量时，我们或者得到结果 0，可能性为$|\alpha|^2$；或者得到结果 1，可能性为$|\beta|^2$。一个量子比特是二维复矢量空间中的一个单位向量，它能描述从$|0\rangle$到$|1\rangle$状态的所有过程状态。

理解量子比特最直观的方法是几何表示。因为$|\alpha|^2+|\beta|^2=1$，式(7.1.1)可表示为

$$|\psi\rangle=e^{i\gamma}\left(\cos\frac{\vartheta}{2}|0\rangle+e^{i\varphi}\sin\frac{\vartheta}{2}|1\rangle\right) \tag{7.1.2}$$

其中,ϑ、φ 和 γ 是实数。由于 $e^{j\gamma}$ 对测量结果没有影响,上式可进一步表示为

$$|\psi\rangle = \cos\frac{\vartheta}{2}|0\rangle + e^{i\varphi}\sin\frac{\vartheta}{2}|1\rangle \tag{7.1.3}$$

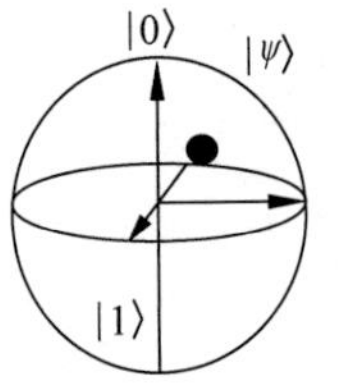

图 7-1　量子比特的 Bloch 球表示

于是,ϑ 和 φ 定义了单位球面上的一个点,可用图 7-1 表示。这个球体通常被称为 Bloch 球。从几何上看,一个量子比特应当是 Bloch 球面上的一个点。

单个量子比特概念可以推广到多量子比特。在经典物理中,具有 n 个粒子的一个系统可能的状态构成了 2^n 维空间里的一个向量,其中单个粒子可以用二维复数空间里的一个向量描述。然而,多个量子比特系统的状态空间比经典的状态空间大得多,n 个量子比特系统的状态空间将是 2^n 维。这是因为经典系统中 n 个粒子的每个状态空间通过笛卡儿积结合起来,然而量子系统空间却是通过张量积结合起来。

n 个量子比特串可表示 $N=2^n$ 维希尔伯特(Hilbert)空间中的任一矢量,描述为

$$|\psi\rangle = \sum_{i=0}^{N-1}\psi_i |i\rangle \tag{7.1.4}$$

其中,ψ_i 是一复数,满足 $\sum_i |\psi_i|^2=1$ ($\forall i\neq j, \langle i|j\rangle=0, \langle i|i\rangle=1$),$\langle\cdot|\cdot\rangle$ 为内积。

7.1.2　量子信息熵

与香农信息论类似,为了精确地描述量子态,量子信息理论定义了冯·诺依曼(Von Neumann)熵以描述量子信源的量子信息量。

量子信源是由纯态或混合态构成的系统,其中密度子矩阵 $\boldsymbol{\rho}_1, \boldsymbol{\rho}_2, \cdots, \boldsymbol{\rho}_k$ 的对应分布概率分别为 $p_1, p_2, \cdots, p_k$。如果量子信源中的 $\boldsymbol{\rho}_i$ 相互正交,则此时量子信源退化到离散无记忆经典信源。如果 $\boldsymbol{\rho}_1, \boldsymbol{\rho}_2, \cdots, \boldsymbol{\rho}_k$ 为纯态且相互不正交,则量子信源为一纯态系综;如果 $\boldsymbol{\rho}_1, \boldsymbol{\rho}_2, \cdots, \boldsymbol{\rho}_k$ 为混合态且相互不正交,则量子信源为一混合态系综。

与经典信源一样,量子信源通过冯·诺依曼熵表示最小描述量子信源的量子比特数。

定义 7.1:量子信源的冯·诺依曼熵定义为

$$S(\boldsymbol{\rho}) = -\mathrm{tr}\boldsymbol{\rho}\log\boldsymbol{\rho} \tag{7.1.5}$$

其中,$\boldsymbol{\rho}=\sum_x p_x\boldsymbol{\rho}_x$ 是量子信源的密度矩阵,tr(·)是求矩阵的迹,密度子矩阵 $\boldsymbol{\rho}_1, \boldsymbol{\rho}_2, \cdots, \boldsymbol{\rho}_k$ 的对应分布概率分别为 $p_1, p_2, \cdots, p_k$。

如果 $\boldsymbol{\rho}=\sum_a \lambda_a |a\rangle\langle a|$,其中,$\lambda_a$ 是特征值,$|a\rangle$ 是特征值对应的特征向量,则式(7.1.5)退化为

$$S(\boldsymbol{\rho}) = -\sum_a \lambda_a \log\lambda_a = H(A) \tag{7.1.6}$$

其中,$A=\{\lambda_a\}$ 是密度矩阵的特征值,也是特征向量 $|a\rangle$ 对应的概率。此时,冯·诺依曼熵等于香农熵;但当各纯态间相互不正交时,不可从单个量子系统中严格区别不同的量子态,可以证明此时系统的冯·诺依曼熵将小于香农熵。

冯·诺依曼熵起着 3 个非常重要的作用,首先,它可确定最小描述量子信源的量子比特数,表现为 Schumacher 量子编码定理;其次,通过可选择的量子测量,它能给出从量子信道

中获取的最大经典信息，即 Holevo 界；最后，通过局部运算和经典通信(Local Operations and Classical Communications，LOCC)，它给出了获取产生量子纠缠态 n 个备份的最少 EPR 对和从某个量子纠缠态 n 个备份中提取的最多的 EPR 对，如纠缠蒸馏或纯化(entanglement distillation/purification)。

类似于香农熵，可以针对复合量子系统，定义量子冯·诺依曼联合熵、量子冯·诺依曼条件熵以及量子互信息等，下面给出详细定义。

定义 7.2：对由两部分 A 和 B 组成的复合系统，它的联合熵定义为

$$S(A,B)=-\mathrm{tr}(\boldsymbol{\rho}^{AB}\log\boldsymbol{\rho}^{AB}) \tag{7.1.7}$$

其中，$\boldsymbol{\rho}^{AB}$ 是复合系统的密度矩阵。

定义 7.3：对由两部分 A 和 B 组成的复合系统，它的条件熵定义为

$$S(A\mid B)=S(A,B)-S(B) \tag{7.1.8}$$

类似于香农熵，也可以定义量子版本的相对熵，它在量子信息理论中具有重要的应用。

定义 7.4：设$\boldsymbol{\rho}$ 和$\boldsymbol{\sigma}$ 是量子系统的两种密度矩阵(算子)，$\boldsymbol{\rho}$ 到$\boldsymbol{\sigma}$ 的相对熵定义为

$$S(\boldsymbol{\rho}\,//\,\boldsymbol{\sigma})=\mathrm{tr}(\boldsymbol{\rho}\log\boldsymbol{\rho})-\mathrm{tr}(\boldsymbol{\rho}\log\boldsymbol{\sigma}) \tag{7.1.9}$$

正如经典的相对熵，量子的相对熵有时也会是无穷大。特别地，如果$\boldsymbol{\sigma}$ 的核(由$\boldsymbol{\sigma}$ 为 0 的特征值的特征向量张成的空间)与$\boldsymbol{\rho}$ 的支集(属于$\boldsymbol{\rho}$ 的非 0 特征值的特征向量张成的空间)有非平凡的交集，则相对熵值为正的无穷大。

下面，给出量子系统中互信息的定义。

定义 7.5：对于由 A 和 B 两部分组成的系统，量子互信息定义为

$$\begin{aligned}S(A;B)&=S(A)+S(B)-S(A,B)\\&=S(A)-S(A\mid B)\\&=S(B)-S(B\mid A)\end{aligned} \tag{7.1.10}$$

由此可见，量子互信息的表达式与经典信息具有类似的形式。但是，香农熵的某些性质对冯·诺依曼熵是不成立的。例如，对随机变量 X 和 Y，不等式 $H(X)\leqslant H(X,Y)$总是成立的，然而这个性质对于冯·诺依曼熵却是不存在的。考虑处于纠缠态的双量子比特系统 $|\psi_{AB}\rangle=(|00\rangle+|11\rangle)/\sqrt{2}$，因为它是一个纯态，所以联合熵 $S(A,B)=0$；另外，系统 A 的密度矩阵为 $I/2$，因此量子熵为 1，所以 $S(A,B)\leqslant S(A)$。对于该系统，条件熵 $S(B|A)=S(A,B)-S(A)$是一个负数。表 7-1 描述了量子信息与经典信息中相对应的熵定义形式。

表 7-1 香农熵与量子熵的对应关系

香农熵：描述经典信源的平均不确定度	量子熵：描述量子信源的混合程度
联合熵	量子联合熵
条件熵	量子条件熵
相对熵	量子相对熵
互信息	量子互信息

与香农熵一样，冯·诺依曼熵也具备一些数学性质，现分别阐述如下。

(1) 熵是非负的，当且仅当状态为纯态时熵为 0。

证明：该结论可从量子熵定义中直接得到。因为纯态$\boldsymbol{\rho}=|\varphi\rangle\langle\varphi|$，此时特征值为 1，代入冯·诺依曼熵公式得到熵为 0，表明在纯态中不含有任何信息。量子熵表示量子信源的

混合程度。

(2) 熵具有不变性：幺正变换不会产生也不会丢失任何信息，即 $S(\boldsymbol{U\rho U}^{+})=S(\boldsymbol{\rho})$。

证明：因为对密度算子做幺正变换后特征值不发生变换，因而不影响冯·诺依曼熵的大小。

(3) 在 d 维希尔伯特空间中熵最多为 $\log d$，当且仅当系统处于完全混合态时，熵才等于 $\log d$。

证明：由量子相对熵的非负性可得到

$$0\leqslant S(\boldsymbol{\rho}//1/d)=-S(\boldsymbol{\rho})+\log d \rightarrow S(\boldsymbol{\rho})\leqslant \log d$$

(4) 设密度算子 ρ_i 是正交子空间上的支集，p_i 是其对应的概率分布，则满足

$$S\left(\sum_i p_i\boldsymbol{\rho}_i\right)=H(p_i)+\sum_i p_iS(\boldsymbol{\rho}_i)$$

证明：令 λ_i^j 和 $|e_i^j\rangle$ 是相应于 $\boldsymbol{\rho}_i$ 的特征值和特征向量，于是 $p_i\lambda_i^j$ 和 $|e_i^j\rangle$ 是 $p_i\boldsymbol{\rho}_i$ 的特征值和特征向量。因此，

$$\begin{aligned}S\left(\sum_i p_i\boldsymbol{\rho}_i\right)&=-\sum_{ij}p_i\lambda_i^j\log p_i\lambda_i^j\\&=-\sum_i p_i\log p_i-\sum_i p_i\sum_j\lambda_i^j\log\lambda_i^j\\&=H(p_i)+\sum_i p_iS(\boldsymbol{\rho}_i)\end{aligned}$$

(5) 熵具有次可加性：设不同的量子系统 A 和 B 具有联合状态 $\boldsymbol{\rho}^{AB}$，则两个系统的联合熵满足不等式 $S(A,B)\leqslant S(A)+S(B)$ 且 $S(A,B)\geqslant|S(A)-S(B)|$。第 1 个不等式称为冯·诺依曼熵的次可加性不等式，当且仅当 A 和 B 非相关时，等式成立，即 $\boldsymbol{\rho}^{AB}=\boldsymbol{\rho}^{A}\otimes\boldsymbol{\rho}^{B}$。第 2 个不等式称为三角不等式，它是香农熵 $H(X,Y)\geqslant H(X)$ 的量子版本。

证明：可通过 Klein 不等式($S(\boldsymbol{\rho})\leqslant-\mathrm{tr}(\boldsymbol{\rho}\log\sigma)$)证明量子熵的次可加性。令 $\boldsymbol{\rho}\equiv\boldsymbol{\rho}^{AB}$ 和 $\sigma\equiv\boldsymbol{\rho}^{A}\otimes\boldsymbol{\rho}^{B}$

$S(\boldsymbol{\rho})\leqslant-\mathrm{tr}(\boldsymbol{\rho}\log\sigma)=-\mathrm{tr}(\boldsymbol{\rho}^{AB}(\log\boldsymbol{\rho}^{A}+\log\boldsymbol{\rho}^{B}))=-\mathrm{tr}(\boldsymbol{\rho}^{A}\log\boldsymbol{\rho}^{A})-\mathrm{tr}(\boldsymbol{\rho}^{B}\log\boldsymbol{\rho}^{B})$

$S(\boldsymbol{\rho})=S(A,B)\leqslant S(A)+S(B)$

当 $\boldsymbol{\rho}=\sigma$ 时，可导出次加性的等号成立。

将次可加性应用于 A、B 和 R 构成的纯态系统。因为 ABR 处于纯态，则 $S(A,R)=S(B)$，且 $S(A,B)=S(R)$。因此，

$$S(R)+S(A)\geqslant S(A,R)\Rightarrow S(A,B)\geqslant S(B)-S(A)$$

由系统的对称性可推导出 $S(A,B)\geqslant S(A)-S(B)$，所以三角不等式成立。由熵的次可加性得到，对于纯的两粒子纠缠系统 $|\psi_{AB}\rangle=C_1|\varphi_1\rangle_A|x_1\rangle_B+C_2|\varphi_2\rangle_A|x_2\rangle_B$，可计算得到 $S(A,B)=0$，而 $S(A)=S(B)\neq0$，信息被编码在非局域的量子相关性中。

(6) 凸性：熵是输入密度算子的下凸函数。对于给定的一组密度算子 $\boldsymbol{\rho}_i$ 和对应的概率 p_i，其中，$\sum_i p_i=1$，则 $S\left(\sum_i p_i\boldsymbol{\rho}_i\right)\geqslant\sum_i p_iS(\boldsymbol{\rho}_i)$。

证明：设 $\boldsymbol{\rho}_i$ 是系统 A 的一组状态，引入辅助量子系统 B，其状态空间具有对应密度算子 $\boldsymbol{\rho}_i$ 的标准正交基 $|i\rangle$，联合态定义为 $\boldsymbol{\rho}^{AB}=\sum_i p_i\boldsymbol{\rho}_i\otimes|i\rangle\langle i|$，根据熵的定义式，有

$$S(A)=S\left(\sum_i p_i\boldsymbol{\rho}_i\right)$$

$$S(B)=S\left(\sum_i p_i\mid i\rangle\langle i\mid\right)=H(p_i)$$

$$S(A,B)=H(p_i)+\sum_i p_iS(\boldsymbol{\rho}_i)$$

利用冯·诺依曼熵的次可加性 $S(A,B)\leqslant S(A)+S(B)$，得到

$$S\left(\sum_i p_i\boldsymbol{\rho}_i\right)\geqslant\sum_i p_iS(\boldsymbol{\rho}_i)$$

当且仅当对于所有 $p_i>0$ 的状态 $\boldsymbol{\rho}_i$ 都相同时等号成立，即熵是输入的严格下凸函数。

【例 7-1】 对于 1/2 自旋粒子，已知 $|\varphi_0\rangle=|0\rangle=[1,0]^{\mathrm{T}}$，$|\varphi_1\rangle=1/\sqrt{2}(|0\rangle+|1\rangle)=[1/\sqrt{2},1/\sqrt{2}]^{\mathrm{T}}$，$p(0)=p(1)=1/2$，求对应的香农熵和冯·诺依曼熵。

解：香农熵为

$$H(X)=-\sum_x p(x)\log p(x)=H(1/2,1/2)=1(\text{比特/符号})$$

密度矩阵为

$$\boldsymbol{\rho}=1/2\mid\varphi_0\rangle\langle\varphi_0\mid+1/2\mid\varphi_1\rangle\langle\varphi_1\mid=\begin{bmatrix}3/4 & 1/4\\1/4 & 1/4\end{bmatrix}$$

对应的特征值和特征向量为

$$\lambda(0')=\cos^2\frac{\pi}{8},\quad \lambda(1')=\sin^2\frac{\pi}{8},\quad \mid 0'\rangle=\begin{bmatrix}\cos\frac{\pi}{8}\\ \sin\frac{\pi}{8}\end{bmatrix},\quad \mid 1'\rangle=\begin{bmatrix}\sin\frac{\pi}{8}\\ -\cos\frac{\pi}{8}\end{bmatrix}$$

密度矩阵正交分解为

$$\boldsymbol{\rho}=\lambda(0')\mid 0'\rangle\langle 0'\mid+\lambda(1')\mid 1'\rangle\langle 1'\mid$$

冯·诺依曼熵为

$$S(\boldsymbol{\rho})=-\sum_{x'}\lambda(x')\log\lambda(x')=0.6009(\text{比特/符号})$$

由此可见，冯·诺依曼熵小于香农熵。

【例 7-2】 冯·诺依曼熵(量子熵)与香农熵(经典熵)比较。设 $\boldsymbol{\rho}=p|0\rangle\langle 0|+(1-p)\dfrac{(|0\rangle+|1\rangle)(\langle 0|+\langle 1|)}{2}$，计算 $S(\boldsymbol{\rho})$，比较 $S(\boldsymbol{\rho})$ 和 $H(p)$ 的值。

$$\begin{aligned}\boldsymbol{\rho}&=\begin{bmatrix}p & 0\\0 & 0\end{bmatrix}+\frac{1}{2}\begin{bmatrix}1-p & 1-p\\1-p & 1-p\end{bmatrix}\\&=\frac{1}{2}\begin{bmatrix}1+p & 1-p\\1-p & 1-p\end{bmatrix}\end{aligned}$$

可得到它的特征值为 $(2-p)/2$，$p/2$，因此熵为

$$S(\boldsymbol{\rho})=-[(2-p)/2]\log[(2-p)/2]-p/2\log p/2$$

而香农熵为 $H(p)=-(1-p)\log(1-p)-p\log p$。香农熵与冯·诺依曼熵的比较如图 7-2 所示。

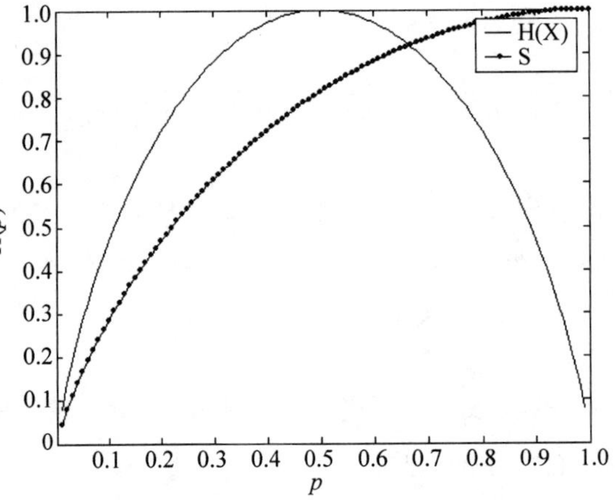

图 7-2 香农熵与冯·诺依曼熵的比较

7.2 量子信源编码理论

经典通信系统中信息传输的有效性是通过信源编码实现的,编码方法的选择必须符合香农信道无噪声编码定理。与此类似,为了有效地在量子信道中进行信息传输,是否能够进行量子信源的编码呢?是否有和香农无噪信道编码定理一样的编码定理保证编码方法的存在呢?

数据压缩的目的是确定存储信源信息的最小物理需求,它的解决超出了问题本身的物理意义,成为信息论的基本问题之一。量子信息论与经典信息论类似,也给出了最全面的途径来描述数据压缩的过程。

为了描述量子信源的数据压缩,首先需理解两量子信息相似的含义,以及量子信息通过某个过程而保持不变的含义。为了描述量子信息间的差异或相似度,量子信息的距离度量成为量子信息的关键。下面阐述在量子信息处理中使用较为广泛的度量方法,即量子信息保真度(fidelity)。

量子信息保真度有多种定义,常见的定义如下。

定义 7.6:对于量子状态 $\boldsymbol{\rho}$ 和量子状态 $\boldsymbol{\sigma}$,它们之间的量子信息保真度定义为

$$F(\boldsymbol{\rho},\boldsymbol{\sigma})=\mathrm{tr}\sqrt{\boldsymbol{\rho}^{1/2}\boldsymbol{\sigma}\boldsymbol{\rho}^{1/2}} \tag{7.2.1}$$

当状态$\boldsymbol{\rho}$ 和状态 $\boldsymbol{\sigma}$ 对易时,即状态 $\boldsymbol{\rho}$ 和状态 $\boldsymbol{\sigma}$ 可在同一基上展开时,则对于某个标准的正交基$|i\rangle$,存在 $\boldsymbol{\rho}=\sum_i r_i\,|i\rangle\langle i|$,$\boldsymbol{\sigma}=\sum_i s_i\,|i\rangle\langle i|$,可以推导出状态 $\boldsymbol{\rho}$ 和状态 $\boldsymbol{\sigma}$ 间的保真度为

$$\begin{aligned}F(\boldsymbol{\rho},\boldsymbol{\sigma})&=\mathrm{tr}\left(\left(\sum_i r_i\,|i\rangle\langle i|\right)^{1/2}\left(\sum_i s_i\,|i\rangle\langle i|\right)\left(\sum_i r_i\,|i\rangle\langle i|\right)^{1/2}\right)^{1/2}\\&=\mathrm{tr}\left(\left(\sum_i r_i s_i\,|i\rangle\langle i|\right)\right)^{1/2}=\mathrm{tr}\left(\sum_i\sqrt{r_i s_i}\,|i\rangle\langle i|\right)\\&=\sum_i\sqrt{r_i s_i}\\&=F(r_i,s_i)\end{aligned} \tag{7.2.2}$$

此时，量子保真度 $F(\boldsymbol{\rho},\boldsymbol{\sigma})$ 还原为状态 $\boldsymbol{\rho}$ 和状态 $\boldsymbol{\sigma}$ 的特征值分布 r_i 和 s_i 之间的经典保真度，即信息距离。

与此同时，根据量子信息保真度的定义，可以计算出纯态 $|\psi\rangle$ 和任意量子态 $\boldsymbol{\rho}$ 之间的保真度为

$$\begin{aligned} F(|\psi\rangle,\boldsymbol{\rho}) &= \mathrm{tr}\sqrt{(|\psi\rangle\langle\psi|)^{1/2}\,\boldsymbol{\rho}\,(|\psi\rangle\langle\psi|)^{1/2}} \\ &= \mathrm{tr}\sqrt{\langle\psi|\boldsymbol{\rho}|\psi\rangle\,|\psi\rangle\langle\psi|} \\ &= \sqrt{\langle\psi|\boldsymbol{\rho}|\psi\rangle} \end{aligned} \tag{7.2.3}$$

此时，量子保真度等于 $|\psi\rangle$ 与 $\boldsymbol{\rho}$ 间的重叠部分的平方根。

除此之外，量子信息保真度还具备一些性质，分别如下：

(1) 保真度在幺正变换下保持不变 $F(\boldsymbol{U\rho U^+},\boldsymbol{U\sigma U^+})=F(\boldsymbol{\rho},\boldsymbol{\sigma})$。

(2) Uhlmann 定理：设 $\boldsymbol{\rho}$ 和 $\boldsymbol{\sigma}$ 为量子系统 Q 的状态，现引入 Q 系统的备份量子系统 R，则 $F(\boldsymbol{\rho},\boldsymbol{\sigma})=\max\limits_{|\phi\rangle,|\varphi\rangle}|\langle\phi|\varphi\rangle|$，其中，极大值取遍 $\boldsymbol{\rho}$ 和 $\boldsymbol{\sigma}$ 在 RQ 中的所有纯化状态 $|\phi\rangle$ 和 $|\varphi\rangle$。

(3) 保真度对其输入是对称的，即 $F(\boldsymbol{\rho},\boldsymbol{\sigma})=F(\boldsymbol{\sigma},\boldsymbol{\rho})$。

(4) 保真度的大小介于 0 和 1 之间，即 $0\leqslant F(\boldsymbol{\rho},\boldsymbol{\sigma})\leqslant 1$。

如果 $\boldsymbol{\rho}=\boldsymbol{\sigma}$，则根据 Uhlmann 定理可证明 $F(\boldsymbol{\rho},\boldsymbol{\sigma})=1$；如果 $\boldsymbol{\rho}\neq\boldsymbol{\sigma}$，那么对于 $\boldsymbol{\rho}$ 和 $\boldsymbol{\sigma}$ 的任意纯化态都有 $|\psi\rangle\neq|\varphi\rangle$，所以 $F(\boldsymbol{\rho},\boldsymbol{\sigma})\leqslant 1$。当且仅当 $\boldsymbol{\rho}$ 和 $\boldsymbol{\sigma}$ 的支集位于正交的子空间上时，$F(\boldsymbol{\rho},\boldsymbol{\sigma})=0$ 成立。

(5) 保真度具有单调性，设 ε 是一保迹的量子运算，令 $\boldsymbol{\rho}$ 和 $\boldsymbol{\sigma}$ 为密度算符，则 $F(\varepsilon(\boldsymbol{\rho}),\varepsilon(\boldsymbol{\sigma}))\geqslant F(\boldsymbol{\rho},\boldsymbol{\sigma})$。

(6) 保真度具有凹性，令 p_i 和 q_i 为同一指标集上的概率分布，$\boldsymbol{\rho}_i$ 和 $\boldsymbol{\sigma}_i$ 也为相同指标集所标记的密度算子，则有 $F\left(\sum\limits_i p_i\boldsymbol{\rho}_i,\sum\limits_i q_i\boldsymbol{\sigma}_i\right)\geqslant\sum\limits_i\sqrt{p_iq_i}F(\boldsymbol{\rho}_i,\boldsymbol{\sigma}_i)$。

如果编码器和解码器能够执行量子运算，信息论中的香农无噪编码定理(数据压缩理论)将被扩展到量子信源，构成量子信源的压缩编码理论。

回顾香农无噪信道编码定理，其关键是在编码时可以只对典型序列进行编码，而不考虑非典型序列。由于 AEP 性质决定了需被编码的几乎都是典型序列，所以译码时能够获得较好的性能。与此相似，在考虑量子信息压缩时，只考虑对应于典型子空间的量子态，忽略与它正交的子空间中的量子态，也将保持较好的量子信息保真度。

定理 7.1：Schumacher 量子无噪声编码定理：对于冯·诺依曼熵为 $S(\boldsymbol{\rho})$ 的量子信源，$\boldsymbol{\rho}$ 为量子信源的密度矩阵，给定任意小的 δ 和 ε，如果对每个信号态有 $S(\boldsymbol{\rho})+\delta$ 个量子比特可以利用，那么对于足够大的 N，存在这样的编码方法，使得用这些量子比特编码 N 长量子态序列，信号态被恢复的保真度 $F>1-2\varepsilon$；反之，对每个信号态只有 $S(\boldsymbol{\rho})-\delta$ 量子比特可以利用，当 N 足够大时，编码 N 长量子序列的保真度 $F<\varepsilon$。

Schumacher 量子无噪声编码定理描述了量子信源可以压缩的最大程度。定理的基本思想是将 N 比特信源量子态序列投影到典型子空间(Typical Subspace) $2^{N(S(\boldsymbol{\rho})+\varepsilon)}$ 中，这个典型子空间是由量子态序列的特征矢量所组成的，且每个特征矢量出现的概率是特征矢量所对应的特征值。

那么，什么是典型子空间？一个简单的定义如下。

定义 7.7：设与量子信源相关联的量子密度算子$\boldsymbol{\rho}$具有标准正交分解$\boldsymbol{\rho}=\sum_x p(x)|x\rangle\langle x|$，其中，$|x\rangle$是标准正交基，$p(x)$是$\boldsymbol{\rho}$的特征值，此时$H(p(x))=S(\boldsymbol{\rho})$。根据经典定义，ε 典型序列$x_1,x_2,\cdots,x_n$满足

$$\left|\frac{1}{n}\log\frac{1}{p(x_1,x_2,\cdots,x_n)}-S(\boldsymbol{\rho})\right|\leqslant\varepsilon \tag{7.2.4}$$

使$x_1x_2\cdots x_n$成为ε 典型状态$|x_1\rangle|x_2\rangle\cdots|x_n\rangle$，由所有ε 典型状态$|x_1\rangle|x_2\rangle\cdots|x_n\rangle$张成的子空间称为ε 典型子空间。

通常，用$T(n,\varepsilon)$表示ε 典型子空间，若到ε 典型子空间的投影算子为$\boldsymbol{P}(n,\varepsilon)$，则$\boldsymbol{P}(n,\varepsilon)$的数学表达式为

$$\boldsymbol{P}(n,\varepsilon)=\sum_{x,\varepsilon}|x_1\rangle\langle x_1|\otimes|x_2\rangle\langle x_2|\otimes\cdots\otimes|x_n\rangle\langle x_n| \tag{7.2.5}$$

在这些假设条件下，典型子空间具有如下结论。

(1) 给定$\varepsilon>0$，对于任何$\delta>0$，当n取足够大时，$\mathrm{tr}(\boldsymbol{P}(n,\varepsilon)\boldsymbol{\rho}^{\otimes n})\geqslant 1-\delta$。

(2) 对于任何给定的$\varepsilon>0$和$\delta>0$，当n取足够大时，ε 典型子空间中典型状态的数目为$(1-\delta)2^{n(S(\boldsymbol{\rho})-\varepsilon)}\leqslant|T(n,\varepsilon)|\leqslant 2^{n(S(\boldsymbol{\rho})+\varepsilon)}$。

(3) 令$\boldsymbol{S}(n)$是长度为n的信源空间$\boldsymbol{H}^{\otimes n}$到$2^{nR}$维子空间的投影，其中，$R<S(\boldsymbol{\rho})$。对于任何$\delta>0$和足够大的$n$，$\mathrm{tr}(\boldsymbol{S}(n)\boldsymbol{\rho}^{\otimes n})\leqslant\delta$。

根据 Schumacher 编码定理，可以设计一种量子编码方法，使得该消息压缩到一个更小的希尔伯特空间，而不降低该消息的量子信息保真度。考虑由N字符组成的消息(无记忆)，每个字符可从纯态系综$\{|\varphi_x\rangle,p_x\}$中随机选取，其中$\{|\varphi_x\rangle\}_x$可以不正交。从接收角度看，每个消息可以表示为如下密度矩阵

$$\boldsymbol{\rho}=\sum_x p_x|\varphi_x\rangle\langle\varphi_x| \tag{7.2.6}$$

进一步地，假设每个消息是独立的，整个消息可表示为$\boldsymbol{\rho}^N=\boldsymbol{\rho}\otimes\cdots\otimes\boldsymbol{\rho}$。那么该消息存在多少冗余？

根据量子熵定义，可以计算出被压缩的希尔伯特空间的维度为

$$\log(\dim\boldsymbol{H})=nS(\boldsymbol{\rho}) \tag{7.2.7}$$

其中，$S(\boldsymbol{\rho})$是消息中每个字符所携带的量子信息。

Schumacher 无噪量子编码定理与香农无噪编码定理完全相似。经典条件下，几乎所有的长序列都是典型序列，因此可以仅对典型序列进行编码，从而获得较小的译码差错概率；在量子情况下，几乎所有的长消息都位于典型子空间中，因此可以对典型子空间中的量子态进行编码，从而获得较高的保真度。

事实上，Schumacher 无噪量子编码定理包含了香农无噪编码定理。当 Alice 向 Bob 发送经典信息时，消息可用相互正交的量子态进行编码；Bob 通过上述过程恢复出 Alice 的状态，那么每个字符需要$H(X)$量子比特。但是，如果消息是被相互不正交的量子态编码，那么经典的编码方式将不再是最优编码，由 Schumacher 编码定理可知，每个字符仅需$S(\boldsymbol{\rho})$量子比特即可进行编码，此时消息将被更有效地压缩，这样编码的代价是 Bob 接收了 Alice 发送的状态，但 Bob 自己不知道该状态的内容。Bob 任何一种想获取所得状态内容的方法都将破坏这个量子态。

更令人感兴趣的是，量子信源的压缩并不依赖于信源输出的具体量子态，而是信源输出的量子态密度矩阵。所以，对于产生相同密度矩阵的不同信源，它的压缩程度和压缩算法却是完全相同的。

Schumacher 定理不仅讨论了可靠压缩方案的存在性，而且给出了构造压缩编码的方案。它的关键是能够有效地进行 n 维希尔伯特空间到 2^{nR} 维典型子空间 $\boldsymbol{H}_c^n$ 的映射 ε^n：$\boldsymbol{H}^{\otimes n}\rightarrow\boldsymbol{H}_c^n$。枚举编码、赫夫曼编码和算术编码等经典压缩技术当然可以应用，但有一个很强的限制就是编码实现的过程必须是完全可逆的，并且在产生压缩后编码过程中要完全擦除原来的状态。

最后，举例说明量子信源的压缩编码方法。

【例 7-3】 假设单粒子极化状态表示为$|\uparrow_z\rangle=[1,0]^{\mathrm{T}}$，$|\uparrow_x\rangle=[1/\sqrt{2},1/\sqrt{2}]^{\mathrm{T}}$，它们出现的概率为 1/2，给出单个量子态和 3 个量子态序列的压缩编码过程。

解：由于$|\uparrow_z\rangle=[1,0]^{\mathrm{T}}$，$|\uparrow_x\rangle=[1/\sqrt{2},1/\sqrt{2}]^{\mathrm{T}}$，其密度矩阵为

$$\boldsymbol{\rho}=1/2\ |\ \varphi_0\rangle\langle\varphi_0\ |+1/2\ |\ \varphi_1\rangle\langle\varphi_1\ |=\begin{bmatrix}3/4 & 1/4\\ 1/4 & 1/4\end{bmatrix}$$

可计算出对应的特征值和特征向量分别为

$$\lambda(0')=\cos^2\frac{\pi}{8},\quad \lambda(1')=\sin^2\frac{\pi}{8},\quad |\ 0'\rangle=\begin{bmatrix}\cos\frac{\pi}{8}\\ \sin\frac{\pi}{8}\end{bmatrix},\quad |\ 1'\rangle=\begin{bmatrix}\sin\frac{\pi}{8}\\ -\cos\frac{\pi}{8}\end{bmatrix}$$

特征矢量$|0'\rangle$和$|1'\rangle$与两个信号态$|\uparrow_z\rangle$，$|\uparrow_x\rangle$间重叠的部分相同，这是因为

$$|\ \langle 0'\ |\ \uparrow_z\rangle\ |^2=|\ \langle 0'\ |\ \uparrow_x\rangle\ |^2=\cos^2\left(\frac{\pi}{8}\right)=0.8535$$

$$|\ \langle 1'\ |\ \uparrow_z\rangle\ |^2=|\ \langle 1'\ |\ \uparrow_x\rangle\ |^2=\sin^2\left(\frac{\pi}{8}\right)=0.1465$$

如果通信中仅需传输一个量子态，最好的压缩方法是不发送。在接收端，由于不知道发送端发送的是何种量子态，最好的方法是假设发送量子态$|\psi\rangle=|0'\rangle$，因为这时测量后的保真度最大，即

$$F=\frac{1}{2}\times|\ \langle 0'\ |\ \uparrow_z\rangle\ |^2+\frac{1}{2}\times|\ \langle 0'\ |\ \uparrow_x\rangle\ |^2=\cos^2\left(\frac{\pi}{8}\right)=0.8535$$

现设想 Alice 需发送 3 个符号给 Bob，而她目前只有能力发送两个量子比特，需要 Bob 以最大的保真度重建出她发送的 3 个量子态。第 1 种方案是她只发送两个量子比特，然后让 Bob 以$|\psi\rangle=|0'\rangle$态猜测第 3 个量子比特。由于前两个量子比特的保真度 $F=1$，最后一个量子比特的保真度为 $F=0.835$，因此总的保真度为 0.8535。是否存在更高保真度的方案呢？答案是肯定的，通过 Schumacher 编码方案可实现保真度更高的结果。

通过斜化密度算子$\boldsymbol{\rho}$，可以将单粒子量子比特分解为“极有可能”的一维空间（如$|0'\rangle$所张成的空间）和“极不可能”的一维空间（如$|1'\rangle$所张成的空间）。按照同样方法，可以将 3 个量子比特空间分解为两种子空间：一个是“极有可能”的子空间，另一个是“极不可能”的子空间。对于任意的一个三量子比特，$|\psi\rangle=|\psi_1\rangle|\psi_2\rangle|\psi_3\rangle$，其中，$|\psi_i\rangle$，$i=1,2,3$，可以是$|\uparrow_z\rangle$和$|\uparrow_x\rangle$中的一种，通过计算，可得到如下结果：

$$|\langle 0'0'0' | \psi\rangle|^2 = \cos^6\left(\frac{\pi}{8}\right) = 0.6219$$

$$|\langle 0'0'1' | \psi\rangle|^2 = |\langle 0'1'0' | \psi\rangle|^2 = |\langle 1'0'0' | \psi\rangle|^2 = \cos^4\left(\frac{\pi}{8}\right)\sin^2\left(\frac{\pi}{8}\right) = 0.1067$$

$$|\langle 0'1'1' | \psi\rangle|^2 = |\langle 1'1'0' | \psi\rangle|^2 = |\langle 1'0'1' | \psi\rangle|^2 = \cos^2\left(\frac{\pi}{8}\right)\sin^4\left(\frac{\pi}{8}\right) = 0.0183$$

$$|\langle 1'1'1' | \psi\rangle|^2 = \sin^6\left(\frac{\pi}{8}\right) = 0.0031$$

因此,可以将 3 个量子比特空间分解为一个由$\{|0'0'0'\rangle, |0'0'1'\rangle, |0'1'0'\rangle, |1'0'0'\rangle\}$组成的子空间$\boldsymbol{\Lambda}$(极有可能子空间)和它的正交空间$\boldsymbol{\Lambda}^{\perp}$,$\{|0'1'1'\rangle, |1'0'1'\rangle, |1'1'0'\rangle, |1'1'1'\rangle\}$。对于任意量子态,“模糊”测量后落入子空间$\boldsymbol{\Lambda}$和$\boldsymbol{\Lambda}^{\perp}$的概率分别为

$$p_{\boldsymbol{\Lambda}} = 0.6219 + 3 \times 0.1067 = 0.9419$$

$$p_{\boldsymbol{\Lambda}^{\perp}} = 1 - p_{\boldsymbol{\Lambda}} = 0.0581$$

Alice 首先通过幺正变换将概率大的 4 个量子态$|0'0'0'\rangle$、$|0'0'1'\rangle$、$|0'1'0'\rangle$、$|1'0'0'\rangle$旋转为$|\cdot\rangle|\cdot\rangle|0\rangle$态,概率小的 4 个量子态$|0'1'1'\rangle$、$|1'0'1'\rangle$、$|1'1'0'\rangle$、$|1'1'1'\rangle$旋转为$|\cdot\rangle|\cdot\rangle|1\rangle$;然后测量第 3 个量子比特完成“模糊”测量。如果测量结果为$|0\rangle$态,表明 Alice 发送的是$\boldsymbol{\Lambda}$子空间量子态,Alice 将剩余的未测量的两个量子比特$|\psi_{\text{comp}}\rangle$发送给 Bob。当 Bob 接收到这两个量子比特$|\psi_{\text{comp}}\rangle$后,他首先附加上量子比特$|0\rangle$,然后经过逆幺正变换获得 Alice 发送的量子态

$$|\psi'\rangle = \boldsymbol{U}^{-1}(|\psi_{\text{comp}}\rangle|0\rangle)$$

如果 Alice 的测量结果为$|1\rangle$态,表明她将发送量子态投影到极不可能子空间$\boldsymbol{\Lambda}^{\perp}$上。在这种情况下,她最可能做的事是让 Bob 得到压缩量子态后能够解压到$|0'0'0'\rangle$状态,即$|\psi'\rangle = \boldsymbol{U}^{-1}(|\psi_{\text{comp}}\rangle|0\rangle) = |0'0'0'\rangle$。

这样,经过 Alice 压缩并发送量子态后,Bob 获得了密度矩阵为$\boldsymbol{\rho}'$的量子态,$\boldsymbol{\rho}' = |\psi'\rangle\langle\psi'| = \boldsymbol{E}|\psi\rangle\langle\psi|\boldsymbol{E} + |0'0'0'\rangle\langle\psi|(\boldsymbol{I}-\boldsymbol{E})|\psi\rangle|0'0'0'\rangle$,其中,$\boldsymbol{E}$是极有可能子空间$\boldsymbol{\Lambda}$的投影算子,量子态的信息保真度为

$$\begin{aligned} F &= \langle\psi|\boldsymbol{\rho}'|\psi\rangle = (\langle\psi|\boldsymbol{E}|\psi\rangle)^2 + (\langle\psi|\boldsymbol{I}-\boldsymbol{E}|\psi\rangle)(\langle\psi|0'0'0'\rangle)^2 \\ &= (0.9419)^2 + 0.0581 \times 0.6219 = 0.9234 \end{aligned}$$

这比原来只发送两个量子比特时保真度要高。

随着字符的增加,压缩后的保真度将增加。一个单量子比特的冯·诺依曼熵为$S(\boldsymbol{\rho}) = H\left(\cos^2\frac{\pi}{8}\right) = 0.60088$,根据 Schumacher 编码定理,可以将字符串压缩到原来的 0.60088,且取得很好的保真度。

7.3 量子信道编码理论

7.3.1 量子信道

和经典信道概念类似,在量子信息论中将量子态作为输入并输出量子态的系统称为量子信道。例如,光纤就是一种量子信道,因为当载荷某一量子态的光子经过光纤传输时,由

于受到噪声和失真等因素的干扰，一定会以另一量子态出现在光纤的另一端。量子态在量子信道中的传输过程可用符号表示为

$$\boldsymbol{\rho}_{\text{in}} \xrightarrow{\boldsymbol{U}} X \xrightarrow{\boldsymbol{U}^{-1}} \boldsymbol{\rho}_{\text{out}}$$

其中，$\boldsymbol{\rho}_{\text{in}}$ 是输入量子信道的量子态，X 为量子信道，$\boldsymbol{\rho}_{\text{out}}$ 是量子信道输出的量子态，而 $\boldsymbol{U}$ 和 $\boldsymbol{U}^{-1}$ 是对量子态实施的酉变换和酉逆变换。

如果对于每个输入的量子比特，量子信道对它们的作用都是相同的，则称这样的量子信道是时间独立、无记忆的；如果量子信道对每个输入量子比特的作用不同，则这样的量子信道是依赖于时间的、有记忆的量子信道。例如，n 个比特在信道上传输时可传送 2^n 个不同的消息一样，n 个量子比特在量子信道传送时，可以传送 2^n 维希尔伯特空间中的任一量子态。

量子信道对输入量子态的作用可以表示为超算子(superoperator)。例如，常见的比特翻转信道的作用是将输入量子比特的状态以概率 $1-p$ 翻转，而以 p 的概率保持不变，因此它的超算子可表示为

$$\boldsymbol{E}_0=\sqrt{p}\boldsymbol{I}=\sqrt{p}\begin{bmatrix}1 & 0\\0 & 1\end{bmatrix},\quad \boldsymbol{E}_1=\sqrt{1-p}\boldsymbol{X}=\sqrt{1-p}\begin{bmatrix}0 & 1\\1 & 0\end{bmatrix} \tag{7.3.1}$$

对于输入为 ρ 的量子态，经超算子作用，得到的输出量子态为 $\varepsilon(\boldsymbol{\rho})=\boldsymbol{E}_0\boldsymbol{\rho}\boldsymbol{E}_0^{+}+\boldsymbol{E}_1\boldsymbol{\rho}\boldsymbol{E}_1^{+}$。例如，去极化信道是以 $1-p$ 的概率保持不变，而以 p 的概率将单量子比特完全被混合态所替代，因此它的超算子作用后的量子态为 $\varepsilon(\boldsymbol{\rho})=\dfrac{p\boldsymbol{I}}{2}+(1-p)\boldsymbol{\rho}$，其中，$\dfrac{\boldsymbol{I}}{2}=\dfrac{\boldsymbol{\rho}+\boldsymbol{X}\boldsymbol{\rho}\boldsymbol{X}+\boldsymbol{Y}\boldsymbol{\rho}\boldsymbol{Y}+\boldsymbol{Z}\boldsymbol{\rho}\boldsymbol{Z}}{4}$。

7.3.2 量子信道容量

与一般信道不同，像光纤这样的量子信道根据所传输信息的不同形式具有 3 种不同的信道容量，它们分别是传输经典信息时的信道容量 $C(N)$，传送纯量子信息的信道容量 $Q(N)$，以及在纠缠辅助下传输量子信息的信道容量 $Q_2(N)$。依据经典信道容量的定义，3 种信道容量的定义分别如下。

定义 7.8：对于任意大的 n 和任意小的 ε，当 n 个量子比特的每个量子态 $|\psi\rangle$ 经过编码、信道传输和解码后的保真度都大于 $1-\varepsilon$ 时的量子信道的最大传输速率称为信道容量 $Q(N)$。用数学公式精确地表示为

$$Q(N)=\lim_{\varepsilon\to 0}\limsup_{n\to\infty}\left\{\frac{n}{m}:\ \exists_{m,\boldsymbol{E},\boldsymbol{D}}\ \forall_{\psi\in H_{2^n}}\ \langle\psi\mid \boldsymbol{D}N^{\otimes m}\boldsymbol{E}(|\psi\rangle\langle\psi|)\mid\psi\rangle>1-\varepsilon\right\} \tag{7.3.2}$$

其中，$\boldsymbol{E}$ 是从 n 量子比特序列到 m 量子信道输入的编码算子，$\boldsymbol{D}$ 是从 m 量子信道输出到 n 量子比特序列的解码算子。

与此类似，信道容量 $C(N)$ 可表示为

$$C(N)=\lim_{\varepsilon\to 0}\limsup_{n\to\infty}\left\{\frac{n}{m}:\ \exists_{m,\boldsymbol{E},\boldsymbol{D}}\ \forall_{\psi\in\{|0\rangle,|1\rangle\}^n}\ \langle\psi\mid \boldsymbol{D}N^{\otimes m}\boldsymbol{E}(|\psi\rangle\langle\psi|)\mid\psi\rangle>1-\varepsilon\right\} \tag{7.3.3}$$

它们的定义形式相同，所不同的是在 $C(N)$ 的定义中输入态仅是 n 个量子比特的布尔态（$|0\rangle$，$|1\rangle$），而 $Q(N)$ 的输入态是 2^n 维希尔伯特空间中的任一量子态。由于 $C(N)$ 定义中不需要将布尔态的叠加态进行可靠的传输，因此，任何量子信道 $Q(N)$ 都将小于或等于 $C(N)$。当然，存在量子信道容量的其他定义形式，但可以证明所有的定义都是等效的。由于 $C(N)$ 和 $Q(N)$ 两种容量的定义基本相同，可以用相同的信道模型描述，如图 7-3 所示。n 个量子比特进入编码器（$\boldsymbol{E}$）编码后在 m 个量子比特所表示的信道中传输，然后经过解码器（$\boldsymbol{D}$）的解码得到输入时的 n 个量子比特。

纠缠辅助下的量子信道容量 $Q_2(N)$ 模型相对复杂一些，如图 7-4 所示。发送方 Alice 和接收方 Bob 间除了量子信道 N 外，还预先存在一些共享量子纠缠对。Alice 开始时接收到 n 个量子比特，她通过量子信道将量子比特传送给 Bob，进行一定的局部量子运算后，通过互通信息，最终使 Bob 输出的量子态接近于输入的 n 个量子比特。$Q_2(N)$ 的定义完全可用式(7.3.2)表示，不过这时 $\boldsymbol{E}$ 和 $\boldsymbol{D}$ 由图 7-4 所示的两个交互协议所替换，很明显对于任意量子信道，总存在 $Q_2(N)\geqslant Q(N)$。纠缠辅助下的量子信道容量之所以总是大于传送纯量子信息的量子信道容量，是因为在这种情况下 Alice 不是直接使用含噪信道将输入量子态传输给 Bob，事实上，她总是制备 m 组 EPR 纠缠量子对，并将 EPR 纠缠量子对与 Bob 共享。但由于量子信道存在噪声，Alice 和 Bob 将共享一些不纯的纠缠量子对。通过对这些不纯量子对的局部操作和测量，以及对测量结果的相互比对，Alice 和 Bob 可以从这 m 组不纯纠缠量子对中提取出 n 组纯纠缠量子对（$n<m$），这个过程称为纠缠纯化。这些被纯化的 EPR 纠缠对将参与输入量子态 $|\psi\rangle$“隐形传态到”Bob 的过程。由于量子纠缠对的纯化过程不对传送速率产生任何影响，因此 $Q_2(N)\geqslant Q(N)$。

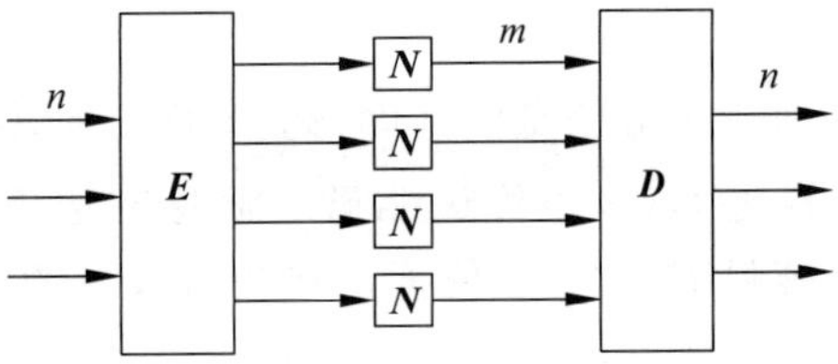

图 7-3　容量 Q 与容量 C 的量子信道模型

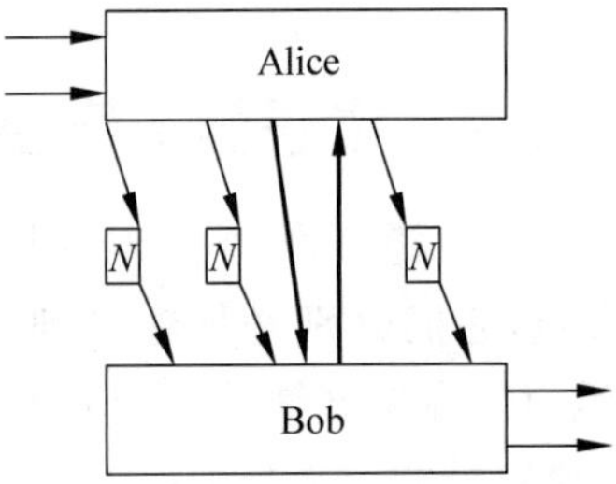

图 7-4　纠缠辅助下的量子信道模型

尽管如此，对于绝大多数有噪声量子信道，这 3 种容量并不能给出具体值，而仅能给出一个取值范围。例如，反极化量子信道（可对应于经典的二进制对称信道，是量子信道中最简单的信道模型），它正确传送输入量子态的概率为 $1-p$，出错概率为 p。若错误完全由 3 种 Pauli 算子引起，则出现每种 Pauli 算子的概率为 $p/3$；当然，反极化量子信道也可描述为对输入量子态进行单位算子作用的概率为 $1-3p/4$，而每种 Pauli 算子出现的概率为 $p/4$。不同的描述方法产生了 Pauli 算子出现的概率是 $p/3$ 还是 $p/4$ 的差别，决定了其容量不能精确地被计算。当然，对于另一些简单信道，如量子可抹信道，如果正确传输量子态的概率为 $1-p$，用可抹符号代替的概率为 p，可以计算出它的信道容量 $C(N)=Q_2(N)=1-p$，$Q(N)=\max\{1-2p,0\}$。

在信息论中，信道输入与输出符号间的互信息起着非常重要的作用。对于单消息信道，其信道容量表现为互信息的非渐近结果，是它的最大值。而量子信道并不存在这样简单的对应关系，它的3种容量都不是某个物理量的非渐近值。但是，它们又分别与一些物理量相关联，例如，信道容量 $Q(N)$ 可通过相关信息（coherent information）描述，信道容量 $C(N)$ 又完全由可访问信息（accessible information）确定。在信道容量范围确定的情况下，Holevo等给出了有噪声条件下量子信道的编码理论，即 Holevo-Schumacher-Westmoreland（HSW）定理。

7.3.3 Holevo 信息

Schumacher 定理描述了纯态系统的可压缩性，但是，如果字符编码来自于混合态系综，则它的可压缩性是否仍然可以用 Schumacher 定理描述呢？现用一个简单的例子说明。假设一个混合量子态 $\boldsymbol{\rho}_0$ 的熵为 $S(\boldsymbol{\rho}_0)\neq 0$，且出现的概率 $p_0=1$。那么长为 n 的字符消息可编码成 $\boldsymbol{\rho}_0^n$，但不含任何信息。接收端可以重建出这个消息而不需要从发送端接收任何信息。因此，这个消息可以被压缩成每个字符仅需0个量子比特，小于每个字符的熵 $S(\boldsymbol{\rho})$。由此可见，Schumacher 定理不适用于混合态系综。

从熵 $S(\boldsymbol{\rho})$ 的定义中，能够得到混合态系综被压缩编码的合理表达。假设每个字符是从相互正交的混合态中选取 $\{\boldsymbol{\rho}_x, p_x\}$，即对于 $x\neq y$，$\mathrm{tr}(\boldsymbol{\rho}_x\boldsymbol{\rho}_y)=0$，量子态张成相互正交的子空间。由于这种混合态是可以区分的，消息序列实质上是一经典序列，所以它们可以压缩到每个字符用香农熵 $H(X)$ 表示。每个字符的量子密度算子为 $\boldsymbol{\rho}=\sum_x p_x\boldsymbol{\rho}_x$，它是一个对角矩阵，相应的冯·诺依曼熵为

$$S(\boldsymbol{\rho})=-\mathrm{tr}\boldsymbol{\rho}\log\boldsymbol{\rho}=H(X)+\sum_x p_x S(\boldsymbol{\rho}_x) \tag{7.3.4}$$

因此，可将香农熵 $H(X)$ 写成

$$H(X)=S(\boldsymbol{\rho})-\sum_x p_x S(\boldsymbol{\rho}_x) \tag{7.3.5}$$

现定义 $\chi(\varepsilon)=S(\boldsymbol{\rho})-\sum_x p_x S(\boldsymbol{\rho}_x)$ 为系综 $\varepsilon=\{\boldsymbol{\rho}_x, p_x\}$ 的 Holevo 信息（Holevo information），显而易见，它不仅取决于密度算子 $\boldsymbol{\rho}$，而且取决于实现密度算子 $\boldsymbol{\rho}$ 时混合态系综所选取的方法。可以证明，不论是纯态系综，还是相互正交的混合量子态系综，对于足够大的 n，Holevo 信息是经过压缩编码后能保持高保真度时每个字符所需的最优量子比特数。

Holevo 信息可认为是冯·诺依曼熵的推广。对于纯态系综，它的大小等同于 $S(\boldsymbol{\rho})$。它也像经典信息论中的互信息一样，告诉我们平均来说当知道量子态系统的选取方法后，冯·诺依曼熵的减少量。与经典互信息一样，通过冯·诺依曼熵的凸性可以证明 Holevo 信息总是非负的。

现在考虑 Holevo 信息与非正交混合态编码的消息可压缩性之间的关系。可以证明，如果每个字符用小于 Holevo 信息的量子比特进行压缩编码，获得高保真度是不可能的。为了证明这一点，需要首先了解 Holevo 信息的单调性，即对量子系统的任何算子运算都不可能增加 Holevo 信息。如果假设 S 是一算子，$S:\varepsilon=\{\boldsymbol{\rho}_x, p_x\}\to\varepsilon'=\{S(\boldsymbol{\rho}_x), p_x\}$，则 $\chi(\varepsilon')\leqslant\chi(\varepsilon)$。

现考虑长为 n 的字符消息，每个字符独立地用 $\varepsilon=\{\boldsymbol{\rho}_x, p_x\}$ 系综中的量子态表示，所有

输入消息的集合为 $\varepsilon^{(n)}$。将消息压缩编码到希尔伯特空间 $\widetilde{H}^{(n)}$，且对应的消息量子态为 $\tilde{\varepsilon}^{(n)}$，那么基于算子 $\boldsymbol{S}$ 的译码为 $\boldsymbol{S}: \tilde{\varepsilon}^{(n)} \to \varepsilon'^{(n)}$，其中 $\varepsilon'^{(n)}$ 为输出消息。假设这种编码方案具有很高的保真度，则对于任意给定的 δ 和足够大的 n，有

$$\frac{1}{n}\chi(\varepsilon^{(n)}) - \delta \leqslant \frac{1}{n}\chi(\varepsilon'^{(n)}) \leqslant \frac{1}{n}\chi(\varepsilon^{(n)}) + \delta \tag{7.3.6}$$

即输出消息每个字符的 Holevo 消息与输入消息的每个字符的 Holevo 信息应当非常接近。

由于输入消息是直积形式，由冯·诺依曼熵的可加性得到

$$\chi(\varepsilon^{(n)}) = n\chi(\varepsilon) \tag{7.3.7}$$

且由 Holevo 信息的单调性可知

$$\chi(\varepsilon'^{(n)}) \leqslant \chi(\tilde{\varepsilon}^{(n)}) \tag{7.3.8}$$

结合上述公式，得

$$\frac{1}{n}\chi(\tilde{\varepsilon}^{(n)}) \geqslant \chi(\varepsilon) - \delta \tag{7.3.9}$$

最后，因为 $\chi(\tilde{\varepsilon}^{(n)}) \leqslant S(\tilde{\rho}^{(n)}) \leqslant \log\dim\widetilde{H}^{(n)}$，对于任意小的 δ 和足够大的 n，有

$$\frac{1}{n}\log(\dim\widetilde{H}^{(n)}) \geqslant \chi(\varepsilon) \tag{7.3.10}$$

即若要得到高保真度的压缩方案，每个字符所需要的量子比特数小于 $\chi(\varepsilon)$ 是不可能的。

Holevo 信息与经典互信息的形式及性质的相似性，使得 Holevo 信息可能就是在一个量子系统中存储或提取的经典信息量。现通过 Alice 与 Bob 之间的通信讨论此问题。假设 Alice 以纯态系综 $\varepsilon = \{|\phi_x\rangle, p_x\}$ 制备一量子态，尽管 Bob 知道这个纯态系综，但不了解 Alice 所选取的具体量子态，他希望获得足够多有关状态 $|\phi_x\rangle$ 的信息。Bob 通过测量获取信息，如 POVM$\{F_y\}$。如果制备的是 $|\phi_x\rangle$ 状态，Bob 通过测量后得到 $|\phi_y\rangle$ 状态的条件概率为

$$p(y \mid x) = \langle \varphi_x \mid F_y \mid \varphi_x \rangle \tag{7.3.11}$$

这个条件概率和系统 ε 决定了 Bob 通过测量后平均得到的信息量。Bob 可以任意选择一种测量方法得到信息，能够得到最大信息的测量方法称为最优测量，它取决于 Alice 所选择的系综，最大的信息定义为系综 ε 的可访问信息，即

$$Acc(\varepsilon) = \max_{\{F_y\}} I(X; Y) \tag{7.3.12}$$

其中，最大值是对所有可能的 POVM 测量算子进行计算。如果 $|\varphi_x\rangle$ 相互正交，即每个量子态可以严格区分(不论是纯态系综还是混合系综)，则 POVM 测量算子可设计为 $F_y = |\varphi_y\rangle\langle\varphi_y|$，这时条件概率为 $p(y|x) = \delta_{y,x}$。因此，$H(X|Y)=0$，$I(X; Y) = H(X)$，所以 $Acc(\varepsilon) = H(X)$。如果 $|\varphi_x\rangle$ 不相互正交，目前为止还没能给出可访问信息在这种情况下的一般性公式，但是它存在一个上界，当系综为纯态时，$Acc(\varepsilon) \leqslant S(\boldsymbol{\rho})$，当系综为混合态时，$Acc(\varepsilon) \leqslant \chi(\varepsilon)$。

在经典信息论中，可访问信息没有太多的价值，因为区分两个经典状态总是可能的。但是，在量子力学中并不总是能够区分不同的状态，即使从原理上也是不行的。如果 Alice 以概率 p 制备状态 $|\varphi\rangle$，以 $1-p$ 概率制备非正交状态 $|\psi\rangle$，则传输结果的可访问信息将严格小于香农熵 $H(p)$，表现为 Bob 不可能完全有把握地确定 Alice 所发送的状态。

除此之外，不可克隆原理描述了量子信息缺乏可访问性的一方面。设 Alice 以概率 p

和 $1-p$ 制备了两个非正交的量子态 $|\varphi\rangle$ 和 $|\psi\rangle$，假设 Bob 关于这些状态的可访问信息是 $H(p)$，即量子力学原理允许 Bob 通过测量获得了识别 Alice 制备的 $|\varphi\rangle$ 和 $|\psi\rangle$ 的状态的足够信息，那么 Bob 将能够以非常简单的方式克隆这些状态。不可克隆原理可以看作是状态可访问信息严格不大于 $H(p)$ 的一个结论。

反之，也可以把可访问信息小于 $H(p)$ 看作是不可克隆原理的一个结论。设想可以克隆非正交量子态，从 Alice 接收到状态 $|\varphi\rangle$ 或 $|\psi\rangle$ 之后，Bob 可以反复使用克隆装置，得到状态 $|\varphi\rangle^{\otimes n}$ 或 $|\psi\rangle^{\otimes n}$。在 n 非常大的极限情况下，这两个状态将接近正交，从而可以通过投影测量以任意大的概率区分它们，那么 Bob 将能以任意高的成功概率识别量子态 $|\varphi\rangle$ 和 $|\psi\rangle$，因而可访问信息将是 $H(p)$。因此，不可克隆原理将等价于非正交量子态的可访问信息小于 $H(p)$ 熵。

可访问信息用量化的方式描述了量子信息的隐含性质，遗憾的是还不知道计算可访问信息的通用方法，不过可以给出一些重要的界，其中最著名的就是 Holevo 界。

Holevo 界是可访问信息的上界，就像量子信息理论中的许多理论一样，Holevo 界不是一个简单的定理，它的证明依赖于冯·诺依曼熵的次可加性。

定理 7.2：设 Alice 以概率 $p_0,p_1,p_2,\cdots,p_n$ 制备状态 $\boldsymbol{\rho}_x$，其中，$x=0,1,2,\cdots,n$。Bob 通过 POVM 测量算子 $\{\boldsymbol{E}_y\}=\{\boldsymbol{E}_0,\boldsymbol{E}_1,\boldsymbol{E}_2,\cdots,\boldsymbol{E}_m\}$ 进行测量，结果为 Y。Holevo 界断言，Bob 可进行的任何此类测量都存在 $I(X;Y)\leqslant S(\boldsymbol{\rho})-\sum_x p_x S(\boldsymbol{\rho}_x)$，其中，$\boldsymbol{\rho}=\sum_x p_x\boldsymbol{\rho}_x$。

7.3.4 量子信道编码理论

现假设 Alice 和 Bob 使用带噪声的量子信道进行通信，更确切地说，Alice 有一些消息 M 需要通过含噪量子信道传送给 Bob。与经典通信一样，Alice 将对这些消息进行编码，所不同的是此时需将每个消息编码成量子态，通过含噪量子信道传送给 Bob。为此 Alice 需要以什么样的编码方式，才能使 Bob 以低差错率确定 Alice 所发送的消息呢？而且使得 Alice 向 Bob 发送信息的码率(每个量子比特所携带的信息)越高越好。这就是带噪声量子信道的经典量子信道容量问题。尽管目前该问题仍未得到完全解决，但是 HSW(Holevo-Schumacher-Westmorland)定理给出了在特定的带噪声信道 ε 中积状态容量的有效计算方法，且在一些情况下可导出精确的表达式。这里积状态容量是指假定 Alice 把她的消息用积状态 $\boldsymbol{\rho}_1\otimes\boldsymbol{\rho}_2\otimes\cdots$ 进行编码所获得的信道容量，其中，$\boldsymbol{\rho}_1,\boldsymbol{\rho}_2,\cdots$ 是信道 ε 的输入。

定理 7.3：HSW 定理：设 ε 是一个保迹量子运算，定义

$$\chi(\varepsilon)=\max_{\{p_j,\boldsymbol{\rho}_j\}}\left\{S\left[\varepsilon\left(\sum_j p_j\boldsymbol{\rho}_j\right)\right]-\sum_j p_j S(\varepsilon(\boldsymbol{\rho}_j))\right\} \tag{7.3.13}$$

其中，最大值是在信道所有可能的输入状态 $\boldsymbol{\rho}$ 的系统 $\{p_j,\boldsymbol{\rho}_j\}$ 上取的，则 $\chi(\varepsilon)$ 是信道 ε 的积状态容量。只要 $R<\chi(\varepsilon)$，必存在编码方法，使得所有消息的差错概率可以任意小；反之，不可能在信道 ε 进行可靠的通信。

与香农有噪信道编码定理相类似，HSW 定理的证明也包含几个重要的概念，下面阐述这些概念，以便理解 HSW 定理。

1. 随机编码

设 $\boldsymbol{\rho}_j$ 是信道 ε 的一组可能的输入，且令 $\boldsymbol{\sigma}_j=\varepsilon(\boldsymbol{\rho}_j)$ 为相应的输出。同时假设 Alice 使用

$\boldsymbol{\rho}_j$ 的积状态编码与 Bob 进行通信，这样就可以引入与经典有噪信道编码定理证明过程中类似于随机编码的概念。

令 p_j 是$\boldsymbol{\rho}_j$ 的概率分布，Alice 共有 $M=\{1,\cdots,2^{nR}\}$个消息需发送，从集合中选取消息 M，其中消息 M 被编码成$\boldsymbol{\rho}_M=\boldsymbol{\rho}_{M_1}\otimes\boldsymbol{\rho}_{M2}\otimes\cdots\otimes\boldsymbol{\rho}_{Mn}$，这里 $M_1,M_2,\cdots,M_n$ 是从指标集$\{j\}$中选取的对应 M 消息的第 j 个指标。对于每个消息 M，Alice 根据概率分布$\{p_j\}$的采样选择 M_1 至 M_n。对应的信道输出态可描述为$\boldsymbol{\sigma}_M=\varepsilon(\boldsymbol{\rho}_M)$，用$\boldsymbol{\sigma}$ 代替$\boldsymbol{\rho}$ 作输出标记。

当 Bob 接收到特定状态$\boldsymbol{\sigma}_M$ 后，通过测量确定 Alice 所发送的消息 M。因为现在仅对测量结果的统计特性感兴趣，而不需要了解测量后的量子态，因此可以采用 POVM 测量算子。假设对于每个消息 M，Bob 拥有相应的测量算子 E_M。由 POVM 算子的完备性可知，一定还存在一个测量算子 $\boldsymbol{E}_0$，且 $\boldsymbol{E}_0=I-\sum\limits_{M\neq 0}\boldsymbol{E}_M$，它不对应任何 Alice 所发送的消息。于是 Bob 成功确定消息 M 的概率为 $\mathrm{tr}(\boldsymbol{\sigma}_M\boldsymbol{E}_M)$，错误概率为 $p_M^{\mathrm{e}}=1-\mathrm{tr}(\boldsymbol{\sigma}_M\boldsymbol{E}_M)$。

现希望证明存在一种编码方法，对于所有消息 M，错误概率 p_M^{e} 都很小。为了给出这一证明，采用香农有噪编码定理中的随机编码方法。假设 Alice 从集合$\{1,\cdots,2^{nR}\}$中等概率地选择消息 M，则平均出错概率应为 $p_{\mathrm{av}}=\dfrac{\sum\limits_M p_M^{\mathrm{e}}}{2^{nR}}=\dfrac{\sum\limits_M(1-\mathrm{tr}(\boldsymbol{\sigma}_M\boldsymbol{E}_M))}{2^{nR}}$，现只需证明当 n 足够大时，存在编码方法使得平均错误概率趋于 0。若一旦平均出错概率在 n 足够大时趋于 0，则表明一定存在一种编码方法使得对于所有 M 的错误概率都趋于 0。

证明：假设 $\varepsilon>0$，定义 $\bar{\boldsymbol{\sigma}}=\sum\limits_j p_j\boldsymbol{\sigma}_j$，且 $\boldsymbol{P}$ 是到$\bar{\boldsymbol{\sigma}}^{\otimes n}$ 典型子空间的投影算子。由典型子空间的性质可知，对任意 $\delta>0$ 和足够大的 n，存在

$$\mathrm{tr}(\bar{\boldsymbol{\sigma}}^{\otimes n}(\boldsymbol{I}-\boldsymbol{P}))\leqslant\delta \tag{7.3.14}$$

对于消息 M，同样可给出信道输出量子态$\boldsymbol{\sigma}_M$ 的 ε-典型子空间表示。其中，$\boldsymbol{\sigma}_M$ 是 np_1 个$\boldsymbol{\rho}_1$，np_2 个$\boldsymbol{\rho}_2$，…的张量积。定义 $\bar{S}=\sum\limits_j p_jS(\boldsymbol{\sigma}_j)$，设$\boldsymbol{\sigma}_j$ 具有谱分解为 $\sum\limits_k\lambda_k^j\mid e_k^j\rangle\langle e_k^j\mid$，于是有

$$\boldsymbol{\sigma}_M=\sum_M\lambda_K^M\mid E_K^M\rangle\langle E_K^M\mid \tag{7.3.15}$$

其中，$K=(K_1,K_2,\cdots,K_n)$。并且为方便起见，定义 $\lambda_K^M\equiv\lambda_{K_1}^{M_1}\lambda_{K_2}^{M_2}\cdots\lambda_{K_n}^{M_n}$ 和$|\boldsymbol{E}_K^M\rangle\equiv|e_{K_1}^{M_1}\rangle|e_{K_2}^{M_2}\rangle\cdots|e_{K_n}^{M_n}\rangle$，定义 $\boldsymbol{P}_M$ 为$|\boldsymbol{E}_K^M\rangle$张成子空间上的投影算子，所以有

$$\left|\frac{1}{n}\log\frac{1}{\lambda_K^M}-S\right|\leqslant\varepsilon \tag{7.3.16}$$

令满足上式的所有 K 构成的集合为 T_M。类似典型序列定理的证明方法，大数定理蕴含对任意 $\delta>0$ 和足够大的 n，有 $\boldsymbol{E}(\mathrm{tr}(\boldsymbol{\sigma}_M\boldsymbol{P}_M))\geqslant 1-\delta$，其中期望是由随机编码产生的码字$\boldsymbol{\rho}_M$ 上的分布取的，因此对于每个消息 M，存在

$$\boldsymbol{E}[\mathrm{tr}(\boldsymbol{\sigma}_M(I-\boldsymbol{P}_M))]\leqslant\delta \tag{7.3.17}$$

由式(7.3.16)知，由 $\boldsymbol{P}_M$ 投影算子投影的子空间维数至多为 $2^{n(\bar{S}+\varepsilon)}$，即

$$\boldsymbol{E}[\mathrm{tr}(\boldsymbol{P}_M)]\leqslant 2^{n(\bar{S}+\varepsilon)} \tag{7.3.18}$$

再假设 Bob 解码的 POVM 算子为

$$\boldsymbol{E}_M \equiv \left(\sum_{M'} \boldsymbol{P}\boldsymbol{P}_{M'}\boldsymbol{P}\right)^{-1/2} \boldsymbol{P}\boldsymbol{P}_M\boldsymbol{P}\left(\sum_{M'} \boldsymbol{P}\boldsymbol{P}_{M'}\boldsymbol{P}\right)^{-1/2} \tag{7.3.19}$$

其中,$\boldsymbol{A}^{-1/2}$ 表示 $\boldsymbol{A}^{1/2}$ 的广义逆,且易知 $\sum_M \boldsymbol{E}_M \leqslant I$。于是可以定义 $\boldsymbol{E}_0 \equiv \boldsymbol{I} - \sum_M \boldsymbol{E}_M$。在特殊情形下,除去小的修正,$\boldsymbol{E}_M$ 等同于 $\boldsymbol{P}_M$。

随机编码可有效地获得平均差错概率 p_{av} 的上界。可以证明

$$p_{\text{av}} \leqslant \frac{1}{2^{nR}} \sum_M \left[3\text{tr}(\boldsymbol{\sigma}_M(\boldsymbol{I}-\boldsymbol{P})) + \sum_{M' \neq M} \text{tr}(\boldsymbol{P}\boldsymbol{\sigma}_M\boldsymbol{P}\boldsymbol{P}_{M'}) + \text{tr}(\boldsymbol{\sigma}_M(\boldsymbol{I}-\boldsymbol{P}_M))\right] \tag{7.3.20}$$

注意:此时 p_{av} 的值是针对某种特别码字获得的,需进一步计算它对所有随机编码的数学期望。

根据 $\boldsymbol{E}(\boldsymbol{\sigma}_M)=\bar{\boldsymbol{\sigma}}^{\otimes n}$,且当 $M' \neq M$ 时,$\boldsymbol{\sigma}_M$ 与 $\boldsymbol{P}_{M'}$ 是独立的,可得到

$$\boldsymbol{E}(p_{\text{av}}) \leqslant 3\text{tr}(\bar{\boldsymbol{\sigma}}^{\otimes n}(\boldsymbol{I}-\boldsymbol{P})) + (2^{nR}-1)\text{tr}(\boldsymbol{P}\bar{\boldsymbol{\sigma}}^{\otimes n}\boldsymbol{P}\boldsymbol{E}(\boldsymbol{P}_1)) + \boldsymbol{E}(\text{tr}(\boldsymbol{\sigma}_1(\boldsymbol{I}-\boldsymbol{P}_1))) \tag{7.3.21}$$

代入式(7.3.14)和式(7.3.17),得

$$\boldsymbol{E}(p_{\text{av}}) \leqslant 4\delta + (2^{nR}-1)\text{tr}(\boldsymbol{P}\bar{\boldsymbol{\sigma}}^{\otimes n}\boldsymbol{P}\boldsymbol{E}(\boldsymbol{P}_1)) \tag{7.3.22}$$

而 $\boldsymbol{P}\bar{\boldsymbol{\sigma}}^{\otimes n}\boldsymbol{P} \leqslant 2^{-n(S(\bar{\boldsymbol{\sigma}})-\varepsilon)}\boldsymbol{I}$,且有 $\boldsymbol{E}(\text{tr}(\boldsymbol{P}_1)) \leqslant 2^{n(\bar{S}+\varepsilon)}$,从而得

$$\boldsymbol{E}(p_{\text{av}}) \leqslant 4\delta + (2^{nR}-1)2^{-n(S(\bar{\sigma})-\bar{S}-2\varepsilon)} \tag{7.3.23}$$

$R<-\bar{S}$ 的条件下,可知当 $n\to+\infty$ 时,$\boldsymbol{E}(p_{\text{av}})\to 0$。事实上,通过选择系综$\{p_j, \boldsymbol{\rho}_j\}$可达到式(7.3.13)中的最大值,只要 $R<\chi(\varepsilon)$,$\boldsymbol{E}(p_{\text{av}})\to 0$ 必然存在。因此,必存在码率为 R 的编码方法,使得 n 足够大时,$p_{\text{av}}\to 0$。于是,对于任意 $\varepsilon>0$ 和充分大的 n,有

$$p_{\text{av}} = \frac{\sum_M p_M^{\text{e}}}{2^{nR}} < \varepsilon \tag{7.3.24}$$

显然为保证这点,至少 1/2 的消息 M 必须满足 $p_M^{\text{e}}<2\varepsilon$。因此,可以获得一种新的构造码字方法,即先构造满足码率 R 和 $p_{\text{av}}<\varepsilon$ 要求的码字,然后删去 1/2 具有高 p_M^{e} 的码字,得到 $2^{nR}/2=2^{n(R-1/n)}$ 的新码,满足对所有消息 M,有 $p_M^{\text{e}}<2\varepsilon$。显然,这种编码具有渐进码率 R,且对所有的码字,差错概率而不是平均差错概率,可以做到任意小。

综上所述可以证明,对任意小于式(7.3.13)所定义的 $\chi(\varepsilon)$的码率 R,总存在使用积状态输入的编码,可以以码率 R 通过信道 ε 的传输。但是,HSW 定理和香农经典带噪声信道编码定理具有同样的不足,它们没有提供可行的具体编码方法,只说明了编码方法的存在,且最大码率为信道容量。

2. 上界的证明

设 R 大于式(7.3.13)所定义的 $\chi(\varepsilon)$,证明 Alice 不可能通过信道 ε 以此码率向 Bob 发送信息。总体策略是,想象 Alice 均匀随机地从集合$\{1,\cdots,2^{nR}\}$中产生消息 M,并证明平均出错概率必定有大于 0 的下界,故最大出错概率必定也具有大于 0 的下界。

设 Alice 把消息 M 编码为$\boldsymbol{\rho}_M=\boldsymbol{\rho}_1^M\otimes\boldsymbol{\rho}_2^M\otimes\cdots\otimes\boldsymbol{\rho}_n^M$,而相应的信道输出用$\boldsymbol{\sigma}$ 代替$\boldsymbol{\rho}$ 。Bob 用 POVM$\{\boldsymbol{E}_M\}$进行测量。不失一般性,假设它对每一个消息 M,包含一个 POVM 测量元 $\boldsymbol{E}_M$,于是额外的 POVM 元 $\boldsymbol{E}_0$ 保证测量算子的完备性关系,即 $\sum_M \boldsymbol{E}_M=\boldsymbol{I}$。于是,得到平均

差错概率为 $p_{av}=\dfrac{\sum_{M}(1-\mathrm{tr}(\boldsymbol{\sigma}_M\boldsymbol{E}_M))}{2^{nR}}$。由 Holevo 界可证明，$n$ 量子比特不能用于传送多于 n 比特的经典信息，因此 $R<\log d$，其中 d 为信道输入的维数，因此 POVM$\{\boldsymbol{E}_M\}$最多包含 d^n+1 个元。根据量子 Fano 不等式，可知

$$H(p_{av})+p_{av}\log d^n\geqslant H(M\mid Y) \tag{7.3.25}$$

其中，Y 是 Bob 解码的测量结果，于是

$$np_{av}\log d\geqslant H(M)-I(M;Y)-H(p_{av})=nR-I(M;Y)-H(p_{av}) \tag{7.3.26}$$

先应用 Holevo 界，再利用熵的次可加性，可得

$$\begin{aligned}I(M;Y)&\leqslant S(\bar{\boldsymbol{\sigma}})-\sum_{M}\frac{S(\boldsymbol{\sigma}_1^M\otimes\boldsymbol{\sigma}_2^M\otimes\cdots\otimes\boldsymbol{\sigma}_n^M)}{2^{nR}}\\&\leqslant\sum_{j=1}^{n}(S(\bar{\boldsymbol{\sigma}}^j)-\sum_{M}\frac{S(\boldsymbol{\sigma}_j^M)}{2^{nR}}\end{aligned} \tag{7.3.27}$$

其中，$\bar{\boldsymbol{\sigma}}^j\equiv\sum_{M}\boldsymbol{\sigma}_j^M/2^{nR}$，不等式右边和中间 n 项的每一项都不大于式(7.3.13)所定义的 $\chi(\varepsilon)$，于是

$$I(M;Y)\leqslant n\chi(\varepsilon) \tag{7.3.28}$$

代入式(7.3.26)，导出 $np_{av}\log d\geqslant n(R-\chi(\varepsilon))-H(p_{av})$，从而当 n 增大到极限情况时，得到

$$p_{av}\geqslant\frac{(R-\chi(\varepsilon))}{\log d} \tag{7.3.29}$$

在 $R>\chi(\varepsilon)$时，该式大于 0，从而完成 $\chi(\varepsilon)$是积状态容量的一个上界的证明。

【例 7-4】 试计算具有参数 p 的去极化信道的积状态容量。

解：令$\{p_j,|\psi_j\rangle\}$为该量子状态的系统，则去极化信道可表示为

$$\varepsilon(|\psi_j\rangle\langle\psi_j|)=p|\psi_j\rangle\langle\psi_j|+(1-p)\frac{\boldsymbol{I}}{2}$$

可以计算出它具有的特征值是$(1+p)/2$ 和$(1-p)/2$。由此得到

$$S(\varepsilon(|\psi_j\rangle\langle\psi_j|))=H\left(\frac{1+p}{2}\right)$$

其大小完全不依赖于$|\psi_j\rangle$，因此只要直接选择$|\psi_j\rangle$构成单个量子比特状态空间的标准正交基底，如$|0\rangle$和$|1\rangle$，所以带参数 p 的去极化信道的积状态容量为

$$C(\varepsilon)=1-H\left(\frac{1+p}{2}\right)$$

积状态容量的最大值可以通过最大化熵 $S\left(\sum_{j}\varepsilon(|\psi_j\rangle\langle\psi_j|)\right)$ 达到。

习题 7

7-1 什么是量子信源？什么是量子信道？

7-2 计算各量子熵，其中，$\boldsymbol{\rho}_1=\begin{bmatrix}1&0\\0&0\end{bmatrix}$，$\boldsymbol{\rho}_2=\dfrac{1}{2}\begin{bmatrix}1&1\\1&1\end{bmatrix}$，$\boldsymbol{\rho}_3=\dfrac{1}{3}\begin{bmatrix}2&1\\1&1\end{bmatrix}$。

7-3　计算量子熵和经典熵，比较 $S(\boldsymbol{\rho})$ 和 $H(p,1-p)$，其中，$\boldsymbol{\rho}=p|0\rangle\langle 0|+(1-p)\cdot\frac{(|0\rangle+|1\rangle)(\langle 0|+\langle 1|)}{2}$。

7-4　设 Alice 发送给 Bob 如下 4 个纯态的均匀混合：

$$|X_1\rangle=|0\rangle$$

$$|X_2\rangle=\sqrt{\frac{1}{3}}(|0\rangle+\sqrt{2}|1\rangle)$$

$$|X_3\rangle=\sqrt{\frac{1}{3}}(|0\rangle+\sqrt{2}\mathrm{e}^{2\pi\mathrm{i}/3}|1\rangle)$$

$$|X_4\rangle=\sqrt{\frac{1}{3}}(|0\rangle+\sqrt{2}\mathrm{e}^{4\pi\mathrm{i}/3}|1\rangle)$$

证明 Bob 的测量和 Alice 传送的状态之间的最大互信息小于 1 比特。已知有一个约为 0.415 比特的 POVM 测量，是否可构造出该 POVM 测量及更好的测量，以达到 Holevo 界？

7-5　对于任意 $R>S(\boldsymbol{\rho})=H(p)$，给出一种满足 $\boldsymbol{\rho}=p|0\rangle\langle 0|+(1-p)|1\rangle\langle 1|$ 的量子信源可靠压缩到 nR 量子比特的量子线路。

附录

APPENDIX

习题参考答案

习题 1 参考答案

1-1～1-4　略。

习题 2 参考答案

2-1、2-2　证明略。

2-3　(1) 5.17 比特；

　　(2) 3.17 比特；

　　(3) 4.17 比特。

2-4　1.413 比特。

2-5　(1) 5.58 比特；

　　(2) 5.55 比特；

　　(3) 11.13 比特。

2-6　0.881 比特/符号。

2-7　(1) 1.415 比特，2 比特，3 比特；

　　(2) 87.81 比特，1.95 比特/符号。

2-8　(1) 0.92 比特；

　　(2) 0.86 比特；

　　(3) 0.94 比特；

　　(4) 0.91 比特。

2-9　(1) 1.24 比特；

　　(2) 5.25 比特；

　　(3) 4.01 比特。

2-10　(1) 2.30 比特；

　　(2) 1.58 比特；

　　(3) 0.72 比特。

2-11　证明略。

2-12　$H(X)=\log5, H(g(X))=\frac{1}{5}\log5+\frac{2}{5}\log\frac{5}{2}\times2=\log5-\frac{4}{5}=1.5219$，故 $H(X)>H(g(X))$。

2-13　证明略。

2-14　(1) 0.9597 比特/符号；

(2) 0.8397 比特/符号；

(3) 0.12 比特/符号。

2-15　证明略。

2-16　(1) 1 比特，1 比特，0.54 比特，1.41 比特，1.41 比特，1.81 比特；

(2) 0.81 比特，0.81 比特，0.87 比特，0.41 比特，0.87 比特，0.41 比特，0.4 比特，0.4 比特，0；

(3) 0.19 比特，0.13 比特，0.13 比特，0.47 比特，0.41 比特，0.41 比特。

2-17　(1) 2.6556 比特/符号、2.6556 比特/符号、2.3968 比特/符号；

(2) 4 比特/符号，3.25 比特/符号。

2-18　证明略。

2-19　$H_c(X)=\frac{1}{2}\log(2\pi eS)$、$H_c(Y)=H_c(XY)-H(X)=\frac{1}{2}\log2\pi e(S+N)$，$H_c(Y|X)=\frac{1}{2}\log(2\pi eN)$，$I(X;Y)=H(Y)-H(Y|X)=\frac{1}{2}\log\frac{S+N}{N}$。

2-20　2.1×10^6 比特，157895 个汉字。

2-21　(1) 8 比特/符号；

(2) 6.4×10^4 比特/秒。

2-22　(1) $H_c(X)=\log\frac{ae^{2/3}}{3}$；

(2) $H_c(Y)=\log\frac{ae^{2/3}}{3}$；

(3) $H_c(Y)=\log\frac{aze^{2/3}}{3}$。

2-23　(1) 联合熵为 3.968 比特，平均符号熵为 1.323 比特/符号；

(2) 极限平均熵为 1.25 比特/符号；

(3) $H_0=\log3=1.58$ 比特/符号，$\Gamma_0=1-\eta_0=1-(H_\infty|H_0)=0.21$；

$H_1=1.4137$ 比特/符号，$\Gamma_1=1-1.25/1.4137=0.115$；

$H_2=H_\infty=1.25$ 比特/符号，$\Gamma_2=0$。

2-24　状态图略，极限熵 0.80 比特/符号。

2-25　(1) 平稳后信源概率分布为 1/3，1/3，1/3；

(2) $H_\infty=H(p,1-p)$；

(3) 熵值为 0。

2-26　(1) 状态转移图略；

(2) $H(X|S_1)=\log3$ 比特/符号；

$H(X|S_2)=1.5$ 比特/符号；

$H(X|S_3)=1.5$ 比特/符号；

(3) $H_\infty=\frac{3}{11}\log3+\frac{4}{11}\times\frac{3}{2}\times2=1.522$(比特/符号)。

2-27 (1) $(w_1,w_2,w_3,w_4)=\left(\frac{4}{12},\frac{3}{12},\frac{3}{12},\frac{2}{12}\right)$;

(2) $H_\infty=\frac{4}{12}\log4+\frac{3}{12}\log3+\frac{3}{12}\log3+\frac{2}{12}\log2=1.6258$(比特/符号)。

习题 3 参考答案

3-1、3-2 证明略。

3-3 (1) 0.811 比特/符号,0.749 比特/符号,0.918 比特/符号,0.062 比特/符号;

(2) 信道容量 0.082 比特/符号、输入符号为等概率分布$\left(\text{即 } p(0)=p(1)=\frac{1}{2}\right)$时信道的信息传输率才能达到该信道容量值。

3-4 (1) 0.737 比特,1.322 比特;

(2) $I(x_1|y_1)=0.678$ 比特,

$I(x_1|y_2)=1$ 比特,

$I(x_2|y_1)=1.415$ 比特,

$I(x_2|y_2)=1$ 比特;

(3) 0.971 比特/符号,0.722 比特/符号;

(4) 0.9635 比特/符号,0.714 比特/符号;

(5) 0.0075 比特,0.008 比特。

3-5 (1) $\left[\frac{3}{2}-\frac{1+a}{4}\log(1+a)-\frac{1-a}{4}\log(1-a)\right]$ 比特/符号;

(2) $(1.5-0.5a)$比特/符号;

(3) $C=0.16$ 比特/符号。

3-6 (1) 最佳分布时:

$$\frac{\partial I}{\partial p}=0$$

$$p=\frac{(1-\delta)^{\frac{1-\delta}{\delta}}}{1+\delta(1-\delta)^{\frac{1-\delta}{\delta}}}=\frac{\varepsilon^{\frac{\varepsilon}{1-\varepsilon}}}{1+(1-\varepsilon)\varepsilon^{\frac{\varepsilon}{1-\varepsilon}}}$$

$$C=\log(1+2^{-\frac{H(\varepsilon)}{1-\varepsilon}});$$

(2) 0.3219 比特/符号;

(3) $P=\begin{bmatrix}1 & 0\\ \varepsilon & 1-\varepsilon\end{bmatrix}\begin{bmatrix}1 & 0\\ \varepsilon & 1-\varepsilon\end{bmatrix}=\begin{bmatrix}1 & 0\\ \varepsilon+\varepsilon(1-\varepsilon) & (1-\varepsilon)(1-\varepsilon)\end{bmatrix}$;

(4) 令 $\delta=(1-\varepsilon)(1-\varepsilon)$,则 $I(X;Y)=H(Y)-H(Y|X)=H(p\delta)-pH(\delta)$,$C=\log(1+2^{\frac{H[(1-\varepsilon)]^2}{(1-\varepsilon)^2}})$。

3-7 当 $\varepsilon=0$ 时,$C=1.58$ 比特;当 $\varepsilon=1/2$ 时,$C=1$ 比特。

3-8　$C=-(1-2\varepsilon)\log\frac{1-2\varepsilon}{2}+(1-p-\varepsilon)\log(1-p-\varepsilon)+(p-\varepsilon)\log(p-\varepsilon)$。

3-9　略。

3-10　$C=\log K-H(1/3,1/3,1/3)$；当 $K=11$ 时，$C=\log 11-\log 3=1.874$ 比特/符号。

3-11　(1) 1.46 比特/符号；

(2) 1.18 比特/符号；

(3) 0.8；

(4) 0.73；

(5) 0.73；

(6) 由于 $p(x_3|y_3)=0$，该信道传输的错误概率较大，所以较差；

(7) 1.58 比特/符号，1.3 比特/符号。

3-12　(1) $C_3=\begin{bmatrix}1/3 & 1/3 & 1/3\\ 0 & 1/2 & 1/2\end{bmatrix}$，信道容量不发生变化；

(2) 不能构成信道，因为 3×3 矩阵不能直接与 2×3 矩阵相乘。

3-13　带宽为 2.996×10^6 MHz。

3-14　(1) 9.97×10^6 b/s；

(2) 11.8dB。

3-15　(1) $C=3.46$Mb/s；

(2) $W=1.34$MHz；

(3) SNR=120。

3-16　$t=14000/1288=10.9\text{s}>10\text{s}$，所以传不完。

3-17　当 a 等于 1 时，信道容量为 $C=1-1/2=1/2$；当 a 大于 1 时，信道为有噪无损信道，从而可求得 $C=1$。

3-18　0.25 比特/符号。

3-19　$C=\log 2=1$ 比特/符号。

习题 4 参考答案

4-1　(1) 唯一可译码有 C_1、C_2、C_3 和 C_6；

(2) 非延长码(即时码)有 C_1、C_3 和 C_6；

(3) 平均码长和编码效率分别为

C_1：$\overline{K}_1=3\times(1/2+1/4+4/16)=3$　　$\eta_1=\frac{H_L(x)}{\overline{K}_1}=2/3=0.667$

C_2：$\overline{K}_2=1\times\frac{1}{2}+2\times\frac{1}{4}+\frac{1}{16}(3+4+5+6)=17/8$　　$\eta_2=\frac{H_L(x)}{\overline{K}_2}=0.941$

C_3：$\overline{K}_3=\overline{K}_2=17/8$　　$\eta_3=\frac{H_L(x)}{\overline{K}_3}=0.941$

C_6：$\overline{K}_6=2\times\frac{1}{2}+3\times\frac{1}{4}+3\times\frac{4}{16}=5/2$　　$\eta_6=\frac{H_L(x)}{\overline{K}_6}=0.8$

4-2 (1) 等概时，平均信息传输速率 200 比特/秒；

(2) 不等概时，平均信息传输速率 198.55 比特/秒；

(3) 当字母消息改用四进制码元时，(1)和(2)两种情况下的平均信息传输速率仍为 200 比特/秒和 198.55 比特/秒。

4-3 (1) 1.75 比特/符号；

(2) 平均二进码个数为 1.75；

(3) $p_0=1/2, p_1=1/2$；

$H=1/2$(比特/二进制码元)；

$p(0/0)=1/2, p(0/1)=1/2, p(1/0)=1/2, p(1/1)=1/2$。

4-4 (1) 需最小长度为 17.347，约为 18 比特；

(2) 0.0016。

4-5 $\begin{cases} n(a)=\dfrac{1}{2}n \\ n(b)+n(c)=\dfrac{1}{2}n \end{cases}$

4-6 $\varepsilon=0.05$ 时，第 1 个序列是非典型序列，第 2 个序列是典型序列。

4-7 (1) 2.35 比特/符号；

(2) 82.7%；

(3) 97.9%；

(4) 97.9%；

(5) 88.3%；

(6) 78.3%；

(7) 2.1×10^5。

4-8 (1) $H(X|s_1)=H(1/3,1/6,1/2)=1.4591$ 比特/符号；

$H(X|s_2)=H(1/4,3/4)=0.8113$ 比特/符号；

$H(X|s_3)=H(1)=0$。

(2) s_1：$a_1(00), a_2(10), a_3(1)$

s_2：$a_2(0), a_3(1)$

s_3：没有编码

(3) $H_\infty=\sum_i p(s_i)H(X\mid s_i)=0.75$

$\bar{L}=\dfrac{3}{8}\left[\dfrac{1}{2}\times1+\dfrac{1}{3}\times2+\dfrac{1}{6}\times2\right]+\dfrac{1}{4}\times1=0.8125$

$\bar{L}>H_\infty$

4-9 根据赫夫曼编码，得到结果如下：

$x_1x_2x_3$	码　字	$x_1x_2x_3$	码　字
000	10	100	00
001	1100	101	1101
010	111	110	010
011	0110	111	0111

平均码长 $\overline{L}=2.75$。

4-10 算术编码结果为 $C=1101010$。

4-11 $C=1100010$，解码过程略。

4-12 (1) 编码过程略，95%。

(2) 编码过程略，100%。

(3) 二进制的花费为 $65/27\times1.8=4.33$；三进制的花费为 $13/9\times2.7=3.9$；由此可见，三进制的花费较小。

4-13 (1) 不能直接与信道连接。

(2) 能对信源的输出进行适当编码，使信源在该信道中无失真传输。

(3) 二元赫夫曼编码为 0，11，100，101，或 0，10，110，111；可以在信道进行无失真传输。

4-14、4-15 证明略。

4-16 0，2 比特/符号，0.75，0。

4-17 (1) $q(1-p)$；

(2) $\max R(D)=-p\log p-(1-p)\log(1-p)$，$q=0$，$E(D)=0$；

(3) 率失真函数的最小值为 0，$q=1$，$E(D)=1-p$；

(4) 略。

4-18 $R(D)=1-D$。

4-19 $$R(D)=\begin{cases}(2-D)\log 2 & 0\leqslant D<1\\ \left(\dfrac{3}{2}-\dfrac{D}{2}\right)\log 2 & 1<D\leqslant 3\\ 0 & D>3\end{cases}$$

4-20 (1) 该信源不能在此信道中无失真地传输；

(2) 允许的失真度 $D\approx0.0415$。

4-21 (1) $R(D)=W_1\log\dfrac{2W_1A}{D}$ 比特/秒。

(2) $C=W_2\log\left(1+\dfrac{P_s}{W_2N_0}\right)$ 比特/秒。

(3) $D=2W_1A\left(1+\dfrac{P_s}{W_2N_0}\right)^{-W_2/W_1}$。

4-22 2.07×10^4 比特/秒。

4-23 证明略。

习题 5 参考答案

5-1 (1) $C=1.322$ 比特/符号；

(2) $p_E=\dfrac{1}{M}p_e^{(i)}=\dfrac{1}{4}$；

(3) 提示：码的规则，当选定某一二位长序列为码字，其他码字是将第一位码元的符号增加 1,第二位码元的符号增加 2 而获得；或者其他码字是将第一位码元的符号增加 2,第二位码元的符号增加 1 而获得。

5-2 $F(b_1=00)=00$；

$F(b_2=01)=00,11$；$F(b_3=02)=00$；

$F(b_4=10)=00,11$；$F(b_5=11)=11$；$F(b_6=12)=11$；

$F(b_7=20)=00$；$F(b_8=21)=11$；$F(b_9=22)=00$；

$p_{\text{emin}}=\frac{1}{r}\sum_{j=1}\sum_{i\neq *}p(\beta_j \mid s_i)=\frac{11}{32}$。

5-3 $\bar{p}_{\text{e}}=\frac{1}{2}$。

5-4 所有 4 维 4 重矢量空间为{1,0,0,0},{0,1,0,0},{0,0,1,0},{0,0,0,1},{0,0,0,0},{1,1,1,1},{1,1,0,0},{1,0,1,0},{1,0,0,1},{0,1,1,0},{0,1,0,1}{0,0,1,1},{1,1,1,0},{1,1,0,1},{0,1,1,1},{1,0,1,1}；

选一个三维子空间为{1,0,0,0},{0,1,0,0},{0,1,0,0}；对偶子空间为{0,0,0,1}。

5-5 生成矩阵为

$$\boldsymbol{G}=\begin{bmatrix}1&0&0&0&0&1&0&1&0\\0&1&0&0&0&1&0&0&1\\0&0&1&0&0&1&1&1&1\\0&0&0&1&0&0&1&0&1\\0&0&0&0&1&0&1&1&0\end{bmatrix}$$

$$d_{\min}=3$$

硬件逻辑连接图略。

5-6 经缩短后,(5,2)码的生成矩阵为

$$\boldsymbol{G}'=\begin{bmatrix}1&0&1&1&0\\0&1&0&1&1\end{bmatrix}$$

校验矩阵为

$$\boldsymbol{H}'=\begin{bmatrix}1&0&1&0&0\\1&1&0&1&0\\0&1&0&0&1\end{bmatrix}$$

所有码字略。

5-7 标准阵列译码表略,发码为 0010110,0111010,1100010。

5-8 (1) 生成矩阵为

$$\boldsymbol{G}=\begin{bmatrix}1&0&0&1&1&1&0\\0&1&0&0&1&1&1\\0&0&1&1&1&0&1\end{bmatrix}$$

(2) 校验矩阵为

$$\boldsymbol{H}=\begin{bmatrix}1&0&1&1&0&0&0\\1&1&1&0&1&0&0\\1&1&0&0&0&1&0\\0&1&1&0&0&0&1\end{bmatrix}$$

（3）伴随式表略。

（4）该码的最小距离 $d_{\min}=4$。

（5）证明略。

5-9　（1）监督多项式 $h(x)=x^4+x^3+x^2+x+1$。

（2）非系统码生成矩阵为

$$
\boldsymbol{G}=\begin{bmatrix}
1&1&0&0&0&1&1&0&0&0&1&1&0&0&0\\
0&1&1&0&0&0&1&1&0&0&0&1&1&0&0\\
0&0&1&1&0&0&0&1&1&0&0&0&1&1&0\\
0&0&0&1&1&0&0&0&1&1&0&0&0&1&1
\end{bmatrix}
$$

系统码生成矩阵为

$$
\boldsymbol{G}=\begin{bmatrix}
1&0&0&0&1&1&0&0&0&1&1&0&0&0&1\\
0&1&0&0&1&0&1&0&0&1&0&1&0&0&1\\
0&0&1&0&1&0&0&1&0&1&0&0&1&0&1\\
0&0&0&1&1&0&0&0&1&1&0&0&0&1&1
\end{bmatrix}
$$

（3）监督矩阵为

$$
\boldsymbol{H}=\begin{bmatrix}
1&1&1&1&1&0&0&0&0&0&0&0&0&0&0\\
1&0&0&0&0&1&0&0&0&0&0&0&0&0&0\\
0&1&0&0&0&0&1&0&0&0&0&0&0&0&0\\
0&0&1&0&0&0&0&1&0&0&0&0&0&0&0\\
0&0&0&1&0&0&0&0&1&0&0&0&0&0&0\\
1&1&1&1&0&0&0&0&0&1&0&0&0&0&0\\
1&0&0&0&0&0&0&0&0&0&1&0&0&0&0\\
0&1&0&0&0&0&0&0&0&0&0&1&0&0&0\\
0&0&1&0&0&0&0&0&0&0&0&0&1&0&0\\
0&0&0&1&0&0&0&0&0&0&0&0&0&1&0\\
1&1&1&1&0&0&0&0&0&0&0&0&0&0&1
\end{bmatrix}
$$

5-10　生成矩阵 G 略。

编码器结构图如下：

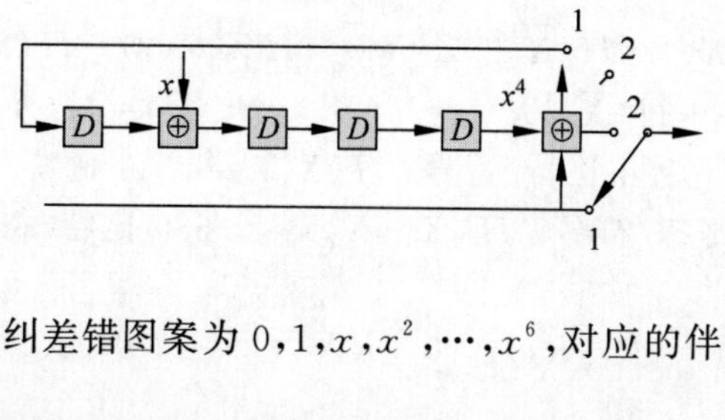

5-11　最小重量的可纠差错图案为 $0,1,x,x^2,\cdots,x^6$，对应的伴随式为 $0,1,x,x^2,x+1,x^2+x,x^2+x+1,x^2+1$。

5-12　CRC 校验码是(1010101000100000)。

5-13 (1) 编码器结构图如下:

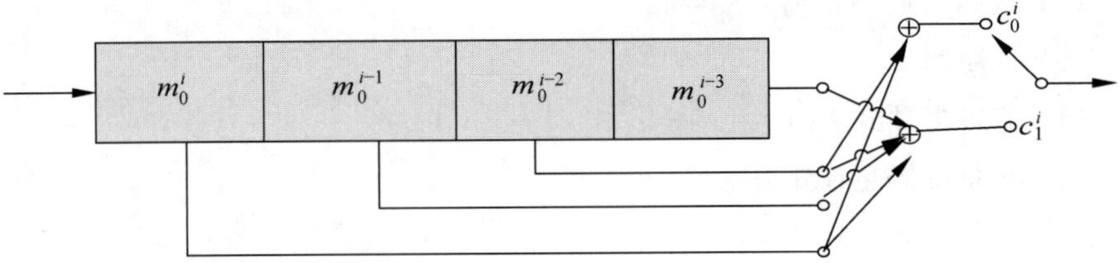

(2) 编码器状态图略。

(3) 自由距离 $d_f=6$。

5-14 (1) 编码器结构图略。

(2) 生成矩阵为

$$G=\begin{bmatrix} 11 & 10 & 10 & 01 & 11 & & \\ & 11 & 10 & 10 & 01 & 11 & \\ & & 11 & 10 & 10 & 01 & 11 \\ & & & \cdots & \cdots & \cdots & \cdots \\ & & & & \cdots & \cdots & \cdots \\ & & & & & \cdots & \cdots \end{bmatrix}$$

(3) 输出码序列为[11 01 00 00 01 10 01]。

5-15 (1) 状态图略、网格图略。

(2) 转移函数 $T(D)=\dfrac{D^5}{1-2D}$,自由距离 $d_f=5$。

5-16 (1) 编码器图略。

(2) 状态图略、网格图略。

(3) 转移函数 $T(D)=\dfrac{2D^6-D^8}{1-D^2-2D^4+D^6}$,自由距离 $d_f=6$。

5-17 (1) 状态图略。

(2) $T(D)=\dfrac{D^4}{1-2D^2}=D^4+2D^6+4D^8+\cdots$。

(3) 自由距离 $d_f=4$。

(4) 最可能原始信息序列为[1011010]。

习题 6 参考答案

6-1 提示:$H(X_2|X_1)=H(X_1\oplus Z|X_1)=H(Z|X_1)=H(Z)$;
$H(X_1X_2)=H(X_1)+H(X_2|X_1)=H(X_1)+H(Z)=H(X_2)+H(X_1|X_2)$,图略。

6-2 $H(X_1)=H(Z_1)=1$ 比特/符号;$H(X_2)=0.811$ 比特/符号;
$H(X_2|X_1)=0.5$ 比特/符号;$H(X_1|X_2)=0.689$ 比特/符号;$H(X_1X_2)=1.5$ 比特/符号,图略。

6-3 (1) $C(R_1,R_2)=(R_1,R_2)$:$\{0\leqslant R_1\leqslant C_1=1;\ 0\leqslant R_2\leqslant C_2=1;\ 0\leqslant R_1+R_2\leqslant C_{12}=1\}$;

(2) 与前面多址接入信道完全相似,因此信道容量区域与之相同。

6-4 当 $p=q=1/2$,容量界限为 $C_{12}=(1-H(\varepsilon))/2$。

6-5 $C_1=\max\limits_{p(x_1)p(x_2)p(x_3)} I(X_1;Y|X_2X_3)=\frac{1}{2}\log\left(1+\frac{P_1}{\sigma^2}\right)$

$C_2=\max\limits_{p(x_1)p(x_2)p(x_3)} I(X_2;Y|X_1X_3)=\frac{1}{2}\log\left(1+\frac{P_2}{\sigma^2}\right)$

$C_3=\max\limits_{p(x_1)p(x_2)p(x_3)} I(X_3;Y|X_1X_2)=\frac{1}{2}\log\left(1+\frac{P_3}{\sigma^2}\right)$

$C_{12}=\max\limits_{p(x_1)p(x_2)p(x_3)} I(X_1X_2;Y|X_3)=\frac{1}{2}\log\left(1+\frac{P_1+P_2}{\sigma^2}\right)$

$C_{23}=\max\limits_{p(x_1)p(x_2)p(x_3)} \frac{1}{2}\log\left(1+\frac{P_2+P_3}{\sigma^2}\right)$

$C_{13}=\max\limits_{p(x_1)p(x_2)p(x_3)} \frac{1}{2}\log\left(1+\frac{P_1+P_3}{\sigma^2}\right)$

$C_{123}=\max\limits_{p(x_1)p(x_2)p(x_3)} I(X_1X_2X_3;Y)=\frac{1}{2}\log\left(1+\frac{P_1+P_2+P_3}{\sigma^2}\right)$

$R_1\leqslant C_1$; $R_2\leqslant C_2$; $R_3\leqslant C_3$

$R_1+R_2\leqslant C_{12}$; $R_2+R_3\leqslant C_{23}$; $R_1+R_3\leqslant C_{13}$

$R_1+R_2+R_3\leqslant C_{123}$

6-6 $R_2\leqslant\max I(U;Y_2)=\bar{p}(1-H(\bar{p}_0\varepsilon+p_0\bar{\varepsilon}))$;

$R_1\leqslant\max I(X;Y_1|U)=H(\bar{p}_0\bar{\varepsilon}+p_0\varepsilon)-H(\varepsilon)$。

习题 7 参考答案

7-1 略。

7-2 $S(\boldsymbol{\rho}_1)=0$

$S(\boldsymbol{\rho}_2)=0$

$S(\boldsymbol{\rho}_3)=H\left(\frac{3+\sqrt{5}}{6}\right)$

7-3 $S(\boldsymbol{\rho})=H\left(\frac{2-\rho}{2},\frac{p}{2}\right)$

$H(p)=H(p,1-p)$

对于 $p<1/2$ 条件,$S(\boldsymbol{\rho})$总是小于 $H(p)$。

7-4 $X(\varepsilon)=S(\rho)-\sum\limits_X P_X S(\rho_X)=1\text{b}$

通过计算得到 Holevo 信息为 1b(位),由 Holevo 界理论,如果每个字符用小于 Holevo 信息的量子比特进行压缩编码,获得高保真度是不可能的。因此当信息小于 1b,为 0.415b,不可构造出该 POVM 测量及更好的测量,以达到 Holevo 界。

7-5 略。

参考文献

[1] 曹雪虹，张宗橙. 信息论与编码[M]. 2 版. 北京：清华大学出版社，2009.

[2] 傅祖芸. 信息论——基础理论与应用[M]. 4 版. 北京：电子工业出版社，2015.

[3] 姜丹，钱玉美. 信息论与编码基础[M]. 北京：电子工业出版社，2013.

[4] 田宝玉，杨洁，贺专强，等. 信息论基础习题解答[M]. 北京：人民邮电出版社，2010.

[5] 李梅，李亦农. 信息论基础教程习题解答与实验指导[M]. 北京：北京邮电大学出版社，2005.

[6] 姜丹. 信息论与编码[M]. 合肥：中国科学技术大学出版社，2004.

[7] Cover T M，Thomas J A. 信息论基础[M]. 阮吉寿，等译. 2 版. 北京：机械工业出版社，2008.

[8] 周炯槃. 信息理论基础[M]. 北京：人民邮电出版社，1983.

[9] 赵生妹，郑宝玉. 量子信息处理技术[M]. 北京：北京邮电大学出版社，2010.

[10] McEliece R J. 信息论与编码理论[M]. 2 版. 北京：电子工业出版社，2003.

图书资源支持

感谢您一直以来对清华大学出版社图书的支持和爱护。为了配合本书的使用，本书提供配套的资源，有需求的读者请扫描下方的“书圈”微信公众号二维码，在图书专区下载，也可以拨打电话或发送电子邮件咨询。

如果您在使用本书的过程中遇到了什么问题，或者有相关图书出版计划，也请您发邮件告诉我们，以便我们更好地为您服务。